林崇德文集

爱新觉罗·启骧题签

林崇德文集

第十卷 ◎ 品德发展心理学

北京师范大学出版集团
BEIJING NORMAL UNIVERSITY PUBLISHING GROUP
北京师范大学出版社

林崇德

1941 年 2 月生，浙江宁波象山人，北京师范大学资深教授。中国心理学会前理事长，在教育部等单位学术兼职 26 种，并在多所高校任兼职或客座教授。获省部级以上学术奖励 28 项，并先后获中青年有突出贡献专家（1994）、全国劳动模范（2000）、全国"十佳师德标兵"（2001）、全国优秀教师（2006）、全国优秀科技工作者（2012）、国家杰出科技人才（2014）、北京市人民教师（2017）和当代教育名家（2017）等荣誉称号。

总　序

————

　　1960 年，我毕业于上海市上海中学，因为受上海市劳动模范、我的班主任孙钟道老师的影响，我也想当一名像孙老师那样的好老师，成为一名教育家。于是，我在填报高考志愿时，把 23 个志愿全部填成了师范院校，并以优异的成绩考入第一志愿北京师范大学，成为教育系首届心理专业的学生。我为什么要选学心理学？其实我当时对心理学一窍不通，只是朴素地想到，当老师必须从学生心灵入手。在我朦胧的认识中，心理学似乎就是一门研究心灵的学问。今天，"林崇德文集"（以下简称"文集"）就体现了"教育"和"心灵"这四个字。

　　1965 年，是中国心理学从初步繁荣走向全面停顿的转折之年，也是我大学毕业之年。学习了 5 年的心理学已无用武之地，我被分配到北京从事基础教育，先后在 2 所基础薄弱校任教，一干就是 13 年。可能受当年的"志愿"影响，我对当中小学教师无怨无悔，全身心投入：当好班主任；教好课；做好校办厂厂长；主持好学校的教育教学工作。在这 13 年的基础教育工作中，我最大的感受是：教书育人是有规律的，其核心问题是如何架起师生之间的心灵桥梁。应该说，我这 13 年干得不错，"文化大革命"结束后的第二年，即 1977 年，在教育走上正轨的时刻，我被评为北京市朝阳区优秀教师。1978 年，北京师范大学心理专业恢复招生，但心理学教师极端缺乏。母校想起了当年的"好学生"，要调我回母校重操旧业。为振兴中国心理科学，时代呼唤我归队，我只能含泪离开已让我深爱的基础教育界。在回母校时，我带回了 5 篇在中小学工作之余收集数据并撰写完成的研究报告，涉及聚焦先天与后天关系的心理发展规律的双生子智能与性格研究、儿童青少年数学能力发展及其思维结构的研究、品德不良中学生心理追踪研究等。经我恩师朱智贤教授(以下简称"朱老")的推荐,我竟然成为1979年中国心理学会恢复活动后首次学术大会上的报告人之一,我报告的主题是智能发展及其结构问题。我对品德研究的论文则由中国心理学会秘书长、中国科学院心理研究所所长徐联仓先生向全国人大常委会彭真同志(后来任全国人大常委会委员长)推荐,彭真同志责成教育部等单位为我召开了一次研讨会,该文成了我的成名作。虽然这些作品在今天的"文集"中已显示不出水平,但毕竟是我对教育与心理学研究的开始。在这初入杏坛心灵的交响乐中,我深深地体会到三点:儿童青少年身心发展是有规律的,它是基础教育工作的出发点;中小学是一块心理学研究难得的实验宝地;儿童青少年心理发展将成为我终身研究的重点。

对一个高校教师来说,他的成长离不开师长的培养;而他自己能否培养出国家所需要的人才又是衡量其素质的根本标准。我的"文集"体现了上靠恩师、下靠学生的一种传承。我的心理学功底是北京师范大学心理专业的老师们给的。当年的北京师范大学心理专业名家多,按照专业课程的开设次序,彭飞、张厚粲、朱老和章志光等教授先后给我们上课,可以说我今天的讲课风格是他们讲课特点的综合体现。当然,对我系统培养、扶植的是我的恩师朱老。朱老是一位学术大师、是中国发展心理学的奠基者,他对我人品上的最大影响有两点:一是对国家的忠诚和对党的热爱;二是他的创新精神。如原杭州大学老校长陈立教授给朱老一封信中所言,"新中国成立后,心理学界能就一方面问题成一家之言者,实为少见。老兄苦心深思,用力之勤,卓有硕果,可谓独树一帜"。"文集"不仅反映了我对朱老事业的继承,也展现了我的具体研究。从思维认知到品德社会性,从非智力因素到心理健康,从教师心理到学生发展核心素养,等等,我的研究内容来自自己的课题,我主持过国家自然科学基金、国家社会科学基金、教育部和科技部等20多个大大小小的项目。谁来操作完成呢?是我的弟子们。在科研中,他们展示了品格、智慧和才干,使我萌生了培养出超越自己、值得自己崇拜的学生之信念。我的学生俞国良教授鼓励我创建一个学派,我说已经形成了。从朱老到我,从我到董奇教授,我们已经有了一个较庞大的团队,我们围绕着教育与心理发展的主题,做了许多颇有影响的心理学科建设工作，是否已成为与众不同的学派，我不想妄加评判。我的"文集"只不过是这个团队的一部分成果。

有人问我，"文集"有什么特点？我不想对它做过多的自我评价，只是想表达我在追求"六个坚持"。

一是坚持走心理学研究中国化的道路。心理学是科学，科学无国界。但心理学研究人的心理，人的心理往往又打着文化的烙印。中国人的心理既具有全人类性，又体现中华文化的特点。因此中国心理学必须立足中国、借鉴国外、挖掘历史、把握当代、面向未来，着力走心理学研究中国化的路子，在指导思想、学术体系、研究方法、话语体系等方面充分体现中国特色、中国风格和中国气派。这当然是我的理想，尽管现实离理想还有很大的距离，但我坚信，通过几代中国心理学家的不断努力，是能够实现这个目标的。而"文集"正体现了我在心理学研究中国化上的一些努力：努力研究中国的现实问题；努力借鉴国外理论方法的同时，积极地挖掘本土的智慧与方法论；努力建立我们自己的知识体系。我深深地体会到，越是民族的东西，越能在国际刊物上发表，即越能走向国际，实现国际化。

二是坚持科学的精神。什么叫科学？它是指运用范畴、定理、定律等思维形式反映现实世界各种现象的本质和规律的知识体系（《辞海》定义）。从我1960年考入北京师范大学学习心理科学那天算起，正好是一个甲子，我和心理学打了60年的交道，我热爱几乎用毕生来研究的心理学。我懂得在心理学研究中科学精神的重要性。而"文集"则体现了我在心理学研究中重视的几个原则：重视实事求是、注重客观标准、相信事实、强调实践，主张在中国实践中研究心理学；重视以定性分析和定量分析作为研究心理学的方法，不仅要运用心理统计学，还要涉及模糊数学和数理逻辑，这应该引起我们心理学界的注意，至少它是一个方向，因为心理现象具有模糊性，讲究范畴，惯用推理；重视国际化，强调开放体系，尽管我走的是心理学研究中国化的道路，但我从来不否认同国外交流，也从不承认终极真理；重视科学的自由探索，我们这代心理学学者，曾经历过对某种心理现象研究的禁区，我提倡中国心理学百家争鸣、百花齐放，有一定权威的心理学家更要谦虚谨慎，聆听各家的意见，切忌盛气凌人、以势压人、一人说了算。

三是坚持正确的指导思想。我出身贫寒，从高中到大学，都是靠人民助学金维持生活、完成学业的。我的座右铭是"忠诚于党的教育事业"。我的最大信仰是毛泽东同志指出的"领导我们事业的核心力量是中国共产党，指导我们思想的理论基础是马克思主义"。这应该是我们的根本意识形态，是核心价值观的精髓。因此，我把辩证唯物主义作为自己对心理学研究的指导思想。对这个观念，我是不会动摇的。而"文集"也体现了这种观点，尽管我做得还不够好。我赞同唯物辩证的心理发展观：和任何事物一样，心理处于发展变化之中；引起这种心理发展变化的有外因也有内因，外因必须通过内因而起作用；心理的发展变化，既有量变又有质变，量的积累是质的发展变化之基础。与此同时，我也赞同辩证唯物的心理反映论，即我协助恩师朱老提出的实践反映论，它强调实践反映人的认识，具有决定性、社会性、主体性、发展性、能动性和系统性等特点。

四是坚持系统的原则。受唯物辩证法的方法论以及现代系统论的影响，我比较喜欢整体性或系统性的原则或原理。事物是以系统形式存在的有机整体，是由要素以一定结构组成的，是具有不同于要素功能的系统，是由不同层次的等级组成的开放系统，它处于永不停息的自组织运动之中，有其产生、发展和消亡的过程。这个原则给我两点启发：人及其心理发展是一个系统或一个有机的整体；任何一项心理学具体研究都是一个整体或由各种环节构成的一个系统。这个原则促使我追求系统整合的心理学观。"文集"正体现了这个原则。系统观使我懂得教育与心理发展是一个系统工程，是一个多历程、多形态、多成效、多争议的自然和社会现象；系统观促进我构建了诸如思维结构、品德结构和学科能力结构等心理学知识体系；系统观成全我完成20多项重要的心理学和教育学的研究项目。

五是坚持理论联系实际。理论联系实际既是我们党和国家倡导的三大工作作风之一，又是科学技术和学术研究必须遵循的一种良好风范。在我从事的心理学与教育学界，理论联系实际不仅是朱老一贯的主张，也是国际心理学和教育学研究发展的一种新趋势。例如，"生态化运动""教育行动研究"等，是发展心理学和教育心理学研究领域出现的一种强调在活生生的自然与社会的生态环境中，研究被试心理特点的普遍倾向。因此，坚持理论联系实际是我在研究中的一个重要原则，它使我懂得：没有心理学理论的指导，就不可能深入研究一系列相关的现实问题，即使研究了也水平有限；如果没有扎实的实践基础，研究了半天也是空泛无味，没有应用价值，也不可能有进一步的创新价值，更重要的是广大老师、百姓不买账，所以我在理论联系实际上不偷懒、不懈怠。而"文集"则体现出我在这方面的收获。如果说今天我在心理学界与教育界有一定的知名度和影响力，是因为我在大大小小的项目研究中坚持了理论联系实际的研究作风。我还要指出的是，我的不少课题成果汇聚到"文集"中，靠的是众弟子的力量、团队的力量、各相关课题组的力量！应该特别提到的是董奇和申继亮等教授的辛勤投入，没有他们，哪能有在全国 26 个省、自治区和直辖市坚持 20 多年(1978—2002 年)的学习与发展、教育与发展的实验研究。从这些研究中获益的中小学教师超万人，学生超过 30 万。

六是坚持作品的独立性。"文集"由 2 本论文选和 11 本著作(合并为 10 卷)组成，构成 12 卷，除了学术论文和研究报告有合作的成果之外，其他著作都是"独作"，因为我不想收集合著、主编作品和译作。只有"独作"才能更好地代表我的观点。

"文集"终将出版，让我衷心地感谢最关心我的母校——北京师范大学，感谢我的好友、著名书法家启骧先生为"文集"题写书名，感谢协助我搞科研、出成果、辛苦付出的每一位团队成员和课题组成员，感谢北京师范大学出版社及相关的编辑们(我在各卷中将向具体人员致谢)！

著　者

2020 年 4 月 20 日于北京师范大学

第三版前言

————

《品德发展心理学》第一版于 1989 年在上海教育出版社出版，全书共 10 章；第二版于 2014 年由陕西师范大学出版社出版，全书也是 10 章，但两版的第十章的内容是不一样的。第一版的第十章是"品德不良和违法犯罪青少年的心理分析"，这一章的大部分内容在第二版被删，一部分内容改为第二版第九章"青少年品德的发展与培养"中的一节；而第二版的第十章则是"成年人品德发展与社会公德的促进"。此次《品德发展心理学》被收入《林崇德文集》，应称为第三版。该版由 11 章组成，第十章为"成年人品德的发展"，第十一章为"社会道德的构成与社会公德的促进"。

新版内容的扩充，应该感谢我的弟子们对品德和道德课题的深入研究。我特别感激寇彧教授！没有她及其团队的艰辛付出，不可能有第二版的顺利问世；这一次又是她及其团队，以及我的另一名弟子辛素飞副教授的努力，才有新版的第十章。只有以较完整的成年人品德发展研究组成的第十章为基础，才可以考虑增添第十一章。王泉泉、张叶等人在第十一章的编写过程中做了许多工作。所有这一切，都令我感动。

《品德发展心理学》在交付北京师范大学出版社编辑加工的过程中，除策划编辑关雪菁外，我还要提及年轻的责任编辑周鹏和沈英伦。英伦是一位年轻编辑，认真负责的态度、严谨细致的作风以及扎实的心理学专业知识，使我深感后生可畏。于此，我向北京师范大学出版社和以上的编辑一并表示谢意！

著　者

2020 年 4 月 13 日于北京师范大学

第二版前言

————

《品德发展心理学》于 1989 年由上海教育出版社首次出版。它既是一本专著，更是一本教材。因为当时国内品德心理学著作不多，所以这本较系统的品德发展著作，就充当起心理学方向的教材或参考教材了。北京师范大学心理学本科生和研究生，尤其是品德与社会性发展专业的研究生或研究生课程班学员，在 20 世纪 90 年代，主要用这本《品德发展心理学》作教材，我以及我的弟子受邀到全国各地讲"品德的特征""品德的结构"和"青少年品德的发展"，依据的主要观点也是这本《品德发展心理学》。为此，20 世纪 90 年代初，《品德发展心理学》荣获北京市哲学社会科学优秀成果奖。1990 年，美国品德研究专家、杨百翰大学家庭与社会心理学系拉里·詹森(Larry G. Jensen)应我邀请访问北京师范大学，在讨论进一步合作的问题上，詹森希望把我的《品德发展心理学》翻译为英文在美国出版，他当时招收了我校的青年教师肖晓莹为其博士生，并希望肖晓莹能协助他翻译好这本品德发展心理学。然而，1993 年译为英文的 *Psychology of Moral Characte Developmen* 因种种原因没有公开出版，仅仅成为杨百翰大学家庭与社会心理学系使用了数年的内部教材和参考书。

修订《品德发展心理学》不仅是适应社会、普及"立德树人"理念的需要，也是我这几年来对过去的拙作一一进行整理的一项工作，为的是系统推出自己的"文集"。由于年事渐高，修订工作难度是很大的，我的弟子寇彧教授是位品德研究的专家，她用 2013 年整整一年的时间挑起帮助我修订《品德发展心理学》。寇彧带领其研究生，逐章逐节地修订拙著，首先提出具体修订的内容及修订方案，然后再让我逐章逐节定稿。没有寇彧的努力，这部著作的修订本是难以完成的。与第一版比较，本书至少在四个方面有焕然一新之处：一是每个章节都增加了品德发展的新的研究成果，尤其是补充了我国近 10 年来品德心理学研究的新资料、新结论、新发现；二是为贯彻落实党关于完善中华优秀传统文化教育的精神，修订版更突出传统美德中"立德树人"的理念；三是删掉已经陈旧的第十章"品德不良和违法犯罪青少年的心理分析"，把这一章有现实意义的实证研究结构融入到现在资料较为丰富的第九章"青少年的品德发展与培养"中，以正反两面去阐释青少年品德的发展特点；四是新增的第十章为"成年人品德发展与社会公德的促进"，"成年人品德发展"研究是近年来才开始得到重视的品德发展研究的新趋势，特别是寇彧汇总自己的研究和收集国内外最新研究的材料，"社会公德的促进"是我在中央党校、中央和国家机关司局级干部选学领导智慧与心理学专题班和地方大讲堂讲学的内容，目的是为了把品德发展心理学研究扩展到社会，为社会道德进步提出建议，以此，求教社会各界贤者。

陕西师范大学副校长（2019 年后为校长）游旭群教授是我 20 多年来的忘年交，因为陕西师范大学出版总社由旭群分管，出自他对我的尊重和信任，从 2013 年暑假开始，他就关注我的《品德发展心理学》修订的进展，准备在陕西师范大学出版总社以专著和教材的形式出版这部拙著，这是旭群的一番心意；出版总社社长刘东风先生，责任编辑古洁、张旭升做了大量的工作，在此一并表示感谢。

著　者

2014 年 2 月 27 日于北京师范大学

第一版前言

————

德育在中小学幼儿园教育中占有显著的地位。德育寓于智育、体育、美育和劳动教育之中，它与智、体、美、劳诸育相辅相成，并在保证人才培养的正确方向方面起着主导作用。

在中小学和幼儿园的德育工作中，品德培养是一个重要的组成部分；适应青少年和儿童的心理发展的年龄特征和品德发展的规律，是德育工作的一个重要出发点。

但是，品德是什么？品德、道德、德育的关系是什么？品德是怎样产生和发展的？品德有哪些特点？品德的结构是什么？怎样正确评价各主要心理学派关于品德和品德发展的理论？品德发展研究的基本理论是什么？怎样研究品德和品德的发展？集体、个性与品德发展有何关系？儿童、少年、青年时期品德发展的具体特点和规律是什么？在德育工作中，如何更好地运用这些特点和规律？青少年品德不良和违法犯罪有什么样的心理特点？又应该如何纠正和防治？等等。这些一直是学术界有争议的理论问题，也是教育工作者亟须了解的实际问题。

本书的任务在于：用辩证唯物主义的观点，从品德心理学，特别是品德发展心理学这个角度，来比较系统地论述上述这些主要问题，并尽可能地注意儿童、少年、青年的品德发展在教育实践中的意义。

《品德发展心理学》同朱智贤教授与我合著的《思维发展心理学》是姊妹作。与《思维发展心理学》一样，本书也体现了我的老师朱智贤教授的学术思想。

本书的编写工作开始于1984年。为了广泛地收集同行和读者的意见，我曾围绕着本书的内容，先后给一些省份的心理学会和教育学会，大学的本科生、研究生系统地做过讲授，给广大中小学和幼儿园的教师、青少年儿童工作者和家长做过多次的讲座。同时我曾广泛地参考了国内外有关文献，如果没有这些珍贵的资料，我是难以写完本书的。我还深入教育第一线，做了许多有关的实验研究，并在研究的基础上先后发表了一些理论文章和实验报告。我的研究工作，获得了美国王安韩雪研究院经费上的奖助。

在成书的过程中，董奇、庞丽娟、申继亮、杨滨、方晓义等同志协助我做了很多工作；上海教育出版社黄强华同志给予我极大的支持和帮助，谨在此一并致以谢意。

品德发展心理学在我国还是一门比较年轻的科学，自己水平又有限，因此书中难免存在缺点和错误，恳望广大读者不吝赐教。

在《品德发展心理学》编写期间，我思绪万千，浮想联翩。在自己的成长过程中，中小学教育给我奠定了各方面的基础，尤其是母校上海中学，更令我终生难忘。自 1960 年离开上海中学后，我常常感激母校赋予我以道德和智慧。更有意义的是，帮助我这项研究工作的王安博士也是上中的校友，他是上中 1936 年的毕业生，真是无巧不成书。因此，让我满怀热情地捧起书稿，真挚地献给我的母校——上海中学！

著　者

1988 年 6 月于北京师范大学

目 录 | CONTENTS

第一章

绪　论

国无德不兴，人无德不立。

我当了50多年教师，深深地体会到"德"的重要。50多年来，我把提高学生对家与国、爱与恨、群与己、善与恶、义与利、得与失、成与败、廉与耻、诚与伪、勤与懒这十大品德的认识、体验、行动，作为毕生发展的任务。

在人类认识世界和改造世界的过程中，物质文明建设总是和精神文明建设紧密地联系着。这里，品德在社会生活的各个领域中起着重大的作用。随着社会生产力的发展和精神文明建设的深入，提高人们的品德，必然成为越来越迫切的要求。有关人生的目的和价值，如应该如何做人、怎样造就人才和培养道德品质高尚的人等一些问题，也越来越引起人们的关注和重视。因此，探讨品德产生、发展和培养的问题，就成为一个十分重要的科学研究的课题了。

第一节

品德发展心理学的对象

辩证唯物主义认为，科学研究是根据其对象所具有的特殊的矛盾性而加以区分的。因此，对于某一领域所特有的矛盾的研究，就构成某一门特定科学的对象。

品德发展心理学是一门科学，它是从心理学的角度去研究个体道德品质的发展，特别是儿童与青少年道德品质的发展。也就是说，对于道德现象的领域做发展心理学的研究，则构成了品德发展心理学的对象。

道德现象是一种极其复杂的现象。

在中国古代，"道德"一词早已出现。"道"字在古汉字中，一是与"行"，二是与"规"相联系。孔子《论语·阳货》中"道听而涂说"，表示四通八达的道路；韩非《解老》中"道者，万物之所然也，万理之所稽也"，表达老子提出的道是一种普遍的最高的原则与规律。"德"字在《卜辞》中为"值"或"惠"，与"得"字相通，在古代，它主要表示人们对最高原则有所得，《易·乾·文言》："君子进德修业。""道""德"连用，始于春秋战国的《论语》《管子》《庄子》和《荀子》诸书。孔子《论语·述而》："志于道，据于德"。北宋张载《正蒙·神化》："'德'是气之体，'道'是气之用。"司马光《资治通鉴》："才者，德之资也；德者，才之帅也。"道德是以善恶评价的方式来调节与处理人的行为规范和人类自我完善的根据和准则。中华民族文明历来以仁义礼智信五常为核心，把立德树人放在首位。

在国外，"道德"一词如英语 moral，俄语 моралъ 等，源于拉丁语的 moralis，表示"风尚""习俗"之意，演化出短音读法后，又有"特点""内在本性""规律""规定""性格""品质"等意思。

从"道德"一词本身具有的多种含义来看，"道德"这一概念揭示了一种复杂的现象，因此，它必然是多种学科共同研究的对象。所以我们在探讨品德发展心理学的对象时，先从道德研究的多学科性这一特点开始分析。

一、道德是由多种学科来研究的

道德是由多种学科来研究的，其中包括品德心理学。在研究道德时，这些学科既有分工，又有交叉；既有各自研究的范围，又有彼此不同的联系和关系。

(一) 道德是哲学社会历史观的研究对象

历史唯物主义是科学的社会历史观，是关于社会发展的一般规律的科学。

历史唯物主义研究道德，主要是从社会意识的形式入手的，它一是研究道德与社会存在，特别是与经济基础的辩证关系，二是研究不同阶级的不同道德规范。恩格斯说，"一切以往的道德论归根到底都是当时的社会经济状况的产物。而社会直到现在是在阶级对立中运动的，所以道德始终是阶级的道德；它或者为统治阶级的统治和利益辩护，或者当被压迫阶级变得足够强大时，代表被压迫者对这个统治的反抗和他们的未来利益"（恩格斯，2012）。从中我们可以看出，历史唯物主义的道德观，集中体现了辩证唯物主义与社会发展观的一般规律的统一，强调了社会经济对社会意识形态之一的道德的决定作用，科学地阐明了道德在一定程度上是社会经济基础较为直接的反映，并反过来为一定的社会经济基础服务；道德随着社会经济基础的变化而或迟或早地发生相应的变化，永恒不变的、适用于一切时代的道德标准是没有的；在阶级社会中，道德规范是有阶级性的，不同阶级有不同的道德规范。

历史唯物主义的道德观，为一切道德研究指明了方向，它是各门学科在研究道德时的哲学基础和指导思想。

（二）道德是社会学的研究对象

社会学通过人们的社会关系和社会行为来研究社会的结构、功能、发生和发展规律。社会学是从社会控制的形式来研究道德的，认为"道德，是人们自觉地用来控制社会生活的行为准则"（费孝通，1984）。

社会学研究道德，一是研究道德的产生，二是研究道德在社会控制中的作用。

在社会学看来，道德是由习俗发展出来的，在阶级和国家产生以后，系统的道德概念、范畴和道德理论也随之产生。然而，道德既不同于习俗，又有别于法律，道德是对人的思想行为进行评判的标准，它是靠教育、靠社会舆论和人们内心信念来促使人们自觉遵守的。因此，社会学是从社会现象的功能的角度，来探索道德对人们思想行为所起的控制作用。当然，一个社会的道德不止一种。恩格斯说，"实际上，每一个阶级，甚至每一个行业，都各有各的道德"（恩格斯，2012）。社会学十分重视对社会各种职业道德的研究，这正是出自其强调职业道德在社会控制中发挥积极作用的观点。

（三）道德是伦理学的研究对象

不论在中国还是外国，"道德"和"伦理"（英文为 ethics，俄文为 этика）这两个概念，在一定的词源意义上是相通的。因此，伦理学是专门以道德为研究对象的，它是研究道德起源、本质及其发展规律的科学，用概念、规范、范畴等对道德的发生、发展及其作用等进行系统化、理论化的表述。

有关伦理学的研究对象，中外伦理学史上有许多不同的看法。有的认为伦理学是关于善和恶的科学；有的认为伦理学研究对象是幸福问题；有的认为伦理学是研究道德事实或道德行为的；等等。各持一端，众说纷纭。科学伦理学是从总体上和联系上研究社会道德现象的学科，它强调道德活动现象、道德意识现象和道德规范现象之间的相互联系，认为伦理学若不把道德的各类现象联系起来加以研究，就不能从总体上把握社会的道德关系。

伦理学既着眼于整个社会的道德风尚，又注目于社会成员个人的道德品质。前一种研究是后一种研究的前提，后一种研究是前一种研究的归宿。伦理学所关注的社会成员道德品质的研究，主要是为各个社会成员确立道德理想，完善道德品质，抉择道德行为，提高道德境界而提供理论基础。

（四）道德是教育学的研究对象

教育学研究道德，主要是探讨道德教育。以德为先，以德育为教育之首，把德育作为一切教育之本，是中华民族历来的教育理念。

道德教育是德育的一个主要的组成部分。当然，道德教育与德育是两个概念。因为德育是一个更广泛的概念，它是学校对学生（儿童与青少年）进行政治教育、思想教育、道德教育的总称。德育的对象是一个个生龙活虎的学生个体，认识个体的道德品质或品德有何特性，应该是提高德育认识的前提。

教育学对道德的研究，涉及道德教育在整个教育及德育中的地位和作用、道德教育的任务和内容、过程、原则、方法及组织形式等方面的问题。

(五)道德是心理学的研究对象

心理学研究道德，侧重于研究作为心理现象的个人(或个体)的道德品质。

道德品质，又叫作品德或德性，即个人的道德面貌。它是社会道德现象在个体身上的表现。个人可以依据一定的行为准则产生某些有关道德方面的态度、言论、举动。个人在一系列的道德行为中所体现出来的某一经常的、一贯的共同倾向，便是他的品德。

品德是一种心理现象。心理学，特别是品德心理学主要研究的是品德的结构、过程，它的发生、发展的规律。当然，心理学研究品德与其他各学科的研究也有交叉的地方。

总之，哲学社会历史观研究道德的一般规律；心理学则在哲学社会历史观的指导下，研究品德的特殊规律，研究个体的道德品质的规律，研究作为个性中具有道德价值之核心部分的品德的规律。

社会学研究作为社会现象的道德的产生和功能；心理学则研究个体的道德品质的产生、发展和功能。

伦理学既研究整个社会的道德风尚，又研究社会成员个人的道德品质，但侧重于社会道德现象，着重研究人"应该"如何行动才符合道德的问题；心理学在研究个人的道德品质时，尽管也要探讨道德品质与一定社会或阶级的道德原则和规范的关系，强调品德是一定社会道德关系的体现，但它侧重于个人的道德面貌，着重研究人的品德"是什么"的问题。前者属于规范科学的范畴，后者属于实证科学研究的范围。

教育学研究道德教育，需要以心理学对学生品德的研究为基础，因为良好的道德教育需要以对品德的过程、发展和年龄特点的研究为前提。同时，教育学在研究道德教育中所获得的教育与品德发展的关系的事实，又为心理学对品德及其发展的研究提供了教育实践上的依据。

二、品德发展心理学研究个体品德发展的规律

如前所述，品德发展心理学，研究的是个体道德品质的发展，特别是儿童与青

少年的品德发展的规律。它既是品德心理学的一部分，又是从儿童与青少年到成年发展心理学的一部分。因此，品德发展心理学是心理科学的一个分支。

品德发展心理学研究什么？它包括哪些内容？

(一) 从心理学的角度来理解品德的发展

品德发展心理学，首先是一门心理学。

心理学是研究心理现象的科学。脑是心理的器官，客观现实是心理的内容。人的心理在实践活动中发生和发展，又反作用于实践。也就是说，人的心理是人脑对客观现实的能动的反映。

作为一种心理现象，品德是一种反映的形式，它具体地体现一定社会道德要求的个人意识和行为总体的特征。品德是人在实践活动中、在社会道德关系和道德舆论的作用下、在道德教育的影响下形成的，它是社会现实在人脑中的反映。人之所以有这样的或那样的品德内容，应该在社会物质生活中去寻找原因，应该从一定社会关系的道德原则和规范中去寻找答案。同时，品德是一种心理现象，它服从心理形成、发展的规律。和一切心理现象一样，品德不是社会现实的机械的摹写，而是一种能动的反映。品德的发展是外部条件与内部(主观)因素的统一，教育与发展的统一，年龄特征的稳定性与可变性的统一。当我们要说明个体能否形成或在什么情况下能又快又好地形成某些道德品质时，就必须去揭示某些心理原因。

品德发展心理学，正是从心理学的角度去探索品德发展的特点及其阶段性；揭示作为心理现象的品德在其发展中对人脑活动的规律、心理发展规律的依赖关系；研究从儿童与青少年到成人品德的心理结构的形式、发展过程及其规律性。品德发展心理学并不考察道德教育的全部问题，更不涉及整个社会道德现象的全部问题，而只是从心理学角度去探讨社会道德现象与个体道德品质发展的辩证关系，阐明某些具体的道德教育途径和措施的心理前提。

(二) 从个体发展的角度来理解品德的发展

道德的发展，可以分为社会道德发展和个体品德发展两个方面。

所谓社会道德发展，一般是指人类道德的起源及历史演化。在人类历史上，适应社会发展的不同历史阶段和不同历史条件，相继出现过不同的道德类型。原始社会的部落氏族道德，奴隶社会、封建社会、资本主义社会的道德，社会主义道德，都是道德的不同历史类型。从发展的观点看，它们都是人类道德发展总过程中的必要环节和阶段。这些不同历史类型的道德，既具有历史性和阶级性，又具有全人类的共性；后一种道德类型对已往的道德类型，既要扬弃和改造，又要继承和发展。与此同时，社会道德的发展也指社会道德现象和社会道德结构的发展。

所谓个体品德发展，是指人的个体从出生到成熟到衰老的过程中品德发生和发展的历史。一个人出生后，他的品德是如何产生的？在人的发展的各个年龄阶段（儿童、少年、青年、中年、老年）中，品德又是如何变化的？在品德发展中，有什么样的规律？它与其他心理现象有何关系与联系？品德发展对人的生活和教育具有怎样的意义？等等。这些都是在研究个体品德发展中要阐述的问题。

诚然，社会道德发展和个体品德发展是两回事，有根本的区别，但是它们彼此之间又是密切地联系着的，社会道德发展是个体品德发展的基础；个体品德发展体现着社会道德发展的水平。因此，作为研究人类心理发展史的心理科学的一个分支——品德发展心理学，主要研究个体品德的发展。而从出生到成熟时期品德的发生和发展是被研究得较多的部分，它们组成了品德发展心理学的主要内容。这样，品德发展心理学就成了主要研究从儿童与青少年到成年人品德的产生和发展，研究品德发展的年龄特征的学科，它是发展心理学的一个重要方面。

(三) 从个性中具有道德价值的核心成分来理解品德的发展

在心理学里，品德是个人依据一定的社会道德准则在行动时所表现出来的某些稳固的和一贯的特征，它是个性中具有道德价值的核心部分。

人格与个性在英语中是同一个词(personality)。在汉语的词义上，人格可作两种解释：一是个性，二是品格。在本书中出现的或采用的是"个性"。个性这个概念，是一个社会范畴，它是许多学科的研究对象。心理学的任务是研究表现在人的心理活动中的个体心理的实质及其形成的规律。个性心理，由许多成分组成，一般说来，它分为两大块，一个是个体意识倾向性，另一个是个性心理特征，具体结构如图1-1所示。

$$个性心理 \begin{cases} 个体意识倾向性：兴趣、爱好、动机、目的、理想、 \\ \qquad\qquad\qquad\quad 信念、自我意识、世界观 \\ 个性心理特征：能力、气质、性格 \end{cases}$$

图1-1　个性心理的组成

个性心理是通过心理过程形成的，没有认识过程、情感过程和意志过程，个性心理是无法形成的。同时，已经形成的个性心理又制约着心理过程，并在心理过程中表现出来。

从心理学的角度看，品德不是个性心理结构中的一种简单的要素，而是个性心理的一个特殊表现。它既包含一定的个体意识倾向性，又包含一定的个性心理特征；它既通过心理过程形成，又在心理过程中表现出来。因此，品德是一种特殊的个性心理，这种特殊性，就是体现一定社会道德的原则和规范，具有稳定的个人道德意识和道德行为总体这一根本属性。所以说，品德是个性中具有道德价值的核心部分。品德发展心理学研究品德的发展，主要是从个体经常地、稳固地表现出来的个性特点及其发展水平方面进行深入研究的。

(四)从教育培养的角度来理解品德的发展

教育和培养全面发展人才的问题，在当前已经引起各国教育界的重视。在这方面，发展品德，包括发展非智力或非认知因素的重要意义，也越来越多地被广大的教育理论家和教育实践家所承认。

教育应以德育为先，这是我国的优秀教育传统。作为德育的主要部分的道德教育，在培养人的品德中起着主导的作用。品德的发展是一个十分复杂的问题，它是关系到能否成为智、仁、勇的人，成为大德大爱、高情怀、高意志的人的关键。品德是在社会实践中、在教育培养中发展起来的。教育与品德发展是辩证的统一。一方面，脱离社会环境和教育培养条件来谈品德的发展，是揭示不了品德发展的实质的；另一方面，在道德教育中，其具体的要求、内容、方式和方法固然首先要服从社会生产方式的需要，但它们同时也必须考虑到个体，特别是儿童与青少年的心理特点，考虑到品德发展的内在活动的规律性。也就是说，道德教育培养的效果，不仅依赖于各种外部的社会物质条件，而且也依赖于个体本身的各种内部条件。只有适合于个体，特别是儿童与青少年品德发展内因的那些教育培养条件，才能够使个体的品德有节奏地、循序渐进地、健康地、最大可能地向前发展。

在中小学生品德发展中，有个转折期，即本书第三章中提出的质变期，我自己的研究是质变期大致存在于小学三年级和初中二年级，而有研究表明，小学五年级是品德发展的一个转折阶段，品德不良行为和许多心理问题到五年级发展到高峰，随后则开始下降。小学生的品德不良水平与许多心理问题（如对人焦虑、学习焦虑、孤独倾向、冲动倾向等）之间存在显著相关，也与学习问题存在显著相关（陈文辉，陈传锋，贺豪振，邹勇，2006）。所以研究者提出要预防小学生从五年级开始的品德不良行为，需同时加强小学生的品德教育和心理健康教育。

因此，品德发展心理学要研究教育培养与品德发展的辩证关系，研究品德发展的外部条件和内部动力，从而为教育工作提供足够的心理学依据。

总之，品德发展心理学是研究品德心理形成、发展规律的科学。揭示从儿童与青少年到成人的品德发展的规律，是有的放矢地培养良好个性、健康道德品质和全面发展人才的出发点。

第二节

品德的特性

在浩瀚无垠的客观世界中，存在着千差万别的事物。各种事物彼此区别的本质原因，就是矛盾的特殊性。

我们研究品德，首先要分析它的特殊性及其表现，也就是要研究其区分于其他心理现象的各种特性。

　　品德有哪些特性呢？从品德的特殊矛盾出发，我们认为它主要有社会性、内在统一性、稳定倾向性、自觉性、层次区别性、调节性六种彼此联系、互相制约的特性。

一、品德内容的社会性

　　品德是一定社会道德关系的体现，它的最显著的特性就是社会性。

　　首先，品德反映着一定历史条件下的某种社会关系。因为品德是社会道德现象在个体身上的表现，社会道德属于上层建筑中的意识形态，它由经济基础决定，不论是道德准则、规范、行为、风尚，都体现了一定社会或阶级适应于当时整个社会关系状况和发展的客观要求，作为个人道德面貌的品德，必然是这种社会道德内容的个体化，而绝不是脱离历史发展的抽象观念。我们今天的学生，他们没有吃过苦，没有像父辈那样艰苦奋斗的精神；他们在和平环境中成长、长大，他们过着比较富裕的生活。所以，如何去选择生活方式是所有的学生所面临的一个难题。因此，我们在德育工作中必须要突出学生们的特色，即当今时代的特色。

　　其次，品德作为个性的特殊表现，不是人的生理上的自然属性，而是人的社会属性，它反映的是人的社会特质。正如马克思所说的，"'特殊的人格'的本质不是人的胡子、血液、抽象的肉体的本性，而是人的社会特质"。（马克思，1956）这种个性中具有道德价值的品德无所谓与生俱来的性善和性恶，而是家庭、环境、教育和社会实践的产物，"个人是什么样的，这取决于他们进行生产的物质条件"。离开一定社会物质条件和具体历史环境，无法说明个性的本质和品德的性质。正因如此，现在不少西方心理学家把个性和品德统称为"社会性"，将个性或品德发展叫作社会性发展，这是有道理的。

　　再次，品德的发展变化，主要取决于社会因素。品德的形成、发展和变化，从根本上说，要受社会条件，特别是社会生产方式的制约；都是在社会实践活动中实现的；都是在社会实践的基础上，外部条件通过内部条件发生作用的结果。只有在社会条件的作用下，在社会实践活动中，个体经过主观努力，才能不断形成、积累和完善新的品德成分，促进品德的发展和变化。

最后，品德内容的社会性，并不能和民族性、阶级性、历史性画等号。品德内容的社会性，应该是历史性、民族性、阶级性和全人类性的统一。一个人品德的历史性，是指他的道德面貌体现历史的特点和时代的特色。一个人品德的民族性或阶级性，是指他的道德面貌反映了一定的民族或阶级的利益和要求，并为特定民族的道德规范和伦理体系所制约。中华美德是中华文化的基石，强调提高个人的道德修养，形成了上面提到的仁、义、礼、智、信的"五常"之德。这就是今天我们强调继承和弘扬中华传统道德的原因，它要求我们在德育工作中要突出中国情怀。但是，一个人的品德还包含着全人类的因素，这是个体心理对道德的全人类因素反映的结果。在人类社会道德的发展中，存在着许多共同的道德观念和道德规范；存在着许多共同用以表达道德的心理形式和行为方式；存在着许多共同的道德功能及其表现形式。这些共同特性一旦形成，往往成为若干时代、若干阶层、若干民族共有的道德财富，并以不同程度和不同形式体现在每一个社会成员的品德上，所以我们在德育工作中要有世界的眼光。

由此可见，品德内容的社会性，既体现了人类社会道德的共同点，又包含了品德的历史、阶层、职业、民族等一系列的社会差异。这种品德社会性的共同点与差异性的存在，反映出品德社会性的共性与个性的统一，普遍性与特殊性的统一，继承性与批判性的统一，稳定性与可变性的统一。这种对立统一的关系，表现出品德错综复杂的社会性。这里，偏废任何一个方面，忽视任何一个方面都是违背社会发展变化规律的。

品德问题可以用社会心理学模式来研究，社会心理学家不像普通心理学家那样把人们的心理活动分为几种心理要素，而是强调了心理活动的整体性。态度本身就是一种由三种基本心理要素构成的有机的动态开放系统，态度结构中隐含着动机、信念、需要、意志等基本要素。在社会心理学中，有关态度问题的研究已经相当成熟，并且积累了大量的研究成果。一旦将这些方面的研究成果迁移到对品德问题的研究之中，将它们应用于品德教育的实践中去，就会给我们带来许多新的启示和帮助（郭祖仪，2000）。

二、品德结构的内在统一性

品德是人的道德活动特征的整体，是一个极为复杂的系统。它是道德动机与道德实践(行为)的有机统一，又是道德意识倾向性与道德心理特征的有机统一，也是道德认识(知)、道德情感(情)、道德意志(意)与道德行为(行)的有机统一，还是道德内容与道德形式的有机统一。

(一)品德是个体的道德动机与道德行为的统一体

一个人的品德，不仅指个体内在的心理成分或动机的特质，也不仅指个体主观见之于客观的外部表现或行为的特质，而是综合个体道德动机和道德行为的特定属性。一个人的道德心理成分，特别是道德动机总是通过他的一系列道德行为表现出来的，道德行为总是由道德动机所支配，成为一个人的品德的外部表现。道德动机与道德行为的统一，也就是动机与效果的统一，这是辩证唯物主义道德观的重要原理。

(二)品德是个体的道德意识倾向性与道德心理特征的统一体

品德成分，既包括个体道德意识倾向性，即道德需要的各种表现，如道德动机、道德目的、道德信念、道德理想等；又包括个体道德心理特征，即道德的知、情、意、行等。品德必须以个体道德意识倾向性的指导为基础，并在这个基础上产生道德的知、情、意、行等个体道德的心理特征。可见，一个人形成什么样的品德，是健康的还是不健康的，是由道德意识倾向性和道德心理特征统一起来决定的。

个体道德心理特征的知、情、意、行也是相互联系又相互矛盾的统一体，它们是不能截然分开的。它们互相作用，互为前提。例如，当一个人有了某种道德认识时，往往伴随着道德情感；与此同时所发生的道德意志，不断地调节道德情感，改变人的行为方式；随之产生的道德行为，又对道德认识起着反馈的作用。

（三）品德是个体的道德内容和道德形式的统一体

每一个人的品德，都通过认识反映着道德规范中的各种范畴，都有其活生生的内容，这些具体内容，体现了特定时代、社会、环境和阶级的道德原则和道德规范的要求，以义务、良心、荣誉、幸福等各种形式提炼和概括出来，并表现在各种行为之中。一个人根据某种道德内容所表现出的道德行为，经过了长期而重复的练习，养成一种道德上的习惯，就成为这个人的某种品德。实际上，品德就是一个人道德内容与道德形式统一的产物，就是一个人在社会实践中凭选择而习得的习惯，是道德行为持续不断积累的结果。

总之，品德结构的统一性，要求我们在德育工作中培养学生表里如一，始终如一，把道德内化于心，外化于行。

三、道德品质的稳定倾向性

如前所说，任何人的品德都是在他处世接物的实际行为中表现出来的。这种行为所表现出来的是涉及道德关系的重要和持久的心理特征，这一类心理特征的综合，就组成一个人完整而稳定的品德。我们在德育工作中之所以强调"一个人做点好事并不难，难的是一辈子做好事而不做坏事"，正是基于道德品质的稳定性倾向。

（一）道德行为是整体的、统一的

品德是道德行为整体的稳定倾向。所谓道德行为整体，不仅指构成道德行为的主客体的统一，而且指一个人的一系列道德行为的统一。这种道德行为整体，统一在道德活动，乃至整个社会实践之中。因此，一个人的品德要充分地表现为其"一系列行为构成的行为整体的稳定倾向"。日常见到的"言行一致"，固然是说明道德行为的整体性；而"言行不一致"也同样表明道德行为的整体性。因为言行不一致，只是一个人用两种不同的行为——言和行，来表达某种特定的道德动机。所以，言行相脱节也反映了一个人的特定的道德动机与道德行为的统一，体现出他的品德特点。

（二）道德行为是持续的和一致的

品德经常表现为一个人某种持续行为的稳定倾向。也就是说，一个人的品德最终是一致的，它不但体现在某时或某事上，而且能持久地表现在一系列的行为中。可见，品德是个体在某一实践领域、某一活动阶段以至一生中的全部行为的综合。正如黑格尔所说："一个人做了这样或那样一件合乎伦理的事，还不能说他是有德的；只有这种行为方式成为他性格中的固定要求时，他才可以说他是有德的。"因此，品德与性格有相互重叠的部分，它只是属于同道德伦理有关的范围，它与性格一样地表现出一个人持续而一致的稳定特征。

（三）道德行为反映一个人完整的道德面貌

每一个人的品德，既包括许多与别人相同的道德行为，也包括许多与众不同的道德行为。因此，每一个人的道德行为整体都是各种道德行为独特的组合，反映出他完整的道德面貌，构成个体的道德品质。

四、品德抉择的自觉性

品德的一个显著特点，就是它的自觉性，自觉地抉择行为，自觉地按一定道德准则来控制行为。

品德抉择的自觉性，来自道德信念、道德意志和道德习惯。它是良心或良知的集中表现。

首先，道德信念是构成品德自觉性的前提。信念有两个特点，一是带有情绪情感色彩，按信念去行动会产生肯定的情感，否则就产生消极的情感；二是带有"习惯"性，自然而然地按照自己的信念去行动。当一个人形成道德信念之后，就会按照自己的行为准则坚定不移地去行动，就能根据对社会、对他人的某种自觉态度而自觉地抉择行为。这就使品德有别于法律行为。法律带有强制性，所以法律行为带有被迫性；而品德则通过内心信念来控制，因此道德行为就具有自觉性。由于有道德信念的作用，个体对于是与非、善与恶、正义与非正义、正当与不正当等产生评判的标准。于是他在自己的行为符合道德信念时，则心情畅快；反之就会在思想上受到压力。这样，道德行为就产生一定的目的性和方向性。

其次，品德是自觉意志的凝结。品德是一种自觉意志的行动过程，一方面，主体的行为是根据自觉的目的来进行的，也就是说，主体的行为在每一个时期或每一个场合，只有自觉地确定目的，打上自己的意志烙印，才能成为正确的、符合道德要求和准则的行动；另一方面，正是通过这种意志对行动的支配、调节或控制，自觉的目的才能得以实现。一个人的品德，正是凭借意志作用于行为的结果，是主体自觉意志的高度凝结。品德的形成和发展的过程，也就是主体意志发生和发展的过程。

最后，道德习惯体现了道德意识与道德行为自觉统一的程度和水平。一个人的道德行为往往是自动出现的，这是道德习惯的表现。从生理机制上说，习惯属于"动型"的一种形式，即指对一定的刺激物定型系统所形成的相对稳定的反应定型系统。它是大脑皮质机能的系统性的最主要表现。动型的特点是当它已经形成后，一旦有关刺激作用于主体，反应定型系统就自动地出现。然而，由于品德有着显著的社会性的特点，因此，品德绝不是简单的、一般生活中的行为习惯，而是一个人按照自己的信念，凭借自己意志的审慎抉择而逐步形成的一种社会性习惯。道德习惯体现出道德的水平，表现出一个人自然而然的道德行为。这也是个体品德发展的质量的标志，关于这一点，我们将在第三章做进一步的分析。

品德抉择的自觉性，正是道德信念、道德意志和道德习惯统一作用的结果，体现出良心或良知的特点。

五、品德层次的区别性

品德的发展，呈现出不同的层次、水平和等级。不同人的品德存在着很大的差异性或区别性。

用什么指标确定品德的差异性，这在心理学、伦理学和教育学中都是一个薄弱的环节。从道德的本质及品德心理成分出发，品德的差异性，主要表现在道德规范、道德范畴和心理结构上。

(一)道德规范

道德规范,主要是道德行为的准则或行为善恶的准则,它是对待某一社会关系的行为善恶标准,具体表现在个体所涉及的三大关系上。

一是个人和社会整体的关系,即所谓"群己关系",它包括个人与国家、民族、阶级、政党、社团、集体等的关系,其中国家认同或热爱祖国是其核心因素。

二是个人和他人的关系,又称"人己关系",它包括朋友、敌我、同志、父母、长幼等之间的关系,其中孝道和团队合作精神是其核心因素。

三是个人和自己的关系,即自我道德修养的准则,如信心、谨慎、勤奋、俭朴等,其中信心是其核心因素。

人与人品德的差异,首先表现在对待这三类社会关系上。针对这三类关系,必然地会产生各种各样的品德标准,以此可衡量人与人之间品德的差异。以我国为例,就能举出不少的品德准则。本书第五章将提到中华传统美德中的"四维"(礼、义、廉、耻)和"八德"(忠、孝、仁、爱、信、义、和、平)就突出了上述三大关系。我国台湾教育家冯定亚女士创办"五心"同心会,提倡把忠心呈给国家,把孝心献给父母,把信心留给自己,把热心传给社会,把爱心送给大家。她将"五心"作为道德规范或原则。

1949 年,《中国人民政治协商会议共同纲领》曾把我国国民公德概括为"五爱":爱祖国、爱人民、爱劳动、爱科学、爱护公共财物。1983 年 3 月 11 日,中央成立了"五讲四美三热爱"委员会,确立了"五讲"(讲文明、讲礼貌、讲卫生、讲秩序、讲道德),"四美"(心灵美、语言美、行为美、环境美),"三热爱"(热爱祖国、热爱社会主义、热爱中国共产党)的较通俗、易执行的道德规范。

(二)道德范畴

道德范畴是反映个人对社会、对他人、对自己的本质的、典型的、一般的道德关系的基本概念。道德范畴受道德规范的制约,又是道德规范发挥作用的必要条件。

道德范畴体现了一定社会对其成员的道德要求，它们必须作为一种信念促使道德行为的主体自觉地行动。

不同的人重视不同的道德范畴。伦理学主要强调四个概念：义务、良心、荣誉、幸福。今天我们社会所倡导的爱国、敬业、诚信、友善、仁爱、公平、正义、节操、良知等都是一些道德的范畴。人与人之间的品德差异，从内容上来说，主要表现在道德范畴上。

由这些道德范畴就自然会产生各种不同的品德标准，它们可用来判别人与人之间品德水平的差异性。当然，这些标准也是历史性、阶级性和全人类性的统一。我们可以通过这些标准，考察一个人的道德范畴的表现，把握其品德状态。

(三) 心理结构

如前所述，品德是一个统一的心理结构。它既包括道德动机或道德意识倾向性，又包括知(道德认识)、情(道德情感)、意(道德意志)、行(道德行为)的道德心理特征。下一节对这个结构将做详细的分析。人与人之间的品德差异，从品德结构来说，分别表现在这些组成品德结构的成分上。

针对品德各成分的差异，我们也会产生多种形式的品德标准。根据这些标准，我们可以去分析不同个体品德的区别。

上述表现品德状态差异性的道德规范、道德范畴和心理结构三个方面，它们不是平行的，而是交互作用的。道德规范制约着道德范畴，但只有属于主体的道德范畴，才能使道德规范发挥作用。不管是道德规范还是道德范畴，都是以某种道德心理成分表现出来的。以"正直"为例，它是一种道德范畴，它必须要以一定的社会道德要求为准则，必须以对社会("忠诚""积极")、对他人("守信""礼貌")、对自己("节制""信心")的一系列道德规范为基础，又以各种心理成分表现出来：在道德认识上为"正直"，在道德情感上为"襟怀坦白"，在意志上为"持志"，在行为上为"廉洁"，等等。这里有德纲、有德目，体现出一个人品德层次的特点。正是这些道德规范、道德范畴和道德心理结构的方方面面的特色，才产生人与人之间在"正直"

这种品德方面的不同层次的差异。

六、品德功能的调节性

伦理学认为，道德有两个社会功能，一个是认识社会现实，它使人们按照趋善避恶的原则，去积极创造完美的社会关系和自身完美的人格（个性）；二是调节社会关系，它通过评价、命令、教育、指示、示范、激励、沟通等方式和途径，调节个人与社会、个人与他人的关系和交往中的行为。

我们认为，个体的道德品质，即品德特性，其主要的功能还在于调节。也就是说，品德调节着主体的行为，从而完善其社会关系、人际关系和自身修养。诚然，法律、政治、宗教等对个体的行为也具有调节作用，但品德功能的调节作用，是一种特殊的调节特性。尤其对于中小学生来讲，法律似乎有些"残酷"，政治稍显"严肃"，宗教则带有一定的迷信色彩，而品德的调节具有自觉性、广泛性和相对独立性等特征，全面体现了德育为先的重要性。

首先，品德的调节性，来自道德动机，要诉诸主体的内心信念，具有自觉调节的特点。品德对主体行为的调节，既不同于政治、法律，又不同于宗教。品德一般不具备政治、法律那样的强制性和惩罚性。如果品德调节的过程中也具有一定程度的强制性的话，那它往往是由内心自省引发的。例如，当一个人的行为违背道德规范时，常常受到良心的谴责，于是产生内疚、不安、惭愧的道德心理，从而调整自己的行为。这种"强制性"本身也说明品德调节的自觉性。尽管品德和宗教信仰都要依靠信念，但道德信念是建立在对社会、对他人、对自己的科学认识和实践经验的基础上的，不像宗教那样具有盲从性，这正说明品德调节的自觉性。

其次，品德的调节性，是在统一道德心理特征的知、情、意、行的过程中实现的，其调节的程度往往带有持久性和稳定性。政治、法律、文艺、宗教都具有调节的功能，但与品德有一定的区别。例如，法律主要调节行为本身，文艺主要通过形象感染主体的情感，宗教主要作用于人的意志和信念，等等。而品德作为一种心理活动，则在道德心理的知、情、意、行的统一中来实现调节功能。乍看起来，品德的调节作用，不如政治、法律那样直接和迅速，不如文艺感染那样带有突发性，不如宗教那样盲从，但由于品德是主体整个心理活动的统一作用，其功能必然具有相对的稳定性和持久性。

最后，品德的调节功能所干预的范围很广，它涉及任何一个主体对社会、他人及自身的一切行为。在这一点上，它和政治、法律、宗教的调节范围具有明显的区别。品德所调节的主体行为，不仅是公开于社会生活中的，而且包括在无人监督、控制、教育、启示下的自身行为。这种自身调节的程度，正反映了一个人的品德水平和涵养高低。

品德的调节性，反映了品德在心理现象中的相对独立性和特殊地位。它说明，在人类社会生活中，主体不是一个消极的适应者，而是个积极的活动者，总要按照自己的一定社会性、德性、道德面貌去分析世界，调节和控制自己，促进社会的物质文明和精神文明建设。

可见，品德的调节性，集中反映了上述的其他各种品德特征，反映了品德的能动性。同时，品德的调节性正是我们研究一个人品德水平的一种指标。

第三节

———

品德的结构

品德的心理结构指个体在外界影响下产生道德行为的中介过程所涉及的心理成分以及其相互关联和制约的模式或动力机制（章志光，1993）。品德结构是心理结构中一个相对独立的系统，与其他系统如智能结构、审美结构相并列。从发展和系统的观点来考察，品德的心理结构是具有多要素、多系统、多层次、动态稳定的非平衡结构，是心理表层系统和深层系统的有机统一。从个体心理发生、发展的角度看，品德心理结构的发生基础是个体先天具有的人类心理素质结构。人类在长期进化发展的过程中，经过千百万年的积淀，形成了"类"所具有的心理框架、结构。当个体出生时，这种框架、结构就以遗传素质的方式隐含在个体身上。在此基础上，个体以自身需要(最初表现为生理需要如饮食、保暖等)为动力，参与社会生活实践，与社会规范发生联系，在活动中逐渐将社会道德要求内化，同时又在活动中实现外化，并主动将二者进行积极的整合，逐渐形成个体独特的品德心理结构(马娟，2004)。我们是从心理学的角度来研究个体道德品质的。作为一种心理现象，品德无疑是客观现实的反映。正是客观现实的整体性、多样性和统一性，决定了人的品德是一个完整的结构。

一、关于品德结构的不同见解

关于什么是品德的结构，国内外心理学家还没有统一的看法。这里，我就几个主要的观点，做个概括的介绍。

(一)从"三分法""二分法"和"四分法"所引申出来的品德结构

在心理学史上，提顿斯(Tetens)在沃尔夫(C. Wolf)的官能心理学的基础上，创始了认识、情感和意志的"三分法"。康德(I. Kant)是提顿斯的三分法的继承者，他以"知""情""意"为纲的哲学著作《纯粹理性批判》《判断力批判》《实践理性批判》，不仅构成了他的"批判哲学"的体系，而且也构成了他的心理学的体系。从此，"知""情""意"就被确定为心理结构的主要成分，即所谓心理过程的"三要素"或三种心理过程，而对"知""情""意"三要素的揭示，也构成了心理学的主要内容。

在这三分法的基础上确定的品德结构，就是把品德看成是道德认识、道德情感和道德行为的统一体。目前国际流行的心理学文献，也大都采用这种观点，正如美国品德心理学著作所写的那样，"纵观品德的研究，一般都是将它分为道德观念、道德情感和道德行为"(Kurtines & Gewirtz, 1984)。美国传统的品德心理学持这样的观点，苏联的品德心理学基本上也持这样的观点(A. A. 斯米尔诺夫，1975;陈会昌，1983)，我国教育心理学界大都也持这样的观点。其代表著作是 1963 年由潘菽教授主编的《教育心理学》(讨论稿),1980 年该书的修订版中再次提出这个问题,认为任何一种品德结构都包含有一定的道德认识、道德情感和道德行为方式三种基本成分,而把道德意志包括在道德行为的训练中(潘菽,1980)。

心理学中的"二分法",即把心理看作由认识和意向(或认识和行为)两种成分所构成的整体。实际上,二分法仍包含三种心理成分,提出二分法的心理学家并不否定情感成分的存在,只不过在情感的归属上与三分法有点差异。

在这种二分法基础上确定的品德结构,往往将品德看成是道德知识和道德行为的统一体。苏联的一些教科书,就是这么分析的。美国品德发展心理学家科尔伯格(L. Kohlberg)的后期研究,主要也是围绕着道德认知和道德行为的发展而开展研究的。

所谓"四分法",只是将"意志"过程分为"意志"和"行为"两种成分,于是心理结构则成为"知""情""意""行"的统一体。这种四分法,在普通心理学里并不常见,然而在品德心理学中却比较流行。

在这种四分法基础上所确定的品德结构,所包含的是道德认识、道德情感、道德意志和道德行为四种成分。这种四分法,在我国较为多见,尤其在德育心理理论中更为多见。这不仅反映了我国心理学家对"意志""行为"和"习惯"等心理现象的见解,而且也体现了我国心理学家对中国古代心理学思想的继承。在第二章里,我们将讨论孔子关于"知""情""意""行"的论述,孔子是最早提出品德的基本心理结构应该包含道德认识、道德情感、道德意志和道德行为四种成分的学者。

品德结构的"二分法""三分法"和"四分法",只是对于界定不同的研究起了作用,按本质而言,这种成分的划分并不存在实质性的区别。其共同的一点,就是强调心理结构,强调心理过程,都认为品德是由知、情、意三种心理过程的道德成分所组成的,品德心理学应该分别从认识、情感、行为(包含意志训练、行为表现及习惯养成)三方面研究品德的形成和发展。

我们同意这样的观点:品德心理学所说的品德结构,主要是心理结构,即品德活动的结构。但是,单纯地从知、情、意三种心理过程去把握品德是不够全面的。因为品德作为个性的一个侧面,不仅包含知、情、意、行诸方面心理过程或特征的成分,而且还有以需要为基础的意识倾向性或动机系统;品德不仅是由许多因素构成的静态支架,而且是有定向、操作、反馈等机能的充满社会性的活生生的动态结构。因此我们要更全面地加以分析。

(二)从分解特定道德行为的构成因素所分析的品德结构

美国品德心理学家莱斯特(J. R. Rest)在总结品德研究的基础上,从分解特定道德行为的构成因素出发,注意各种行为的内部过程和外观行动的联系,特别是重视道德情感在道德行为中的作用,进而提出了品德结构的问题。

莱斯特指出,品德的主要成分有四种。

1. 理解道德情境

其中包括道德敏感性(感受到自己的行动对别人权益产生什么影响的能力)和道德推理能力(推断别人思想情感的能力)。莱斯特举了四个品德心理学的实验结果来说明这一成分。①对情境含糊不清的被试,比起对情境有清晰了解的被试,其助人行为要少;②在对别人的需要和利益敏感性方面有着明显的个体差异;③发育到一定年龄之后才能够推断别人的要求和利益,才能够推断一个人的行为将如何影响另一个人;④移情(empathy)在品德中是一个重要因素。

2. 寻找出适当的道德行为途径

这是指确定怎样的行为途径才是道德的,即在这一道德情境中应该做什么。这一过程涉及的主要是与道德判断有关的问题。莱斯特在解释这一成分时,认为有两种理论是可以考虑的。一种是来自社会心理学的社会常模理论。这一理论假定了许多常模,如社会责任感、公道、平等互利等。在一定的道德情境中,一个人应该做些什么是由常模决定的。另一种是认知发展理论。这种理论认为道德发展就是对社会规则的性质、功能和目的理解能力的发展。每个发展阶段都有一个采取行动的假设的"框架",在具体的情境中,儿童青少年依据已有的"框架"寻找行为途径。

3. 决定道德行为的计划

这里包括行为决策过程的描述,道德动机的激发和斗争。具体地说,当一个人意识到许多可能出现的不同行为结果时,许多动机就被激活了,但是不同的动机可因具体情况的改变而相互取代。在动机取代过程中，主体甚至会出现这种情况：宁可牺牲自己的利益或忍受痛苦，也要选择道德动机。这里必然会出现一个问题：是什么东西在激发主体的道德行为？莱斯特归纳为如下的八个方面：①人的道德行为是由于进化使利他主义变成了可遗传的东西；②良心，即羞愧、罪恶感、对上帝的恐惧激发起主体的道德行为；③强化和模仿；④对合作意义或人际关系的理解；⑤移情或同情心是利他动机的基础；⑥对那些比自己更伟大的事物的敬畏和遵从，如对国家或集体的献身精神，对神的尊敬；⑦对自我完整的关心和对个人社会地位的体验；⑧关心集体和集体生活的经验。

4. 执行并实施道德行为的计划

包括设想各种阻碍和想象不到的困难，克服挫折、抗拒诱惑等。这种成分的核心是自我力量或自我调节技能。研究表明，同处于科尔伯格道德发展第四阶段"法律与秩序"实验中的被试，测得自我力量较强的人比较弱的人更少出现欺骗行为，因为自我力量强的人具有信念的力量，反之，自我力量弱的人虽有同样的道德信念，但不能照自己的信念行事。

莱斯特强调他的品德结构模型不是一种线性的决策模型。也就是说，主体的行为在一定时间内不一定要从一种成分依次转入另一种成分。尽管四种成分之间存在着一种逻辑顺序，但每一种成分会由于正负反馈回路作用而相互影响。

莱斯特的品德结构四成分论注意各成分的相互联系和相互制约，较全面地考察了道德行为，这是有参考价值的。但其也有局限性。它是从分析特定道德行为的构成因素入手的，那么这种分析只是共时性的分析，而没有考虑到发展，没有注意到品德结构的历时性的分析。这种理论在解释具体道德情境中人的行为时是可取的，但在解释道德行为产生的根本的、决定性原因上是有困难的。

（三）从价值概念与结构概念联系中研究的品德结构

西方认知心理学派的品德心理学，特别是科尔伯格的品德心理学，比较重视品德价值观的研究。我国心理学家李伯黍先生及其研究生们也提出了"道德价值结构"（陈心银，项宇，1990），这些都是品德结构理论体系的新设想。他们都认为，道德价值是人们关于自身道德观念、道德行为对于社会和人的意义的衡量。当一个人接受某一道德规范时，说明他已经赋予了它一定的价值，以至外部的道德规范就成为个体的道德价值观念。个体的道德价值观念不是彼此孤立的，而是以结构的形式有机地联系在一起的。

1. 道德价值结构的形式与内容

他们借鉴美国心理学家吉尔福特(J. P. Guilford)的智力三维结构模型，把道德价值结构分为形式与内容两个维度。形式就是皮亚杰(J. Piaget)和科尔伯格所提出的原始水平、习俗水平和原则水平三个发展层次，内容包含尊老、集体、真诚、律己、报答、责任、利他性、平等八个基本范畴。道德价值内容，即道德价值观念，要比道德价值形式复杂得多，因为它直接受不同文化背景的影响。一个价值观念的形成必须包括选择、赞赏和行动三个过程(Raths, Harmin & Simon, 1978；陈心银，项宇，1990)。影响其价值变化的因素有经验、平衡化和道德价值结构的发展水平。

2. 道德价值结构与道德决策

他们认为，个体在进行道德决策时，必然会遇到不同的实施道德行为的途径，他们对这些实施道德行为的途径所赋予的价值是以他们的稳定的道德价值结构为基础的。希尔(P. Hill)曾提出一个一般的决策过程(Bedau et al., 1979)，如图1-2所示，它可以应用于道德、经济、管理、操作研究等领域，并成为道德价值结构的道德决策的基础。

根据这个模式，道德价值结构论者认为，道德价值结构是以一个整体参与决策的，当然，在不同情境下，价值结构的不同部分又发生不同的作用。

道德价值结构理论有许多可取之处，一是重视品德结构的价值观念；二是从品德的形式和内容二维角度来分析品德的结构及其成分；三是注意将伦理学的道德规范、道德范畴和心理结构相结合；四是从动态的、发展的方面去讨论品德结构，在科学性上有一定的突破。但道德价值结构理论对道德心理结构本身及从道德价值到道德动机转化的问题的论述还不够。

此外，还有其他一些关于品德结构的研究。如苏联维列鲁学派的心理学家提出各种活动是一种阶梯式的层次关系的个性(品德)结构。又如美国人本主义心理学家

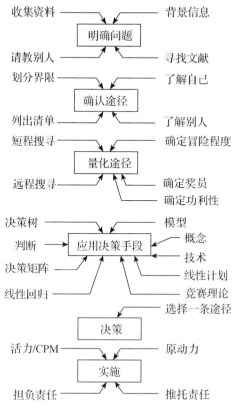

图 1-2 希尔的决策过程

罗基奇（M. Rokeach）认为，品德是由 18 种终极性目标即终极性价值（terminal values）和达到这些目标的 18 种相应方法即工具性价值（instrumental values）所组成的。将 18 种终极性价值排列一下，就会呈现不同的特点，也就是说，不同年龄和不同职业的排列都不会是相同的，如表 1-1、表 1-2 所示（Clouse，1985）。

表 1-1　终极性价值

	终极性价值	个别	成组				合计
1	舒适的生活（富裕的生活）						
2	激动人心的生活（刺激、积极的生活）						
3	成就意识（持久的贡献）						
4	和平世界（没有战争的冲突）						
5	美丽世界（自然、艺术美）						
6	平等（兄弟般的，人人均等）						
7	家庭温暖（相互关怀）						
8	自由（独立，自由抉择）						
9	幸福（满足）						
10	内部和谐（没有内部冲突）						
11	自然情爱（两性的和精神的爱恋）						
12	国家安稳（防止外来侵扰）						
13	愉快（快乐、悠闲的生活）						
14	救助（救助的、永久的生活）						
15	自尊（自我估价）						
16	社会承认（尊敬、爱慕）						
17	真正的友谊（亲密的友谊）						
18	明智（对生活成熟的见解）						

表 1-2　工具性价值

	工具性价值		个别	成组			合计
1	有雄心的	（勤奋、充满激情的）					
2	思想开阔的	（思想开放的）					
3	有能力的	（有才干、见成效的）					
4	欢快的	（轻松的、愉快的）					
5	清洁的	（干净、整齐）					

续表

	工具性价值		个别	成组			合计
6	有胆略的	（敢于坚持己见）					
7	宽容的	（易于宽恕他人）					
8	助人的	（为他人谋利的）					
9	诚实的	（诚挚的、真诚的）					
10	富有想象力的	（冒风险、有创造性的）					
11	独立的	（自信、自足的）					
12	聪慧的	（聪明的、思考的）					
13	逻辑的	（一致的、合理的）					
14	友爱的	（有感情的、温柔的）					
15	服从的	（义务的、遵从的）					
16	礼貌的	（谦奉的、得体的）					
17	负责的	（可信赖的）					
18	自制的	（限制性的、自律的）					

（四）从与宏观社会环境及微观群体环境相关联的动力角度研究品德的结构

章志光先生等研究者设想，品德结构可以从生成结构（generating structure）、执行结构（performing structure）和定型结构（stereotyped structure）三个维度去探讨。当这些结构和宏观的社会环境及微观的群体环境（包括人际关系、教育方式等）发生关联或相互制约时，就构成了一个包括品德机制在内的社会动力系统（social dynamic system）。

1. 生成结构

生成结构并非指生来就有的结构，而是指个体从非道德状态过渡到开始出现道德行为或初步形成道德性时的心理结构。儿童最初表现出某些似道德行为或道德性是与周围环境相互作用、适应社会生活而产生的。任何道德规范都是考虑到他人利益而要求对自己的需要与行为有所约束的客观准则，它一旦转化为个人的道德认知就会同个体原有只顾一己的"需要—行为"发生矛盾。解决的方式有二：一是忽视规范认知，维持原状；二是采纳规范认知，调节需要，产生符合规范的道德行为。行为是否符合规范会引起外界肯定或否定的评价、奖惩，或受到自然后果的强化。这种反馈会引起情绪反应，又会引起行动者对道德规范的再认知或增强它调节"需要—行为"的动力性，并促使他继续做出合规范的行为或改变不合规范的行为。这种循环往复的过程，可以用下面的模式图来表示（见图 1-3）。

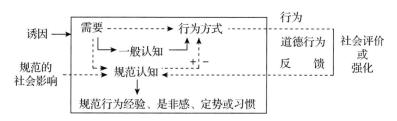

图 1-3　生成结构模式图

儿童有了这一中介的生成结构，由外部诱因激活的个体需要及其行为意向（intention）受到规范认知（道德观念）的定向或调节，产生不同于先前原始行为的社会化行为（socialized behavior），其心理结构及活动过程的表现就是道德性（morality）。道德性不断向前发展，不仅有规范认知在内容上的扩大与加深，而且也随着整个心理水平的提高，出现更为复杂的层次结构。

2. 执行结构

执行结构是指个人在生成结构基础上发展起来的、更有意识地对待道德情境，经历内部冲突、主动定向、考虑决策和调节行为等环节的复杂心理过程。首先，执行结构存在道德认知—感情系统区（sphere of moral cognitive-affective system），包括有不同层次、因人而异的道德观念（概念、知识、原则）、道德体验（义务感、责任感、荣辱感等）以及实现道德信念、道德理想及价值观的需要—动机等。它不仅是道德知识的"信息库"（store of moral messages），而且是对当前道德情境进行区分与筛选的"过滤器"（filter），是判断事件的性质、确定个人的责任与态度及行动方向的"定向器"（orientationl apparatus），也是克服利己性需要的动机干扰、抉择行为方式并进行制动的"调节器"（adjustor）。其次，人在遇到道德情境时，从接收信息到产生道德行为，要经历一个连续而有阶段的心理过程：①对道德情境或事件的注意与知觉；②移情（empathy）；③道德判断（moral judgement），包括辨认事件的是非、善恶及卷入的必要性和紧迫性等；④责任意识（responsibility consciousness）与明确态度，其中往往会出现动机冲突（conflict of motivation）、代价与报偿的权衡（weigh the cost & reward）；⑤行为方式的抉择—意动（choice of behavior forms conation）。每个阶段都存在是与否（得出正或负的结果）两种可能。如果一个阶段为正，就将转入下一阶段，否则过程就中断，因而也就不会产生外显的行为。最后，还涉及一个反馈回路（feedback circuit）。个人做出的道德行为一方面会引起他人的反应，从而获得褒贬与评价（外部强化）；同时也会通过自我评价、自我强化与归因分析取得因果关系的新认识、新体验，从而巩固、扩展或改变原有系统的内容及形式结构。执行结构的模式图设想如图 1-4 所示。

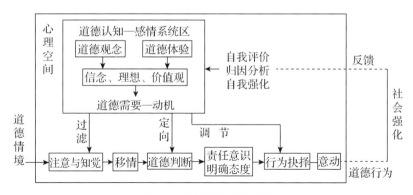

图 1-4　执行结构的模式图

3. 定型结构

定型结构是指个体具有的品德（道德品质）的心理结构。道德行为可以是情境性的（situational）或倾向性的（dispositional）。前者更多受外部特殊情境及内部不稳定因素驱使，因而不经常、不一贯；后者是由于前期影响而形成的某种比较稳定的道德心理结构，即定型结构的表现，带有恒常性。品德是较稳定的道德性。如果我们了解到一个人具有某种品德，也就可以预期他通常或更多的情况下必然会做出某些特定的道德行为。定型结构是在执行结构基础上形成的，具有高激活性、阶段简缩性和自动化功能。一个人一旦形成了某种优势道德观念,且和实现它的一些行为方式经过反复实践、强化构成稳固的联系系统(类似巴甫洛夫所说的动力定型),那么只要这种潜伏的道德观念动机被一定的情境所唤醒,其指令就会迅速通过早已拓通的联系网络(无须重复或减少原初在执行过程中必经的分析加工步骤)去驱动特定的行为方式,做出合规范、可预料的行为反应。定型结构设想如图 1-5 所示。

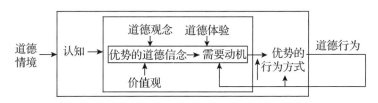

图 1-5 定型结构的模式图

所有这些,都是从不同方面探讨了品德结构,因此都是很有意义的。

二、如何理解品德结构

(一)理解品德结构的理论基础

辩证唯物主义是一切科学研究的最一般的方法论,这是正确理解品德结构的最高指导原则。

按照唯物辩证法的观点,世界上的一切具体事物都同周围的其他事物有着一定的联系或关系,它们各自内部的一切要素也处于相互联系、相互制约、相互作用之中。整个世界是一个相互联系的统一整体,任何事物和形象,都是统一联系之网上的一个部分、成分或环节。唯物辩证法联系的范畴,是事物、现象之间客观的普遍联系的科学反映。事物的联系和运动、变化、发展有着密切的关系。事物之间的相互作用构成事物的运动,运动乃是一般的变化,而事物由量的变化到质的变化就是发展。联系的观点和发展的观点是唯物辩证法的根本观点(彭万春,1985)。

现代系统科学不仅为唯物辩证法关于普遍联系和永恒发展的思想提供了有力的佐证,而且在发展唯物辩证法的哲学观点上也做出了贡献。

系统科学以系统为研究对象，它分析系统的特点及发展变化的规律。系统科学具有基础理论、应用技术理论和工程技术应用等几个不同的方面。其中基础理论是系统学，它以传统的控制论、信息论、运筹学中的最基本的原理为内容，结合耗散结构、协同学、超循环理论等共同构成一门基础学科。

1. 关于系统

系统论的创始人贝塔朗菲（L. V. Bertalanffy）将系统定义为"处于一定相互联系中的与环境发生关系的各组成成分的总体"（贝塔朗菲，1979）。钱学森先生提出，系统是指"由相互作用和相互依赖的若干组成部分结合成具有特定功能的有机整体，而且这个系统本身又是它们从属的更大系统的组成部分"（钱学森，许国志，王寿云，1978）。可见，一个整体的大系统可以分解为若干部分的子系统，子系统内部还可以有若干层次的子系统。系统与子系统之间具有相对性。系统具有下列的一些特点：①全局性（从整体考虑出发，提出目标）；②关联性（系统内部各子系统之间都存在着有机的联系）；③择优性（研究一个系统的核心问题就是要解决它的最优化问题）；④综合性（多种学科共同研究系统）；⑤实践性（强调改造世界）（王雨田，1986）。

2. 关于系统方法

所谓系统方法，就是系统科学处理各种复杂的系统问题而形成的方法论，它指明了解决复杂系统问题的一般步骤、程序和办法，它是解决形形色色的系统问题规律的科学方法论。也就是说，它是按事物本身的系统性把研究对象作为一个具有一定组成、结构和功能的整体来加以考察的一种方法。系统方法要考虑到的特点是：①整体性。将某种事物看成一个大系统，这个大系统内部各个子系统之间存在着不可割裂的联系。从这种方法出发，系统具有其他各个元素所不具有的新的功能和结构。整体不是各组成部分的机械相加，而是整体大于各部分之和，整体具有各部分所不具有的新的特质。②结构性。一个系统的稳定的联系，构成系统的结构，它保证系统的有序性，正如苏联的科兹洛夫斯基所说的，"结构是一种不断重复、相对不变的关系和联系。结构就是某一系统中各种要素的相互联系和相互关系的方式，任何一个系统都是要素的总和，要素之间存在一定关系，这些总和构成统一的整体发挥其功能"(B. 科兹洛夫斯基, 1979)。③动态性。一个开放系统, 是不断运动、发展、变化的, 一个系统只有和环境相互联系、相互作用, 才能不断增加负熵, 减少增熵, 才能保证系统的有序性结构的发展, 因此系统具有"自组织"性, 即自我调节和控制的特征。此外, 系统方法还要利用系统工程的技术分析某事物(课题)的过程, 即分析所研究的客观问题, 确定研究系统的范围, 针对已经确定的系统建立模型, 并用一个模型, 特别是数学模型来表示系统的演化。

3. 系统科学的新发展

耗散结构论、协同学和突变论是系统论的新的发展。耗散结构论进一步研究了一个系统从无序向有序转化的规律。它认为, 处于远离平衡态的开放系统, 由于系统内各个子系统之间的非线性相互作用, 原来均匀的状态会失稳, 通过涨落形成一种有序的结构; 系统要形成有序结构, 必须是一个开放系统, 系统必须与外界进行大量的物质、能量、信息的交换。协同学则探明了本质不同的横断的各系统(物质的、生物的、社会的)的联系及运动现象中从无序向有序转变的一般规律, 它详细研究了系统相变过程对控制参量的依赖关系, 指出控制参量和子系统之间的关联运动的重要性。突变论则描述了系统在临界的状态下如何发生非连续性突然变化现象, 如自然现象、社会活动和人类行动在外界作用下引起突变性的质变的规律。

总之, 系统科学本身是一门综合性、整体性很强的学科, 系统性原则补充丰富了唯物辩证法理论体系的普遍联系和永恒发展的原则, 系统思想补充丰富了唯物辩证法的一些哲学范畴, 从而坚持了唯物辩证法的哲学方法论。

在唯物辩证法的指导下, 吸收系统科学的合理因素, 对于我们理解品德结构是十分有意义的。系统科学的思想, 不仅使我们知道如何进一步分析品德结构的实质及因素, 而且也有助于我们探讨品德结构的发展和变化的趋势。

(二) 研究品德结构的具体依据

品德结构是人的道德活动特征的整体联系, 它是一个系统。我们认为, 在品德结构的研究中, 应该以下列具体的原则作依据。

第一, 品德这个系统, 是人这个心理大系统下的一个子系统。人处于多系统的交叉点上，人的心理又以实践活动为基础，因此品德结构必然要：①从属于社会系统，并有一个"实践—认识—再实践—再认识"的过程；②从属于自然系统，受着生物、物理（如生理、神经和脑活动的规律）因素的制约；③从属于心理系统，反映主体的心理过程和个性特点。

第二，品德本身包含着许多子系统，以及不同层次、不同水平、不同序列的亚系统，高层的系统整合着子系统，但不是子系统特点的机械相加。我们在分析这些子系统的时候，必须体现如下特点：①品德的子系统反映了品德成分的不同侧面，它要依靠一系列的客观条件，又有内部的动力；它要借助于知、情、意、行诸因素为材料，又要体现这些因素的相互关系和联系。②品德的子系统是复杂的，有定向、操作、反馈、自我监控或自我调节、个性意识倾向性与个性心理特征，成分繁多，形态丰富。③品德的子系统分深层结构与表层结构，前者指品德的内部联系，后者指品德的外部联系，两者互为前提，但前者往往制约后者，只有通过后者才能认识前者。④品德的子系统有着一定的顺序性，它反映了品德形成和发展要经过由易到难、由低到高、由原始性到社会性、由他律到自律的过程，逐步成为多种联系的整体。

第三，品德的形式和品德的内容是统一的，也就是说，品德心理学主要研究品德的心理活动，即上述的心理存在的方式及其组织形式，但也要研究品德的内容和决策，即要考虑到伦理的道德规范和道德范畴。形式和内容是同一事物的两个不同方面，内容是事物存在的基础，形式是事物存在的方式。内容总是一定形式的内容，形式也总是一定内容的形式。没有内容就无所谓形式，没有形式的内容也是不存在的，内容和形式是统一不可分的。尤其是以社会性为显著特性的品德来说，离开了道德价值观念，就无法谈论一个人的道德面貌。因此，在讨论品德结构时，既要考虑心理因素，又要注意伦理结构，以获得完整的品德的系统性结构。当然，品德心理学研究道德内容、价值和决策时，主要是从品德的心理活动的形成、发展及其规律方面研究，而不能代替伦理学和思想教育的工作。

第四，品德的结构是发展变化的、运动的、动态。它是一个开放系统，即通过信息变换而实现自控、有组织、自我调节的系统；是从无序到有序，再到无序，又从无序经过涨落到更高的有序状态的不断向前发展的过程。因此，品德及其结构的发展，存在着阶段特征。品德结构的研究应该将共时性和历时性统一起来，采用静态和动态相结合的原则。也就是说，既要研究静态的结构，分析品德结构的组成因素；又要研究动态的结构，探讨不同时期(阶段)不同品德结构的发展变化。

第五，品德结构有统一性与差异性，品德是各成分相互联系又相互矛盾的统一体。同时它们的发展还有差异性，这种品德的多水平、多层次、多序列的多测度性，就使品德的发生、发展不是由单测度决定，不是服从于线性决定论，而是服从于辩证决定论。因此，在对品德结构的研究中，要考虑到品德结构形成的多端性、测定的多方面性，而单测度的结果，往往难以把握品德发展的整体性。例如，认知发展论者强调研究认知，精神分析论者强调研究情绪，行为主义者和社会学习论者强调研究环境和行为，尽管这些学派在关于品德及其结构的研究中都做出了贡献，但是，这种单纯地从品德结构的某一侧面研究品德的发生、发展，都不可能揭示其规律性，不可能对其有全面的、整体的了解。

综上所述，我们认为，品德结构是个多侧面、多形态、多水平、多联系、多序列的动态的开放性的整体和系统。

三、品德结构的组成因素

根据上述原则，从心理学的角度来看，品德结构尽管复杂，但主要包括以下三个子系统。

一是品德的深层结构和表层结构的关系系统，即道德动机系统和道德行为方式系统；

二是品德的心理过程和行为活动的关系系统，即道德认识、道德情感、道德意志和道德行为的心理特征系统；

三是品德的心理活动和外部活动的关系及其组织形式系统，即品德的定向、操作和反馈系统。

下面做一些简要的分析。

（一）品德的动机系统

道德动机是引起道德行为的内驱力量。

品德，首先是社会性很强的有意识有目的的活动，任何道德行为方式或举止，都有其产生的根源，这就是道德动机。在研究一个人的行为举止时，必须揭示其动机。只有这样，才能判断这种行为举止的实质，才能预见这种行为举止重复的可能性，才能分析这种行为举止的价值。从结构成分的观点来看，道德动机是品德的深层结构，道德行为方式则是品德的表层结构。前者是品德的内在的动力系统，后者则是品德的外部表现。前者制约后者，但只有通过后者才能揭示前者。只有认识了道德动机，才能防止一些不道德行为的产生，才能鼓励另一些道德行为的发展。

道德动机系统，即品德的意识倾向性，它是"需要"的表现形态。如普通心理学所述，个性积极性的源泉是各种不同的需要。需要中对个性生存条件的依赖性，从其积极性方面来看就是动机系统。动机，就是与满足某些需要有关的活动动力。如果需要是人的各种积极性的实质、机制，那么动机就是这种实质的具体表现。作为个性的一个特殊表现的品德，它的动机系统就是与道德有关的需要的具体表现。作为动机系统的需要，它可以表现为各种形态，那些与道德有关的兴趣、欲望、信念、理想、价值观、世界观等，都是道德动机系统中的组成因素，其中核心的因素是道德信念和道德理想。我们将在后面有关章节里，专门详细地来分析这些因素。可是，目前有人认为道德动机是道德认识和道德情感，认为当道德认识和道德情感成为推动个人产生道德行为的内部动力时，它们便成为道德动机。我们则认为，道德认识和道德情感之所以产生道德行为，是因为它们与需要发生了关系，留下了需要的烙印，离开了需要这种个性积极性的源泉，任何道德认识和道德情感都会在道德行为中失去其意义。

道德动机是品德结构的一个子系统，它本身又是包含许多不同层次、水平、序列的亚系统。道德动机可以是直接的，也可以是间接的；可以是具体的，也可以是抽象的；可以是正确的，也可以是错误的；可以是随意的，也可以是不随意的；可以是为个人的，也可以是为他人的或是为社会的；可以是必然的，也可以是偶然的；等等。制约一个人的某种道德行为，往往不是单个动机因素，而是一个动机系统。然而，各种动机在品德结构谱系中，其层次和作用并不一样。在众多的动机成分中，必定有一种或几种占优势或占核心的动机，这种动机往往是动机斗争的获胜者，它领衔着整个动机系统，从而决定某种道德行为，甚至形成一个人的品德。

章志光先生提出的品德形成动力系统对此有精辟的论述。章志光提出，生成结构(generating structure)、执行结构(performing structure)和定型结构(stereotyped structure)是品德形成过程中相继出现的不同形式，但又是彼此包括、相互渗透的统一体。所谓"品德的动力系统"包括两层含义：第一，它是驱使个人产生各种道德行为的动力源(dynamic source)；第二，它是由许多相互制约的心理因素构成并由内部矛盾推动自身发展的动力场(dynamic field)。个人有关道德的心理活动，无论是在内容上还是在形式结构上都充满着矛盾，而且正是这些矛盾的不断产生与解决推动着道德性结构及其功能水平的提高。所有这些矛盾及其运动都是现实社会生活中个人与社会、个体与群体以及人际关系的反映，如果个体脱离开社会生活和大的社会动力系统，其内部的动力系统就无法形成或发展。因此，个体品德的动力系统是作为大的社会动力系统中的个别组成部分而存在的。由于精神世界以头脑机制为基础，具有相对独立的形式和稳定性，所以其矛盾也能引起自身的发展，但是造成这种矛盾与推动矛盾解决的真正动力则来自社会生活的广大的动力场。图 1-6 是社会动力系统和个体品德动力系统的关系设想图。

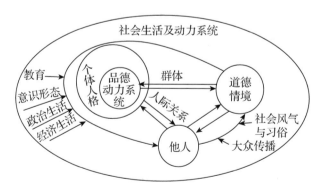

图 1-6　社会动力系统和个体品德动力系统的关系设想图

从整个大的动力系统来理解品德形成，也可以说品德是宏观社会的规范要求(包括经济、政治、教育与意识形态等方面的要求)通过群体间的关系及群体内的人际关系和处于一定角色地位的个体相互作用，并在后者身上形成的道德需要—动机（由规范认知和道德感情组成并上升成以道德信念为核心的观念动机）和特定行为方式的统一体。社会动力系统，尤其是外围系统应由许多学科（如社会学、伦理学等）来研究。品德心理学作为上述学科之一着重研究个体在社会制约下，在群体互动中产生的内部心理结构及其动力状态，而这种研究必然要涉及或必须顾及整个大的社会动力系统的实况。

(二) 品德的心理特征

品德是个人依据一定的道德规范在行动时所表现出来的某些稳固的心理特征。这个完整的心理特征，包含有一定的道德认识、道德情感、道德意志和道德行为四个成分。这四个成分，既有相对的独立性，又是相互联系的，组成了品德结构的心理特征的子系统。

1. 道德认识

道德认识是对于道德规范和道德范畴及其意义的认识，它是人的认识过程在品德上的表现，一般称为品德的理智特征。

道德认识表现在三个方面：一是道德思维发展的水平主要表现为道德认识的形式；二是道德观念变化的程度主要体现为道德认识的内容；三是道德认识的方式、方法或角度主要表现出道德认识的方法论。道德认识，首先表现在道德知识、道德判断和道德评价上。在一定意义上说，这些乃是道德思维水平的反映，同时，人的思维能力的高低，也往往影响到道德认识的水平。道德思维的发展，既反映了时代特点、阶级特点和社会特点，也反映了不同社会中人类共同的道德规范。认知发展论者认为，儿童和青少年的品德发展与其认识活动及其发展水平密切关联，认为他们的品德发展是思维结构的一种自然变化过程。这里，认知发展论者看到了道德认识在品德发展中的地位，这无疑是正确的，但是，他们将品德发展和思维结构发展几乎等同起来，这未免言过其实了。实际上，道德思维的发展，反映了品德发展在认识方面的数量和质量上，都存在一个从不知到已知，从不成熟到成熟的过程。道德认识，也表现在各种道德范畴的观念，特别是道德是非观念上。道德观念的发展，正是主体对诸如善恶、容忍、承诺、守信、正直、仁爱、忠诚、幸福等道德范畴的认识的变化。道德认识的方法论很重要，人与人之间看待道德问题的角度各有差异，"大智若愚"就是指才智出众但不处处表现在外。这就是说，以"智"铺路的人，路或许走不了多远；以"德"铺路的人，路可以到达世界的每一个角落。

2. 道德情感

道德情感是直接地与人所具有的对于一定道德规范的需要相联系的一种体验。当人的思想意图和行为举止符合一定社会准则的需要时，就会感到道德上的满足；否则，就会感到悔恨或不满意。道德情感是人的情感过程在品德上的表现，一般称为品德的情感特征。

道德情感表现在两个方面，一个是道德情感的形式，另一个是道德情感的社会性内容。如果以道德情感产生的诱因、道德情感和道德认识的关系为指标，那么道德情感形式可以分为三个层次：第一种是直觉的情绪体验，它是由对某种情境的感知而引起的，对于道德规范的意识往往是不明确的；第二种是道德形象所引起的情绪体验；第三种是伦理道德的情感体验，它由道德认识所支配，清晰地意识到道德要求和道德伦理。道德情感形式本身又是比较复杂的子系统，每一种形式都有程度、水平和等级问题。激发某种形式的道德情感，既取决于刺激强度，又取决于主观需要的状态。如果以道德情感的社会内容为指标，那么道德情感可以表现在不同的方面，如爱国主义情感、劳动情感、集体荣誉感、义务感、正义感、责任心等。

3. 道德意志

道德意志是一个人自觉地克服困难去完成预定的道德目的、任务，以实现一定道德动机的活动。道德意志是调节道德行为的内部力量，它是人的意志过程或主观能动性在品德上的表现，一般称为品德的意志特征。

道德意志主要表现在道德意志的品质和言行一致性这两个方面。道德意志的品质又包括道德行为的自觉性、果断性、坚持性和自制力，这些品质，不仅保证主体道德行为的目的性、毅力的实现，而且也能作为区分人与人之间道德意志好坏的指标。言与行关系的统一，是道德意志行为发展的重要方面，这是已经被研究所证明了的。第一，青少年儿童中，年龄越小，言行越一致；随着年龄的增长，言行一致和不一致的分化越大。这是由于年龄越小的青少年，行为越简单、越外露，他们还不善于掩蔽自己的行为；而年龄越大的青少年，行为则越复杂，也越会掩蔽自己的行为。很显然，这里调节、控制行为的，正是道德意志。第二，儿童中言行脱节往往出于只会说、不会做，这说明他们还不善于用道德意志调节自己的言行，使得道德认识是一回事，道德行为又是另一回事。

4. 道德行为

道德行为是在一定道德意识支配下所采取的各种行动。人的道德面貌是以道德行为来表现、来说明的，也就是说，道德行为是一个人道德意识的外部表现形态，一般称为品德的行为特征。

道德行为主要包括道德的行为技能和道德习惯两个成分。道德的行为技能，即道德行为方式方法，它主要是通过练习或实践而掌握的。在一个人品德的发展上，逐步地养成道德习惯是进行道德训练的关键。道德行为有两种表现，一种道德行为是不稳定的，有条件性的；另一种道德行为是无条件的、自动的、带情绪色彩的行为。前一种是不经常的道德行动，后一种则形成了道德习惯。良好的道德行为习惯，能使品德从内心出发，不走弯路而达到高境界；不良的道德行为习惯，会给改造不良品德工作带来困难。从系统科学的观点来看，道德习惯是一种能动的自组织过程。一定的道德环境使个体品德达到一个临界状态，品德系统的相变即质变特点由道德习惯这种序参量决定。在客观的道德环境的作用下主体的道德习惯往往将一些单个的行动协同起来，自动地做出一系列的道德行为。可见，道德习惯是一种自动化道德行动的过程，是由不经常的道德行动转化为品德的突破点，是品德发展的质变的指标。要通过一系列的模仿、无数次的重复、有意识的练习及与坏习惯做斗争等实践活动来培养儿童青少年的良好道德习惯。良好道德习惯的形成，是品德培养的最重要的目的。

以上这些品德的心理特征是彼此联系、不可割裂的一个整体。在一个人的品德发生发展中，每一个特征都是不可忽视的。缺乏正确的道德认识，道德行为则容易产生盲目性；没有良好的道德情感，就不能产生积极的道德态度；失去坚定的道德意志，就无法调节道德情感和行为，知与行也难以一致；若无恰当的道德行为，道德认识、情感、意志就无法表现。可见，这四个特征是相互制约的。

(三)品德的组织形式

平时我们说"内化于心，外化于行"，这来自品德的组织形式。品德的组织形式或进程是一个动态结构，它包含定向、操作和反馈系统。

1. 品德的定向系统

品德的定向系统，不仅指主体对道德规范的意识、定向或注意，以提高道德活动的自觉性和正确性；而且指主体是一个积极的个体，具有积极的个性，他能意识到自己在一定道德环境中的地位和作用，具有一定的动机、定向和行为方式。由于有了品德的定向系统，主体就成为社会道德的积极活动者。

品德的定向系统是社会道德规范在个体身上内化而形成的。这种内化表现为个体的社会化。所谓社会化，就是个体在实践活动中，在环境和教育影响下，不断掌握社会经验和道德规范，形成与社会相一致的个性特征，并取得社会成员的资格这样一个成长过程，也可以说是个体不断纳入社会关系系统的过程。外部的社会道德规范以直观形象的或间接抽象的、语言的或非语言的、简单的或复合的等多种方式作用于个体，个体在与其他社会成员交往过程中，通过一系列心理活动把外部的这些作用转化为认识性的、情绪体验性的和意志性的经验或子系统，并形成具有个性特色的意识倾向子系统，即道德需要子系统，用以指导和调节自己的行为。正如朱智贤教授所指出的，一个人出生以后只有天然的神经类型，还没有稳定的个性，儿童的个性最初是受外部事物制约的，是受个体的生理需要制约的。因此，他的行为只能从属于当前的直接愿望。儿童青少年在身心发展的基础上，在环境和教育的影响下，才形成是非观念、道德理想、道德信念、道德原则和观点，以至开始形成初步的有系统的人生观和世界观。他的行为逐步由服从当前的直接愿望发展到能够服从远大的理想、信念、道德原则和观点(朱智贤，1979)。

在一定的道德环境中逐步形成起来的品德的定向系统，按照一定序列表现出它的功能，并在明确道德问题、确认道德途径、做出道德决策、实施道德计划四个方面起定向作用。这些作用决定了品德的目的性和方向性，制约了品德发展的水平，影响着道德行为的产生。品德的定向系统，是在品德的操作系统中发挥作用的。

2. 品德的操作系统

操作系统是个体在具体的道德环境中产生道德行为的一系列内部和外部过程所组成的一个系统。它包括同化、外化和具体化三个过程。

（1）同化道德环境

个体在面临具体的道德环境时，把当前道德环境的内容纳入主体已具有的品德的定向系统中，其行为定向系统对进入的信息进行加工，若符合原道德经验（即原心理水平），就把同化的结果转化为具体的道德动机；若不符合原道德经验，要么停止活动，不产生相应的道德动机，要么根据反馈信息修改原品德的定向系统，产生新的定向系统。同化道德环境又可分为如下三个过程：一是认知当前情境，把自己纳入人际关系系统；二是认知情境的结果与品德的定向系统联系的过程；三是自我设想过程。

（2）外化过程

同化是把外部具体的道德情境转化为一系列内部过程，那么这一系列内部过程怎样转化为外观的行为呢？这就是外化过程。外化过程一般又包括四个阶段。一是明确道德问题。道德行为是一个人理解和解决道德问题的有目的的活动，它总是在一定道德需要的作用下，从指向道德活动对象开始的。二是确认道德途径。一种道德途径的确认，主要取决于道德动机的斗争状况和道德习惯作用的程度，在这两个因素的支配下，主体确定怎样的行为途径才是道德的。三是做出道德决策。一个道德活动通常由三个变量组成：人、任务（或目标）、策略。决策问题或策略问题，是品德水平的直接体现，是道德行为的基础。四是实施道德计划。体现品德价值的，最终是从具体的道德计划到道德行为的实现。实施道德计划是付诸道德行动的前提。

（3）具体化过程

具体化过程是把外化过程产生的内部结果转化为外观的行为，并通过行为产生的社会效果达到自己的道德目的。但不是所有情况下的外化过程的结果都能具体化，常常有知行脱节的现象。知行脱节说明即使儿童有道德认识，甚至有道德动机时，也不一定都有相应的道德行为，他的道德动机可能会被其他动机取代，从而做出违反原动机的行为。道德行为的核心是自我调节技能，自我调节技能水平高低直接影响到个体能否按原制订的行为计划去行动，而自我调节技能的水平高低又直接取决于品德的定向系统的发展水平。

操作系统的同化、外化、具体化三个过程只是按道德行为产生过程的时间顺序而做的逻辑分析，这并非说明在具体道德情境中，个体都要经历每一环节的细小过程。这里应对具体道德问题做具体的分析。操作系统的三个环节是相互联系的，同化与外化是具体化的基础，具体化产生的影响对前二者又有反作用。这种联系和相互影响表现为在操作过程中伴随有反馈调节现象。

3. 品德的反馈调节系统

这一子系统在个体产生道德行为、达到目的的过程中是不可缺少的。个体根据反馈信息来不断调节自己的行为，使之符合道德规范，满足道德需要。

品德的反馈调节系统的分类尽管复杂，但不外乎有两种。从信息的来源上分类，可以分为自我反馈和他人反馈。前者是个体在活动中，根据对自己或他人行为影响及其后果的认识来调节自己的行为。后者又叫"镜像自我"，它是通过别人的态度和评价，并通过别人的态度和行为按角色期望不断调节自己的行为或塑造自己。反馈从其在行为产生过程中发生的时间上分类，可以分为预期反馈和倒摄反馈。前者发生在行为具体化之前的环节中，在主体同化道德环境之后，在道德动机驱使下制订行动计划时对行为后果进行设想，并根据设想的行为结果来确定行动计划。后者多发生在具体化过程中，主体已形成的行为产生了影响，通过他人的评价反作用于主体，使主体调节自己的行为。无论是自我反馈或他人反馈，还是预期反馈或倒摄反馈，都必须通过自我意识才能达到调节行为的作用。而如何调节行为取决于反馈性质和自我意识水平；反馈的性质取决于品德的定向系统对环境的加工，如果外部道德要求与定向系统一致则产生正反馈，加强行为动机，否则产生负反馈，减弱或消除行为动机。

品德结构的组织形式中的三个子系统相互联系、相互制约，构成了一个较大的系统；同时这个系统又与外在的道德环境发生联系，构成了一个更大的系统。

第二章

品德发展研究简史

广义地讲，有关品德发展的思想和研究古已有之，但严格说来，真正的研究则只是到了现代才开始有的。由于西方、苏联与我国的历史情况和具体现实各不相同，我们将分别叙述其各自的有关品德发展研究的简单历史。

第一节

————

中国的道德教育思想与品德心理学

中国的心理学、品德发展心理学是由西方传入的，但在西方心理学传入中国之前，我国早就有了心理学和品德发展心理学的思想。

我国古代的心理学、品德发展心理学的思想是丰富的，尽管这些思想是朴素的，但直到现在仍然闪烁着人类智慧的光辉。这就是我们将在第五章要阐述的中华民族美德。1879 年，科学心理学诞生之后，逐渐地被引进到中国。然而，随着近一百多年来中国近代社会的动荡和变迁，中国心理学的发展，经历了相当艰难的道路。作为心理科学的一个小分支的品德发展心理学，也走过了一个又一个曲折的历程，直到今天，才蓬勃地发展起来。

一、关于中国古代品德发展与德育思想的概述

我国古代的教育家和思想家，绝大多数重视德育，并把德育放于首位。孔子说："朝闻道，夕死可矣。"韩愈说："师者，所以传道，授业，解惑也。"都将传道作为教育者的首要任务。

关于品德发展与教育的思想，在我国古代教育家和思想家的著作中是相当丰富的。

(一)孔子的观点

我国心理学界充分地肯定孔子的品德结构的思想，他是提出关于品德结构及其发展思想的杰出先驱。早在 2500 多年前，孔子就将道德品质划分为道德认识、道德情感、道德意志和道德行为四种成分，并将其形成看作一个过程。

1. 道德认识过程

孔子认为，道德品质的形成，首先在于道德认识的发展，其关键在于学习。"弗学何以行"，"盖有不知而作，我无是也"（《论语·述而》）。学什么？学"道"，即学习和认识道德规范。"君子谋道不谋食"，"君子忧道不忧贫"（《论语·卫灵公》）。"笃信好学，守死善道"（《论语·泰伯》），"朝闻道，夕死可矣"（《论语·里仁》）。这里的"谋道""忧道""学道""闻道"都属于道德认识的范畴。"道"的核心是什么？孔子认为是"仁"。"仁"是孔子的最高的道德概念，其含义即"爱人"（《论语·颜渊》）。掌握道德概念是形成道德认识的前提。孔子的道德认识的内容体系，大致以"孝悌"为本，以"礼"为规范，以"忠恕"为一贯，以"中庸"为准绳。他正是以这个内容体系作为学生对人对己道德评价的标准。发展和培养学生的道德认识的过程，就是让其掌握道德概念和学会道德评价的过程。

2. 道德情感过程

孔子认为，道德认识与道德情感是密切地联系着的。"仁"这种道德认识不仅怀有"爱人"的情感，而且还能引导人去爱谁、恨谁，即"唯仁者能好人、能恶人"

（《论语·里仁》）。

他很重视对学生道德情感的培养，并主张用诗和乐来发展学生的道德情感。他说，"兴于诗，立于礼，成于乐"（《论语·泰伯》）。"兴于诗"是说诗可以激发学生的道德情感，"成于乐"是说音乐可以陶冶学生的道德情感。

这里，我们不仅可以看到孔子将道德情感看作品德的一个组成部分，而且可以看到他重视培养道德情感的途径。

3. 道德意志过程

孔子的"自省"和"自克"就是道德意志过程。他主张从三个方面来培养道德意志：一是立志，二是磨炼，三是持恒。

立志。孔子说他自己"十有五而志于学"，可见他以自己的经历鼓励学生从小怀志。所谓"志"，就是"心之所之"，就是确立目标和理想。孔子很重视立志。他说："三军可夺帅也，匹夫不可夺志也"（《论语·子罕》）。因此他要求学生立志学道，发展道德意志。

磨炼。他要求学生接受严格的意志锻炼，从而做到"磨而不磷，涅而不缁"（《论语·阳货》）；"岁寒，然后知松柏之后凋也"（《论语·子罕》），像松柏那样经得起严寒的考验。

持恒。孔子在培养道德意志方面，特别重视恒心。他认为，只有恒心，才能排除万难，勇往直前。他要求学生凡事坚持不懈，不可半途而废，"譬如为山，未成一篑，止，吾止也；譬如平地，虽覆一篑，进，吾往也"（《论语·子罕》）。

4. 道德行为过程

孔子重视道德行为。他把"行"和"言"进行比较，认为"行"比"言"更重要。他说，"君子耻其言，而过其行"（《论语·宪问》）；"君子欲讷于言而敏于行"（《论语·里仁》）。他主张言行一致，"始吾于人也，听其言而信其行；今吾于人也，听其言而观其行"（《论语·公冶长》）；要求言而有信，"人而无信，不知其可也"（《论语·为政》）。他提倡时时、事事、处处都要服从道德目标，即他提出的"仁"，"君子无终食之间违仁，造次必于是，颠沛必于是"（《论语·里仁》）。即使在"乱世"和"颠沛"的场合，也不会离开道德目标，而按照这个目标行事。这和我们今天谈的"道德习惯"，有相吻合之处。

总之，孔子关于品德结构及其发展和培养的思想，在我国古代的教育史、思想史和心理学史上的影响是很大的。孟子、朱熹等一些著名的教育家又在他的基础上加以发挥，并在自身的教育实践中体现出来。

（二）其他学者的品德发展观例举

1. 老子的《道德经》与品德教育

《道德经》传说是比孔子还早的思想家老子讲授，由他的弟子记录，一代代口口相传，后人整理的。《道德经》分上下两篇，上篇为道经，下篇为德经，故名《道德经》。《道德经》蕴含丰富的品德教育思想，兹择其中四点分析如下。第一，从品德教育者的人格特征看，老子高度重视教育者的品德修养，提出并界定了"玄德"的概念。他说"生之畜之，生而不有，为而不恃，长而不宰。是谓'玄德'"。第二，从品德教育的态度看，老子突出百姓的中心地位，提出了"圣人无常心"的命题。他说："圣人无常心，以百姓心为心。善者，吾善之；不善者，吾亦善之；德善。信者，吾信之；不信者，吾亦信之；德信。"第三，从品德教育的主客体关系看，老子不仅重视教育者的作用，而且重视教育者的价值，提出了"贵师爱资"的命题。他说："圣人常善救人，故无弃人；常善救物，故无弃物，是谓袭明。故善人者，不善人之师，不善人者，善人之资。不贵其师，不爱其资，虽智大迷，是谓要妙。"第四，从品德教育的过程看，老子高度重视品德教育的艺术，提出了"柔之胜刚"的智慧。他说："天下莫柔弱于水，而攻坚强者莫之能胜，以其无以易之。弱之胜强，柔之胜刚，天下莫不知，莫能行。"以上四点，仅涉及《道德经》品德教育思想的冰山一角，其余部分尚待进一步挖掘。

2. 墨子的道德修养观

稍晚于孔子的思想家墨子有着关于道德修养方面的丰富思想。他把道德修养放在教育工作的首位，他说："士虽有学，而行为本焉。"（《墨子·修身》）他重视劳动，主张"赖其力者生，不赖其力者不生"（《墨子·非乐上》）。他提倡勤俭，反对"恶恭俭而好简易，贪饮食而惰从事"（《墨子·非命中》）。他还注重意志的锻炼，认为"志不强者智不达"(《墨子·修身》),这对发展和培养学生道德品质是十分有益的。

3. 朱熹的儿童品德培养观

南宋的教育家朱熹主张应从小培养儿童的道德品质。他强调"必使其讲而习之于幼稚之时,欲其习与智长,化与心成,而无扞格不胜之患"(朱熹《小学序》),且指出这种培养应同儿童的日常生活结合,要从小"教之以洒扫、应对、进退之节"(朱熹《大学章句序》),而使每一细节习惯化,"皆所以使之即夫一事一物之间,各有以知其义理之所在,而致涵养践履之功也"(朱熹《答吴晦叔书》)。

4. 王廷相的正面教育观

明代哲学家王廷相主张儿童道德教育应坚持正面疏导。他说:"童蒙无先入之杂,以正导之而无不顺受……壮大者成驳僻之习,虽以正导,彼以先入之见为然,将固结而不可解矣,夫安能变之正。故养正当于蒙。"(王廷相《雅述》上篇)王廷相在这里不仅指出了对儿童品德培养应坚持正面教育,而且也阐明了理由,这个论证是相当有意义的。

上述中国古代思想家、教育家的品德发展与教育的思想,可以归纳为如下几点:第一,重视德育,把德育作为治国兴邦的重要措施;第二,重视品德结构的知、情、意、行的发展与培养,特别是强调良好习惯的训练和形成;第三,提出一系列有合理成分的德育内容,这里既有全人类的共性,又有民族特色;第四,总结出一些反映德育工作的原则和方法,例如,主张身体力行,知行结合,重视潜移默化,防微杜渐,注意儿童的年龄特征,照顾儿童的情趣。针对学生的个性特点进行教育,提倡循循善诱,长善救失,重视通过多种渠道进行道德教育,寓德育于智育之中,强调身教重于言教,教育者应以身作则;重视早期教育和家庭教育;重视道德修养;提倡道德品质的自我锻炼;等等。

二、中国关于儿童和青少年品德发展的心理学研究

我国近代以来也重视德育,例如 1912 年 1 月 3 日,孙中山在南京组织临时政

府，同年9月就公布了新的教育宗旨：注重道德教育，以实利教育，军国民教育辅之，更以美感教育完成其道德。1949年前的中小学执行"忠、孝、仁、爱、信、义、和、平"的国民道德规定，并有一系列的德育管理和训练的措施。我国的教育家积累了丰富的德育经验，并总结出自己的理论，其中很多理论是中外教育史上所没有的，正如我国老革命家、教育家董必武所说的，这在教育史上应写下特殊的一章。1949年后，我国德育的一个重要内容就是"五爱"：爱祖国、爱人民、爱劳动、爱科学、爱护公共财物，这种道德规范在培养一代新人中起到了无可估量的作用。尽管如此，作为一门品德心理学，特别是关于儿童与青少年品德发展的科学研究工作，在我国却是相当薄弱的。这里的原因是多方面的：一是品德心理学涉及的问题比较复杂，研究的难度大；二是品德内容涉及的社会问题较多，涉及的意识形态的东西较多；三是研究方法问题始终没有解决，缺乏对品德及其发展的研究工具或科学手段。再加上我国心理学本身多灾多难，几起几落，因此作为心理学的一个分支的品德心理学及品德发展心理学便处于"极度贫困"的状态。

20世纪60年代初，我国只有极少数心理学家对儿童与青少年品德的发展进行过探索，尽管这些探索很有意义，但也是片面的。例如，贺宗鼎等人于1962年《心理学报》第1期发表了《关于低年级学生自觉纪律性形成过程的初步探索》，李伯黍等人于1964年《心理学报》第1期发表了《关于少年儿童道德行为动机的心理分析》，同年，章志光等人在《心理学报》第2期发表了《关于小学生课业责任心形成的实验研究》，谢千秋在《心理学报》第3期发表了《关于青少年道德评价能力的一些研究》。这些论文尽管数量不多，而且只是就儿童与青少年品德发展的某一个方面的问题进行探索，不能说是系统的研究，然而，正是这些为数不多的研究报告，填补了中国品德发展心理学研究的空白。

1978年之后，随着科学研究的春天的来临，品德心理及其发展的研究才进入一个崭新的阶段。许多报纸杂志上，开始出现一些有分量的品德发展心理研究的文章，其中包括国外的研究和我国自己的一些探索。关于这方面的课题内容，有中小学生道德认识的发展、青少年理想的形成和发展、班集体对于儿童品德形成的影响、青少年犯罪问题等，不但选样涉及的面比较广，而且有的还做了比较长期的系统研究。老一辈心理学家中，上海师范大学李伯黍及其弟子岑国桢、陈会昌等关于儿童道德判断发展的研究，北京师范大学章志光关于建立我国德育心理学体系的设想以及他带领的研究生开展的学生品德发展与培养的研究，辽宁师范大学韩进之关于青少年理想形成和发展的探索，都是针对某一问题，在全国范围内进行协作开展的一系列研究，并取得了一定的成果。特别是有些心理学家组织协作组，联合近20个省、市、自治区的单位，开展集体研究，有的选题取样达数万人，其中有些虽然是对前人或国外的研究的验证，但也从中总结出了我国儿童与青少年品德发展的某些特点，这是值得重视的。

目前，我国品德发展心理学的研究，主要涉及四个方面。

(一) 研究儿童与青少年道德认识的发展

相对来说，我国在儿童与青少年道德认识发展方面的研究，开展得较多，而且取得的成果也较大。有代表性的心理学家是李伯黍。

李伯黍采用科尔伯格的研究方法，围绕我国的儿童与青少年的道德判断发展这一课题，进行了一系列的调查研究工作，并在国内 15~18 个地区开展了全国性的协作研究。他们的研究范围已经涉及有：①儿童与青少年对行为责任的道德判断，其中包括其对行为原因和后果的道德判断，对动机意向和财物损坏、人身伤害和财物损坏的道德判断，对成人惩罚和行为性质的道德判断等研究；②儿童与青少年道德观念的发展研究，其中包括公有观念、公正观念、集体观念、惩罚观念、友谊观念、利他观念、诚信观念等的发展研究；③影响儿童与青少年道德判断的外部因素，其中包括短期训练对儿童道德判断的影响、通过情景投射和角色扮演的教育干预方法，提高青少年(初一学生)[1]对学校道德氛围(公正和关爱)的感知等研究；④儿童与青少年道德发展的跨文化研究，包括壮族、维吾尔族、藏族、彝族、土家族、苗族、蒙古族、回族、朝鲜族等少数民族和汉族的儿童与青少年道德判断发展的比较研究；⑤儿童与青少年的道德情绪归因，包括一般发展模式的研究，以及行

---

[1] 编者著：本书部分调查研究年代较早，部分说法按作者意愿保留原先的称呼，如初一、初二、初三即为现在的七年级、八年级、九年级。

为动机与结果的匹配关系对道德情绪归因的影响；⑥道德判断能力测验的编制。这些研究揭示了我国各族儿童与青少年道德判断发展的一些规律，以及特定的文化背景、道德训练对儿童与青少年道德判断发展的影响，为我国的儿童与青少年道德教育提供了科学的实证资料，同时也可供道德哲学进行理论思考。这些研究报告均已分别在《心理学报》《心理科学进展》《心理科学通讯》(后改名为《心理科学》)和《心理发展与教育》杂志上发表，其中有些研究论文已被国内外书刊摘要引用，得到许多心理学家和教育工作者的关注。

近20年，其他一些心理学者也在该领域开展了大量的令人印象深刻的研究。这些研究加深了我们对儿童与青少年的道德认知的认识与理解。例如，陈少华和郑雪(2000)以及俞志芳(2007)运用故事情境的临床访谈法分别研究了4~6岁的儿童和小学儿童在亲社会情境中道德情绪判断及归因状况；李占星等人(2014，2015)则采用故事情境法探讨了6~10岁儿童对损人情境下损人者和旁观者的道德情绪判断与归因的发展，以及不同权威目击者(老师、班长和普通同学)对儿童道德情绪判断与归因的影响；丁芳等人(2018)探讨了小学儿童的程序公平认知以及不同程序信息下程序公平认知归因取向的发展特点；黄鹂(1992)和赖文龙(2009)分别调查了我国小学生和大学生的品德发展状况；张世富(1982，1984，2001，2002)历时20年，深入调查了西双版纳克木人、基诺族、哈尼族和拉祜族青少年的品德发展，丰富了我国不同民族间儿童青少年的品德发展认知研究；谭秋桂和郑和钧(1992)调查了中小学生纪律观念的发展，填补了儿童青少年道德观念发展的空白；高湘萍等人(2002)考察了小学生、中学生和大学生对品德词语的内隐/外隐记忆情况，发现对不道德词语的记忆更多具有内隐性；翟冬雪等人(2016)考察了儿童道德概念垂直空间隐喻(道德是上，不道德是下)的认知发展；白宝玉、余俊宣和寇彧(2014)采用焦点群体访谈法探讨了儿童青少年对腐败现象的认知及其发展规律；王元等人(2015)调查了13~18岁青少年的性道德发展的特点；张萌和李玫瑾(2018)采用道德品质词汇库和道德品质词汇重要性选择问卷，比较了违法青少年和普通青少年所认同的道德品质差异；卞军凤等人(2015)探讨了5~12岁儿童人际关系差序性对其道德判断的影响；同时，也有研究者探讨了影响个体品德发展的因素，如智力与性格(张锋，高建昆，窦刚，1999），电视动画片节目类型（唐克西，姜涛，彭聃龄，杨淑芬，徐向东，1997；孟娟，2007），父母的教养方式（徐萍萍，王介君，2014）等。

（二）对品德心理结构的发展进行较系统的研究

对儿童与青少年的道德认识、道德情感、道德行为等成分开展的研究，有代表性的分别是以章志光、李怀美等为首的不同的品德发展研究协作组。

章志光等人的研究主要是运用教育心理实验法来探索学生道德行为表现的心理结构及其与教育条件、方式的关系，同时结合教育经验总结法了解学生的问题行为及其矫正方法。他们的研究大致分为三个方面：①品德形成的教育心理实验，如"小学生课业责任心形成的实验研究""榜样教育有效途径的比较研究""情绪在儿童品德教育中的作用""中学生的价值系统与道德判断""学生品德形成的动态研究与方法探索"等；②品德问题的社会心理学研究，如"个人在班集体的地位及其对品德影响的心理分析""差生教育的角色改变方法研究""初中生利他取向、社会赞许性与亲社会行为关系的实验研究""学生的价值观、价值取向及其与亲社会行为的关系初探"等；③问题行为的个案研究，如"学生的问题行为与品格形成""关于中小学生问题行为的个案研究"等。上述研究都与儿童与青少年道德认识（包括对规范及其执行意义的理解、道德判断、自我评价等）、道德感、道德动机（包括冲突与协调等）、道德行为的意志（包括决策、执行与自我调控）等发展变化联系在一起。

在这些研究基础上，章志光提出了学生品德心理结构的思想，并提出了学生品德培养的一系列方法建议，影响较大。

李怀美等人从道德认识、道德情感和道德意志行为三个方面对中小学生品德发展做了研究。他们在全国各地取样，被试近万人。他们采用了个别谈话、问卷、道德情境性临床实验研究、组织班级间的对抗赛进行道德意志的培养实验等综合性的方法，并运用了镜画仪、皮电阻仪、遥拥心率计数器、计时器等现代化研究工具。他们研究了道德概念、判断、评价等认识发展的特点，研究了爱国主义情感、义务感、荣誉感、良心、幸福等道德情感发展的特点，研究了坚持性、自制力、行为与动视关系、言行的一致性等道德意志行为发展的特点。此外，他们还探讨了品德发展中的性别差异、地区差异、学校类型差异等文化背景所造成的中小学生品德的各种特征。

(三)对儿童与青少年的亲社会行为发展进行系统性的中国化研究

由于道德的社会约束性赋予其与生俱来的价值导向倾向，近些年，不少研究者将对道德行为的研究扩展到对社会有益的亲社会行为上，从亲社会倾向的视角重新审视道德，运用亲社会的研究方法与机制对道德进行深入研究，在关于道德行为、道德情感等研究领域均有较大的贡献。其中，较有代表性的是寇彧带领的亲社会行为研究团队的工作。

寇彧及其团队以青少年和儿童为研究对象，他们的研究大致包括以下几个方面：①建立青少年亲社会行为概念的原型表征模型。以青少年的视角，了解他们心目中的亲社会行为。他们发现青少年亲社会行为概念由四个维度构成：遵规与公益性亲社会行为、特质性亲社会行为、关系性亲社会行为和利他性亲社会行为。四个维度上的最佳实例分别是：帮助行为、亲情行为、增进友谊和忠诚。随后，他们在其系列研究中通过群体焦点访谈、青少年主观评定、记忆实验等方法，建立并验证了青少年认同的亲社会行为概念的四维度模型，并以此四维模型为基础，经过两次修订，开发了《青少年亲社会行为量表》(Prosocial Behavior Scale for Adolescent, PB-SA)，进一步探索了青少年亲社会行为的整体表现和四种类型亲社会行为的发展趋势。②儿童亲社会行为及其信息加工特点研究。这主要涉及儿童亲社会行为的发展特点，儿童亲社会动机以及行为的社会信息加工机制。③亲社会倾向测评工具的修订与检验。他们主要对古斯塔沃·卡洛编制的青少年亲社会倾向量表(PTM)进行了修订，并检验了亲社会倾向与亲社会推理、完美主义特点间的关系。④尝试从概念原型、社会比较、自我增强取向以及亲社会自主动机等多理论视角探讨亲社会行为。⑤探究了实践中教学干预对亲社会行为的影响。这些研究均已分别发表在《心理发展与教育》《心理与行为研究》《心理科学》等学术期刊上，其结果不仅加深了我们对国内儿童与青少年的亲社会行为的认识，还有助于我们在教学实践中开展运用。在以后的章节中，我们将对这些研究做进一步阐述，针对部分研究结论做深入探讨。

(四)研究教育与品德发展的辩证关系

从 20 世纪 70 年代开始,我们一直坚持在教育第一线,从事品德培养的实验研究,目的在于探索教育同儿童与青少年的品德发展的辩证关系。我们的研究又叫道德习惯培养的研究,主要将道德习惯的形成看作品德形成的关键或核心。我们认为,一个人的品德究竟如何,最终取决于他的行为是否高尚,是否有益于集体和社会。只有具体表现在生活实践中的一系列言行举止,才真正说明一个人的道德水平。因此,重要的是培养儿童与青少年的道德习惯。我们选择了一批中小学的一年级班级作为实验班进行追踪研究。我们逐年按照不同的年龄特征,向班主任提出行为习惯的培养措施,在班主任的积极配合下,从练习入手,通过反复的良好行为习惯的练习和实践,形成一定的良好班集体,并在以后若干年内发挥这种班风在该班成员品德形成和发展中所起的决定性作用。在研究中我们看到,这种作用是通过班集体的正确领导、舆论、集体荣誉感和共同的行为习惯(即班风)直接影响个体的知、情、意、行而完成的。通过研究,我们认为建设良好的班集体、利用班集体的力量,是培养儿童与青少年品德的正确而有效的途径。多年来我们的研究不仅使我们初步探索了教育(措施)与品德发展的辩证关系,而且也对品德研究的方法问题有了一定的认识,并发表了《班集体对中小学生品德形成的作用》《小学儿童品德形成的特点》《中学生道德品质的发展》等研究报告。在以后的章节里,我们将阐述我们的有关研究,并对其中的一些观点做进一步的分析。

综上所述,我国品德发展心理学的研究,目前还比较薄弱。研究的进展并不等于我国品德发展心理学的建立和成熟,我们依然面对着众多的困难。然而,我国品德发展心理学,不论是理论问题还是实验研究,都迈出了可喜的一步。我们坚信,只要心理学家和广大教育工作者紧密结合,共同努力,中国儿童与青少年的品德形成和发展的系统规律是一定能被揭示的。

第二节

————

西方品德发展心理学评述

一、西方品德发展心理学史

西方品德发展观大致可以分为三个阶段，即古希腊罗马时代的品德发展观、中世纪品德发展观和近代西方品德发展观。

(一)古希腊罗马时代的品德发展观

古希腊罗马时代是从公元前 8 世纪直到 476 年西罗马帝国灭亡为止，它是奴隶制形成、发展和灭亡的历史时期。在奴隶制的形成时期，赫拉克利特的观点具有较大的代表性。他认为，善与恶，正义与非正义是相对的，又是可以相互转化的。他说，"如果没有那些(非正义的)事情，人们也就不知道正义的名字"(《古希腊罗马哲学》，1957)。

这一时期的另一位代表人物是毕达哥拉斯。他指出，"在人身上最有力的部分是灵魂，灵魂可善可恶。人有了好的灵魂便是幸福的，它们从不休止，它们的生命是一个永恒的变化"(《古希腊罗马哲学》，1957)。

在奴隶制的发展时期，德谟克利特的思想十分重要。他认为在道德判断上既要看效果，又要看动机。他说，"不做不义的事还不是善良的标志，应该甚至连不义的意向都没有"(《古希腊罗马哲学》，1957)。

这一时期的另一位代表人物是柏拉图。他指出，道德是神把善的理念放到人的灵魂中去的结果，由于人的灵魂不同、等级不同，才产生了不同等级的德性。在其著作《理想国》中，他将人分为三个等级(奴隶除外)，即哲学王、武士和劳动者。与人的等级相应，在灵魂的分类上也有三个等级：最高的是理性在头部，相当于哲学王的灵魂；勇气意志在胸部，相当于武士的灵魂；最下者为肉欲，在横膈膜以下，相当于劳动者的情欲。

在奴隶制的危机和崩溃时期，亚里士多德的观点影响很大。他将德性分为两种，即"理智的"（又叫智德）和"道德的"（又叫行德，即实践道德）。智德支配行德。两者都有天性的基础，但教育和习惯的作用更大。他说，"理智的德行，是由训练而产生和增长的（所以必须有时间和经验），道德和德性则是习惯的结果"（周辅成，1964）。

（二）中世纪的品德发展观

中世纪，即欧洲的封建时代，是从公元 5 世纪到 16 世纪末，其最大的特点是封建教会的势力极大，在意识形态上处于绝对的统治地位。中世纪基督教官方哲学家，经院哲学的最大代表托马斯·阿奎那将德性基本分为两类，即自然的德性和超自然的德性。自然的德性包括理智的和实践的两个方面，起源于人的本性，而超自然的德性则来自神的恩赐。他说，"理智与实践的德行，依照人类本性的能力而使人的理智与意欲达到完善，而神学的德行则是超自然"（周辅成，1964）。他还说，"我们所具有神学的德性，乃倚于神恩的赠赐"（周辅成，1964）。

（三）近代西方的品德发展观

荷兰哲学家斯宾诺莎主张感情、欲望是道德的基础，理性的指导则是道德的行为。他认为，"保存自我的努力乃是德性的首先的唯一的基础"；"一个人愈努力并且愈能够寻求他自己的利益或保持他自己的存在，则他便愈具有德性，反之，只要一个人忽略他自己的利益或忽略他自己存在的保持，则他便算是软弱无能"（周辅成，1964）。当然，他还说，"凡受理性指导的人，亦即以利他性作指针而寻求自己的利益的人，他们所追求的东西，也即是他们为别人而追求的东西。所以他们都是公正、忠诚而高尚的"（周辅成，1964）。他还认为，最高的善是对"上帝"的认识，"心灵的最高的善是对神的知识，心灵的最高的德性是认识神"（周辅成，1964）。

德国哲学家康德主张理性是道德的基础。他认为，作为道德的基础的理性，就是善良意志。善良意志是理性的表现，是道德行为的来源，又是道德行为评价的依据。在这个世界上，除了善良意志外，不可能有别的更好的东西。而所谓善良意志，实质上就是对道德规律的遵从。

英国的伦理学家边沁提出了道德评价的效果论。他认为，评价人的道德行为，与动机无关。总之，在心理学作为一门独立的学科诞生之前，关于品德发展的思想观点是较少的，而围绕该问题展开的研究更是谈不上。这些思想观点大多是描述性的，并以唯心主义的错误思想为主，也有朴素唯物主义的观点。只是到了科学心理学诞生以后，关于品德心理的发展研究才开始进入真正的科学探索阶段。

二、西方品德发展心理学的产生

19世纪末，西方开始出现关于儿童品德发展的零星研究报告。1894年，英国的巴恩斯(E. Barnes)在《教育论丛》杂志上发表了一篇题为《儿童心目中的惩罚》的研究报告，用问卷法研究了关于惩罚观念发展的问题。他发现，成人对儿童的惩罚，儿童总认为是应该的。犯了错误和过失就应该受到惩处，越是年幼的儿童，越普遍持有这种看法，随着年龄的增长，这种看法逐渐减少。同一期《教育论丛》上，美国的夏伦勃格(M. Schallengberger)发表了一篇题为《儿童的公正观念》的文章，报道了他关于儿童公正观念发展的研究。他采用讲故事的方法对儿童进行测试，要求儿童对故事中主人公犯的错误进行判断。结果发现，年幼儿童主张故事中犯错误的主人公应受严厉惩罚；而年长儿童则认为，主人公尽管犯了错误，但要看出发点怎样，如果出发点是好的，就应该减轻处分。到了20世纪20年代后期，对儿童品德发展这一问题，西方(主要是美国、英国、瑞士)进行了相对较大规模的研究。

1925年，英国心理学家麦考莱(Macaulay)和瓦金斯(Warins)进行了一项关于环境与儿童道德价值观关系的研究。他们采用问卷法，被试为中小学生，达3000多人，他们要求被试回答：列举一件自己认为最不道德的事情；挑选一个自己最向往、最敬慕的人，并说明理由。其研究结果如下：①儿童的品德发展有一条明显的主线；②品德发展有一定的模式；③品德发展具有稳定性；④品德发展具有系统性；⑤品德发展具有阶段性。麦考莱和瓦金斯的上述几个结论，除儿童品德发展在时间上渐进的模式理论引起一定争论以外，大体上为当时的人们所接受。

稍后几年（1928—1930），美国耶鲁大学心理学家哈桑（Hartshorne）、梅（May）以及马勒（Mailer）对儿童品德进行了实验研究。被试是 8~16 岁的儿童，约 11000 多人。研究者设计了 100 个实验来研究儿童的诚实与欺骗这一道德品质。如"客厅游戏""点圈游戏""连圈游戏""考后评卷"等。他们根据自己的研究成果，出版了《关于性格性质的研究》（共三卷）。通过这项研究，他们发现儿童的道德行为在很大程度上取决于直接情境的力量，而与社会经济条件、智力等并无显著的相关。由此他们认为，儿童的品德发展没有主线，行为有个别差异，行为有特定性，品德发展不存在系统化过程，行为完全由情境支配。因而，他们指出：儿童的行为，如诚实等品质没有一贯的、普通的趋向，儿童的任何品德都是在特定的情境中产生的，教育者应为儿童创设良好的情境（李伯黍，1981）。

显然，以上两项研究有很大的分歧，这种分歧至今还存在。

与此同时，瑞士的皮亚杰也对儿童的道德判断进行了大量研究。他主要采用临床法，1930 年出版了《儿童的道德判断》一书。该书分四个部分：第一部分，对儿童品德发展的最初阶段做了探索性的研究（玩弹子游戏，游戏规则问题）；第二部分研究了儿童的公正观念（即是非观念），研究方法是运用对偶故事法，即两难故事；第三部分也是研究公正观念，但方法不同（即从儿童对惩罚的看法来探讨）；第四部分是社会学方面的问题。皮亚杰的研究着重分析了不同年龄儿童道德判断的思维结构。在他的研究中，贯穿着四个基本观点：①从单纯规则到真正意义的准则；②从单方面的尊重到多方面的尊重；③从约束的道德品质到合作的道德品质；④从他律到自律。皮亚杰在《儿童的道德判断》等书里，把儿童的道德品质发展划分为四个阶段。

1. 自我中心阶段（2~5 岁）

在自我中心阶段，儿童不顾规定，按照自己的想象去执行规则。即规则对于他们来说，还不具有约束力。在这个阶段，儿童还不能将主体与客体相分离，还不能将自己与外界环境区别开来，他们与成人或同伴之间还没有形成合作关系，他们把外在环境看作自我的延伸。

2. 权威阶段(6~7、8岁)

在这个阶段,儿童表现出对外在权威绝对尊敬和顺从的愿望。也就是说,他律的道德感在一些情感反应和作为道德判断所特有的某些显著的结构中表现出来,其特点一是绝对遵从父母、权威者或年龄较大的人。儿童认为服从权威就是"好",相反,不听话就是"坏"。二是对规则本身的尊敬和顺从,即把人们规定的准则看作固定的、不可变更的。皮亚杰将这一结构称为道德的实在论(皮亚杰,英海尔德,1980)。

3. 可逆性阶段(7、8~10岁)

儿童的思维进入具体运算阶段,突出的特点就是具有守恒性和可逆性。他们达到了基于遵从的新的道德关系,从而导致一定程度的自律。这一阶段的儿童已不把准则看成是一成不变的东西,而把它看作是同伴间共同约定的。也就是说,儿童已经开始认识到:只要所有的人都同意的话,规则是可以改变的。这时儿童在有规则的游戏中,把这些规则视为同年龄的游戏和比赛,取得协议的结果,并且大家接受这一观点:通过民主方式获得一致意见时可修改这些规则(皮亚杰,英海尔德,1980),这就更富有社会性的色彩。从此,儿童已经意识到一种同伴间的社会关系,意识到他们应当相互尊重共同约定的准则。对于儿童来说,准则已经具有了一种保证相互行动,相互取予的可逆特征。

4. 公正阶段(10~12岁)

公正观念或正义感是继可逆性阶段而发展起来的,它是互敬和互惠的一个重要产物。这种公正感往往是从抛弃父母的意见而获得的(如当父母不自觉地有不公正行为时)。从此,儿童与成人的关系,从权威性过渡到了平等性。在这一阶段,儿童的道德观念倾向于主持公正、平等,儿童体验到公正和平等应当符合各个人的特殊情况,公正感成为情感领域内的一个核心规范。皮亚杰认为,从可逆性关系转变到公正关系的主要原因是利他主义因素。

总之,20世纪二三十年代这一时期的研究课题,大体可以分为以下几类:①关于品德的测定,即通过测量、测验或问卷,了解学生的品德,如梅和哈桑的"正直性测验"、狄斯科迪莱（A. Descoeudres）的"分配测验"等；②研究品德同智力、性别及其他个性品质的关系，如哈提蒂（M. Hugerty）等人对有过失行为的学生的研究；③研究教育措施在改变学生道德行为方面的作用，如沃尔克（P. F. Voelker）的研究；④研究品德的发展阶段，如皮亚杰的研究。

20 世纪三四十年代，西方关于儿童品德的发展问题的研究处于低潮，几乎没有什么较有价值的东西。

第二次世界大战结束后，美国芝加哥大学的哈维豪斯特（Havighurst）和泰伯（Taba）在前人研究基础上（主要是梅和哈桑的影响），采用"声誉评定法"研究了道德声誉问题。其出版的《青少年的性格与个性》一书，将青少年的性格分为五种类型：①自我管理型；②适应环境型；③顺从型；④违抗型；⑤不能适应型。前三种类型的人道德声誉比较高，后两种类型的人道德声誉比较低。其研究结论是：儿童的品德是由他们特定的孤立的行动积累而成的，但道德教育又不应根据孤立的行动来进行，因为这样的教育不能构成道德教育的全过程，不能使儿童的品德得到全面的发展。因此，对儿童进行道德教育，应当使儿童从具体情境中抽象出道德准则，形成道德行为习惯，从而使他们按照道德原则行事。

哈维豪斯特和泰伯的观点，既不同于麦考莱和瓦金斯的彻底阶段论，也不同于哈桑和梅的彻底情境论，可以说，他们的观点是偏向于情境论的折中论。

在这期间，英国心理学家斯温森（Swainson）研究了道德观念的发展，出版了《儿童和青少年道德观念的发展》一书，提出了一种"张力说"，即认为儿童的道德态度是在自我与社会之间一种张力中发展起来的。

三、当代西方品德发展心理学的主要派别

进入 20 世纪 50 年代后，西方对品德发展问题的探索和研究逐渐加强，到了 20 世纪 60 年代，又重新掀起了高潮。20 世纪 70 年代至今，教育心理学家、儿童心理学家、社会心理学家等无不对儿童与青少年品德的形成和发展表现出浓厚的研究兴趣，在这些学科领域的大量著作中，几乎没有一本不论及儿童与青少年品德发展。

当代西方关于品德心理的研究主要分为三大派别：新行为派、认知派和新精神分析派。目前在美国，新行为派的主要代表人物是班杜拉（A. Bandura），认知派的主要代表人物是科尔伯格（L. Kohlberg），新精神分析派的主要代表人物是埃里克森（E. Erikson）。

（一）新行为派的研究——社会学习论

社会学习理论是 20 世纪 60 年代由班杜拉提出的。他 1925 年出生于加拿大的阿尔伯塔省，1953 年起在美国斯坦福大学任教，1974 年曾担任美国心理学会主席。

社会学习论的主要观点是：儿童只需通过观察学习（observational learning）就能获得大部分的新行为，这种认知过程的实质可以被称为"替代强化"（vicarious reinforcement），它能够迅速地影响到广泛的行为领域。儿童的道德行为也是这样，可以通过这种学习而获得和改变，因而环境、社会文化关系、客观条件及榜样强化等，直接影响着儿童道德行为的形成和发展，如果充分利用这样一些条件和方法，鼓励学生的正确行为，将有利于学生良好道德行为的形成和发展。

该学派对道德问题的研究主要集中在模仿学习、抗拒诱惑实验和言行一致等方面，所采用的方法主要是实验室实验。

关于模仿学习的实验研究，是班杜拉和麦克唐纳（McDonald）在 1963—1968 年做的。他们先用一些道德判断故事，让 5~11 岁的学生对其中人物的行为进行判断（看是否符合道德规范），以测量他们的道德发展水平。然后，把儿童分为三个等组进行不同的实验处理：第一组，当儿童所做出的道德判断比初测时稍有进展，就予以表扬，奖励和积极强化；第二组，儿童在评价一个故事时有一个比儿童水平高的成人做榜样，并给予儿童表扬和强化；第三组与第二组类似，但儿童不受到表扬和强化。经过训练，这些儿童在另一个成人的要求下评价另外 12 个成对的故事，如"你怎么看""谁对谁不对""为什么不对"等问题，这时既无榜样，亦不给儿童以表扬和批评。结果发现：初测时三个水平相等的组在实验的第二步处理后，其中的第二和第三组的成绩远远超过第一组，而第三组稍高于第二组；在实验的第三步处理时，第一组提高不大，第二组略高于第三组。因此，第二、三组儿童道德判断水平的迅速提高是由于成人判断的榜样起了积极作用，而表扬的作用在此不十分显著。研究者认为，儿童的道德定向（判断）不像皮亚杰所说的有那么多的年龄差异，而更重要的是个体差异，后者主要是由于不同的社会学习和不同的成人及同辈榜样的影响造成的。

关于抗拒诱惑的实验研究，是沃尔特斯等人（Walters, Leat & Mezei）于 1963 年设计的，其目的是为了说明这样一种观点，人的道德行为也表现在能否抗拒各种外界诱惑，而对诱惑的抗拒可以通过榜样的影响加以学习和改变。实验采取了三个步骤，先挑选一批来自所谓下层阶级的五岁男孩进入一间放有玩具和字典的房间，让他们参观，成人的指导语是"这些玩具禁止玩，但可以翻字典"。然后将儿童分为三组，第一组是奖励榜样组，即让儿童看一部短片，影片中有一个男孩在玩一些被告知不许玩的玩具；不久男孩的妈妈进来，夸奖他并与他一起玩。第二组是指责榜样组，与第一组类似，但当男孩的妈妈进入房间时，严厉训斥孩子违反禁令，男孩显出害怕的样子。第三组是控制组，不看电影。实验的第三步，是对所有男孩进行抗拒诱惑测验，每个男孩都在上述的房间内单独待 15 分钟，其活动通过单向显示屏由实验者观察和记录。结果发现：第一组男孩很快屈从于诱惑，约在 80 秒钟后便动手玩玩具；第二组男孩能克制约七分钟，有的甚至坚持完 15 分钟；第三组男孩平均克制约五分钟。研究者认为，榜样具有一种"替代强化"的功能，在很大程度上影响着儿童对诱惑的抗拒。

关于言行一致的实验研究，是米歇尔等人（Mischel & Libert）于 1966 年进行的，以揭示成人言行不一致对儿童品德形成和发展的影响。他们让儿童玩小型滚木球游戏，即由儿童按一定规则将木球投入球门，投中得分，得 20 分以上可得奖。如果儿童严格遵守规则，得奖的机会很少，但如果不严格按照规则，或偷偷违反规则，就有可能得分受奖。在第一阶段，让儿童与成人一起玩，并把儿童分为两组。在第一组中，成人的言行一致，他们不仅告诉儿童守规则，而且自己也遵守；在第二组中，成人口头上要求儿童守规则，自己却当着儿童的面不严格遵守。此时成人的言行不一致，但儿童在成人面前仍然严格遵守规则。在第二阶段，儿童独自玩这种游戏，其行为可以通过观察孔而被观察到。实验结果发现：第一组儿童得奖次数很少，仅占总次数的 1% 左右，说明绝大多数儿童严格遵守规则；第二组儿童的得奖次数占总次数的 50% 以上，说明他们离开成人后就开始按照成人的那种低标准去要求自己。在第三阶段，实验者将两组儿童放在一起玩。结果发现，由于第二组儿童的影响，第一组儿童也降低了标准，并将办法介绍给其他儿童。研究者认为，要提高儿童的道德水平，成人和教师不能只进行口头指导，还要给儿童树立以身作则的榜样，包括同伴中的榜样；否则，即使道德水平较高的儿童也会受到不良影响。

如何评价社会学习论对品德发展的研究呢？首先，我们应当看到，模仿虽是一个古老的概念，但班杜拉却大大地增加了我们对其重要性的新认识。其次，该理论提出的"道德观念和行为经过后天的观察学习可以形成和改变"的观点，有着很大的积极意义：它强调了教师言行一致和为学生树立榜样的重要性；同时也强调了父母教育方式的正确与否对儿童道德发展的影响，例如，父母常常用体罚来"教育"孩子不去打架，结果无意间使孩子们的打架变本加厉（Bandura & Walters，1963）；此外，它还强调了社会环境对儿童道德发展的影响，例如，电影、电视和书刊等社会宣传工具对儿童道德品质的形成和改变起着极大的作用。最后，社会学习论的研究方法在实验室研究的水平上是较高的，其实验设计中的变量控制是较严密的，这在品德研究的方法方面也是有其积极意义的。

社会学习论在品德发展的研究上主要存在着两点局限。其一，过分信奉环境的作用，而忽略了儿童的发展过程本身和发展阶段性的作用，忽略了儿童自身的认知结构在观察学习过程中的作用，因而最终属于一种新行为主义的观点。其二，实验室研究与实际生活之间的差别没有得到应有的强调。实验室实验包含着人为的遵从的压力，使得榜样的效果比在实际生活中要大些。

（二）认知派的研究——道德发展阶段论

道德发展阶段论是 20 世纪 50 年代末由科尔伯格提出的。他 1927 年出生于美国纽约，1958 年获博士学位，1962—1968 年任教于芝加哥大学，1968 年以后在哈佛大学工作，1987 年去世。科尔伯格的代表作有《阶段与继续：对社会化的认知发展》（1969）、《儿童对道德准则的定向的发展》（1973）等。

  道德发展阶段论的主要观点是：儿童的道德发展水平与其思维发展水平直接相联系，由于儿童认知发展存在着阶段性，因而其道德发展亦具有阶段性，并且，这种阶段性不是来自文化教育，而是来自儿童的自发活动。科尔伯格并不否认不同文化会导致儿童不同的道德评价，但他仍然坚持在所有的文化条件下让儿童都按同样的顺序通过其发展阶段，因为这些阶段不是借助于特殊的信仰，而是借助于作为基础的推理模式（Kohlberg & Gilligan，1971）。但是，科尔伯格也指出了文化的经验能够改变道德发展的速度和广度，只是它是依靠刺激思维而不是直接的教导来实现的。

  科尔伯格采用的研究方法是让儿童对道德两难问题做出判断，即"道德两难故事法"。用这种方法，科尔伯格访问了儿童和青少年。他取样的男孩有 72 人，这些孩子出身于芝加哥中产阶级和较下层阶级的家庭，他们的年龄为 10、13、16 岁。以后，他又在样本中加入了年龄较小的儿童以及来自美国其他城市和乡村的儿童，他甚至将年龄扩展到 21 岁。根据被试的回答，他对儿童的道德发展水平进行了划分，并把这一水平的划分作为量表，再去测定其他儿童的道德发展水平。科尔伯格最常用的是"海因茨偷药"这个两难故事。这个故事是说欧洲有个妇人患了特殊的癌症，生命垂危。医生认为只有一种药能救她，就是本城一个药剂师最近研制的药。制造这种药要花很多钱，药剂师索价还要高过成本十倍。他花了 200 元制药，而这点药他竟索价 2000 元。病妇的丈夫海因茨到处向熟人借钱，一共才借得 1000 元，只够药费的一半。海因茨不得已，只好告诉药剂师，他的妻子快要死了，请求药剂师便宜一点卖给他，或者允许他赊欠。药剂师说："不成！我研制了这种药，正要用它来赚钱。"海因茨走投无路，竟撬开此人经营的商店的门，为妻子偷了药。这个丈夫应该这样做吗？

  科尔伯格所关心的并不是对这些两难推理回答"是"或"否"，而是儿童回答问题时如何推理，如认为海因茨为什么应该或不应该偷药。交谈过程中还可以提新问题来帮助理解儿童的推理，并注意被试回答背后的推理，据此将各种反应划分阶段。这就是大家熟知的科尔伯格提出的道德发展的三种水平，六个阶段的理论。

1. 前习俗水平(preconventional level)

这个水平的主要特点是个体着眼于人物行为的具体结果及其与自身的利害关系，认为道德的价值不取决于人及准则，而是由外在的要求而定。它包括第一、第二两个阶段。

第一阶段：服从与惩罚的道德定向阶段。处于这一阶段的个体，对成人或准则采取服从的态度，以免受到惩罚。例如，赞成海因茨偷药的儿童认为，"海因茨可以偷，因为他先提出请求，又不偷大的东西；他不该受到惩罚"；反对的儿童一般则说，"这是违法的，偷东西不好，因为你将受到惩罚"。

第二阶段：相对的快乐主义的道德定向阶段。处于这个阶段的个体，在进行道德评价时开始从不同的角度把行为与需要联系起来，但具有较强的自我中心，即认为符合自己需要的行为就是正确的。在关于海因茨的故事中，他们会这样说，"海因茨可以认为偷药来救他的妻子是对的，但药剂师会认为是错的，因为他发明的药应该为自己赚钱"，等等。

2. 习俗水平(conventional level)

这个水平的主要特点是个体着眼于社会的希望和要求，认为道德的价值在于为他人和社会尽义务，以维持社会的传统秩序；它包括第三、第四两个阶段。

第三阶段：好孩子的道德定向阶段。处于这一阶段的个体，在进行道德评价时总是考虑到他人和社会对一个"好孩子"的期望和要求，并总是尽量按这种要求去展开思维。例如，反对海因茨偷药的儿童往往这样回答实验者的进一步提问，"因为好孩子不该偷东西，偷东西的就不是好孩子"，等等。

第四阶段：遵从权威与维护社会秩序的道德定向阶段。处于这一阶段的个体，更加广泛地注意到维持普遍的社会秩序的重要性，开始强调每个社会成员都应当遵守全社会共同约定的某些行为准则，亦即强调对法律和权威的服从。在关于海因茨的故事中，个体往往会认为海因茨应得到同情，但不能宽恕其盗窃行为，否则，社会就会发生混乱。

3. 后习俗水平(postconventional level)

这个水平的主要特点是个体不光自觉地遵守某些行为公则，还认识到法律的人为性，并在考虑全人类的正义和个人的尊严的基础上形成某些超越法律的普遍原则。它包括第五、第六两个阶段。

第五阶段：民主地承认法律的道德定向阶段。处于这种阶段的个体，不再将社会公则和法律看成死板的、一成不变的条文，而是认识到了它们的人为性和灵活性。在关于海因茨的故事中，个体往往会这样认为："在我们心目中，他有权利这样做，但从法律的观点看，他却是错误的。"

第六阶段：普遍原则的道德定向阶段。处于这一阶段的个体，同时认识到社会秩序的重要性与维持这种共同秩序所带来的弊病，因而看到了社会公则与法律的局限性。在关于海因茨的故事中，个体常常提到人的生命比财产的价值要高得多，海因茨的行为正是对于允许药剂师牟取暴利的法律的一种抗拒。

道德发展阶段理论有很多积极意义。首先，它比皮亚杰的道德发展理论更加详细和完善，特别是揭示了处于青年期的儿童的道德发展水平。其次，该理论对道德发展的探讨，不仅局限于符合社会规范、法律准则的道德行为，还从道德思想的实质出发，提出了后习俗道德的思想，有利于探讨个体全面、完整的道德观念。最后，该理论十分强调道德思维推理能力的决定性作用，强调其思想在教育中的应用，这对于培养学生良好的道德品质无疑也很有意义。

道德发展阶段理论主要有以下一些不足。首先，在关于社会化以及不同文化对儿童道德发展的作用大小问题上，没有做出较为清楚的阐述，而只是强调儿童的思维发展水平的作用。其次，该理论主要探讨的是道德思维（判断）并认为它与道德行为之间应该具有某些相关性，因而实质上有些忽视两者之间的差别。最后，在对儿童的教育措施上也只强调对道德思维能力的训练和培养，忽视道德行为的培养问题。此外，在关于儿童通过这一系列阶段的固定顺序问题上，也否认了儿童可能出现的"倒退"现象，这也与实际不完全相符。

(三)新精神分析派的研究——人格发展八阶段理论

人格发展八阶段理论是由新精神分析学家埃里克森提出的。他1920年出生于德国的法兰克福，25岁时开始从事儿童的教学工作，并追随安娜·弗洛伊德（Anna

Freud）等人学习儿童精神分析。通过长期大量的临床观察和经验总结，他提出了关于人格发展的这一理论。

人格发展八阶段理论的主要观点是：人的个性、品德特征有向任何一个方面发展的可能性，而且最初并无好坏之分，人格的全部发展过程具有明显的阶段性，个体在每个阶段内都要完成某些特定的发展任务，这些发展任务是受社会文化制约的，因而每个发展阶段都具有某些普遍性的问题；在每个阶段中，由于不同个体所完成的发展任务不同，因而将形成性质不同的行为模式；在每个个体身上，各个发展阶段都按照不变的顺序展开，只是个体在前一阶段内的发展情况会对后一阶段的发展产生积极或消极的影响。

第一阶段：信任与不信任阶段。当婴儿试图接受自己所需要的东西时，他与照料者之间的关系十分重要。如果他感觉到照料者对自己的态度始终一致，他便可以信赖和预见照料者的行为；相反，当他觉察到照料者不可信赖和预见时，则会产生一种不信任感。显而易见，信任感的体验对于个体来说是十分重要的，但不信任感也对个体的完善发展起一定的积极作用。埃里克森指出，婴儿为了有识别地体验信任，必须有相当大程度的不信任的体验。

第二阶段：自主与羞怯、疑虑阶段。儿童在一岁半以后，由于生理上的不断成熟，已经能够直立，并开始参加一些初步的交往活动，开始自己进食。这时，儿童的自主性逐渐增强，并学会说"我""我的"和"不"等。但是，儿童此时也开始体验到来自社会的期待和压力，因而羞怯与疑虑也逐渐增强。这两者的共同发展及其矛盾的克服，是这一阶段儿童的主要任务。

第三阶段：首创与内疚阶段。儿童在 3~6 岁期间，由于活动范围进一步扩大，便逐渐地形成了行为的主动性（亦即首创性），由此推动他完成新的任务。同时，由于儿童在各方面的活动能力的限制，他们也产生一定的内疚感。

第四阶段：勤奋与自卑阶段。儿童在 6 岁左右，开始进入学校从事学习活动。由于自身的逐渐成熟以及学校、家庭和社会的新要求，儿童的勤奋学习在其生活中变得重要起来。但同时，由于在学习过程中不断地遇到困难、失败和挑战，儿童的自卑感也逐渐增强。

第五阶段：同一性与角色混乱阶段。个体进入青年期以后，便开始建立一种新的自我同一感，包括认同和自居作用。具有自我同一感的青年会不断地通过自己的行为产生自我肯定和自我实现的积极意向，而不具有自我同一感的青年则不会有正确的自我意识，并错误地扮演角色，造成角色混乱。

第六阶段：亲密与孤独阶段。个体在成年早期，往往十分关注镜像自我，关注印象管理，关注自身的前途和发展。可以说他们有些过分地全神贯注于自己，以至于不能担负起成年早期的任务——达到亲密性，因而产生了孤独感。

第七阶段：繁殖与停滞阶段。在这里，繁殖（generation）不仅指生育后代，还包括通过活动创造事物和思想，当然以前者为主。个体进入成年期后，与异性建立了一定的亲密性，便开始关心下一代的养育。埃里克森认为，即便个体不能养育后代，也可以运用自己的才能去指导和关心下一代，从而也能达到一种繁殖感。对于未能产生繁殖感的个体，其结果将是人格的停滞与贫乏。

第八阶段：自我整合与失望阶段。个体进入老年期以后，由于逐渐接近死亡，因而较多地回顾自己的一生。面对着自己漫漫的生活道路，想到自己曾有过的无数未能如愿的理想，便开始产生较多的失望感。然而，当个体面临失望时，常常会进行自我整合，肯定自己的成绩，以弥补失望之感。

人格发展八阶段理论有很多积极意义。首先，它扩展了精神分析理论。弗洛伊德关于人格发展的学说十分强调生物学变化，特别是区位转移的意义，而忽视了个体内部心理矛盾的作用。埃里克森则很重视自我与社会文化生活之间的冲突，详细探讨了它在个体人格发展各阶段中的作用。其次，埃里克森将人格发展研究扩展到了整个生命的全过程，使成年期、老年期的发展问题受到广泛的重视。最后，埃里克森的阶段理论十分强调人格发展阶段的顺序不变性，强调每个个体都将通过这八个阶段，强调前面阶段的通过情况对后面阶段的影响。因此，在教育中采取系统的、科学的培养措施，十分有利于个体健全人格的形成和发展，有利于个体正确、完善的道德观念及行为的形成与提高，等等。

人格发展八阶段理论的局限性，首先明显地表现在其观点阐述的含糊不清，缺乏科学的严密论述，因而影响到它的科学性本身。当然，作为一种精神分析理论的发展,它仍然带有以往精神分析理论的不足,如对个体的高级理智活动的作用的忽视等。

四、西方品德发展心理学的新进展

现代西方品德发展心理学有了一些新的进展,下面我们分别从强调道德认知的品德发展心理学和道德新综合取向两个方面加以论述和介绍。

(一)强调道德认知的品德发展心理学的新进展

皮亚杰和科尔伯格的道德判断发展阶段的工作对品德心理学有重要影响。特别是科尔伯格提出的道德两难情境法更是方法上的重大突破,引发了后续的系列研究。主要体现在方法改进、观念更新以及理论发展三方面。

测量方法上的发展。为了简化测验评分,增大施测便利性,美国心理学家雷斯特(J. R. Rest)编制了限定问题测验(Defining Issues Test, DIT; Rest, 1975; Rest, 1990)。该测试以科尔伯格的"儿童道德发展阶段论"为主要理论依据,以"道德两难故事法"为主要方法,探究儿童的道德判断发展水平和推理能力,目前已被广泛应用于对道德普遍性、道德教育的干预以及道德判断与道德行为的关系等研究中。DIT 由两部分组成。第一部分,给被试呈现道德两难故事和相关问题,每个故事后有 12 道题目。被试首先要进行一个三点评定:是、不确定或否。如在"海因茨是否应该偷药"这个问题中,具体的评定选项为"应该""不应该"和"不确定"。然后被试需要对该问题的重要性进行评分,从"非常重要"到"非常不重要",五点评分。第二部分,让被试从每个故事后的 12 个问题中选出四个他认为主人公做出判断时最应当考虑的因素,分别以 4、3、2、1 计分。这种测验方式属于再认式测试,只需要被试在已有反应上做出选择,计分客观,能很好地反映个体对道德两难故事的理解,主试的评分是标准化的,相当省时省力。但再认式测验也存在着测验设计者的误区:设计者总是假设被试会按照他们的意图反应,事实上,被试并不是仅考虑设计者所设想的那些特征(寇彧,1998)。而且该测验只能用于 12 岁以上的青少年,年幼儿童无法理解测验的要求。鉴于此,20 世纪 70 年代末德国心理学家林德(Georg Lind)提出了道德判断测验(Moral Judgement Test, MJT;Lind, 1978, 1999, 2003),该测验是在皮亚杰、科尔伯格的道德认知发展理论基础上发展而来的,它基于道德行为与发展的双面理论,尝试着对道德行为的认知和情感两方面同时分别给予测量。该测验适用年龄范围较广,测验题目简短(标准版只有两个道德情景),能对道德教育效力进行有效评估;但是与 DIT 一样,该测验仍属于再认式测验。

观念上的更新。美国女性主义心理学家卡尔·吉利根(C. Gilligan)反思了皮亚杰、科尔伯格对道德认知的内容界定、研究被试、研究材料等,认为他们将男权主义的公正、规则等概念作为道德心理的研究内容是片面而有偏见的,来源于白人男性被试的研究结果的科学性和普适性是值得怀疑的。她于 20 世纪 70 年代中后期提出了关爱取向的道德认知发展理论。她认为女性在道德上对于公正并不敏感,她们关注的是道德中关于关爱、人际关系的内容,即道德要使每个人得到关心、照料,达到关系和谐,并且使这种积极良好的关系得以维持和发展(陈会昌,2004)。她将道德发展分为自我保存倾向阶段、自我牺牲倾向阶段、非暴力道德阶段三个水平,主要研究被试群体是 18~33 岁的女性,为我们在解释道德发展及道德判断中的男女差异上提供了一个新的视角。同时,这也是对道德认知发展理论的重大修正。

理论上的发展。越来越多的研究者开始关注到亲社会行为的作用。艾森伯格运用亲社会两难情境取代科尔伯格的道德两难,强调一个人必须在满足他自己的愿望、需要或价值与满足他人的愿望、需要或价值之间做出选择。他通过考察当儿童面对助人者的个人利益与接受帮助者的利益之间存在着不可调和的矛盾时的反应,得出了亲社会道德判断的五个阶段。

阶段一:享乐主义的、自我关注的推理。助人或不助人的理由包括个人的直接得益、将来的互惠,或者是由于自己需要或喜欢某人才关心他。

阶段二:需要取向的推理。他人的需要与自己的需要发生冲突时,儿童对他人身体、物质和心理需要的关注。儿童仅对他人的需要表示简单的关注,并没有表现出自我投射性的角色采择、同情的言语表述等。

阶段三:赞许和人际取向、定型取向的推理。儿童在证明其助人或不助人的行为时提出的理由是好人或坏人、善行或恶行的定型形象，他人的赞扬和许可等。

阶段四：又进一步划分为两个子阶段。第一个子阶段：自我投射性的移情推理。儿童的道德判断中出现了自我投射性的同情反应或角色采择，关注他人的人权，注意到与一个人的行为结果相联系的内疚或情感。第二个子阶段：过渡阶段。儿童选择助人或不助人的理由涉及内化了的价值观、规范、责任和义务，对社会状况的关心，或者提到保护他人权利和尊严的必要性等，但是儿童并没有清晰而强烈地表述这些思想。

阶段五：深度内化推理。儿童决定是否助人的主要依据是他们内化了的价值观、规范和责任，尽个人和社会契约性的义务、改善社会状况的愿望等，此外还提到与实践自己价值观相联系的否定或肯定情感。

虽然上述研究在道德认知领域已取得长足的进展，但是这些成果都建立在理性主义的基础上。道德的理性主义研究重视道德形式，忽视情绪因素，未能充分揭示道德判断规律；忽视道德情感与行为之间的关系，未能系统描述个体道德全貌；另外，也忽略文化多样性，所以仅反映出有限的道德内容观。在这种情境下，道德"新综合取向"应运而生。

(二)道德新综合取向

近 20 年来，随着伦理学、社会学、生物学、心理学等学科间渗透的加强，研究者们也越来越开始关注道德判断中的情绪因素，如厌恶、内疚、宽恕；更复杂的道德现象，如道德伪善、道德许可、道德推脱。道德"新综合取向(new synthesis approach)"就是这方面的一个典型。该理论认为，道德是在心理机能调配下，由多元道德价值观念、多种道德行为实践和多样化的社会习俗共同构成的心理系统，这一系统通过抑制和调节个体的利己性来维护日常社会生活的正常运转(Haidt & Kesebir, 2010)。基于这个概念，海特(Haidt)及其合作者建构了道德基础理论(Moral Foundation Theory, MFT)，系统论述了道德的先天性、可塑性、直觉性和多元性四个基本特征，以及关爱、公正、忠诚、权威、洁净五部分内容。该理论对于全面考察道德内容，深入理解道德形式，发现和解释不同文化群体的道德差异及其来源与影响有重要意义。

道德新综合取向强调道德有四个特征。

①道德来源于进化，是先天性的反应机制。进化过程中反复遇到的适应问题会促使人类产生相应的模块化适应机制（Tooby & Cosmides，1992；Pinker，1997）。社会管理与交往的需要使得人类形成了先天道德性（Haidt，2012），它先于个体经验存在，是个人道德系统的发展起点，为个体在社会化过程中学习具体的道德规范以及行为模式提供了敏感性基础（Graham et al.，2013；Marcus，2004；DeLoache & LoBue，2009）。

②道德具有文化可塑性。长期的进化使人类形成了共享的道德基础，但会因为不同的外在环境而表达出相异具体的应对方式，最终形成多样化的道德系统。例如由于资源总量与获取资源方式的差异，游牧民族比狩猎、采摘、耕种民族的组织结构更为松散，流动性也更大，对于内群体忠诚和权威性层级关系的要求也就相对较低（Fry & Souillac，2013）。个体在社会化过程中会习得特定文化背景中的道德规则及行为模式，在先天道德性的基础上发展出一套包含情绪、动机和行为的，具有文化特异性的直觉反应链接。例如，印度儿童会反复学习遇到长辈及权威人士应当饱含尊敬地鞠躬，因此当初次遇到颇负名望的政治家时，便会做出自动化的反应，而典型美国社会中成长的孩子却没有类似的行为（Graham et al.，2013）。

③道德判断直觉先行，推理在后。不同于道德的认知发展观，道德基础理论认为，人们面对道德情境时是通过快速而自动化的直觉反应得到判断结果的。这种直觉反应来源于进化，情绪在其中起着重要作用（Haidt，2001）。推理具有明显的动机特征及社会策略性目的，它只是为道德判断做出解释及辩护，且会受到判断结果、自身利益、内群体认同、情绪启动的影响（Haidt，Koller & Dias，1993；Mercier & Sperber，2011）。

④道德涉及多维度的内容。从道德来源的先天性假设可知，人类的道德内容范畴取决于所面临的适应性挑战的要求。主要包括下面五个内容（Graham et al.，2013）。

第一，关爱/伤害（Care/Harm）。与关心、照顾和保护他人免受伤害相关的道德内容与反应。为了照顾后代和亲属以保证物种延续，人类进化出与生俱来的同情心、利他性以及其他与关爱和伤害相关的道德内容。例如需要照顾的孩子或正在承受痛苦的他人都会激发人们对于受难者的同情以及对施害者的愤怒（Graham et al.，2012）。

第二，公平/欺骗（Fairness/Cheating）。在与非亲缘关系的人进行价值交换和社会互动时，为确保双方的利益共赢而形成的道德内容。进化心理学发现，对欺骗与合作高度敏感的个体易获得充足的生存资源，因而具有进化优势（Trivers，1971；Frank，1988）。而欺骗、作弊、分配不均等行为会触发人们对于公平的敏感性，并引发愤怒、内疚（Graham et al.，2013）等。

第三，忠诚/背叛（Loyalty/Betrayal）。在多个群体竞争的环境中，个体指向其所在群体的道德内容。对内群体的忠诚能使群体在进化中更具有凝聚力，从而在环境中获得更多的资源和利益。背叛群体、破坏群体规则的行为会引发人们对背叛者的愤怒（Roccas & McCauley，2004）。反之则使内群体成员获得自豪感、荣誉感等（Graham et al.，2013）。

第四，权威/颠覆（Authority/Subversion）。个体在有层级结构的群体中互动时指向上下级的道德内容（对上级尊重服从，对下级承担保护职责）。其进化基础是群体内部的资源划分和权力争夺所形成的合法而不对称的地位（Rai & Fiske，2011）。破坏秩序会引发人们对无序的焦虑和对破坏者的蔑视等情绪（Graham et al.，2012），而尊敬和服从则被看作与权威相关的美德。

第五，洁净/堕落（Sanctity/Degradation）。与保持圣洁、避免被玷污相关的道德内容。为了避免感染疾病，人类在进化中形成了能够迅速检测危险信息，并通过厌恶反应自动远离危险的行为免疫系统（Schaller & Park，2011）。为了发挥最大限度的保护和适应功能，该系统所侦测的危险信号不仅包含腐败的食物、病菌，而且还笼统地包括可能带来危险的"不干净"的个人及群体，如新移民、艾滋病感染者等污名化群体（Faulkner，Schaller，Park & Duncan，2004；Navarrete & Fessler，2006）。另外，宗教信仰、国家认同等将人们联结到一个个道德共同体中，代表其核心价值的象征性标志（国旗、人物、价值规则等）就具有了类似意义。当这些标志被亵渎或冒犯时，个体的洁净道德基础同样会迅速被激活，引发厌恶情绪（Haidt，2012；Wu & Chiu，2013）。

道德新综合取向近年来在西方有较大影响，对我国的品德心理学研究也有一定推动作用，使研究者从单纯关注个体的道德认知转为全面考察个体品德，以及不同文化背景下品德的发展与表达的差异等问题。

第三节

────

苏联品德发展心理学评述

十月革命前的俄国，心理学或品德心理学基本上是属于西方心理学系统的。尽管有的学者，如乌申斯基（К. Д. Ушинскнй）在学生德育上提出了积极的、有益的思想，对以后苏联品德心理学的发展和建设，也产生了一定的良好作用，但这并不是真正的品德发展心理学。苏联对品德发展心理学的研究，应该是十月革命之后才开始的。

苏联心理学工作者是沿着辩证唯物主义和历史唯物主义的方向来建设心理科学和品德心理学的。随着苏联教育改革的深入和心理科学的发展，苏联品德心理学显示出自己富有创造性的特点。

然而，苏联心理学特别是品德心理学的发展，其道路也不是平坦的，既有成功的经验，又有失败的教训，既有自己发展的高潮，也有其整顿、恢复和低潮期。

十月革命到第二次世界大战前，是苏联品德发展心理学的形成和建立的阶段，其间充满曲折。

从第二次世界大战到20世纪50年代末，是苏联品德发展心理学全面而稳定发展的时期。其特点是：心理学的队伍不断壮大；研究的问题几乎涉及品德心理学的各个方面；研究的方法是经验描述加科学实验，且逐步以实验研究为主要形式；研究的结果，被广泛地运用到实践中去。

20世纪60年代以后，苏联品德发展心理学蓬勃地发展起来。随着心理学界各学派的建立，苏联心理学的队伍不仅进一步扩大，且持有一定差异的观点，比较全面而正确地对待西方品德发展心理学的研究成果，而不持全面否定的态度，实验研究的科学性在提高，品德心理学的理论建设也进一步加强。

苏联品德发展心理学，力求以马克思列宁主义的思想作为其建设和发展的指南。这就使苏联品德发展心理学研究在根本倾向和具体特点上，与西方品德发展心理学有许多的不同。

下面，我就从分析上述三个阶段入手，具体地评述苏联品德发展心理学的研究历史与现状。

一、十月革命到第二次世界大战时期的苏联品德发展心理学

十月革命后，苏联教育心理，包括品德发展心理学研究是在20世纪20年代开始的，斯米尔诺夫（Смирнов）的研究工作就是属于20世纪20年代品德发展心理学研究的例子。在1920—1925年，他对青少年进行了问卷考察，并在此基础上研究了青少年的兴趣，学习动机和理想（与科学有关的占34.8%，与道德品质有关的占16.2%，与政治有关的占13%，与健康有关的占6.5%，与工作有关的占10%，等等），以及男女的性别差异。

20世纪二三十年代的苏联心理学家中，巴索夫（М. Я. Басов）、布隆斯基（Л. Л. Блонский）、乌兹纳杰（Л. Н. Удназзе）、谢洛万诺撒氏（В. И. Селованов）、索科梁斯基（И. А. Соколянский）等人从多方面研究儿童与青少年心理的发展，其中包括对品德发展学的研究。

这里，我们着重来介绍这个时期两个代表人物，一个是维果斯基（Л. С. Внготский），另一个是马卡连柯（А. С. Макаренко）。

（一）维果斯基的品德发展观

维果斯基是苏联建国时期卓越的心理学家，他主要研究儿童心理学和教育心理

学，是苏联儿童心理学的开创者。他和列昂节夫（А. Н. Леонтьев）、鲁利亚（А. Р. Лурия）一起创立了所谓历史文化学派即"维列鲁学派"。20 世纪 60 年代以来，维果斯基的著作又得以重新出版。1982 年出版了维果斯基的心理学全集（共 6 集），使他所创建的学派的影响不断扩大。

1. 维果斯基的心理学观

关于心理（包括品德）发展问题，在心理科学中，一般是从两个方面加以研究的，一个是心理的种系发展，另一个是心理的个体发展。维果斯基在这两个方面都做出了出色的研究。特别是他关于人类心理的社会起源的学说，关于儿童心理发展对教育的依赖关系的学说，是今天苏联儿童心理学的基石，也是马克思主义儿童心理学理论的一个重要组成部分。

具体地说，他的心理品德发展观表现为以下几点。

①他创立了如前所说的"文化—历史发展理论"；

②他全面而深入地探讨了"发展"的实质，提出其文化—历史的发展观，特别是提到心理活动的个性化；

③他提出了教学与发展的思想，特别是提出了三个重要的问题，第一个是"最近发展区"思想，第二个是教育必须走在发展的前面，第三个是转变期的问题；

④他在"心理工具"理论的基础上，提出了"内化"学说；

⑤他研究了儿童的思维、言语和个性的发展特点，并提出他的有关理论；

⑥他强调科学的研究方法，并创建了一套儿童心理发展的研究方法。

2. 维果斯基对苏联品德发展心理学的贡献

维果斯基对苏联品德发展心理学的贡献，主要表现在他的个性和品德发展的理论上。

他提出了这样的观点：生活条件本身并不能直接决定儿童个性和品德的形成；在同样的外部条件下，儿童的个性和品德可以形成不同的特点，这首先以儿童本身和这些条件处于什么样的相互关系为转移。他认为，为了正确理解环境在儿童发展中的作用，应当始终不以绝对的标准，而以相对的标准看待环境。任何"环境因素"，都是随着儿童本身处于发展的某一阶段，而以不同方式影响儿童（А. Н. 列昂节夫，1962）。

维果斯基从文化历史发展观出发，首先肯定儿童的个性和品德的发展取决于环境、教育，取决于社会历史条件。同时，他又从他的内化学说出发指出，如果环境的影响不仅决定了它的客观内容层面并且也决定了儿童以前所已形成的那些心理特点，即这些心理特点反映出环境的影响并以间接方式表现出环境的影响；那么，研究儿童个性和品德的重要任务就在于在这种中介作用中找出决定性环节，正是这种决定性环节既决定着环境对儿童的影响的性质，又决定着环境影响的结果。在维果斯基看来，所要寻求的那个环节就是儿童如何"体验"作用于他的外界环境的"因素"。它一方面表现着环境，也就是儿童所体验的东西；另一方面又表现着儿童本身带到体验里来的东西，这就是由以前达到的心理发展水平所决定的东西。

维果斯基的这些思想，对苏联品德发展心理学的理论建设，特别是对儿童品德培养中如何处理环境、教育与品德发展之间的关系问题，影响很大。之后苏联年龄心理学（儿童心理学）的重要理论以及品德发展的研究，都与他的思想有一定的关系。

他提出了儿童心理发展年龄特征的观点，特别是关键期学说，对后来苏联品德发展心理学的研究的影响是很大的。维果斯基认为儿童心理发展是有年龄特征的。同时他指出，在个性（含品德）的发展中会出现两种情况：一种是缓慢地、逐渐地、平静地进行着；另一种是在较短的时间里（如数月、一年）个性发生了剧烈的、根本的变化。前者叫作"稳定年龄"，后者叫作"转变期或关键期"，它以"危机"方式表现出来，这种"突变"的时间界限很难明确划分，但可以分为前转变期、转变期和后转变期。这个转变期为 2 岁、7 岁和 11、12 岁。处于转变期的阶段，儿童或青少年会与周围发生冲突，产生痛苦的体验或病态，或表现出任性、固执、为所欲为。这会给教育带来一定困难。把握这些危机期，克服消极因素，发现积极因素，就可促使儿童或青少年顺利地度过这一关键期，产生新质，进入新的稳定期，这在品德发展与培养中尤其重要。

维果斯基关于个性发展的阶段论和关键期的学说，尽管在 20 世纪 30 年代苏联批判"儿童学"中受到了冲击，但其科学思想的影响是深远的。直到 20 世纪 60 年代，艾利康宁（Л. Б. Эльконц）和达维多夫（В. ВДавыдов）等人在维果斯基理论的基础上，进一步发展了儿童发展阶段论，受到很高的评价，被认为是苏联年龄（儿童）心理学（包括品德发展心理学）的基础之一。

（二）马卡连柯的品德发展观

马卡连柯是苏联早期教育实践活动家和富于创新精神的教育理论家。他的教育理论是他教育实践的总结。他的富于成效的教育实践活动是1920—1936年对青少年的再教育（工学团）工作，《教育诗篇》和《塔上旗》两本著作是马卡连柯对高尔基工学团和捷尔任斯基公社的成长和发展过程的真实反映。

马卡连柯的德育思想或品德发展观，是在和各种旧的教育思想斗争中产生的，他反对把儿童分成"智力上落后的""难以教育的""违法者""在社会上无人照管"等类型以及认为这些儿童不可挽救的宿命论观点，他坚信任何儿童都存在着可教育性，他反对"自由教育论"，提倡纪律教育的重要性；他反对以实用主义为依据的"设计教学法"和"高尔顿实验室教学制度"，提倡考虑儿童全面发展，设置各门学科和课程，进行系统教学。

马卡连柯的德育思想或品德发展观，主要表现在三方面。

1. 儿童品德在集体中发展，加强集体教育，发展儿童的集体主义

马卡连柯指出，儿童的集体主义、责任心、自尊心、自豪感等都是在集体中发展起来的。这种思想不仅对正常儿童适用，而且也是教育品德不良儿童与青少年的途径。因此，他把集体和集体教育看成是全部教育理论的首要的和关键的问题，通过集体，在集体中，为了集体的教育，是马卡连柯集体教育理论的核心思想。

2. 自觉纪律是儿童品德的重要组成部分，大力提倡纪律教育理论

马卡连柯认为，在旧学校里，纪律只是表面现象，这是压制个性、压制个人意志、压制个人兴趣的一种形式。而自觉纪律却是良好个性和品德发展的表现，它与思想进步、克服困难、勇敢行为是一致的。因此，他把纪律教育作为思想教育品德教育的基础，创造性地提出纪律教育的因素和方法。例如，诱导（如赠物、奖励等）、督促（如暗示、微笑、说服方式、幽默态度等）、威胁（如交大会评断等）。

3. 劳动是道德的一个要求，在劳动教育中发展儿童与青少年的品德

马卡连柯认为，劳动是道德中不可缺少的一个组成部分，所以劳动教育是不可缺少的。只有把劳动作为总的体系中的部分时，劳动才可能成为教育的手段（马卡连柯，1955）。

马卡连柯主张培养自觉的劳动观点和劳动习惯。这里的关键在于将教育放在劳动的过程之中。他说，"在任何情况下，劳动如果没有与其并行的教育，没有与其并行的政治的和社会的教育，就不会有教育的好处，会成为不起作用的一种过程"（马卡连柯，1955）。

总之，马卡连柯是一位德育专家，他改造了一大批工学团里有劣迹行为的儿童与青少年，在教育史上写下了一个令人难忘的篇章。他对儿童集体的形成、儿童道德品质的发展、儿童道德行为习惯的培养，都进行了深入的研究，并总结出很重要的教育规律，这些规律在苏联品德发展心理学的建立和发展中起到很大的作用。

二、从第二次世界大战到 20 世纪 50 年代末的苏联品德发展心理学

第二次世界大战结束后，随着国民经济建设和教育事业的发展，苏联教育科学的研究也迅速地开展起来，并建立了苏联教育科学的最高研究机构——苏联教育科学院。

(一)这个阶段苏联年龄心理学和教育心理学的研究

从第二次世界大战结束到 20 世纪 50 年代末，作为苏联教育科学的重要组成部分的年龄心理学和教育心理学，在专业队伍、理论研究和科学实验三个方面，都在原有基础上提高了一大步，并出现了一定特色。当然，限于历史条件，苏联的年龄心理学和教育心理学在当时也存在着不足之处。

①强调以辩证唯物主义的认识论作为研究年龄心理学和教育心理学的原则，用以克服唯心主义的内省派和机械唯物主义的行为派在年龄心理学和教育心理学研究中所造成的困难，出现了鲁宾斯坦（С. Л. Рубинштейн）等人的"内外因辩证统一的

心理发展动力理论"等理论。

②深入细致地进行儿童与青少年心理发展的年龄特征的研究。无论在智力发展还是在个性发展方面都做了大量的研究，积累了大量的资料，这对国际心理发展的研究无疑也是一个重大的贡献。在品德发展心理学研究方面，有不少论著被译成中文，例如，В. И. 基列因柯(1962)的《苏联心理学会第一届代表大会报告提纲》、包若维奇(1963)的《学生个性的研究和一些教育问题》、包若维奇(1956)的《少年自我意识的特征》、维焦诺夫(1957)的《论个性作为心理科学的研究对象》、列维托夫(1960)的《性格心理学》、科斯秋克(1953)的《有关个性教育与发展的相互关系的几个问题》等。

③大力提倡年龄心理学和教育心理学为实践服务，特别是为教育实践服务。《苏联教育学》杂志在 1956—1958 年组织的"儿童教育和发展相互关系"问题的专题讨论，反映了当时苏联年龄心理学和教育心理学为社会实践服务，首先为教育服务的倾向。

④研究方法开始从经验总结向实验研究转变，观察、自然实验和实验室实验广泛开展起来，被试范围较广，涉及的课题几乎覆盖年龄心理学和教育心理学的各个领域，品德发展研究也在广泛开展，并采用了量的统计。但是，这个时期的研究方法比较粗糙，统计方法比较简单，多见的是算术平均数的计算，特别是在品德发展的研究上，手段并不太先进，这就必然妨碍苏联品德发展心理学的深入研究。

(二) 这个阶段苏联品德发展心理学研究状况

总的说来，这一阶段的苏联心理学家往往将品德发展的研究作为个性研究的一个组成部分，当然，对品德发展的年龄特征研究也已经开始。

①研究儿童与青少年个性和品德发展的外在条件，特别是环境、教育的作用，即研究儿童与青少年是在什么样的生活条件和教育影响下形成品德的，有哪些主导和决定性的条件，应该如何组织儿童与青少年的活动和生活，等等。列维托夫(Н. Д. Левнтов)，科瓦列夫(А. Г. Ковалев)和莫罗佐夫(М. Ф. Морозов)的材料比较典型，特别是普罗谢斯基(П. А. Просеский)研究了范例在个性和品德形成中的

作用问题，他指出了儿童模仿榜样的几条发展路线：由模仿亲近的人到模仿较疏远的人；由不自觉的模仿到自觉的模仿；由外表模仿到内心模仿；由"为模仿而模仿"到"作为手段的模仿"。这类研究，侧重点都放在儿童与青少年品德形成的外部条件上（А. Н. 列昂节夫，1962）。

②研究道德认识的发展。在这个阶段，对儿童与青少年道德认识的研究占有显著的地位。许多心理学家探讨了不同年龄儿童和青少年的道德认识发展特点，涉及以下几方面的问题：一是儿童与青少年的道德知识的掌握和信念的形成；二是道德思维发展的特点；三是不同年龄阶段的道德认识与道德行为的一致性；四是道德观念在培养正确的社会行为方式和形成个人道德品质方面的意义。从事这方面的研究的心理学家有马利奥万诺夫（А. С. Мапиован）、阿科亚克斯卡娅（А. С. Апиякрннская）、克拉斯诺巴耶夫（И. М. Краснобаев）、谢利万诺夫（В. М. Селнванов）和沙沃隆科（А. И. Жаворонко）等（А. Н. 列昂节夫，1962）。

③研究道德行为。《苏联心理科学》第二卷（1963）花篇幅专门介绍了这个时期关于道德行为和道德习惯在学生个性形成中的意义的研究工作。斯米尔诺夫和包若维奇都指出，研究道德习惯的行为方式的形成是学生个性心理学最重要的任务之一。这已受到了苏联心理学界的重视，但实验研究资料极少，只有一些经验总结。进行这方面的初步探索的有施尼尔曼（А. Л. Шнирман）、伊斯拉维娜（Л. С. Славина）、马赫拉赫（Е. С. Махлах）、普罗金娜（Н. Ф. Лрохина）等人。

1959年，苏联心理学会第一届代表大会的学术论文中，有关儿童与青少年品德方面的论文有29篇，占全部论文的13.5%。这是一个相当大的比例。

尽管从第二次世界大战到20世纪50年代末，苏联心理学家在品德发展心理学方面做了不少工作，但与同时期西方品德发展心理学的发展趋势相比较，特别是在品德研究的方法上，还是落后的。那时，西方皮亚杰提出的儿童道德发展理论已在国际心理学界广泛传播，科尔伯格的儿童道德发展理论也在50年代末初露锋芒，这不能说不是对苏联的品德心理学的一个挑战。

三、20 世纪 60 年代以后的苏联品德发展心理学

从 20 世纪 60 年代初以来的 20 多年中，苏联年龄心理学和教育心理学有了很大的进展。这不仅表现在老一辈心理学家，如列昂节夫、艾利康宁、包若维奇等提出了有深远影响的心理学理论，同时也涌现出一批像达维多夫这样有学术造诣的心理学家。

20 世纪 60 年代后的苏联品德发展心理学就是在这个背景下发展起来的。

（一）理论的进展

20 世纪 60 年代以后，在苏联心理学界出现了三种重大理论，即列昂节夫的"活动—个性理论"、艾利康宁和达维多夫的"儿童心理发展阶段理论"、包若维奇的"活动—动机理论"。前一种涉及面很广，后两种理论同品德发展理论有直接关系。这里，从品德心理学角度略做介绍。

1. 活动—个性理论

活动理论可溯自维果斯基和鲁宾斯坦，集中体现在列昂节夫的《活动·意识·个性》一书中（列昂节夫，1980）。

（1）列昂节夫的活动观

在列昂节夫看来，心理学研究的对象是心理反应的产生、作用和结构，它包括三个范畴，即活动、意识和个性。活动这个范畴，不仅是发端，而且也是最重要的范畴。列昂节夫的活动理论，涉及以下几个主要方面。

首先，活动的基本特征或确定特征，是它的对象性。任何活动都有环状结构，起初的内导作用→同对象环境实现接触的效应过程→借助返回联系对起初传入映象进行修正和充实。

其次，活动分为外部活动和内部活动两种形式。前者是指物质化了的活动，后者是指个人心理活动。

再次，外部活动和内部活动具有共同的结构。

最后，活动是意识和个性的决定因素，也是品德发展的基础。

（2）活动—个性理论中的心理发展观

列昂节夫的"活动—个性"理论中，包含他的心理、品德的发展观。

①活动是儿童与青少年心理发展的条件。决定儿童与青少年心理和品德发展的重要条件是社会环境，特别是活动。这个观点，被看作20世纪60年代后苏联心理学中心理发展理论的基本论点之一（A. A. 斯米尔诺夫，1987）。

②活动是心理发展的内外因之间的桥梁。也就是说，儿童与青少年的外部因素与内部因素互相转化的桥梁是活动。儿童与青少年心理或品德的发展中，游戏、学习、社会公益劳动和交往等活动，都是促进内外沟通的基础。

③活动是心理发展水平的体验。在心理发展中，各种活动彼此处于一种阶梯式的关系中，活动的这些层次是由于活动自身的发展所产生的，也是个性（包括品德）的核心。

④主导活动是儿童与青少年心理发展的阶段的划分标准。

⑤活动在儿童与青少年个性结构中的地位。列昂节夫认为，个性有三个基本的参变量，即人与世界的关系的广度、这些关系的层次程度和个性的结构。个性的结构是这三个参变量中最为复杂的一个。个性有一些亚结构：气质、需要、欲望、情绪体验、兴趣、定势、熟练程度、习惯、道德特点等。这些心理因素有时是活动的产物，有时是个性形成的条件，它们在个性发展中不断地变换自己位置的形式，这些亚结构的关系，就是人参加的活动，人在活动中获得和表现自己行动的力量。

列昂节夫的活动理论对苏联心理学，乃至当代心理学理论都是一个重大的发展。活动理论对于苏联品德发展心理学的影响很深，它左右着苏联品德发展心理学的研究课题和方法选择，它是一种指导性的思想体系，并获得大量实验课题的论证和充实。

2. 儿童心理发展阶段论

20世纪60年代以后，艾利康宁在维果斯基的思想基础上，借鉴列昂节夫的活动理论，系统地提出其儿童心理发展阶段论。达维多夫是这个理论的积极推崇者，他在许多论著中，重申了艾利康宁的基本观点，并进一步发展了该理论。

儿童心理发展阶段论有哪些要点呢？

（1）儿童心理发展阶段的基础

首先，艾利康宁和达维多夫的儿童心理发展阶段论，是对维果斯基关于儿童心理发展分期理论的继承，又是他们自己研究的成果。他们不是把心理发展看作通过进化而是看作通过渐近的中断，既有稳定的发展阶段，又存在着必要的和不可缺少的转折点。

其次，艾利康宁和达维多夫分期的标准是儿童发展的主导活动。主导活动有三个特点：①决定着某一年龄阶段的心理发展的新质；②产生和分离出新的活动；③产生、预见、形成着各种具体的心理过程。

最后，艾利康宁和达维多夫的儿童心理发展阶段论强调主导活动与儿童心理，特别是个性（包括品德）形成的一致性。这个理论十分重视儿童的个性形成问题，认为个性是一种关系系统，这个系统包括两个方面：一个是"儿童—社会对象"，另一个是"儿童—社会成人"。即儿童与青少年在社会活动中，在与周围成人交往中，形成其个性，发展其品德。

（2）儿童心理发展的阶段性

艾利康宁、达维多夫将心理发展分为六个阶段（朱智贤，1982）。

①直接情感的交往阶段（0~1岁）。在这一交往期间，儿童逐渐形成和其他人交往的需要，以及对人们的情感态度，一系列的感知动作和作为人从事活动的基本的抓握动作。

②摆弄实物的活动阶段（1~3岁）。由于这种活动，儿童模仿着社会上形成的使用物体的方法，在和成人的合作中学习着言语和直观动作思维。

③游戏的活动阶段（3~7岁）。在这种活动中，儿童掌握着符号机能，形成了象征性观念和想象力，理解着成人的行为，包括道德行为的一般意义，区分着人与人之间从属的相互关系。

④学习活动阶段（7~11岁）。由于这种活动中，学生形成着对周围世界的理性态度，这种态度使学生考虑到现实世界的客观特点和规律性，包括认识到道德规则的含义，并为抽象理论思维的形成创造着心理上的条件。

⑤在社会公益活动系统中的交往活动(11~15岁)。这类交往活动是以集体活动形式完成的，如社会组织活动、体育活动、文娱活动、学习活动和劳动活动等。在这类活动中，少年掌握着根据不同任务和生活要求组织交往的能力，认识别人的个性特征和品质的能力，自觉遵守集体所通过的公共道德标准的能力。

⑥专业的学习活动阶段(15~17岁)。通过这种活动培养高年级学生一定的认识和职业兴趣、研究技能的基础、安排生活的能力、道德理想及自我意识的能力。

达维多夫指出，由于上述各时期发展的结果，就培养和巩固了学生以后自己积极从事生产活动和做一个公民所必需的、作为他们世界观和道德基础的许多品质(朱智贤，1982)。

艾利康宁和达维多夫按主导活动将儿童心理发展分为六个阶段的思想，有着一定的合理性和可取性，对该时期的苏联品德发展心理学有着重大的影响。1973年，佐西莫夫斯基(А. В. Зосимовский)曾提出一个儿童品德发展年龄阶段的假说，这一假说后来没有产生影响。以后，丘德诺夫斯基(В. Э. Чудновский)根据艾利康宁和达维多夫的理论，依据其研究资料，分析了儿童品德发展的年龄特征。他认为，从行为的情境性和依赖性向行为自我调节能力的发展，是儿童品德发展的一条主线。这一观点在苏联影响较大(陈会昌，1982)。

(3)心理发展的转折点

艾利康宁和达维多夫根据维果斯基的理论，发展了转折点的观点。提出转折点和危机期有三个特点：一是比较短暂，但十分急剧，容易产生否定现象；二是如能正常过渡，就随之在心理发展上出现新的面貌；三是前后两个阶段表现出质的差别。

这个观点在苏联的品德发展的研究中被广泛地引用。苏联心理学家们探索了儿童与青少年品德发展的转折年龄，并帮助他们顺利度过各个"危机"期。

3. 活动—动机理论

20世纪60年代之前，苏联品德心理学对儿童与青少年的个性意识倾向性、道德动机研究尽管也有一些，但不够深入。

活动—动机理论的提出者是包若维奇。早在1951年，她就和莫洛索娃(Н. Т.

Мороозва)等人合作，开始用实验的方法研究少年儿童的动机问题，但当时未能取得突破性的成果。通过 20 多年的研究，逐步形成她的活动—动机理论体系。

包若维奇认为，儿童与青少年的个性结构是有一定层次的，如动机—需要层、情感—意志层、道德品质层等。只有查明这些层次各自的特点，才能找到儿童心理发展规律，她认为马斯洛需要层次说是不足以反映问题本质的，必须把需要与对象相结合考虑才是正确的。这种需要与活动对象结合即是人的动机。

包若维奇指出，对不同年龄的儿童与青少年或同一年龄不同的儿童与青少年来说，不是所有的动机都具有同样的动力。其中一些动机是主要的、起主导作用的，另一些动机是次要的、起辅助作用的；次要的动机没有独立的意义，它们总是从属于主导动机的。主导动机和辅助动机构成动机系统，推动儿童与青少年的行动。动机分为两类，第一类动机来自活动本身，可以对主体发生直接的作用，帮助主体克服所遇到的困难，它们妨碍有目的有系统的活动。第二类动机来源于主体生活的社会环境，通过自觉提出的目的和采取的决定，有时甚至不依赖于人对活动本身的直接关系而推动主体的活动。

包若维奇认为，儿童与青少年的动机发展是有规律性的，表现在五个方面。

①在不同年龄阶段上，儿童与青少年在生活中占据不同的地位，这种地位决定着周围社会环境对他提出的各种要求，儿童与青少年适应这些要求，就体验到他所必需的情绪上的安定，这就产生每个年龄阶段特有的需要。

②儿童与青少年在发展过程中，由于掌握新的行为和活动的方式，掌握现成的文化对象而产生新的需要。

③除了扩大需要的范围和产生新的需要外，在每一种需要的内部也会从它的基本形式朝着更复杂的、质上特殊的需要形式的方向发展。

④儿童与青少年动机圈的结构是不断发展的，它取决于需要与动机关系结构的发展，发展的动力随年龄增大，主导的占优势的需要发生改变。

⑤儿童与青少年动机发展的规律，具体表现为有明显的年龄特征。小学一、二年级还是良好的，三年级发生一个转折，不少人开始把"学生"的义务和责任当成包袱，学习不努力，不听从老师教导。到少年期，努力在班上赢得自己的地位成了主

导动机。这一时期，成绩不良是造成不守纪律、对人持恶意等不良品质的根源。到青年初期，选择今后生活道路，确定自己的地位成了他们的主导动机。

包若维奇的活动—动机理论，来自苏联品德发展心理学对儿童与青少年道德动机的研究，也为这种动机的研究提供了指导性的理论基础。

(二)研究课题与方法

我国心理学工作者陈会昌曾对 20 世纪 60 年代以后苏联品德发展心理学研究的倾向、课题和方法做了较全面的介绍(陈会昌，1982)。

1. 研究课题

(1)道德认识

20 世纪 60—80 年代，苏联品德发展心理学在道德认识方面，对儿童抽象道德概念的研究明显减少，而对自我评价、自我意识的研究占有中心地位。这是因为，苏联心理学家认为，对行为实行自我调节，是儿童品德发展的关键问题。深刻的自我认识和正确的自我评价，则是行为自我调节的重要前提。对这个问题进行了实验研究和理论探索的主要有丽普金娜(Л. И. Лнпкнна)、雷巴克(Л. А. Рцбак)、萨文科(Е. И. Савонько)、萨非克(В. Ф. Сафнк)、萨波日尼科娃(Л. С. Саложникова)等人。

对儿童与青少年世界观的研究也在进行。主持这方面研究的有梅钦斯卡娅(Н. А. Менчинская)和丽普金娜等人。梅钦斯卡娅主要从个性与周围社会、与现实世界的关系的发展特点方面来研究儿童与青少年世界观的形成；丽普金娜则着重研究了世界观中道德成分的形成。

(2)道德情感

20 世纪 60 年代初，雅科布松对道德情感进行了实验研究，发表了《关于学生道德情感与道德评价的实验研究》(1960)，该研究采取了难度较高的实验方法，在比较接近生活情境的前提下，对 11~14 岁学生的道德情感进行了研究。

库尔奇茨卡娅(Б. И. Кульчицкая)于 1966 年发表的《对学龄前儿童羞愧感的实验研究》，是一种新的尝试，它标志着对道德情感研究的深入和发展。艾利康宁和德拉古诺娃（Т. В. Драгчнова）对青少年的成人感的研究也富有一定的独创性。

（3）道德行为

如前所述，对儿童与青少年道德行为的研究，是苏联品德心理学研究的老课题。

首先是活动的研究，突出地体现在对交往和社会公益活动的研究上；20 世纪 60 年代中期，有人提出交往是少年期的主导活动，交往成为许多教育心理学研究者的对象。与此同时，费里德施坦（Л. И. Фильдштейн）等人则提出，少年期的主要活动不是交往，而是社会公益活动。

其次是研究道德行为自我调节的机制问题；这主要是在雅科布松（С. Г. Якобсон）的主持下进行的。雅科布松指出，在个人利益与众人利益相冲突，必须在二者之间做出抉择的情况下，就需要对人的道德行为进行调节。这是道德调节的根本原因。道德行为调节有两种形式，即法制调节和自我调节。

最后是深入开展儿童与青少年言行一致性的心理学问题的研究。如古林（В. Е. Гурин）用实验方法研究了"学生道德认识与道德行为的统一问题"。

2. 研究方法的改进

20 世纪 60 年代后，苏联品德发展心理研究在方法上从 60 年代的经验研究与实验研究并举转为偏重实验研究，研究的数量化问题受到了重视。几个心理学杂志和其他一些论文集所发表的品德发展心理研究报告，已基本上看不到那种经验描述型的了。这说明，苏联品德发展心理研究的方法发生了较大的改进。可以说，从 60 年代起，苏联品德发展心理研究进入了实验化、数量化和科学化的时期。

第三章

品德发展的基本理论

学术界普遍承认个体心理发展是有规律的。然而，到底存在着什么规律，具体又该怎样解释？这是有争议的。遗传学家、社会学家、哲学家、教育家和心理学家们为之做出了各式各样的论证。争论的焦点，无非是先天与后天的关系、内因与外因的关系、教育与发展的关系、年龄特征与个体差异的关系等几个问题。我的恩师、著名心理学家朱智贤教授于 20 世纪 60 年代初期，根据辩证唯物主义的发展观，总结了国内外儿童与青少年心理发展的研究成果，提出了儿童与青少年心理发展的四个基本规律这一理论问题，具体内容如下。

1. 遗传、环境和教育在儿童与青少年心理发展上的作用问题

朱老认为，不管是遗传因素还是生理成熟，它们都是儿童青少年心理发展的生物前提。它们为个体的发展提供了可能性；而环境和教育则将这种可能性变为现实性，决定着儿童心理发展的方向和内容。

2. 儿童与青少年心理发展的动力问题

朱老认为，环境和教育不是机械地决定心理的发展，而是通过心理发展的内部矛盾而起作用。这个内部矛盾是主体在实践中，通过主客体的交互作用而形成的新需要与原有水平的矛盾。所以，这个矛盾是个体心理发展的动力。

3. 教育与心理发展的辩证关系问题

朱老认为，心理发展不是由外因机械决定的，也不是由内因孤立决定的，而是由适合于内因的一切外因决定的。也就是说，心理发展主要是由适合于主体心理内因的那些教育条件决定的，并显示出由量变到质变的趋势。

4. 儿童与青少年心理发展的年龄阶段问题

朱老还指出，儿童与青少年的心理发展质的变化，关键在于表现出年龄特征。心理发展的年龄特征，不仅有稳定性，而且也有可变性。在同一年龄阶段中，既有本质的、一般的、典型的特征，又有人与人之间的差异性，即个别特点。

当然，过去学术界，特别是心理学界对上述问题也分别做过各类探讨，然而，将其作为一个系统、一个整体加以提出，这在国内、国际心理学界都是第一次。即使在今天，上述问题仍是个体品德发展研究的基本理论问题。国内外学术界围绕着个体品德发展理论的争论，主要就是在上述几个方面的观点的争论。因此，在前一章广泛评述国内外品德发展的理论以后，本章将着重论述我们自己对个体品德发展的基本理论的观点。

第一节

品德发展的条件

关于人性善恶的争论，在哲学史上由来已久。我国早在春秋时期，就提出了这个问题。"性善论"是孟子提出来的，他认为人生来就有"不学而能"的"良能"和"不虑而知"的"良知"。他说，"人之所不学而能者，其良能也；所不虑而知者，其良知也"（《孟子·尽心上》）。照他的思想，人生来就具有"恻隐之心""羞恶之心""辞让之心"和"是非之心"，这些他称之为"四端"，即四种萌芽，发展起来就成为仁、义、礼、智四种道德（《孟子·公孙丑上》）。可见，孟子的"性善论"，强调的是先天条件对心理和品德发展的作用，构成了先验论的发展观。与其相反的是荀子的"性恶论"。荀子认为人性生来是恶的，人之所以能为善，全因为后天的努力——"人为"。他说，"人之性恶，其善者伪也"（《荀子·性恶》）。荀子从孟子的性善论走到相反的极端，提出人性生而就"好利""嫉恶""好声色"，这是没有道理的。然而，他并不强调这种"性恶"的先天禀赋，而是提倡"性"与"伪"结合的思想，即在承认"性恶"的同时，强调靠"伪"，认为人出生后所遇到的各种因素和努力，对心理和品德发展的作用是不以人的意志为转移的，这就强调了教育的意义。上述关于人性善恶的论争的一个重要方面，就是人性善恶的根由。这实际上是一个有关品德发展的先天与后天关系问题的争论，即品德发展条件问题的争论。尽管这个争论已有相当久的历史，但心理学对这个问题真正进行较深入的实证性的研究，则始于20世纪二三十年代。

研究表明，品德发展是极复杂的现象，与许多事物相联系，并只有具备一定的条件才能实现。而各种条件的性质是不同的，因而在品德发展的过程中所起的作用也不一样。归纳起来，它们不外乎是：生物条件、环境条件、教育条件和实践活动条件。

一、遗传与生理成熟是品德发生、发展的生物学前提

遗传是一种生物学现象，通过遗传传递着祖先的许多生物特征。遗传的生物特征主要是指与生俱来的解剖生理特征，如机体的构造、形态、感官和神经系统的特征。

生理特征有一个发育成熟的过程，它既表现在构造变化上，又表现在机能变化上。如身体内的八大生理系统都有一系列发育、变化和成熟的过程。

在品德发展的研究史上，遗传决定论强调遗传对品德发展的决定作用，自然成熟论强调生理发育成熟对品德发展的决定作用。例如，精神分析学派创始人弗洛伊德极力宣扬本能的巨大力量，甚至将社会攻击性行为也归于本能（弗洛伊德，1987）。犯罪心理学家兰格（Longe）、哥特谢尔德（Gottschaldt）先后提出存在着容易导致犯罪的遗传因素。这就过分地夸大了遗传的、先天的和生物的作用。在我国流传的"江山易改，本性难移"的思想，实际上也是一种遗传决定论或本能决定论的观点。与之相反，机械唯物主义则在强调环境的机械决定的同时，完全忽视或公然反对遗传因素和生理发育因素对品德发展的作用，新旧行为主义是这样，社会学习理

论也是如此。

我们反对遗传决定论和唯生理成熟论，但我们又认为，良好的遗传因素和生理发育无疑也是品德正常发展的物质基础或自然前提。这个条件是不应该忽视的。

(一) 遗传因素的作用

从我们自己的研究中(林崇德，1982)可以看到，遗传在儿童与青少年心理发展上的作用，主要表现在两个方面：一是遗传通过素质影响智力的发展，二是通过气质类型的因素影响个性心理特征的发展。后者正涉及品德的发展。

所谓气质，是人的神经类型的个性特征。气质有强与弱之分，有灵活与不灵活之分，有平衡与不平衡之分。气质类型表现出个性的特点，且影响人的性格乃至品德的发展。例如，气质类型有平衡而灵活的多血质、强而不易抑制的胆汁质、迟缓而自制的黏液质及弱型的抑郁质等类型。这些虽然不是他们情绪情感和性格发展的决定条件，却是起一定影响的因素，教师和家长是必须注意的。在研究中我们曾接触过一个中学生，上课管不住自己，一挨批评就发火同别人顶撞，经常与同学打架。经调查，这个学生从小易兴奋、激动，上小学三年级那年，有一天他一人在家点火生炉子，遇到刮风吹灭两根火柴，他当即火了，发誓第三根火柴再点不着就将炉子劈了。结果第三根火柴又被风吹灭了，他一怒之下，拿起劈柴的斧子将炉子砸个粉碎。像这类儿童如果管不住自己，靠"压服"定然无济于事。可见，顾及儿童与青少年的气质特点，发展其良好的情绪、性格和品德，这也是"因材施教"的一个方面。

那么，人的气质从哪来？在一定程度上，它取决于遗传的作用。

心理学中有关遗传因素方面的研究，其中一种主要的方法是双生子的对比研究。双生子分同卵双生子和异卵双生子。同卵双生，由受精卵(合子)通过细胞分裂而繁殖，它分裂成两个子细胞，其中任何一个都是另一个的一丝不差的复制品，因此在遗传上是相同的；异卵双生，即母体产生两个有作用的卵，而且每一个都受了精，于是这对双生就是在遗传上意义不太大的不同的个体。

同卵双生子和异卵双生子在气质发展上有何差异？我们对在类似或相同环境中

长大的 24 对同卵双生子(幼儿、小学生和中学生各八对)和 24 对异卵双生子(幼儿、小学生和中学生各八对，其中同性异卵和异性异卵双生子各占一半)，考察了涉及其气质的 12 对问题，经过全面的对照，分析结果见表 3-1。

表 3-1　关于不同双生子的各类气质问题调查的相关性

被试	幼儿	小学生	中学生	差异的考验
同卵双生相关系数	0.84	0.79	0.71	
异卵双生相关系数(异性)	0.81	0.69	0.48	$p<0.01$
异卵双生相关系数(同性)	0.67	0.50	0.39	

通过研究我们得出了以下几个结论。

1. 遗传是儿童与青少年心理发展的生理前提和物质基础

气质是神经类型的特征，主要来自遗传素质的影响。同卵双生子与异卵双生子之间气质相关系数的显著差异就说明了这一点。在结果中还可看出，遗传因素越近，相关越大，即 $r_{同卵双生}>r_{同性异卵双生}>r_{异性异卵双生}$。例如，六岁同卵双生子常大与常二、同性异卵双生子王大与王二、异性异卵双生子女陈大与陈二等不同类型的三对，其中每一对都生活在一起。几年来，据教师和家长观察：常大和常二在游戏、学习和生活中，都是行为敏捷，动作迅速而灵活，对事物容易发生情感的反应，彼此难以区别。王大与王二都一样好学习，好动脑子，反应快；但王大沉着，不易发脾气，不爱多说话；王二从小性急，暴躁，整天不停地唠叨。陈大与陈二几乎没有相像之处，陈大(男)成天手不停、脚不停、嘴不停，表情十分丰富；陈二(女)十分文静，情感很少外露，爱生闷气。可见，遗传是气质的基础，遗传的不同决定气质差异，气质的差异又进一步影响婴幼儿的个性差异。从这个意义上说，气质是性格发展的前提，遗传则通过气质类型的因素来影响个体的情绪体验和性格，乃至品德的发展。

2. 遗传在很大程度上影响气质类型，但气质并不完全等同于遗传本身

异卵双生子在相同环境或相似环境中生活，不论是同性的还是异性的，他们的气质相关大多是显著的。这一事实说明，异卵双生子在相同环境中是彼此影响、相互作用的。可见，气质虽然是神经类型的特征，但是可以改变的。它是长期生活、教育影响的结果。由于环境的陶冶，尽管也有纯属一种气质的人，但多数人是近于某一类型而兼有其他类型的特点。

3. 遗传对儿童与青少年心理的发展 (当然包括个性的发展) 的影响随着年龄的增大而减弱

这时其作用就不如环境与教育的影响那么明显和直接了。因为儿童与青少年的生活环境十分复杂，乍看起来是在类似的环境下成长的一对双生子，实际上他们接受的影响、社交和反应是不同的。例如，中学生异卵双生子马大和马二，幼儿期在气质上有不少相似处，但马大发育良好，个子超过同年龄儿童；马二从小瘦弱。家庭和学校自然用"哥哥"与"弟弟"的不同态度对待他俩，因而造成马大近乎是黏液质，马二近乎是胆汁质，尽管彼此一起长大，但二人在气质上越来越无相似之处。

综上所述，遗传在形成个体的气质中所起的生物学前提的作用是比较明显的，而气质又要影响性格和品德发展。所以我们在讨论品德发展时，应该考虑到遗传也是一个影响的条件。

(二) 生理成熟的作用

我们反对唯生理成熟或自然成熟论，但又要重视生理成熟在儿童与青少年品德发展中的作用。心理是脑的机能，心理的发展有其生理前提。作为心理现象的品德，其发展过程同样离不开脑的发育和生理成熟，离不开生理机制或物质基础。青春期在生理上出现的"三大变化"对品德发展的影响是不可低估的。

1. 外形剧变

（1）身体迅速长高

以前每年平均增加 3~5cm，到了青春期，少则 6~8cm，多则 10~11cm。

（2）体重迅速增加

以前每年平均增加 5kg 以下，到了青春期，每年增加 5~6kg，突出的每年可长 8~10kg。

身高、体重的变化对青少年心理发展有很大的影响，尤其是增强了他们的"成人感"与"美感"，他们要求成人把他们看成"大人"，即产生"平等"愿望。但心理发展往往暂时跟不上机体的迅速成长，造成机体与环境之间一度失去平衡，从而显得不灵活，或出现"笨拙"之感。

（3）第二性征出现

男孩喉结凸起，声音变粗；上唇出现密实的茸毛，像个"男子汉"，阴毛、腋毛先后出现。女孩嗓门变化，声音变尖；乳房凸起，上身丰满，骨盆宽大，臀部变大；阴毛、腋毛先后出现。

"第二性征"的出现是人体发育中外形变化的新特点。上述一切变化，使处于青春期的青少年认识到"自己长大"了，从而产生了独立的意向，进一步发展自我意识，促进个性的发展。

2. 体内机能的增强

由于身体急速发育需大量营养供应，血循环和呼吸系统就有更大发展，心胸容积增大，收缩力显著提高；肺活量在少年期可达 2000~2500ml，青年初期可达 3000~3700ml。其他生理指标如血压、脉搏、体温、血红蛋白、红细胞等都不仅有明显变化，而且逐渐表现出明显的男女差异。

青少年阶段，神经系统的发育、脑的发育逐渐成熟。脑内进行着细胞内部结构与机能复杂化过程。大脑皮质的联络神经纤维在数量上大大增加，联络神经的联结也在迅速广泛地形成，为联想的、推论的、抽象和概括的思维过程创造了物质基础。约在十三四岁，人脑就基本成熟了。在脑和神经系统生长的基础上，青少年大脑神经活动机能的主要特点是兴奋性较高；兴奋过程和抑制过程相比，兴奋过程又相对强些，兴奋和抑制的相互转换较快。这样就使大脑皮质的兴奋与抑制过程在一定时间内不十分稳定，皮下中枢的调节作用会出现暂时不平衡，因此，青少年的情绪容易激动，也容易疲乏。青少年时期大脑皮质高级神经活动从第一信号系统（即形象信号系统）占优势转向第二信号系统（即语词信号系统）占主导地位，这就为他们抽象逻辑思维的发展，为他们学习系统理论，为他们自我意识的发展、道德观念及世界观的形成奠定了物质基础。

3. 性发育成熟

生殖器官迅速发育，这时才有了生殖机能。

男性在十岁以前，睾丸只是缓慢地生长，到 13 岁开始活跃，到十四五岁性发育成熟。首次遗精是男性发育成熟的标志。

女性生殖器官，从十一二岁开始迅速成长，并发生变化。月经是女性特有的正常生理现象，是女性青春期来临的信号，也是女性生殖器官发育即将成熟的标志。我国女性月经初潮年龄大致为 13~15 岁，早则 9~11 岁，晚则十六七岁。

性成熟在青少年心理与生理发展上起很大的作用，他们开始意识到自己向成熟过渡，同时也产生性机能的神秘感。例如，对于女生来说，尽管事先具有性的知识，但是对于初潮的突然出现，还是会感到强烈的不安和恐惧，一般说来，还会具有一定的羞耻心，因而往往会陷入孤立，甚至会招来劣等感。这时男、女青少年都逐渐开始意识到两性关系，并发展为对异性的兴趣，因而产生新的情绪、情感的体验。他们这时候如果受到正确的教育和良好道德环境的陶冶，绝大部分都能健康地成长。否则就会出现不良习惯与品质，如手淫等。

对青春期生理发育和心理变化的认识是十分重要的，教师和父母要把握上述特点，有的放矢地开展工作。首先，要关心青少年的健康成长，引导他们积极进行体育锻炼，合理安排劳动，加强营养和饮食起居指导。其次，关心他们身体变化所造成的心理变化和心理卫生。例如，有的女生可能怕难为情而束胸，有的男生可能为显得利落而紧腰，从而影响内脏的发育。再次，进行正确的性教育，使他们心理健康，品德健全。要自然地引导男女青少年建立团结友爱的集体关系，参加丰富多彩的文体活动，尽量避免不良刺激的影响，如不健康的电影、歌曲、小说等，注意把他们的精力引导到学习活动中去。开展这样有针对性的教育工作，可帮助青少年顺利地度过这一生理上的特殊时期。

二、环境教育在品德发展中起决定作用

儿童与青少年品德发展是由他们所处的社会物质生活条件、教育条件和社会实

践决定的。其中教育起着主导作用。

环境是指客观现实，即人的生活条件和社会条件，它包括以下几个方面：一是胎儿的环境，即除去受精卵（合子）之外的母体内部、外部的一切，对胎儿来说都属于环境。二是生活物质环境，对儿童来说第一个生活环境是家庭，父母是儿童第一任教师。人的生活环境又包括自然环境和社会环境。在儿童与青少年的环境条件或生活条件中，最重要的是社会生产方式，即一定的社会生产力和生产关系。人与人之间的关系，是生活环境中对人最富有影响的因素。三是教育，教育的目的性、计划性，使它在人的品德发展中具有特殊意义。

（一）生物因素只给品德发展提供可能性，而环境和教育则把这种可能性变成现实性

我们在研究中看到，气质本身并无好坏之分，它总是在人的社会活动中表现出来并获得一定的社会意义，或影响品德结构中某种因素的变化，或成为人的积极的或者是消极的性格。胆汁质的人性急，可以发展为勇敢的品质，也可能体现为冒失的性格特征；多血质的人灵活，可以发展为活泼机智的品质，也可能表现为动摇或冷热病的性格特征；黏液质的人迟缓，可以发展为镇定、刚毅的品质，也可能表现为顽固、呆板的性格特征；抑郁质的人敏感，可以发展为爱好思索的性格，也可能表现出疑心重重的毛病。因此，气质是性格和品德发展的不可缺少的前提，但相同的气质可以发展为截然不同的性格和品德，不同的气质也可以发展为相同的性格和品德，这一切主要是由环境和教育所决定的。

尽管生物因素或多或少为品德发展提供了一定的可能性，但决定品德发展的条件还是环境与教育。

1. 双生子的研究

儿童与青少年品德是由遗传决定还是由环境和教育决定的？我们对儿童与青少年的道德认识、道德情感和道德意志行为进行了调查。结果表明，37 对同卵双生子和 43 对异卵双生子的品德发展都有一个共同趋势，即在相同或相似的环境和教育下，每一对双生子的品德面貌大致相似；在不同的环境和教育下每一对双生子的品德面貌的差异性要超过在相同或相似环境下长大的双生子。

我们调查了这些双生子中"三好"生的一致性，发现成双的"三好"生有 14 对，其中属于相同或相似环境中长大的同卵双生子和异卵双生子各占七对。可见，成为"三好"生主要与环境和教育有关。例如，我们曾对一对有特殊才能的异卵双生子徐A 和徐 B 做了研究，尽管他俩气质有差异，但在德、智、体方面表现基本一致：一起评上"三好"生，一起当学生干部，一同入团，一起成为优秀团员。他俩如此相近，决定的因素是从小在一起、形影不离，在家庭和学校为他们创造的相同环境下成长。

我们没有发现品德不良与遗传因素有关。我们调查了 80 对双生子中的品德不良学生，发现有两对品德不良的双生子，其中每一对彼此所犯的错误类型相似。深入的调查表明，这两对品德不良的双生子的失足原因主要在于家庭，他们双双生活在一个共同的环境中，所受家庭教育是一致的，于是逐步陷入相同的歧途。

2. 独生子女的研究

我们曾在北京市的城乡各类中小学校、幼儿园、精神病医院、少年管教所，对一些独生子女进行为时半年的调查研究（林崇德，吴靖，1980）。其间共调查了 120 名独生子女，其中中学生、小学生、幼儿园儿童各 40 名。城乡男女性别的比例大致相同。同时，我们还将这些独生子女与其所在学校、幼儿园的非独生子女做了比较，也对工读学校、少管所、精神病患者中各种典型的独生子女做了对照性调查。调查内容包括基本情况、对现实的态度、情感特征、意志特征、理智特征、生活追求、教育措施、发展变化简史八项。每项都确定客观指标，并有具体实例说明。

通过调查我们发现，独生子女与非独生子女比较，在品德发展上既有共性和一般性，又有特殊性。

从大的方面看，独生子女与非独生子女所处的社会环境、文化背景基本相同，物质生活条件也没有巨大差别，因而独生子女随着年龄的变化，具备儿童和青少年的一般特点。但从细微的方面考察，独生子女确实有某些特点，有其特殊性。这种特殊性，归根到底就在一个"独"字上，即独生子女家庭的物质条件、所处的地位及他们父母的教育态度和方法等在起主要作用。特别是不同的家庭教育态度和方法，其差异反映在独生子女身上就表现为不同的特点，这是独生子女品德特点的基础。

（1）独生子女优良品德形成的家庭原因

在我们调查的 40 名小学独生子女中，"三好"学生八名，占 20%，40 名中学独生子女中，"三好"学生七名，占 17.5%，这与被试所在单位的"三好"生比例大致相同。独生子女中好的典型，从小得到父母"正确的爱""严格的教"，从而能不断地提高自我教育的自觉性，做出主观努力，健康地成长。一位独生子女的母亲很有体会地说，她的独生儿子出生后体弱多病，所以从孩子一岁半后，就让他加强体育锻炼，夏天常带他到游泳池去玩水，春秋季在室外陪他扔球、踢球，冬天雪后一起堆雪人、跑步。在孩子两岁半时，虽然家里完全有条件照料，但仍送他上幼儿园。九岁时让他去学校住宿。父母不仅让他在集体中生活，而且配合幼儿园和学校，根据孩子不同年龄阶段的心理特征来加以培养教育。因此这孩子自小能够做到讲礼貌，尊敬师长，与同学团结友爱；他的劳动习惯和自理能力也较强；学习成绩一直优良，要求进步，刚上初二就加入了共青团，自小学到中学，一直是"三好"学生。由此可见，独生子女优良品德的形成，离不开家长的良好教育。

（2）独生子女在品德发展中的弱点

据我们调查，独生子女在品德发展中，比较容易形成的弱点是任性、缺乏同情心、不够勤俭、比较自私等。造成这些弱点的主要原因，正是"独生"的环境：家长的爱中无教、过度宠爱、迁就、护短以及代劳一切等。

（3）独生子女品德不良和违法犯罪的原因

在我们调查的 40 名小学独生子女中，品德不良的一名，占 2.5%；40 名中学独生子女中，品德不良的四名，占 10%。这个比例与他们所在学校中的品德不良学生所占比例相比，稍微高一点。我们还调查了 70 名少年刑事犯，其中幼子女与独生子女共 37 名，占 53%；独生子女为七名，占 10%；而同年龄的独生子女仅占 3% 左右。所以独生子女的犯罪率较高。这个结论可能会引起社会上一些人的担忧。但是，我们也要看到，在广大独生子女中，犯罪的仍然只是极少数人，特别是他们的违法犯罪与其独生的特点，并无必然的联系。只是有些家长用错误的态度来对待他们，或施之以不良的教育，才导致他们误入歧途。

犯罪总是有一定的动机和条件的。有人调查了55名违法犯罪的独生子女，其中有41名偷窃、诈骗钱财，占72.7%。这些人共同的犯罪动机，是强烈追求个人的吃喝玩乐，而这些不良心理和品质的形成与发展，总是与他们的环境及教育影响分不开的。父母对他们向来百依百顺，姑息迁就，在吃穿玩乐方面从小就超过别的孩子，养成他们衣来伸手、饭来张口、厌恶劳动的习惯；一旦他们同别的孩子发生纠纷，他们的父母就竭力偏袒，想方设法让他们占上风。这些孩子到了青少年时期，无论物质上或精神上的欲望和要求，都比童年时代更多、更强烈，而在客观上家庭或社会又都难以完全满足他们，于是他们便会不惜采取非法手段去冒险，直至犯罪。一个因盗窃保险柜被判七年徒刑的独生子，在狱中回顾了自己走过的道路，他深有感触地写道："到了今天，我无比痛恨自己，也怨恨我的家庭。父母都是好人，他们也希望我成为好人。可是他们对儿子那样溺爱、迁就、护短，最后竟害了他！我呼吁那些还像我爸爸妈妈那样教养儿子的父母，应该警醒了，千万不要使自己的儿女成为罪犯！"这段话，值得广大独生子女家长引以为戒。

上述研究说明，环境和教育，决定着儿童与青少年品德发展的内容与形式、方向与性质。

(二) 社会生产方式是环境条件的一个重要因素

社会生产方式，即一定社会的生产力和生产关系，对儿童与青少年的品德发展起着重要的作用。诚然，人类的道德有其共性，存在着继承性。但是，道德是经济基础的反映，它不是脱离历史发展的抽象观念。作为个体道德面貌的品德，不论是其结构，还是其范畴，都由社会生产方式所决定。

生产资料所有制的性质，决定社会道德体系的性质，经济关系表现出来的利益，直接决定道德的基本原则和主要规范。因此，一定的经济制度必然地影响着处于这种社会制度下的儿童与青少年的品德。生产关系的冲突必然引起道德领域中的矛盾，经济关系中的变革必然影响着处于这个社会的儿童与青少年品德的变化和思想的斗争。陈会昌等人(陈会昌，陈松，2003)在一项小学生的访谈研究中发现，在当今社会转型期，多元化价值观的出现、丰富的物质与文化条件等社会因素促进着小学生的品德发展，而腐败现象、人情淡漠和金钱至上等不良社会风气正对小学生的品德发展起负面的作用。

（三）教育条件在品德发展上起着主导作用

社会生活条件在儿童与青少年心理发展中的决定作用，常常是通过教育来实现的。教育就是由一定的教育者按照一定的教育目的选择环境影响，将其组织成一定的教育内容，并采取一定的教育方法，来对受教育者心理施行有系统的影响。

1. 教育的主导作用是与教师的能动作用分不开的，在一定意义上说，教育的主导作用，主要体现在教师的主导作用上

我们曾调查研究了100个中小学先进班集体（林崇德，1980），发现先进班集体形成的根本原因，在于班主任所做出的主观努力和辛勤劳动。这些班主任善于通过集体力量形成正确的集体舆论、信念、情感、意志和行为习惯。正是这种集体的力量，促使大部分正常学生形成良好的品德，同时也改造了品德不良的学生。由此可见，教师在发展儿童与青少年良好品德上的主导作用是明显的，办国民教育的首要问题是师资问题。

2. 学校集体是教育主导作用的组织形式

集体是执行一定社会职能的群体或团体，它是群体的高级形式。一个集体具有明确而共同的目的，有着共同的社会任务，参与共同的活动，具有统一的领导，服从于共同的纪律，受共同的舆论约束。学校集体包括班集体、校集体、团队集体和各种课外组织。学校集体是参与青少年个性品德发展的主要条件。一个集体对个体的作用主要表现为两种方式。第一种作用方式是从众现象。"从众"又叫"遵从"，即由于集体舆论的压力，个体在认识或行为上往往不由自主地同大多数人一致。从众现象有四类，一为内心接纳，表面从众；二为表面从众，内心拒绝；三为内心接纳，表面不从众；四为内心拒绝，表面也不从众。集体对个体的第二种作用方式，是社会助长作用，即一个人在众人面前从事某种活动而提高效率的现象。如果与之相反，出现减量或减质的现象，这就是"社会干扰作用"。

3. 家庭教育在儿童品德发展中的作用日益凸显

家庭是儿童青少年成长过程中接触的第一个社会环境，也是伴随其长期发展的重要环境。家庭教育虽然没有像学校教育那样富有系统性，但也是儿童与青少年教育的重要环节。

父母的教育观念是影响孩子品德发展的首要条件。首先，对于孩子而言，父母的教育观念是否正确、父母是否以身作则，都是影响其品德发展的关键。寇彧等人的研究发现，青少年对父母在不同情境下该做什么亲社会行为的预期，显著地影响着他们自己的亲社会行为（张庆鹏等，2012）。其次，父母的教养方式也会对孩子的品德发展起显著的影响。例如，积极的教养方式（温暖与理解）有利于孩子的社会性发展，有利于他们建立良好的品德（肖文娥，邢玉凤，梁金辉，2002）。青少年感知到父母的教养越温暖，则不良行为就越少。反之，父母的冷漠与拒绝则更可能引发青少年的攻击或犯罪行为（Palmer，2000）。另外，关于犯罪行为与攻击行为的研究，也发现不良的教养方式与儿童青少年问题行为的发展有实质性的联系。

4. 榜样的影响

班杜拉提出的社会学习理论认为，人的很多行为都是通过后天习得而来的，观察学习和模仿学习是习得最为重要的两种方式。对于品德发展来说，儿童青少年很多对道德行为的认同都来自对书本上或身边榜样的行为的观察和模仿。所以，为儿童青少年树立优秀的道德榜样，是学校和家庭教育都应重视的方式。

虽然榜样教育一直是中小学教育所提倡的，但目前的方式方法还存在一定的问题。例如，教师和家长为儿童青少年树立的榜样往往趋于"完人化""神圣化"，这其实很容易使孩子们觉得榜样并不真实，或觉得即使自己努力也达不到榜样的高度，从而无法对道德榜样的行为产生真正的认同。所以，在塑造德育榜样时，教师和家长一定要注意榜样故事的真实性、与当下时代背景的相符性，从而促进儿童青少年对榜样产生真正的认同，以对其品德发展起到更明显的促进作用。榜样促进学生品德发展的另一个需要注意的问题，是对学生模仿榜样的好行为要给予积极强化，尤其是对年幼的儿童，强化可以促进他们对模仿的行为进行巩固，进而形成习惯。

三、实践活动是儿童与青少年品德发展的必要基础

在儿童与青少年品德发展的条件中，我们应该重视实践活动，将它看作品德发展的直接基础。

实践是主客观的交错点和桥梁，是主观见之于客观的东西。实践是客观的活动、能动的活动，是受社会历史条件制约的活动，也是变革现实的活动，不能将其等同于适应环境的生物学意义的活动。只有实践活动才构成主客体的矛盾，才是反映主体活动领域的现实。离开了实践活动，就不会有心理发展的源泉，也不会有儿童和青少年品德发展的源泉。也就是说，儿童与青少年的品德是在实践活动中形成和发展的。

实践活动推动品德的发展，主要表现在以下几个方面。

首先，实践活动对儿童与青少年来说，能提高道德认识，陶冶道德情感，激发道德需要，锻炼道德意志，塑造道德行为。

其次，实践活动是检验儿童与青少年道德规范、内容、性质的正确性的标志。良好的品德，特别是行为习惯，在实践活动中获得训练、强化、巩固和提高。

最后，儿童与青少年在实践活动中，如劳动、集体活动和日常交往活动中接受教育，实践活动的成果、过程、进展等，都是提高他们品德的强有力的手段。

因此，让儿童与青少年积极参加实践活动，如适当的家务劳动和社会劳动，多接触一点社会，经历一点艰苦，这不是亏待他们，而是爱护他们。唯有如此，他们才能发展品德，从而健康地成长。

第二节

品德发展的动力

我们强调了环境和教育对儿童品德发展的决定作用，但并非承认环境的机械作用和"教育万能论"。环境和教育绝不能机械地决定儿童与青少年的品德发展。儿童与青少年品德发展有其自身的内部矛盾和发展动力。

一、儿童与青少年品德的内部矛盾是品德发展的动力

事物发展的动力在于内因，正如列宁所强调的，从物质世界"自己"的运动中找发展的原因和动力，发展的动力源泉在物质世界"内部"。这就是说，具有什么样的内因，事物才会发生什么样的质变，不具备那样的内因，事物就不能发生那样的质变。从无数教育事例和品德心理学的实验研究都可看到，在相同的教育或教学条件下会产生不同的结果：一种实验性的教育或教学措施对于一部分学生的品德发展可能是良好的条件，对于另一部分学生的品德发展可能不起什么作用，而对于第三部分学生的品德发展可能成为不良的刺激。例如，同样受到金钱至上或性自由思想的影响，一些相同地区、学校甚至同一家庭中的儿童与青少年有的走上违法犯罪的道路，有的就不会，有的还成为抵制不良行为或违法犯罪行为的积极分子。这些情况正说明任何环境和教育的外部条件只有通过儿童与青少年品德发展的内因才能起作用。儿童与青少年品德发展的内部矛盾或内因是他们品德发展变化的根据和动力，决定着他们品德发展的方向和性质。

我们已经指出，环境和教育等外因，是儿童与青少年品德发展的不可缺少的条件。但是，环境和教育等外部条件的作用不管有多大，它毕竟只是一种条件，是品德发展的一种外因。环境、教育不通过品德发展的内部矛盾，不对品德发展的内因

施加影响，是不可能起作用的。"教育万能论"之所以站不住脚，原因就在于此。在第二章里我们提到的社会学习理论以及行为主义心理学家华生（Watson）的"S—R"（"刺激—反应"）公式都是一种机械论，他们只是认为人的心理行为是由刺激—反应构成的，给什么刺激就有什么反应，看到什么反应就可以知道他受到什么刺激，想培养什么人物或思想品质就一定能实现，这就把问题看得太简单了。事实上儿童与青少年心理和品德发展是十分复杂的，必须从唯物辩证法的内因与外因的观点去分析，不能机械地看问题。

二、什么是儿童与青少年品德的内部矛盾

首先，我们来阐述一下心理发展的动力问题。我们认为，探讨心理发展的动力问题，必须考虑到动机系统和普遍原理。即探讨心理发展的动力时，要考虑引起心理活动和各种行为的一系列动机，要考虑能普遍地反映各种心理现象（心理过程和包括品德在内的个性心理）的主要矛盾（林崇德，1983）。

从这样的考虑出发，那么作为儿童与青少年心理发展动力的心理内部矛盾就应该是：在作为主体的儿童与青少年同作为客体的外界事物相互作用的过程中，亦即在儿童不断积极活动的过程中，社会和教育向儿童与青少年提出的要求所引起的新的需要，同他们已有的心理水平之间的矛盾。这个内因或内部矛盾也就是儿童和青少年心理发展的动力（朱智贤，1979）。这是目前我国心理学界最普遍的看法。简言之，儿童与青少年在活动中所产生的新需要和原有心理水平构成的矛盾，是他们心理发展的动力。这个观点中有三个重要内容，一是动力产生于活动、实践之中，统一于活动、实践之中，并实现于活动、实践之中。二是新的需要是这对矛盾的活跃的一面。三是新的需要能否获得满足，关键在于原有的心理水平。

这里，我们也正是用这对矛盾来解释儿童与青少年品德发展的动力。因为品德是一种心理现象，其发展势必反映心理发展的普遍规律性和内部矛盾，也会表现出"在活动中产生的新需要和原有心理水平"的动力特征。因此，儿童与青少年品德发展的动力，正是儿童与青少年在实践活动中产生的新需要和原有品德结构的矛盾。

如何来理解新需要与原有水平的矛盾呢？

（一）新需要在人的品德内部矛盾中代表着新的一面，它是品德发展的动力系统

在第一章，我们在讨论品德结构的时候，已经指出需要是品德的动机系统。

强调需要是人的思想、行为、品德的动力作用，这在各国心理学家之间的分歧并不大。

由于需要这种特殊心理现象的重要性，长期以来，它也一直受到各国心理学家的重视。1938年摩莱（Murray）在其著作《人格的探索》中列举了20余种人类需要。在此基础上，人本主义心理学家马斯洛在1943年出版的《调动人的积极性的原理》一书中提出了"需要层次论"这一理论。需要层次理论把人类的多种多样的需要按照它们的重要性和发生的先后次序分为五个等级：①生理需要。这是人类最原始的基本需要，如衣、食、住、行、延续后代等，它是人类生存的基础。②安全需要。摆脱各种危险、获得健康、希望解除严酷监督的威胁等，都属于安全需要。③归属与爱的需要。希望伙伴之间、同事之间关系融洽或保持友谊和忠诚，或希望得到爱情。④尊敬需要。指自尊和受人尊敬的需要，对名誉、地位的欲望，要求个人能力、成就被人们承认，等等。⑤自我实现需要。实现个人的理想抱负，这是需要层次中最高的一种需要。满足这种需要，要求最充分地发挥一个人的潜在能力。马斯洛认为，上述需要的五个层次是逐级上升的。当下一级的需要获得相对满足以后，追求上一级的需要就成为行为的动力。但是，如果满足了高级需要而没有低级需要时，他可能牺牲高级需要，而去谋取低级需要，甚至于"铤而走险"。我们认为，马斯洛的需要层次论观点，是有值得借鉴的地方的。其一，他比较全面地对需要进行了分类。其二，他比较科学地指出多层次、多水平需要系统的等级及其之间的关系。其三，他提出了各类需要的功能及其在行为、品德发展上的作用。其四，他提出了需要发展的年龄特征。但是他的缺点是忽视了人的主观能动性，忽视了人在一定条件下（如通过教育）改变需要主次关系的可能性。

那么，到底怎样对需要进行分类，需要在品德发展上又起什么作用呢？

首先，需要的分类尽管复杂，但不外乎两种：从产生上分类，可以分为个体的需要和社会的需要，前者系因个体的要求而产生，后者系因社会的要求而产生。需要从其性质上分类，可以分为物质方面的需要和精神方面的需要。这两种分类是交错的。因为人的需要总是带有社会性的，个体需要和社会需要，物质方面的需要和精神方面的需要，其相互之间是制约着的，因此，人的需要又是带有主观能动性的。

其次，需要可以表现为各种形态，如第一章所指出的动机、目的、兴趣、爱好、理想、信念、世界观等，都是需要的不同表现形式。在个性方面，这些形态就形成个性(或个体)意识倾向性。在品德发展中，某种原始性需要的表现形式，如衣、食、住、行的需要，可能是高级需要的表现形式发展的基础。但反过来，高级需要的表现形式往往支配和抑制了低级需要的表现形式。例如，人们为了实现理想、信念，有时会牺牲某种生理需要和安全需要。可见，需要的主次关系是可以变化的。

再次，需要是品德发展的内在源泉，它在人的品德发展中有极其重要的作用。如前所述，儿童与青少年品德结构的任何一种特征(道德认识、道德情感、道德意志和道德行为)均来自需要这种内部动力。与此同时，儿童与青少年道德范畴的任何一种成分，尤其今天社会上迫切需要的公正、公平、诚信、良知、仁爱等也往往来自需要的影响，儿童与青少年品德发展水平直接同需要的层次(主次)关系的发展有关。因此，了解人的需要，对于发展人的品德、提高人的积极性和做好人的思想工作是十分重要的。

最后，需要在人的品德发展中，经常代表着新的一面，比较活跃的一面。客观事物总是在不断变化，主客体的关系也在不断变化，于是人的需要也会不断随之变化，起着动机系统的作用。我们在论述需要作用的时候，应该着重指出它的动力性，动机的进程在很大的程度上是以需要的动力性为转移的。人类从开始就以这样一种方式，即攫取外界客体来满足自己的一定的需要。第一需要的自我满足，已满足的行为和已获得的满足才引起新的需要。可见，一种需要满足了，又会产生另一种需要，由此推动人的行为的发展变化。我们以下边的模式来表示人的目的行为和品德发展中的需要之间的动力关系(见图 3-1)。

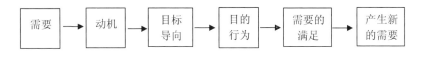

图 3-1　动力关系模式图

(二)原有心理水平和原有的品德结构是过去反映活动的结果,它在品德发展的内部矛盾中代表着比较稳定的一面

心理是人脑在实践中对客观现实的反映,心理水平、品德的整体结构都是在实践中逐步地形成起来的。昨天还是客观的东西,通过主客体的矛盾运动,就可能被反映成为今天的主观的东西。同样,今天作为客观的东西,通过实践活动,也可能被反映为明天的主观的东西。这种反映的结果,逐步构成人的心理的完整结构或品德的完整结构及其水平。

在品德的内部矛盾中,代表着比较稳定一面的原有心理水平或原有品德结构等,是一个十分复杂的整体,它大致由下列成分组成,代表着当时主体的内部状态。

①品德结构及其发展水平。

②智力结构及其发展水平。

③知识、技能与经验水平。

④个性特征的发展水平及其表现。

⑤生理和心理发展的年龄特征及其表现。

⑥当时的心理状态,即态度、心境和注意等。

我们平时说的德育工作必须从学生的实际出发,实际上就是要从上述的完整的心理结构和品德结构出发,这样才能做到"有的放矢""一把钥匙开一把锁"。但是,也不应该将原有的心理水平看作是保守的,任何人原有的完整心理结构和原有品德结构,都有积极的因素,同时也存在着不足或有待于发展的方面。

（三）新的需要和原有心理水平或品德结构的对立统一，构成儿童与青少年品德发展的内部矛盾，形成其品德发展的动力

在儿童与青少年的实践活动中，产生了各种新的需要，必然与原有心理水平或品德结构构成新的矛盾。双方互相依存，也互相转化。矛盾双方是同一的，又是斗争的，其结果不外乎两种，一种是新需要为原有的心理水平和完整品德结构所同化，且趋于一致，这就促使品德在原有水平的基础上发展，另一种是新需要被原有心理水平和完整品德结构所否定、排斥，这就使品德保持原有的水平。究竟是第一种状况好还是第二种好，要看其内容和品德发展的方向。例如，新的积极进取的需要形态，促使主体在原有水平上去学习探索，加强自身的思想修养，这有利于儿童与青少年的品德健康发展。但是，过度的吃喝玩乐的需要，改变了青少年原有心理水平的特征，往往使他们走向歧途。又如，正确的思想教育的要求，可激发学生新的积极需要，但原有心理水平中可能有一些糟粕，会否定新的需要，这种对原有水平的保持，说明这个学生未能进步。但是与此相反，健康的原有心理水平抵制了外界的不良环境影响，而并不产生消极的需要，这种原有"本色"的保持则意味着进步。

三、如何发挥教育在内外因关系中的主导作用

我们认为，探讨品德发展动力问题，还必须分析品德内部矛盾的双方互相斗争的结果，如何在一定条件下互相转化。

品德的发展，内因是根据，是动力，是第一位的原因，环境和教育等外因是条件，是第二位的原因。但这并不是说，在任何时候，任何情况下，都要把品德发展的动力放在主要方面来考察，把主要的注意力都放在解决内因的问题上。我们从中、小学教育的经验和实验研究中看到，在教育的不同时期或阶段，究竟把着重点放在青少年品德发展的内因方面，还是放在教育方面，这要根据具体情况作具体的分析，不能用一套固定的模式乱套。一方面，教育影响儿童与青少年品德发展，不断地向他们提出新的要求；而另一方面，教育本身却又必须从儿童与青少年的实际

出发，从他们的原有的品德水平出发。正如朱智贤教授指出的那样，"儿童与青少年心理如何发展，向哪里发展，不是由外因机械地决定的，也不是由内因孤立地决定的，而是由适合于内因的一定外因决定的。也就是说，儿童与青少年心理发展主要是由适合于他们心理内因的那些教育条件来决定的"（朱智贤，1979）。因此，关键在于教育要有利于促进儿童与青少年的新需要与原有品德结构之间的积极的矛盾运动。

同时，我们通过自己的研究证明，教育必须要适当，过低的要求和过高的要求都是不适宜的。过低的要求激发不起儿童与青少年的需要，没有需要，没有进取心，产生不了动机系统，就不能很好地构成儿童与青少年品德发展的内部矛盾。而过高的要求，远远脱离学生原有的水平，使他们"望而生畏"，就无法使他们产生上进的愿望，即使能激起新的需要，也不能为原有品德结构所"同化"，难以构成品德发展的动力。只有那种高于儿童与青少年的原有水平，且经过他们的主观努力后又能达到的要求，才是最适当的要求。

第三节
————

教育与品德发展的辩证关系

孔子在《论语·阳货》中提出："性相近也，习相远也。"他从"习相远"的观点出发，强调教育与学习在完善人性与品位中的重大作用。他认为，没有教育，"不好学"，就不能培养出仁、知、信、直、勇、刚等各种道德品质；反而会形成愚、荡、贼、绞、乱、狂等不良品德行为。

教育在品德发展中的主导作用是如何实现的？在教育的作用下，品德又是怎样发展的呢？

一、发展的实质及发展观

要弄清教育的主导作用的具体表现和实现途径，必须从发展观分析入手。因为不同的发展观对教育与发展的关系会做出不同的回答。

在发展心理学史上，有关的发展观很多，归纳一下，大致可以分为四种。

(一) 自然成熟论

自然成熟论认为心理的发展是一种自然成熟的过程，最初的代表是奥地利维也纳学派的彪勒夫妇(Bühler & Bühler)。在 20 世纪二三十年代，彪勒夫妇关于儿童与青少年心理学的研究工作是很有特色的。但他们关于心理发展的基本观点却主要是生物发展观。他们认为，当人们谈到发展这个词的原始和真实的含义时，所指的含义第一个是素质，第二个是素质实现的目的或方向(Bühler，1935)。机体以完善心理生活为目的，这是机体原本就具有的特点。个体的心理是一个整体，具有生物的机能，因而个体心理发展的内部节律是与生物机能相联系的。外界影响的作用只局限在加速或者阻滞这种内部节律。

在心理发展理论的研究上，著名的瑞士心理学家皮亚杰支持内因外因相互作用的发展理论。我们十分推崇皮亚杰，他的发展理论具有丰富的辩证思想。但是，皮亚杰的理论中也有自然成熟论的成分，他的理论来源之一就是生物学。他认为心理只是一种生物适应。因此，他过分地按自然年龄来刻画儿童与青少年的行为，不免会暴露出一定的自然成熟论的倾向。

自然成熟论的发展观，主张发展主要是来自自然成熟和生物适应。他们忽视社会和教育(包括语言)的作用，也忽视个体心理发展的潜力，常常对个体的心理发展估计偏低。所以，如果用自然成熟论阐述教育与心理发展的辩证关系就会产生一定的困难。

(二)文化发展论

文化发展论，即"文化历史发展理论"，是由苏联心理学家维果斯基创立的，他的主要观点是：在人的工具生产中凝结着人类的间接经验，即社会文化知识经验，这就使人类的心理发展基本上不再受生物进化规律所约束，而是受社会历史发展的规律所制约。由于人的心理是在人掌握间接的社会文化经验中产生和发展起来的，因此教育要走在发展的前头，教育在心理发展上起主导作用。

文化发展论重视教育的主导作用，但是如何发挥教育的主导作用，维果斯基本人未能很好地加以阐述。《苏联教育学》杂志在 1956—1958 年组织了一次"儿童教育和发展相互关系"问题的专题讨论，并由赞可夫(1959)做了讨论总结。讨论中充分肯定了环境教育的作用以及内外因之间的辩证关系，使文化发展论获得进一步的发展。在这次讨论的基础上，赞可夫于 1957—1974 年，就"教学与发展的相互关系"这一课题进行了实验研究。1975 年赞可夫领导研究者们写成了《教学与发展》的总结性著作，使文化发展论在实践中获得验证和应用。

从维果斯基提出关于人类心理的社会起源的学说、关于儿童与青少年心理发展与教育教学的依赖关系的学说，到后来"教学与发展"的讨论以及进行的十几年教学实验和理论的推广，都是有价值的，也是值得我们借鉴与学习的。但是，文化发展论在强调社会历史发展决定性作用的同时，完全忽视了生物条件，即自然成熟，这就使其理论具有一定的片面性。

(三)机械发展观

这种理论片面地夸大环境和教育在个体心理发展上的作用，认为教育是万能的，个体心理发展是由教育机械地决定的。机械发展观的代表人物是前面提到的美国行为主义心理学家华生。他强调 S—R 公式，在心理发展上，他承认只有量变，没有质变；他否认心理发展年龄特征的作用，否认个体的主动性和自觉性，夸大了教育的作用。此外，班杜拉也是品德机械发展观的典型代表，这里不再赘述。

(四)对立统一发展观

在国际上各种发展理论的启发下，根据辩证唯物主义的发展观点，我国心理学家提出了对立统一或量变质变发展观。

朱智贤教授(1962，1979)在《儿童心理学》一书中写道："教育条件必须适合于儿童心理的内因，才能使儿童心理不断得到发展。但是，从教育措施到儿童心理得到明显的发展，又不是立刻实现的，而是以儿童对教育内容的领会或掌握为其中间环节的，是要经过一定量变质变过程的。"

潘菽教授(1983)主编的《教育心理学》一书中论述了类似的观点："心理的发展也同其他事物的发展一样，是通过数量的不断积累而达到质量变化的过程。心理的发展是从低级到高级，从简单到复杂，从旧质到新质的不断变化和完善的过程。心理的发展既有连续的、渐进的、量的变化，又有质的改变。"

儿童与青少年心理的发展充满着矛盾，是一个十分复杂的过程。

首先，心理发展不仅受生理条件的制约，更重要的是受社会条件的制约。但二者都不足以单纯地、机械地决定心理的发展。如前所述，儿童与青少年心理的发展，正是体现了先天与后天、遗传与环境、生理条件与社会条件的相互作用关系。其次，心理发展是内外因的统一。要积极创造条件，使教育适合于儿童与青少年心理发展的内因。再次，心理发展是一个量变质变的过程，是一种持续不断的发展与发展阶段性相统一的过程。最后，心理发展既有共性，又有个性，既有稳定性，又有可变性。在相同年龄的儿童与青少年个体之间，心理的发展可以有显著的差异。我们正是用这个发展观来阐述儿童与青少年品德发展的。

二、品德发展参数

品德的发展是有指标的，这种指标正体现了品德的质变。对这个指标的高度概括就是发展参数。品德发展参数是在品德发展研究中探索具体发展问题指标的主要依据。

美国心理学家克雷奇等人(1980)提出了这个问题，他们认为一切发展过程的进行可以仅仅用几个一般特点来描述，这些特点包括：发展速度(指随时间而变化的速度)、时间(某种心理特征开始成熟的时间)、顶点(指一个特定机能发展到顶点时的特征）、发展的分化和阶段（它们在本质上是行为性质的变化，这些不能用简单的数量来计算）。

克雷奇等人提出的发展参数，不仅进一步揭示了发展的本质，而且提出了发展的指标和一般的特征。但是，克雷奇等人提出的发展参数的组成是不够完整的，他们所列的四条，实际上也只是两条：一条是发展的速度，另一条是发展的时间。因为克雷奇等人所说的时间，是指某种心理特征开始成熟的时间，这实质上是发展阶段上的一个特征，他们所说的顶点，是指一个特定机能发展到顶点时的特征，这实质上也是发展阶段上的一个特征，即发展成熟点的时间以及达到这一时间的具体表现。发展阶段性只不过是时间的一种表现，阶段的种种特征也只不过是在一种特定时间或年龄阶段的特征。因此，克雷奇等人的后三条就成为一条，即时间。因而他们的发展参数也还应予以补充。

按照辩证唯物主义的原理，以品德发展为例，我们认为儿童与青少年心理发展的发展参数应该包括以下几个方面。

一是发展的时间。儿童与青少年品德发展是有一定程序的，既有连续性，又有阶段性。发展阶段性是时间的一种表现，阶段的种种特征是在一种特定时间或年龄阶段的特定表现。例如，品德的各种成分和特征的产生、发展、成熟的时间（时期）。

二是发展的速度。儿童与青少年品德发展的速度是呈波浪式且不等速的，不是直线上升的。有平稳发展的阶段，又有加速期。

三是发展的稳定程度。一般来说，在一定社会和教育条件下，儿童与青少年品德发展具有稳定性。但社会和教育条件在儿童与青少年身上起作用的情况不尽相同，因而儿童与青少年品德发展又产生可变性。这种稳定性与可变性是相对的，可变性是有限制的。

四是发展的协调性。儿童与青少年心理发展是一个完整体。这种完整的结构中各成分之间既有各自发展的特色，又是相互联系，密不可分的。例如整个心理发展和品德发展的关系，是共性和个性的关系。品德发展既有特殊性，又要和整个心理发展相互协调，并以后者趋势作为重要参数。

五是发展中的量变与质变。儿童与青少年的品德发展，有量的变化，又有质的变化。所谓品德的质变，就是指一般的（非特殊的、个别的）、本质的（非现象的）、典型的（有代表性的）新特征的出现。儿童与青少年品德发展的质变，从发展速度上看，往往处于一个加速期；从时间上看，即表现为年龄特征上的"关键年龄"（在下一节中再做详述）。

六是发展中的个体差异。儿童与青少年品德发展在总体上呈现出年龄特征，而个体之间又表现出各自特点，这些特点与总体（常模）相对照，就成为检查每个个体心理发展水平的参数。

三、品德发展过程中量变和质变的关系

在我国传统文化中，我们能看到不少教育家和思想家将人的道德品质发展理解为量变到质变的过程。《荀子·儒效》中有"习俗移志，安久移质"。荀子在《劝学》篇中举了教育与学习的作用，像"青，取之于蓝，而青于蓝；冰，水为之，而寒于水"。从蓝到青，水到冰是量的"积"发生了质的变化。王充将人性或品德比作蓬纱，由于"渐染"，才使蓬纱完全变黑。人性或品德，"在所渐染"的量变，才能引起善恶的质变。

从教育措施到儿童与青少年品德得到明显发展，这个过程不是立刻完成的，而是以他们对教育内容的领会或掌握为其中间环节的。也就是说，通过教育，品德获得从量变到质变的发展；这个质变，不是别的，正是上述的"发展参数"，即发展指标的体现。那么，教育是怎样引起品德变化的呢？

首先，经过教育，儿童与青少年逐步领会道德知识，掌握道德经验。这里的道德知识和道德经验，从内容上说，有思想方面的，有道德规范体系方面的，等等；从形式上说，有基本道德知识（包括基本道德概念），有行为规范的表现及其练习。领会和掌握道德知识经验，是从教育到品德发展的中间环节，这对品德发展来说，是一个"量变"的过程，这是品德发展质变的基础，可以用图 3-2 表示。

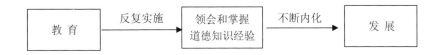

图 3-2 品德发展"量变"的过程

从图 3-2 中看出，品德发展绝不能停留在道德知识经验的领会和掌握上。也就是说，品德的发展不光是指道德知识的增多和道德认识的提高，而是指在道德动机作用下的道德认识、情感、意志和行为的全面发展。这里更重要的是提高道德行为水平，形成道德习惯。因此，教育的目的，不仅仅是使学生领会和掌握道德知识经验，更重要的是发展品德的整体结构，这样，才算在某个阶段上完成了品德发展的质变过程。由知识经验的领会和掌握而引起品德的发展，是一个量变到质变的过程，其中要经过很多的阶段。我们在培养儿童与青少年品德的实验研究中发现，品德整体结构的发展是在掌握和运用道德知识、练习和重复道德行为的过程中完成的。如果一个儿童或青少年不学习道德知识（如法律知识），不练习道德行为规范，他的品德是得不到发展的。道德知识、认识、训练是品德发展的基础。也就是说，儿童与青少年的品德是在他们"知"的反复提高和"行"的反复训练中逐步发展起来的，并须经过一个又一个阶段。可见，儿童与青少年品德水平取决于以下两点：一是他们所领会的道德知识（或叫道德认识），二是他们对正确行为规范要求的不断练习。前者的要求是背诵和理解，以铭记在心中；后者的要求除形成第一章所述的深层结构之外，主要是形成良好的习惯。品德发展的每一个阶段的特征，都集中体现在道德行为习惯的变化上。德育的目的是什么？简单地说，就是养成良好的习惯。习惯是由于重复或练习而巩固下来并变成需要的行为方式。在中小学教育工作中，之所以要强调抓好"班风""校风"，就是因为要求班集体、校集体的成员，在一定的时间或一定的场合内，都会自然而然地按照既定的、正确的行为规范行动。社会学所强调的某个民族的道德风俗和社会风气，也正是这个民族长时期所形成的道德行为习惯。因此，良好习惯的形成，是一个人的完整品德结构发展中质变的核心。

总之，我们应该将教育中儿童与青少年接受道德知识和思想，接受道德行为和习惯的训练，都看作是其品德的一个局部的、小的变化或量变的过程，是比较明显的、稳定的品德质变的基础。教育的任务就是用知识武装儿童与青少年的头脑，引导他们有的放矢地大量练习、实践，使知识经验不断"内化"和"动力定型"化，即变成他们的信念、理想和行为习惯，且能自行迁移，形成"自动化"的活动，从而促进他们品德的质变，并完善地达到发展参数。

第四节

品德发展的年龄特征

我国古代有许多思想家和教育家，早就肯定人的发展具有年龄特征。孔子是这一思想的最早提出者。正如他在《论语·季氏》中所言："少之时，血气未定，戒之在色；及其壮也，血气方刚，戒之在斗；及其老也，血气既衰，戒之在得。"他还对自己一生的心理发展作了粗略的描绘，把它分为六个阶段，"吾十有五而志于学，三十而立，四十而不惑，五十而知天命，六十而耳顺，七十而从心所欲，不逾矩"（《论语·为政》）。这些划分虽然比较简单，却体现了人心理发展的一般规律，并一直影响着我国两千年来对人发展阶段划分的认识。孔子还在提出"习与性成"论的基础上，看到了在一般发展情况下，人存在着个别差异。因此他在《论语·阳货》中提到："唯上智与下愚不移。"根据这个观点，孔子除了重视心理发展的阶段性之外，也重视因材施教。

所谓年龄特征，有生理的年龄特征和心理的年龄特征之分。尽管这两个方面的关系十分密切，但我们这里主要论述儿童与青少年心理发展的年龄特征。

总的说来，儿童与青少年心理发展的年龄特征，是指在一定社会和教育条件下，在儿童与青少年发展的各个不同的年龄阶段中所形成的一般的、典型的、本质的心理特征。它的研究范围，应当包括两个主要部分和四个有关方面。

两个主要部分，一是认识过程（智力活动）的年龄特征，如感觉、知觉、表象、记忆、注意、思维和想象等发展的特征；二是个性的年龄特征，如兴趣、爱好、动机、理想、品德、能力和性格等发展的特征。

为了研究儿童与青少年心理发展年龄特征的这两个主要部分，必须结合研究如下四个方面的问题：一是儿童与青少年发展的社会条件和教育条件。二是生理的发展特点，特别是脑的发育的特点。三是各类动作和活动的发展水平。三岁前的手的动作和大运动的变化、学前儿童的游戏、学龄期的学习活动（学习内容、动机、兴趣和方法等），分别是从出生到成熟各年龄阶段的主导活动。四是言语发展的特征。如果没有言语，就不可能有人的心理和意识，言语发展的顺序性，还体现了儿童与青少年心理发展的一般趋势。

总之，心理发展年龄特征的研究，应以儿童与青少年智力和个性发展的年龄阶段特征为主，并结合制约这些特征发展的四个有关方面来进行探讨。当然，研究工作是有分工的，只研究其中的一个部分、一个方面，或只研究一个个别的问题，都是可以的。

品德发展的年龄特征是整个心理发展年龄特征的一个组成部分，是儿童与青少年品德发展质变的具体表现。

一、品德发展年龄特征的实质

如何理解儿童与青少年心理发展的年龄特征呢？品德发展的年龄特征又有什么表现呢？

首先，儿童与青少年心理发展的年龄特征，是对其心理的年龄阶段特征而言的。

辩证唯物主义认为，研究任何事物的发展，都必须坚持不断发展论与发展阶段论的统一。心理发展同样既是连续不断的，又在一定社会和教育条件下表现出一定的阶段性。一般地说，儿童从出生到成熟，大约经历了 6 个重大时期：乳儿期（0~1岁）、婴儿期（1~3岁）、学前期或幼儿期（3~6、7岁）、学龄初期（相当于小学阶段）、学龄中期或少年期（相当于初中生）和学龄晚期或青年初期（相当于高中生）。

这六个时期，也就是六个不同的年龄阶段。年龄阶段的长短是不一样的，有的一年，有的 2~3 年，有的 3~4 年或 5~6 年。这些阶段是互相连续，同时又互相区别的。一个时期接着一个时期，新的阶段代替旧的阶段，不能乱，也不能倒退。虽然由于种种条件的不同，每一时期或阶段的时距幅度可以有某些变化，但从总的发展过程来说，它们大体上是恒定的。

有些人认为，所谓年龄特征，就是一年一种心理特征，是由年龄来决定的。这是一种误解，心理发展的年龄特征指的是年龄阶段特征或阶段性，而不是说一年一个样。心理发展的年龄特征是和年龄有联系的，因为年龄是时间的标志，一切发展都与时间有联系，但它并不等于年龄本身，而是与年龄有关的阶段特点。

其次，儿童与青少年心理发展的年龄特征是指儿童与青少年心理在一定年龄阶段中的那些一般的、典型的、本质的特征。

一切科学在研究特定事物的规律时，总是从事物具体的、多种多样的表现中概括出一般的、本质的东西，虽然具体的东西是最丰富的，但本质的东西是最集中的。具体的东西和本质的东西、个别的东西和一般的东西、部分的东西和全体的东西是辩证统一的，把它们割裂开来或绝对对立起来都是不对的。列宁曾指出："……'个别'只会与'一般'相联系而存在。任何'个别'都是（终究是）'一般'，任何'一般'都是'个别'的（一部分或一方面或本质），任何'一般'都只能大体上包括一切'个别'，任何'个别'都不能完全归进'一般'等等。"心理发展的年龄特征是从许多具体的、个别的儿童与青少年心理发展的事实中概括出来的，是一般的（非个别的）东西、典型的（有代表性的）东西、本质的（非现象的）东西。

我们的研究表明，品德发展也表现出这种一般的、典型的、本质的阶段性。例如在品德结构，特别是在道德动机和行为特征的辩证关系方面，每个年龄阶段都会表现出一定质的品德特点。

0~1 岁，主要是适应性时期。这个时期还不可能有道德认识，也不可能有意地做出什么道德行动。这个阶段的儿童需要的是有规律的满足和舒适的照料，缺乏社会性。这个阶段的主要任务是适应社会现实。

1~3 岁为品德萌芽阶段，是以"好"（或"乖""对""好人"）与"坏"（或"不好"

"不乖""坏蛋")两义性为标准的道德动机,并以此引出合乎"好"与"坏"的道德需求的行动来。此时,儿童不可能掌握抽象的道德原则,其道德行为是极不稳定的。这个阶段的主要任务是理解"好""坏"两类简单的规范,并做出一些合乎成人要求的道德行为。

3~6、7岁,主要是情境性品德发展时期,这时道德行为的动机往往受当前的刺激(即情境)所制约,道德认识还带有很大的具体性、情绪性和受情境的暗示性,这个阶段的主要任务是开始接受系统而具体的道德品质教育。

6、7~11、12岁,即小学阶段,是品德发展协调性时期,此时出现比较协调的外部的和内部的动作,道德知识系统化,并形成相应的行为习惯,言行比较一致,动机与行为也比较一致;随着年龄的递增和道德动机的发展,言行一致和不一致的分化逐步增大。这个阶段的主要任务是发展道德信念,以提高道德行为的思想境界。

11、12~14、15岁,即少年期,为动荡性品德发展时期,也是人生的十字路口。这个时期一方面是道德信念和道德理想形成的时期,是世界观萌芽的时期,是开始以道德信念和理想来指导自己行为的时期;另一方面又是心理的发展跟不上生理迅速成熟的时期,是逆反心理、对抗心理出现的时期,是幼稚与成熟、冲动与控制、独立与依赖错综并存的时期。因此,少年期必然是两极分化严重的阶段。这个阶段的主要任务是处理好过渡时期的各种矛盾,日渐趋于成熟化。

14、15~17、18岁,即青年初期,这时品德发展的明显特点是成熟性。成熟的指标,一是较自觉地运用一定的道德观点、原则、信念来调节行为;二是世界观、人生观的初步形成。这个阶段的任务是形成道德行为的观念体系和规划,并促使这些青年发展进取和开拓精神。这种适应性、两义(机械)性、情境性、协调性、动荡性和成熟性,反映了儿童与青少年品德发展六个阶段的主要特点,即一般的、典型的、本质的特征。当然,各个阶段的特点之间都是交错和联系的,在一个阶段之初,可能保存着大量的前一阶段的年龄特征,在一个阶段之末,也可能产生较多的下一阶段的年龄特征。

再次,儿童与青少年心理发展的年龄特征存在着一种"关键期"或"关键年龄"

的形式。

每一个心理过程或个性心理特征都要经过由量变引起的几次质变或飞跃，并表现为一定的年龄特征，这种年龄特征的形式，叫作"关键年龄"。

我们自己的研究材料表明，2.5~3岁、5.5~6岁、小学三年级和初中二年级是儿童与青少年个性发展，特别是品德发展变化的关键期。例如，小学生的男女界限，小学中的乱班正是三年级的现象，中学生品德的两极分化正是初中二年级的现象。我们的中小学和幼儿园的教育工作，要适应儿童和青少年这种心理发展的关键年龄的质变特征来采取适当的措施，做到有的放矢。

有些国家的心理学家认为，过了关键年龄，某些教育就无法进行，有的才能就无法培养。这对强调早期教育的重要性是有意义的。而我们认为，否定心理发展集中在某个年龄阶段有质的飞跃无疑是错误的，但是把关键年龄绝对化，也是不对的。

最后，儿童与青少年的心理发展的年龄特征，还表现在心理发展的过程中有一个成熟期。

从儿童出生到青年初期，这一过程总的矛盾是不成熟状态和成熟状态之间的矛盾。儿童生下来时是弱小的、没有能力和无意识的，到了青年初期，他发展成为一个初步具有觉悟和思想的人，这个变化是一个重大的质变。正如生理发育有一个初步成熟期一样，心理发展过程也有一个成熟期。上面曾提到青年初期品德发展是个成熟期，确切地说这个成熟期一般地出现在初三末①到高二初。到了成熟期，每个人的品德结构和个性特点就基本定型了，保持相对的稳定性。北京有几所学校做过追踪调查，发现初三毕业报考高中的品学兼优学生，前一年仍有变化；但是从高一下学期到高中毕业，在品学两方面都保持相对的稳定性，而且升入大学后，高中品学兼优的学生，绝大部分仍然如此。调查的结果说明，发展成熟前与成熟后的心理现象，明显的差异在于可塑性上，这是衡量一个人心理成熟与否的标志。成熟前的人的可塑性大，应抓紧训练、培养；成熟后并非不能再发展，但可塑性小，较难训

---

① 编者注：因本书部分研究年代较早，故应作者要求，部分说法保留原始称呼，如初一、初二、初三对应现在的七年级、八年级、九年级。

练、培养。因此，抓紧成熟前的塑造是十分必要的。

二、品德发展年龄特征的稳定性与可变性

一般来说，在一定社会和教育条件下，儿童与青少年品德发展年龄特征具有一定的稳定性和普遍性，如阶段的顺序、每一阶段的变化过程和速度，大体都是稳定的、共同的。但另一方面，由于社会和教育条件在儿童与青少年身上起作用的情况不尽相同，因而在他们品德发展的过程和速度上，个体之间会有一定的差距，这也就是所谓的可变性。

（一）稳定性与可变性的表现

年龄特征稳定性的表现是：①不同时代、不同社会的儿童与青少年品德特征有一定的共同性；②品德发展的年龄特征，特别是道德认识方面的特征的变化，有一定的范围和幅度，其变化阶段的顺序性和系统性是稳定的，不会因为社会生活条件（地区、社会、民族等）的改变而改变，如某个阶段的被超越；③每一阶段的变化过程和速度大体都是稳定的。正因为有这些稳定性，年龄特征或阶段性才成为儿童与青少年品德发展的普遍规律。同时，不同国家、不同民族、不同地区的心理学家或教育工作者也才能共同探讨这一规律，并彼此交流有关心得（李伯黍，1992；Kuninesand & Gewirtz，1984）。

年龄特征可变性的表现是：①在不同的社会生活条件下，儿童与青少年品德发展的程度和速度会产生一定的变化。例如，有的研究曾提到中美两国儿童与青少年道德认知发展水平存在差异。又如，同样的品德教材，经不同的教师采用不同的教法执教，儿童和青少年会产生不同的道德认识水平和行为表现程度。②在不同的社会生活条件下，会出现有本质区别的品德年龄特征。例如，不同的社会制度下的儿童与青少年，会形成不同质的道德意识与道德行为。③在不同的时代和不同的社会生活条件下，儿童与青少年可能在某些品德因素上出现同样的年龄特征，但这些特征的具体内容却产生变化和差异。例如，20世纪五六十年代和80年代的青少年品

德发展的年龄特征有其一致性,但是所表现出的品德类型却不尽相同。过去我们过多地强调协调型,而现在我们在强调协调型的同时,也十分重视进取和开拓型的品德类型。又如,青年初期的志向或道德理想的特点大致相同,但志向的内容,却因种族、民族、家庭环境和地位而产生差异。④相同的社会生活条件下,儿童与青少年品德发展由于原有水平和结构不同,存在着明显的个体差异。正因为有以上这些可变性,我们才要因材施教,而且要在借鉴别国、别地的资料或经验时持慎重的态度。

儿童与青少年品德发展的年龄特征既有稳定性,又有可变性,二者是相互制约和相互渗透的,并且都是相对的,不是绝对的。

这种稳定性和可变性的关系,是共性和个性的关系,它反映了年龄特征与个别差异的具体关系。在品德发展中,每个人在某一具体年龄阶段的品德发展总是随表示年龄特征的一般年龄直线而波动,可变性随稳定性直线波动,形成波动的曲线。年龄特征的稳定性与可变性的统一,共性与个性的统一,构成了年龄特征的总趋势。

(二)稳定性与可变性产生的原因

为什么会有品德发展的年龄特征?这个年龄特征又为什么既有稳定性又有可变性?我们认为这绝不是偶然的。不论从品德发展的物质基础,还是从品德发展的条件或途径来看,都可找出其中的原因。

首先,从生理基础来分析。儿童与青少年的生理发展,特别是脑的发展有较大的稳定性,脑中所建立的联系有着一定的次序和过程。但每个人的生理发育、脑的发展又不都是一样的,不管是神经系统的类型还是机能情况都有个体差异。

其次,从社会生活条件来分析。社会生活条件,乍看起来是千变万化的,它导致儿童与青少年的经历各异。但社会生活也有稳定性的一面,人类知识经验本身有一定的顺序性,儿童与青少年不能违背这个顺序来掌握它,同是掌握一门品德教材的内容,其深度和广度也是循序渐进的。

再次,从儿童与青少年活动的发展来分析。从出生到成熟,儿童与青少年经历了一系列的主导活动，如动作的产生（三岁前）、游戏的变化（幼儿期）和学习活动（学龄期），它们的发展都有一定的阶段性和顺序性。但是，活动的性质、范围、内容和要求在不同的社会条件下是有所不同的。

最后，从品德特征的心理机能发展来分析。儿童与青少年品德的发展，从适应阶段，到萌芽阶段，到情境性阶段，到协调性阶段，到动荡阶段，最后趋向成熟、定型，这一系列过程是有顺序、分阶段的。就个体来说，过程中的每个顺序和阶段，不管在时间上，还是在品质上，都是允许有差异的，这就体现出可变性。

由此可见，生理发育、社会生活条件、活动和品德特征的心理机能变化导致儿童与青少年品德的发展既有顺序性，又有差异性，从而使品德发展的年龄特征兼具稳定性与可变性。这就是儿童与青少年品德发展年龄特征的规律。

三、品德发展的年龄特征与教育工作的关系

儿童与青少年品德发展的年龄特征在教育工作上具有重要的意义。教育工作的方向、方针确定之后，教育工作者就必须按品德发展的年龄特征来安排教材和选用教法，否则就必然违反儿童与青少年品德发展的客观规律，给教育工作带来损失。"文化大革命"中，"四人帮"不顾个体心理发展的年龄特征，在儿童和青少年中推行"成人化教育"，大搞主观主义和形式主义，竟让连"水浒"和"水壶"都分不清的幼儿开展对宋江的"大批判"。这难道不是历史的教训吗？然而，今天有人又走向另一个极端，"望子成龙"心切，只抓智育，不抓德育、体育，逼着自己的孩子深夜灯下苦战，置天下大事和社会公德而不顾，这难道符合儿童和青少年心理发展年龄特征的规律吗？其结果严重影响了儿童与青少年的身心健康。因此，我们认为，如果要坚持在教育工作中提倡科学性，则应该重视儿童与青少年品德发展的年龄特征。

首先，儿童与青少年品德发展的年龄特征是德育工作的一个出发点，教育工作者的任务在于据此来引导学生的品德发展。例如，有经验的教育工作者常常说，在整个基础教育阶段，数初中学生最难教。这是事实。初中生处于少年期，这属于品德成熟前动荡不稳的时期。针对少年期的这个年龄特点，有的放矢地做好初中生的

德育工作，在整个基础教育中起着关键性的作用。

其次，儿童与青少年品德发展的关键年龄，常常是转变学生思想的突破时期，教师的任务是在这个突破时期采取合理的教育措施。如前所述，三年级的小学儿童和初中二年级学生都处于品德发展过程中的一个关键期。可是，我们目前的中小学在安排教师时，往往分配骨干力量去抓一年级的"基础"，给毕业班"把关"，所谓抓"两头"，结果是放弃了小学中间年级和初中二年级，这对学校的工作和学生的成长不利。我们提倡每个年级都应配备骨干教师，这不仅有利于学生的成长，也有利于教师队伍的建设。

再次，儿童与青少年品德发展的各相邻的年龄阶段，既是互相区别，又是互相联系的。而且同一年龄阶段的开始和结束，也常常表现出很大的差别。

在教育工作上，考虑到相邻的年龄阶段之间的区别和联系，是很必要的。目前在中小学衔接上问题很多，中学教师怪小学教师管得"太死"，小学教师怨中学教师对学生"太放纵"。其实，只要了解一下中小学生品德发展的联系，这个问题并不难解决。在小学高年级，教师应着重培养学生的独立能力，便于他们向中学过渡，到了初中，教师先要多管一点，然后引导他们适应中学的学习环境。没有这种衔接阶段的教育措施，一批学生往往会掉队。

最后，我们既要重视品德发展年龄特征的稳定性，又要注意这个特征的可变性，对学生因材施教，做到"一把钥匙开一把锁"，这是教育工作者必备的教育技巧。这里，我们只强调一点，就是在教育中，要处理好品学兼优学生、一般学生和品德不良学生的关系，以使不同的学生都能发挥最大的潜力，茁壮成长。

第四章
品德发展的研究方法

在心理学史上，品德发展研究开展较晚，水平也不高。古人云："工欲善其事，必先利其器。"要提高品德发展的研究水平，就必须把发展和完善品德发展的研究方法作为一项基本工作来抓。

第一节

研究品德发展的方法论

儿童青少年的品德是一个整体，研究品德发展的方法也是一个整体。后一个整体包括两个层次：一个层次是以品德发展为研究对象的具体的研究方法，一个是以品德发展的研究方法为研究对象的方法论。这两个层次是相互联系、相互制约、相互促进的，共同影响着品德发展的研究水平。

本节主要讨论品德发展研究的方法论问题。我们认为，唯物辩证法是一切科学研究的最一般的方法论，同时也是品德心理学的最高指导原则，我们应在辩证唯物主义的指导下，开展品德心理学的方法论研究。

一、坚持客观的标准

任何科学研究只有符合客观事物的真实面貌，才能达到真理性的认识。因此，坚持客观的标准是一切科学研究的根本原则。在儿童与青少年品德发展的研究中，也必须坚持客观的标准，也就是说，必须依据儿童与青少年的社会实践活动，依据他们的社会生活条件、教育条件及其变化，依据他们的高级神经活动及行为、言语的发展变化来进行研究。具体地讲，在儿童与青少年品德发展研究中，要实事求是地对每一名被试的言行表现，所获得的每一个数据和个案事实进行具体的分析，为决策提供科学的依据，而决不能为了论证和说明某一既定决策，去附和预先定下的"结论"。

二、系统的观点

所谓系统，是指由若干相互联系、相互作用的部分组成的具有一定结构与功能的整体。

对品德进行系统研究，就是既要分析它与其他系统的关系，又要研究它本身的结构与功能；既要系统地分析各种品德发展的研究类型，又要对研究结果进行系统的分析与处理。这样，我们就有可能对品德的发生、发展规律、过程及条件有一个全面的认识。

（一）将品德作为一个开放的自组织系统来研究

人以及人的心理都是开放的系统，是在主体和客体相互作用下的自动控制系统。人是在需要的支配下，不断从外界输入信息，存储信息，加工信息，并通过反映以实现心理的定向调节作用，从而对环境发生适当的反应。也就是说，人通过将反映结果与需要、目的相对照，来调节自身的行为活动。所以，从系统观点看，人的心理是一个信息控制的自组织系统。

在第一章中我们已阐述过，品德结构是人的道德活动特征的整体，是人及人的心理这个大系统下的一个子系统，这一子系统是多侧面、多形态、多水平、多联系、多序列的，是动态的开放的整体。将品德作为一个信息控制的自组织系统进行研究，包括如下几个方面的问题。

1. 研究品德与社会的关系

系统可以分为三类：一类是孤立系统，这里忽略了系统与外界环境的能量交换、物质交换和信息交换，它是自然界存在的某些系统的理想状态，是人们最早研究的简单系统。一类是封闭系统，它与外界环境只有能量交换而无物质交换。一类是开放系统，它与外界环境既有能量交换、物质交换，也有信息交换。人是一个开放的生命系统，它由物质系统、能量系统和信息系统构成。其中物质系统是基本的，能量系统和信息系统是借助物质系统实现的，三者有机结合在一起，形成有活力的生命系统。品德系统作为人与人的心理大系统下的子系统，它的产生、发展及维持是以人与环境(特别是社会环境)进行能量、物质、信息交换为基础的。研究品德与社会的关系，就是要把品德看作一个开放的系统，研究个体在社会生活中是如何把社会道德行为规范内化为自己的道德品质，是如何在环境和教育的影响下，通过与环境进行信息交换逐步形成是非观念、道德理想、道德信念、道德原则和观点，以及初步的有系统的人生观和世界观。一个与世隔绝的人，是不可能形成什么品德的。例如，20 世纪 20 年代在印度发现的"狼孩"，从小失去人类生活的社会环境，他们与其生存的周围环境进行的信息交换不可能包含有关社会道德行为规范的内容，他们的行为仅具动物习性，不具人类社会道德性。因此，他们不具有人的品德。此外，关于社会因素对品德发展的影响的大量研究也表明，儿童与青少年的品德特征是由其所处社会环境决定的，换句话说，品德发展内容是通过他与社会环境的信息交换获得的。品德是一个开放的系统。

2. 研究品德与整个心理的关系

品德是一种心理现象，作为一个子系统，它从属于心理大系统，这种从属关系表现在三个方面：第一，品德服从心理形成、发展的规律。人的心理是大脑的机能，是客观现实的反映。个体心理的发展是在遗传所提供的机体的结构和机能的自然前提下，在社会和教育的决定性的影响下，通过解决一系列主观和客观的矛盾、内部和外部的矛盾而实现，这些矛盾是在个体的活动中产生的。人的品德不是天生的，也不是从它自身中产生和发展的，而是在一定的社会关系和社会情景中习得的，是社会现实在个体头脑中的反映。心理学的大量研究表明，在儿童与青少年掌握道德规范，学习处理社会关系的过程中，社会舆论和教育力量的影响往往起决定作用。第二，掌握道德原则或信念、形成道德意识是通过心理过程完成的。没有对道德原则或信念的感知、理解，没有对道德情境或道德行为结果的情感体验，没有克服困难、抗拒诱惑并实施道德行为计划的意志力，品德是无法形成的。第三，品德是个性的一种特殊表现，它既包括个体意识倾向性(如道德动机)，又包括一定的心理特征(如道德认识、道德情感等)，体现着一个人的道德面貌。研究品德与心理的关系，有助于我们从心理学的角度探讨品德发展的自组织规律，以及品德发展的内在心理机制。

3. 研究品德动机与行为的关系

第一章中已论述过品德的子系统可划分为深层结构和表层结构，前者指道德动机系统，后者指道德行为方式系统，两者互为前提。品德行为都是由一定的品德动机引起的，而品德动机总是与一定的品德行为方式相联系的。但我们必须认识二者的关系是非线性的，同一动机，在不同情境中表现为不同的行为方式。一种行为方式，在不同时期可能是由不同水平的动机引起的。非线性作用是形成开放的自组织系统的有序结构的重要条件。研究品德动机与行为的这种非线性关系，可帮助我们认识品德形成的机制，并根据二者的这种关系，把握品德发展的不确定性。

4. 研究品德的知、情、意、行的关系

道德认识、道德情感、道德意志、道德行为共同构成了品德的心理特征系统，各种成分既具有相对的独立性，又是相互联系的。研究它们之间的关系，有助于我们开展以下几个方面的工作：①对儿童与青少年品德发展的测量与评定；②培养儿童与青少年良好的道德品质；③探讨品德系统内的自组织形式，即各种成分是如何有机联系起来共同构成一个整体的。研究这四种成分之间的联系，有助于我们揭示品德活动的内在机制。

5. 研究品德的组织形式

关于品德的组织形式，我们在第一章中已论述过，它包括定向、操作、反馈三个子系统。这三个子系统不仅包含共时性因素，也包含历时性因素。这种将历时性与共时性统一起来的分析，保证了我们对品德发展的全面认识。而且，对品德组织形式的分析，可初步揭示品德系统的自组织规律。

品德是一个有负信息熵流入的开放系统，儿童与青少年在社会活动中，把环境和教育向他们提出的道德要求转化为自己的道德动机系统。在具体道德情境中，个体通过道德动机斗争而决定道德行为的实施。道德行为的结果又反馈于他们的主体，后者通过内部复杂作用修正道德动机，最后使自己的行为特征朝某一方向发展。在这一系列的过程中，主体的道德结构在品德系统自组织规律的支配下，不断完善，从而提高个体品德发展水平，使个体品德逐渐趋于成熟和相对稳定。

(二) 系统地分析各种品德发展的研究类型

对儿童与青少年品德进行的具体研究，常常由于时间、被试、研究人员以及研究设备等条件的不同，而有不同的类型。从系统观点出发，选择研究类型，安排研究中的一系列技术措施，这是研究工作应当考虑的一个重要问题。

1. 纵向研究与横断研究相结合的动态研究

从研究时间的延续性来说，可以区分为纵向研究和横断研究。纵向研究也叫追踪研究，就是在比较长的时间内，对儿童与青少年品德发展进行有系统的定期研究。这种研究要求在所研究的发展期内反复观察和测量同一组个体，因此它的优点是能系统地、详尽地了解品德发展的连续过程和量变质变的规律。但纵向研究也有局限性：第一，随研究时间的延续，被试可能因各种原因而失掉；第二，反复测量可能影响被试的发展，影响他们的情绪，从而影响到某些数据的确切性；第三，长时期追踪研究，要经历时代、社会、环境的变迁而普遍地造成变量的增多。

横断研究就是在同一时期内对同一年龄 (年级) 或不同年龄 (年级) 被试的品德发展水平进行测查并加以比较。这种方法的优点是能够在较短时间内找出同一年龄 (年级) 或不同年龄 (年级) 的儿童与青少年品德发展的不同水平或特点，并从中分析出规律。但它毕竟时间短，不系统，比较粗糙，因而不能全面反映问题，或不能获得全面、本质的结论。

我们认为，纵向与横断两种方法，各有其优点，要灵活地加以运用，使其互相配合，取长补短，并考虑多种变量，特别是教育因素的影响，这就是我们提出的

"动态"研究方法(林崇德，1980)。也就是说，必须将横断测查同长期追踪研究结合起来，使整个研究处于"动态"之中，通过纵向研究中前后测查结果的比较，分析儿童与青少年品德发展年龄特征以及发展趋势；通过横测查结果的比较、分析，了解儿童品德发展水平以及某年龄阶段上的具体特征。这种纵横结合的动态研究，就有可能使我们对儿童品德发展进行全面的分析，获得较为客观的数据。

2. 个案研究与成组研究相结合的系统性个案分析研究

从被试的选取来说，可以对一个或少数几个被试进行个案研究，也可以把一组或许多被试当作一个组群进行研究。个案研究的优点是便于对被试进行比较全面深入的考察，缺点是代表性较小，因而在一定程度上影响科学性。成组研究因为取样较多，可以做统计处理，科学性也比较强，但不便于作个别深入的研究。

是采用个体的或少数的个案研究好，还是采用集体性的成组研究好，这在国际心理学界是有争论的。有人强调仔细的个体观察、个案分析的重要性；有人则认为对有许多被试的集体进行研究，具有应用推理统计的好处。我们认为，应将个案研究和成组研究结合起来，这就是我们提出的系统性的个案分析研究(林崇德，1982)。例如，我们曾采用这种方法对 100 名品德不良中学生进行了研究，逐个了解他们的过去和现状，了解他们 7~10 年间的变化，逐个与他们接触谈话，或分析他们的作业，查阅有关他们的材料，观察他们的言行，并作必要的记录，建立每个人的个案材料，然后逐个按一定指标进行分析，最后做集体汇总。采用系统性的、集体性的个案分析法的优点是：第一，仔细的、系统的个体分析和集体分析相结合，可开展纵深研究，得出的结论较为可靠；第二，品德是一个复杂问题，非一两个自变量就能引起一个因变量的变化，而集体性、系统性的个案研究在时间上较长，往往要进行五年甚至十年的调查，故能较正确地反映道德品质的形成和发展的过程及其规律，能反映出道德教育措施的实际效果；第三，集体性、系统性的个案分析法，采用的是心理学综合研究方法，如观察、调查、谈话、作品分析和教育性自然实验等，因而是一个比较全面而且行之有效的方法。

3. 常规研究与现代科学技术相结合的现代化研究

儿童与青少年品德的研究可以采用一般研究技术，如观察、谈话、作品分析、问卷等。这些常规研究手段在揭示儿童与青少年品德发展规律方面发挥了很大的作用。例如，科尔伯格运用谈话法和故事法揭示了儿童道德认知发展的三个水平和六个阶段。他的理论提出后引起了许多国家的心理学家的重视，后者进行了大量的验证实验。

随着现代科学技术的发展，儿童与青少年品德发展研究手段逐步得到改造，与新技术的结合日趋密切。例如，很多心理学家在儿童与青少年品德发展的研究中，采用了现代化技术装备，如录音、录像、电子计算机、脑成像装置、现代化儿童观察室、实验室等，这对于深入研究品德发展大有帮助。特别是电子计算机系统和录像系统，前者一是用于操作实验，控制刺激，记录反应；二是用于建立数据系统，存储数据；三是用于对实验结果的数据进行分析和统计处理。后者主要用于对儿童与青少年的活动、行为的观察、记录，供事后做深入细致的分析。在品德发展研究中采用这些现代化的实验手段是必要的，这不仅能使研究更细致、深入，还能缩短时间，提高实验的精确度和科学水平，提高工作效率，而且能使我们对某些本来难以研究或不可能研究的课题开展研究。但是，过分强调这些条件，以为没有这些装备就不能取得品德研究的积极成果，这也是不正确的。

(三) 系统处理结果

任何事物的质都是一定量的质，而其量又都是一定质的量。品德同样既有质的规定性，又有量的规定性。品德的质与量是统一的，量中有质，质中有量。这表现在：从品德形式发展看，道德认识水平有高低之分，道德情感强度有强弱之分，道德意志力量有大小之分，道德行为习惯有稳定性程度高低之分，从品德内容发展看，有良好品德与不良品德，例如，集体主义与利己主义、亲社会行为与反社会行为等。因此，对品德发展的研究结果，既要进行定性分析，又要进行定量分析，把二者有机结合起来。所谓定量分析，就是把已赋予一定数量指标的结果，运用一定的数学方法（主要是数理统计方法）加以处理，揭示所研究事物的规律。这种分析的特点，是统计效果可靠，且推导出的结论比较精确。所谓定性分析，就是对研究结果的质的方面进行分析。具体地说，是指通过对各种复杂的研究结果进行去粗取精，去伪存真、由此及彼、由表及里地全面分析、综合、比较、抽象和概括，找出研究结果的规律性。这种定性的分析有两种不同的层次，一种是研究结果本身就是定性的描述材料，没有数量化或数量化水平较低；另一种是建立在严格的定量化分析的基础上。前一种分析往往是进行数量化研究的基础，而后一种分析则是在初步的定性研究和一定的定量研究的基点上对事物本质的更高层次的分析综合。只有对研究结果进行定性和定量相结合的分析，才能全面认识品德发展的规律。

三、理论联系实际

在儿童与青少年实际中研究品德发展问题是非常必要的。这种必要性表现在以下两个方面。

第一，理论研究的必要性与局限性的矛盾。科学理论是系统化的知识，标志着人的认识由现象到本质的深化。科学理论的基础是由观察或实验获得的经验事实，通过对经验事实的科学抽象，包括逻辑的方法和非逻辑的方法，即可达到对客观对象的本质的、深刻的和系统的理性认识，理性认识的成果就是理论。品德发展心理学作为一门科学，在经验事实的基础上进行理论研究是必要的。

但纯理论研究往往会出现"闭门造车"的脱离实际的现象，造成一定局限性。例如，根据行为主义的观点，儿童道德行为发展离不开三种学习方式：经典条件作用、操作条件作用和观察学习。因此，各种道德行为研究都没有超出这三种学习方式的范围。尽管有的实验过程相当复杂，但基本上都是在刺激、反应、强化、原型与观察者几个变量上变花样的。行为主义者在动物身上、实验室条件下在儿童身上获得的原理，应用到儿童的实际生活中去就有一个适当性问题和可应用性水平问题。只有理论与实际相结合才是解决品德发展理论研究的必要性与局限性矛盾的途径。

第二，实验室研究过程的精确性、严密性与自然性、客观性之间的矛盾。我们知道，20世纪60年代兴起了实验儿童心理学和实验教育心理学，由于现代科学技术的发展和研究技术的改进，许多原来用于成人和低等动物身上的严格的实验室方法，也被运用到婴儿身上。实验室实验是在特别创设的条件下进行的，可以严格、有效地控制各种条件与变量，并能有目的地改变其中一个作为"实验变量"的条件，从而去考察由此引起的心理或行为的相应变化。研究中还可以充分利用仪器设备，准确地记录条件与反应的联系。因此，它可以确定事物之间的因果关系，结果精确且易于检验。许多品德发展问题的研究也采用了这种实验室方法。例如，班杜拉的大部分研究都是在实验室内进行的。但是随着实验研究的增多，实验室固有的局限性也就暴露出来了，这就是它的研究情景的人为性与客观实际相脱离，因此，研究结果的有效性和普遍性也受到严重削弱，难以说明实际生活中儿童与青少年品德变化的特点和水平。因此，将实验室研究同在儿童实际生活中的研究结合起来，是解决实验室研究过程精密性、严格性与自然性、客观性矛盾的途径。

儿童与青少年是在实际自然与社会生态环境中成长起来的，而不是在实验室中成长起来的，他们的品德发展不可避免地受到社会环境中各种因素的影响，而这些因素之间又是相互作用、相互影响的，是一个完整的系统，儿童与青少年品德发展水平、特色和变化，都是该系统中各因素相互作用的综合效益。因此，在品德发展研究中，只有将儿童与青少年放到现实的社会环境中加以考察，从他们和社会的相互作用中，从社会环境中各因素的相互作用中，才能真正揭示他们品德变化的规律。对此，西方心理学界的研究者们已予以高度重视，他们普遍认为，只有走出实验室，到现实生活中去，在真实的社会环境、学校环境和家庭环境中研究儿童与青少年品德发展与变化，才能保证品德发展心理的研究结果有较高的生态学效度，即接近现实生活中儿童与青少年的实际，有较高应用价值。例如，在西方，关于动机的研究，有许多是在实际的教育情境中进行的。20世纪60年代以来，苏联心理学界组织普通心理学、年龄（即儿童）心理学、教育心理学等专家，用人际关系层次测定的观点，对个体获得系统的（个性的）特征的规律性，人格化过程的规律性，从理论和实验两方面进行深入的综合研究。在我国，许多有关儿童与青少年品德发展的研究，也体现了理论联系实际的原则。我们进行的儿童道德行为习惯发展与培养的实验研究，曾欣然（1983）的《模拟品德行动产生的情境——试探小学生的品德心理结构及其发展趋势》的实验研究等，就是其中的例子。

坚持理论联系实际，坚持在实际生活中研究儿童与青少年的品德发展，应该考虑以下几个问题。

第一，强调两种效度，即内部效度和外部效度。所谓内部效度，是指从一项研究所得出的关于行为变化产生于操作变量的变化的结论的确定性程度。研究表明，影响一项研究的内部效度因素是很多的，主要有：①历史因素，即任何发生于前测和后测之间的非实验变量的环境事件，都可能引起前测行为和后测行为的变化；②测量因素，即重复测量或参加测验，可能引起行为方面意外的变化；③测量手段因素，即任何测量手段方面的变化，如观察工具的精密性、测验的效度、计时器校准等，可能随时间变化引起反应分数变化；④统计回归，即从数理统计原理可以预知，在前测中处于高低分两个极端的被试，在后测中会向中间移动，从而影响实验结果；⑤选择因素，即实验前两组之间的任何原有的差异都可能影响实验结果的可靠性；⑥选择—成熟相互作用，即实验前未对被试进行随机分组，而这些组之间在前测与后测的时间间隔内的成熟水平又不同，从而影响实验结果；⑦处理扩散，即不同处理组中的被试相互交往，使实验效果减弱，对照组受到影响；⑧处理的补偿平衡，即当一些被试接受实验处理的同时，实验情境外的人可能不适当地为其他被试提供类似的经验，从而影响实验效果。

所谓外部效度，就是指研究结果的一般化(普通化)程度。研究表明，影响外部效度的因素主要有：①对测量的敏感性，如确定被试初始水平而进行的前测，可能改变被试对实验变量的敏感性，从而不适当地改变操作行为，影响研究结果；②处理间的交互作用，如果一个被试接受两种以上的实验处理，则先前处理可能影响随后处理；③选择—处理的交互作用，选择一个实验的被试的程序可能有利于或者不利于某些被试，因此处理效果就不一定能概括其他团体；④背景—选择的交互作用，在某一实验情境下，得到证实的一种操作变量的效果，在另一背景中可能失真；⑤历史—处理的交互作用，当实施的实验处理与一些无关的环境互相重合时(如在一个节日前的一天研究儿童)，则可能使实验结果的一般化程度受到影响；⑥实验者效应，即实验者身上的一些特点或行为会影响被试，从而影响实验结果。

在教育实践中，研究儿童与青少年品德发展的结果的客观性、严密性、适当性及应用性，都取决于以上两种效度的高低。因此，要提高儿童与青少年品德发展研究的科学水平，强调两种效度，克服种种不利因素是必要的。

第二，注意准实验设计。在儿童与青少年的实际环境、学习情景和生活现场中研究其品德特征及变化规律，比实验室研究的结果更接近实际、真实，有较高的应用价值。但在错综复杂的客观现实因素影响下，进行严格控制变量的实验又是极其困难的，或是不可能的。这就是说，用实验室实验程序在教育实际中进行研究是困难的。

准实验设计为克服这种困难提供了一种方法。所谓准实验设计，是指在实地情境中不能用真正的实验设计控制无关变量，但可以使用真正实验设计的某些方法来计划收集资料，获得结果。准实验的条件控制不如实验室实验严格，所以研究者必须对那些影响结果的无关变量有一个清楚的认识。由于准实验所运用的是现成的群体，其主要特点是被试不是随机地被安排到不同条件中去的，因此一般不涉及控制组，而较多地是已经形成并可能作为研究对象的比较组。准实验设计类型有不少种类，如非对等的比较组设计、不加处理的比较组的先测后测设计、重复处理实验设计和循环法（轮组）设计等。

当然，准实验设计因其自身的特点还存在不少局限性，但作为一种方法论思想和研究技术，已显露出了它的生命力，而其本身也会在实践中日臻完善。

第三，观察手段的改进。观察法是研究儿童与青少年品德发展的重要方法之一。随着科学技术在心理学研究领域的应用，为迎合理论联系实际这一心理学研究趋势，近年来，观察手段（方法）的复杂程度已显著提高。现代观察法出现了三个特征：①观察的规则和程序越来越复杂和详细；②重视信度、效度的统计，从而提高了观察内容及其数据的可信性；③观察器材越来越现代化。这样，就提高了研究的严密性和正确性。

第四，重视因素分析。现代科学方法一个重要目的是分辨因果关系。按传统方法，品德研究的结论是根据实验操纵将观察数据作最初描述归类，这种归类充其量不过是有启发性的情境归类。而在客观实际中研究儿童与青少年的品德发展，由于突出其真实性，问题就复杂了。因为影响个体品德发展变化的因素不是单一的，而是多种多样的。如遗传因素、生理成熟因素、社会、学校、家庭环境、教育因素、实践活动等客观条件，还包括内部矛盾或动力的主观因素，等等。其中每个因素又可分为许多不同方面。所以，用传统的单因素分析方法进行统计处理时，总是要通过控制所研究的某一因素以外的其他因素，来考虑该因素对被试品德变化的影响。然而，这种单因素分析法在儿童与青少年品德发展研究中存在着严重缺陷，妨碍了研究结果的正确性、科学性。其一，变量的控制有时是不可能的；其二，从系统论的角度来看，有时变量的控制是无意义的或是错误的；其三，从整体观看，影响心理变化的各因素的不同组合，也可能会使某一影响因素产生不同的作用。因此，孤立地考察某一因素，有时是没有意义或价值的。

对儿童与青少年品德发展进行"生态学"的研究，应该采用因素分析法。因素分析是一种统计技术。它的目的是从为数众多的可观测的"变量"中概括和推论出少数的"因素"，用最少的"因素"来概括和解释最大量的观测事实，从而建立起最简洁、最基本的概念系统，揭示事物之间最本质的联系。因素分析的方法是很多的。主要有多因素的回归分析、类别分析、聚类分析和正交试验等。由于因素分析中繁复的计算非人力所及，尽管它已有半个多世纪的历史，却长期得不到推广。然而，近几十年来，随着电子计算机技术的发展，因素分析法也得到较大发展。在儿童与青少年品德发展研究中，我们要充分注意利用这一先进的技术。

第二节

品德发展的研究设计

开展儿童与青少年品德发展的研究，最为关键的是搞好研究设计，一个全面的、合理的、周密的研究设计，有助于提高研究的水平与质量。我们认为，品德发展的研究设计应注意如下几个问题。

一、课题的提出

心理学的研究课题来源很多，但总的说不外乎来自理论方面和实践方面。研究品德发展的课题也是一样。

诸如来自理论的课题有：什么是品德？品德结构应包括哪些成分？道德品质是如何形成的？品德发展的动力是什么？道德认识、道德情感、道德意志、道德行为之间的关系是什么？等等。这些都有待探索和研究。

然而，品德发展心理学的课题更多的是来自实践，特别是教育实践。例如，教育与品德发展的关系、品德发展的年龄特征，道德行为习惯的培养，理想、动机和兴趣的发展及其相互关系等，这些都是教育实践对品德发展心理学提出的重要课题。实践需要是科研选题的一个主要源泉。但来自实践领域的课题一旦选定后，仍需查阅文献，学习有关的理论，这样一则可以避免与前人研究重复，吸取别人的经验，以便更好地确定研究范围，设计研究方案，二则可以发现相关联的问题，以便研究时一并解决，三则可以获得一些对比性资料，以助研究成果的解释。

目前，教育实践向品德发展研究提出了大量亟待解决的课题，其中有五个方面的问题更为突出。其一，对品德结构各构成因素开展全面研究，为教育实践提供全面的理论指导。其二，如何培养学生高尚的道德信念和远大的理想，是当前学校德育所面临的一个棘手问题。其三，教书育人的问题，即如何在各科教学传授知识的同时，贯穿思想品德教育，在提高学生智力水平的同时，也提高学生品德水平和道德修养，这也是我们目前面临的亟须解决的问题。其四，道德行为习惯的培养问题。从行为习惯的培养入手，发展儿童与青少年的品德是一条行之有效的途径。因此，进一步加强道德行为习惯培养问题的研究是很有意义的。其五，青少年品德不良及违法犯罪问题。品德不良和违法犯罪是个社会问题，但也有大量的心理学问题。深入教育实际研究青少年品德不良和违法犯罪的心理特点，可以为挽救那些心理畸形发展的孩子的工作提供一些心理学的依据。

我们认为，教育实践提出的这五个有关品德发展的心理学课题，是我国品德发展心理学的重要研究内容，可以体现我国品德发展心理学的特色。

二、变量的控制

品德发展研究中必然会遇到许多变量，有自变量、因变量和中间变量。其中有的需要有意加以改变，有的应该详细加以观察、记录，有的必须尽量加以控制而使之恒定。

(一)自变量

自变量，也就是刺激变量。它是在实验中有意加以改变的事物，它的改变导致了一系列的反应变化。

自变量分四类：①刺激特点，在实验研究中呈现某种刺激，让被试做出回答。②环境条件，在刺激保持相同时，变化了的实验研究情境。条件的任何特性，都可称为环境的自变量。③被试，在品德发展的研究中，年龄(年级)就是被试变量，而且是主要的被试变量。此外还有性别、民族、文化背景等都是被试变量。④暂时的被试变量，如果不是按照被试本来的特性行事，而是将某实验组内被试的特性加以人为的改变，即成为暂时的被试变量。此外，还有刺激的组合，也可以作为一组变量。

在品德发展的研究中，选择哪一类自变量，如何改变自变量，这直接体现着实验研究目的的确定和课题的选择。

(二)因变量

因变量，也就是反应变量，这是实验中拟测的指标。

作为反应变量的因变量，它往往表现在客观的行为上，且是能测查得到的。在品德发展的研究中，因变量主要包括：回答问题的正确性、回答问题的内容的等级水平、反应速度、反应持续时间、行为表现等。

因变量的测定是十分复杂的。在品德发展的研究中，因变量的测定方法可分为如下主要的几种。

一是认知评价法。例如，科尔伯格在运用"两难故事法"研究儿童道德认识发展中，把儿童对问题的回答用两个发展指标进行处理。第一个指标是阶段—归档，即把被试的判断归入某一阶段。这种归档也有几种方式，一是根据被试对各阶段的优势使用率，即儿童回答问题时在六个道德定向阶段中使用率最高的阶段，就是儿童道德认知发展的阶段。二是根据真正使用的最高阶段，也就是儿童回答问题时使用的最高的道德定向阶段，如果它的使用率在10%以上，那么就可将儿童的道德认知发展归入这一阶段。第二个指标是道德成熟分数。它是一种阶段使用率的加权总分，即将阶段数乘以阶段使用率。道德成熟分数分布范围是100～600。例如，一个儿童在十个道德两难故事的回答中，六个阶段中每个阶段的使用率：阶段二为10%，阶段三为28%，阶段四为52%，阶段五为10%，那么，这个儿童的分数为：$(2×10+3×28+4×52+5×10)+100=3.62$。这一指标具有定性、定量两个特点，它的最大优点是利用了各阶段提供的信息，而且，在测量上，它比阶段—归档具有更大的内部一致性。

二是行为测量法。例如，在抗拒诱惑的实验中，实验者首先将五岁男孩带入一间有许多玩具、大字典的房间，告诉这些孩子："字典可以翻阅，玩具不许玩。"之后，将他们分为三组，观看不同内容的电影。第一组是榜样奖励组，他们看的电影内容，是一个男孩玩了一些被告知不许玩的玩具之后，非但没有受到批评，反而受到表扬。第二组是榜样指责组，他们看的电影内容，是男孩由于玩了被告知不许玩的玩具而受到指责。第三组是控制组，不给看任何电影。最后，再把这些孩子带入有玩具和大字典的房间，停留15分钟。通过单向观察孔发现，各组孩子遵守禁令、克制行动的潜伏期有明显的不同。第一组平均只有80秒左右，第二组平均长达420秒，第三组平均为290秒左右。根据测量结果可以认为，对诱惑的抗拒可以通过榜样的影响加以学习和改变。

三是品格评定法。常用"故事续成法"。例如，在对全国十省市在校青少年理想、动机、兴趣的研究中，我们运用了这样一个联想测验："有一个年轻的、男的临时清洁工，手拿一把扫帚站在马路旁向远处看。你认为他在想什么？"根据被试写出的想法，来评定他的品德，评定他的理想。

（三）中间变量

除了上述两种主要变量外，还有被试的态度、对被试的诱因、被试准备状态、实验场所的环境、主试的倾向性、指示语及与实验研究无关的动作、表情、口气等，都足以影响实验研究结果，所以应加以控制或密切注意。但这些变量是比较难于控制的，即使不易控制，也应详细记录，以备处理结果时参考。控制中间变量的手段之一是指示语，要使指示语服从于整个研究的目的和要求。

上述三种变量间的关系是十分复杂的，在实验研究设计中，应予以全面考虑和安排。

三、品德测量的量表化问题

运用量表测量和评定儿童与青少年品德发展，是目前一种较流行的，而且有发展前途的方法。这里应注意以下几个问题。

要测量某个维度，必须先有一个定有单位和参照点的连续体，然后将所测量的事物放在这个连续体的适当位置上，从它们距离参照点的远近，可得到一个值。此种连续体就叫量表。

由于制定量表的单位和参照点的种类不同，量表的种类也不同。根据测量的精确程度，斯蒂文斯(S. S. Stevens)将测量从低级到高级分成四种水平，高级量表除包括低级量表的条件假设和功能外，还有本身的特点。

1. 命名量表

命名量表是测量水平最低的一种，只是用数字来代表事物或把事物归类。例如，用阿拉伯数字对被试进行编号，或用 0 代表女生，用 1 代表男生等，都属命名量表。命名量表中的数字只用来做标记和分类，没有数量化关系，所以不能说 A>B>C，也不能做加、减、乘、除的运算。它可用次数、众数、百分比，χ^2检验等统计方法。

2. 次序量表

次序量表比命名量表水平高，不但表明类别，同时指明不同类别的大小或某种属性的多少。例如，儿童道德认知发展水平、能力等级等。这里的数字含有数量关系，所以可以比较大小。在次序量表中，既无相等单位，又无绝对零点，数字仅表示等级，并不表示某种属性的真正量或绝对值。它适用的统计方法有中位数、百分位数、斯皮尔曼等级相关和肯德尔和谐系数等，但不能做加、减、乘、除运算。

3. 等距量表

等距量表比次序量表又进一步，不但有大小关系，而且一定数量的差异在整个量表的所有部分都是相等的，其数值可相互做加、减运算，但没有绝对零点。所以这种量表获得的数值可计算平均数、标准差、积差相关、等级相关，并作 T 检验和 F 检验。

4. 比率量表

比率量表是最高水平的量表，既有相等单位，又有绝对零点。如物理测量中的长度、重量、时间等。因此，所得数值可做加、减、乘、除运算，除运用上述几种统计方法外，还可以计算几何平均数和变异系数等。

(一) 品德测量量表的编制

品德是一种受多因素影响的复杂的心理现象。一个量表能否可靠地、真实地、准确地测量品德，也就是说量表的效度、信度如何，关键在于量表编制。一般说来，编制品德量表要经过如下几个步骤。

1. 确定测量的目的

在编制一个品德量表之前，首先必须明确：①量表适用的对象，是小学儿童，还是青少年，是城市学生，还是农村学生；②量表的测量目标，是品德动机的发展，还是品德的心理特征；③量表的用途，即用于学生的德育评定，还是用于预测。

2. 编辑题目

测量目的确定后，就应该根据目的编辑题目。编辑题目包括三个步骤：①搜集有关资料。例如，研究学生对老师的态度，可以先让学生自由回答，然后根据他们的回答进行分析归类。②选择测验形式。品德测验有别于智力测验的一个地方，是它无所谓会与不会，对品德测验题每个被试都可作答，而且被试作答时常有"对与不对"的顾虑。例如，在研究儿童与青少年动机的测验中，如果问："你学习是为自己还是为祖国？"那么不管被试真实动机如何，他们都倾向于选择后者，因为"为祖国学习"是会得到别人肯定的、赞同的。这种"趋好倾向"要求测验试题的形式有别于其他测验，以防出现"趋好倾向"。③编写和修订题目。制定测试题的过程包括写出、编辑、预试和修改等一系列过程。在获得一个令人满意的测题之前，这些步骤需不断重复。在这个过程中，编制者和有关方面专家要对题目反复审订，改正意义不明确的词语，取消重复的、不合用的题目。然后将初步满意的题目汇成预备测验。

3. 题目的试用和分析

用预备测验从测验群体中选出部分被试，按正式测验的要求进行施测，对所获得的结果进行分析，检验内容的适当性、题目表述的清晰性等。根据分析结果来决定增删题目。

4. 汇集有效测验题

经过对题目的试用和分析，将有效的题目加以编排。由于品德测验无难易之分，所以可以随机编排题目。

5. 量表标准化

为了减少误差，就要控制无关因素对测验目的的影响。这个控制的过程称作标准化。品德量表的标准化主要涉及指导语、评分和常模三个方面。只有达到标准化的量表，才有可能成为好量表。

6. 对量表的鉴定

量表编制好以后，必须对其测量的可靠性和有效性进行检验。检验主要包括两个方面：信度和效度，即可靠性和有效性。

7. 编制关于量表使用和评分、解释的说明书

经过上述几步之后，一个量表便可正式使用了。

（二）常见的几种品德量表

1. 明尼苏达多项个性调查表（Minnesota Multiphasic Personality Inventory，简称 MMPI）

该表是美国的哈撒（Hathaway）和梅金里（Makinley）于 1943 年设计编制的，它主要用来检查行为失常和精神病问题，也用来测定正常人的个性差异。有人应用此量表对犯罪青少年和未犯罪青少年进行了研究，结果发现两组人的最大区别在于病态偏常表上（见图 4-1）。

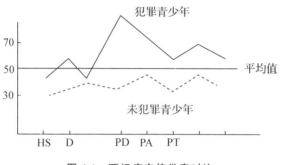

图 4-1　两组病态偏常表对比

2. 卡特尔 16 种个性因素测验量表（Sixteen Personality Factor Questionaire，简称 16PF）

这种量表是卡特尔（R. B. Cattell）编制的用来对正常个性的基本因素进行评价的量表。卡特尔认为，正常个性的基本因素包括如下 16 种。

A——乐群性　　　L——怀疑性

B——聪慧性　　　M——幻想性

C——稳定性　　　N——世故性

E——恃强性　　　O——忧虑性

F——兴奋性　　　Q_1——实验

G——有恒性　　　Q_2——独立

H——敢为性　　　Q_3——自律性

I——敏感性　　　Q_4——紧张性

在 16PF 测验中共有 187 个题目。根据被试在每题上的作答情况，可以勾画出他(她)的个性剖面图。

3. 限定问题测验(The Defining lssuse Test，简称 DIT)

这一测验量表是莱斯特(J. R. Rest)在科尔伯格理论基础上提出来的。量表包括六个道德两难故事，每一故事下面列出 12 个问题，这些问题代表了科尔伯格理论中 2~6 五个阶段(因为 DIT 的被试为 13 岁以上，所以没有第一阶段)。测量时，要求被试针对两难故事，对每一问题的重要性加以评定(1~5 个等级)，如果被试认为某一问题在进行两难抉择时很重要，就可以评高分(5 分)，反之评低分。对每个项目评定后，再要求被试从 12 个项目中选出四个最重要的项目列在下面。在这 72 个项目中包含有一定数量测谎题，用来检查被试的说谎与态度的认真程度，分数过高，则试卷作废。

确定问题测验常用的分数指标有两种：一是达到科尔伯格理论中第五、六阶段即第三级水平的程度，这有点类似模糊数学中的隶属度；二是用加权方法把三种水平上的分数加权合成。DIT 的主要指标的重测信度相关为 0.7~0.8，内部一致性信度高达 0.7，各种类型的效度也比较理想。

4. 道德判断测验(Moral Judgment Test，简称 MJT)

20 世纪 70 年代末期，德国著名道德心理学家乔治·林德基于皮亚杰、科尔伯格及其弟子莱斯特的道德认知发展理论，提出了"道德行为与发展的双面理论"。在这一理论的基础上林德编制了第一个可以同时评估道德认知和道德情感的"道德判断测验"(MJT)，在测验中，向被试呈现道德两难问题，要求被试基于两难问题中各论点的道德品质而不是根据该论点与自己立场的一致程度来做出判断。而且林德借助此问卷通过实证研究又验证了他道德双面理论的正确性。这一测验后来又发展了新的版本。

5. 社会道德反应测验(Sociomoral Reflection Measure，简称 SRM)及简化本 SRM-SF

吉布斯等人编制的社会道德反应测验 SRM 及简化本 SRM-SF，共有 11 个论断，分为契约与真理、情感联系、生命、财产与法规、法律与公正 5 个方面，涉及信守诺言、不说谎、反对偷窃、助人、挽救生命、遵守法规、履行职责等社会道德价值。SRM-SF 首先向被试呈现道德反应需要的简明的背景条件，因为被试道德判断发展水平依赖于他对各社会道德价值观进行的重要性选择评定及提供的理由，所以接下来让被试报告这两项内容。主试根据计分手册，分析被试的反应，确定其道德发展水平。

吉布斯的实验研究表明 SRM-SF 能区分开青少年正常群体和犯罪群体。B 分数（衡量个体道德判断发展水平的指标）与亲社会行为相关明显，因此可以使用这一测验来预测被试的道德行为（寇彧，1998）。

6. 道德基准问卷（Moral Foundations Questionaire，简称 MFQ）

这一问卷是 Haidt 和 Graham 等人（2011）在道德判断的五种基准理论基础上编制的。这一理论认为道德的五种基准为关爱与伤害、公平与互惠、内群体与忠诚、等级与权威、纯洁与尊严。道德基准问卷共有 30 个题目（简版为 20 个），整个问卷包括道德关联问卷和道德判断问卷两个部分。测量时，被试依据个人对题目所述内容的认同程度进行评定，采用 0~5 六点计分，测量人们对五种道德基准的关注和重视程度。经验证，问卷各种类型的信效度都很理想。

第三节

———

品德发展研究的具体方法

品德是一种很复杂的心理现象，研究方法与技术水平如何，会直接影响到研究水平。品德研究的方法很多，例如，精神分析学派主要运用精神分析法，行为主义学派运用行为测量法，认知学派主要运用道德两难故事法。国内学者韩进之和王宪清（1986）把品德研究方法分为实验法、测验法和经验总结法。王汉澜（1987）将品德研究方法分为情境测量法、行为观察法、自编问卷法、谈话法、评定量表法、社会关系的测量法等。这些方法的分类都有很大的参考价值，但其分类的标准不十分清楚。我们认为，既然是对研究方法分类，那么就应主要以与研究对象的关系为根据进行分类。图 4-2 是我们提出的一种分类方法。

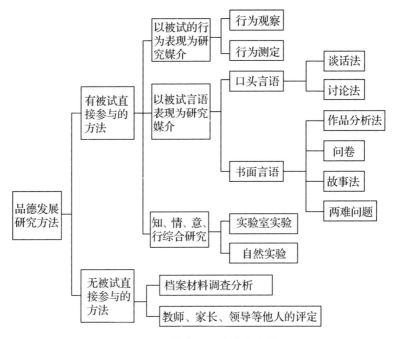

图 4-2 品德发展研究方法分类

下面我们就介绍几种最为常用的方法。

一、行为观察法

观察法就是有目的、有计划地观察儿童与青少年在一定条件下的言行变化，做出详尽的记录，然后进行统计处理，判断被试的品德。行为观察法，自然以个体的各种外在行为表现为观察、记录、分析的对象。另外，通过儿童和青少年自我观察的陈述来研究，也是观察法中一种不可忽视的手段。这种方法通过儿童和青少年的口头或书面报告以及书信、日记、自传、回忆录等来了解他们的品德心理活动。

观察法是品德心理研究中应用最广泛的一种方法，盛行于 20 世纪 30 年代，四五十年代曾被冷落，70 年代以后又有新的发展，现在仍是运用最广泛的一种方法。尤其是计算机系统和录像系统的运用，使观察法有了很大的改进。

行为测量法是行为主义学派运用的主要方法，它是在控制、改变一些条件的情况下，对儿童与青少年品德行为的观察、记录、分析。由于这种方法人为性强，所以受到一些批评，这种方法正在逐步改进。

二、谈话法

谈话法是通过主试与被试面对面的交谈，获得有关儿童与青少年品德发展资料的一种方法。皮亚杰和科尔伯格在研究儿童道德思维中，都强调了这种方法的重要性。

谈话中所获得的材料的丰富性和客观性，在很大程度上依赖于研究者的机智和谈话的技巧。皮亚杰在儿童道德思维的研究中，运用了合理、灵活和恰当的谈话，其特点是：①方法很灵活，研究某一问题时，虽然对每个儿童所提的基本问题都是相同的，但研究人员可以根据每个儿童回答的具体特点做出灵活的反应。②用一个或一组问题向儿童提问，研究人员不仅记录下儿童对问题的答案，并让儿童主动谈话、由儿童的回答决定提问的过程。③整个交谈活动因人而异，随着儿童思路的展开进行，儿童谈了什么值得进一步了解的想法，就立刻追问下去，不拘泥于标准化的程序。④在整个交谈过程中，研究人员尽量运用儿童能领会的语言，不打乱儿童的思路，采用不同的提问方式弄清儿童的真实思想，避免给儿童任何暗示，不将成人的观点强加给儿童。因此，皮亚杰说，"这种临床法也是一种艺术，是一种提问的艺术"。

三、问卷法

目前，在品德发展的研究中，问卷法占有相当大的比重，而且多以量表的形式出现。在以往的品德发展研究中，运用问卷法已取得了很大成果。在今后的研究中，问卷法仍将发挥其作用。但使用问卷法必须要谨慎。

首先，问卷试题的量不宜过少，且必须紧紧围绕所研究的主题。

其次，问卷试题的内容要生动活泼，有情趣，使被试既愿意积极配合，认真作答，又不明白研究者的意图，无法猜测、敷衍。例如，我们在上边提到的关于临时清洁工的联想测验，就是较成功的问卷试题。

再次，问卷试题所要求的回答必须尽可能简单，可能时应采用只答"是""非"或画"√""×"符号的形式。采用这类试题，其好处一是便于统计归类，因为如果改用问答式，被试的答案不易归类评级打分，往往影响统计的质量；二是便于被试按研究者创设的条件来回答问题，而不是让被试漫无边际地自由联想；三是利于主试的评级评分趋于一致。

最后，问卷试题必须先进行预试，预试中出现典型答案的题目，可充实正式问卷试题，而预试中出现五花八门、难以区分等级或水平的那些试题，应及早删去。这样问卷才会合情合理，与一般被试的知识范围相吻合。

四、故事法与道德两难问题

这两种方法都是道德认知发展研究经常采用的方法，两者的实质是一样的，都是主试给被试一定内容的描述文字，让被试阅读之后发表自己的观点，主试据此来分析被试的品德发展情况。但这两种方法也有一定的区别。

先看一个故事法采用的例子(谢千秋，1964)：一名小学生在上学的路上捡到两角人民币，他想，一个好学生捡到别人的东西应该交还给别人，绝不贪小便宜。他打定主意，无论如何要把这两角人民币带回学校交给班主任。来到校门口，看见许多小朋友都在小商店里买糖果吃，他心动了，也想买一份，但是恰好自己身上没有钱，思想斗争了一番，结果还是用捡到的两角钱买了一小包糖果。上课了，糖果也吃完了，不过他心里老觉得不安，后悔不该用捡到的钱买糖果吃，整整一天的课都没听好。

你认为这位小学生的主要缺点是什么？

两难问题很多，比较典型的是本书中曾提到的"海因茨偷药"的故事。

从上面的两个例子可以看出，两难问题是故事法的一种，但故事法描述的事件和情境不一定是"两难"的。

五、自然实验法

观察法的优点在于能保持人的心理表现的自然性，但有其不足之处。观察时，研究者处于被动地位，只能等待他所要观察的现象自然出现。用这种方法得到的材料，不易精确剖析其因果关系。实验室实验具有严密性、精确性等特点，易分析因果关系，但其情景的人为性与客观实际性相脱离，结论不易应用推广。自然实验则兼有观察和实验室实验两者的优点，且可以扩大被试的数量，在统计上获得比较可靠的结论。

自然实验是品德发展研究的一种重要方法，从它的基本组织形式看，可分为三种。

1. 单组实验形式

这是一种最简单易行的实验组织形式。同样的一组被试先后接受两种不同的实验因素的影响，在实验过程中，其他实验条件保持不变，然后对实验因素产生的结果进行观察和比较（见图 4-3）。

图 4-3 单组实验形式

从图 4-3 来看，这一实验形式很简便。但也有两个明显的缺点：第一，儿童心理是不断发展变化的，不同时期的实验有不同的影响，由于被试生活经验的积累，后期实验效果可能偏高；第二，因素 I 对因素 II 可能有积极的或消极的影响，给解释因素 II 与结果 II 之间的关系造成困难。正因为单组实验有这种缺点，这种形式的实验在自然实验中是不常用的。

2. 等组实验形式

为了克服单组实验的缺点，可以采用两个或两个以上条件相等的被试样本作为实验对象。在品德发展研究中，一般用实验组和对照组(控制组)，或者采取两个实验组，对不同的组施加不同的实验因素。整个实验过程中，两组其他条件保持相同，然后将受各实验因素影响所产生的结果加以观测比较，并给予差异显著检验，这样便可确定哪种实验因素作用大(见表 4-1)。

表 4-1　等组实验形式

分　　组		事前测定	实验处理	事后测定
从同一总体中 随机取样 随机分配	实验组	y_1	√	y_3
	控制组	y_2	×	y_4
比　　较		结果 I		结果 II

根据上面的实验流程图来看，一般地说，从同一总体中随机取样、随机分配实验组和对照组，前测结果的差异应是不显著的；否则应重新分配实验组和对照组，以保证两组实验前条件相等，然后进行实验处理，以比较实验因素对被试的影响。

例如，品德发展研究协作组的《中小学生道德意志发展的实验研究》(1986)，采用了作品分析法来考查中小学生的道德行为发展。其实验是这样进行的：在京津及鹤岗地区，从城市一般小学二、四、六年级和中学初二、高一各年级随机选取实验班和控制班，编号为二、四、六、八、十。利用各校开展的"采蜜"活动，号召学生每天收集一点歌颂党的丰功伟绩的材料，积累成册作为"七一"的献礼。根据两个多月积累的材料，分析学生的道德意志行为发展的水平。在向学生讲清活动的意义和要求后，把被试分成两个等组，控制组由教师随时检查督促(即定期收本和提醒学生)；实验组则既无检查又不督促，能否坚持全凭学生自己的道德意志支配。最后，对两组的结果进行分析，结果见表 4-2。

表 4-2 中小学生在"采蜜"活动中的道德意志行为发展趋势

班号	实验组		控制组		组间差异
	$\overline{X}$	S	$\overline{X}$	S	
二	1.69	2.32	2.65	1.86	$p<0.0001$
四	1.72	1.96	3.95	1.58	$p<0.0001$
六	1.32	1.37	2.58	1.76	$p<0.0001$
八	1.18	2.12	4.01	1.81	$p<0.0001$
十	1.98	1.76	2.55	1.73	$p<0.001$
$p<0.001$					

等组实验形式尽管克服了单组实验形式的缺点，但它又产生了新的问题，即由于各种各样的主观客观因素的影响，实验组和控制组的初始条件是很难相同的。所以，等组只是相对的。

3. 轮组实验形式

这种形式是前两种形式的结合，即把实验因素轮流施于各组。这样，对研究结果既可进行组外分析，又可进行组内分析，也可综合起来进行分析。这种实验形式（以两组两种实验因素为例）的流程图见图 4-4。

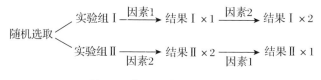

图 4-4 轮组实验形式流程图

轮组法兼具单组法和等组法的优点，又可避免两者的缺点。但应用这种形式的实验难度大，也比较复杂，尤其是有多个实验组、多个实验因素时，实验实施和结果分析都很困难。但这种组织形式是一种比较精确、可靠的实验形式。

以上三种品德实验的组织形式，各有优点和缺点，应用时可根据实验的不同要求加以选择。必要时可对这些实验的基本形式加以适当的改变。如用多组形式代替等组形式，或在试探性阶段采用单组形式，等取得初步结果后，再转用多组形式，等等。

六、评定法

品德是个性的一种特殊表现，它是对社会现实的反映，反映的结果又通过道德行为表现反作用于社会现实。这种反作用是通过个体的社会活动、人际交往表现出来的。处于一定社会关系系统中的个体，他的道德活动总会产生社会效果。对这种社会效果或某一种行为或特质确定等级或打分的方法，就叫评定法。如果表达评定结果的程序是标准化的，这种评定程序叫评定量表。

评定量表从形式上看可分为两种：一种是自陈量表，如前面介绍的问卷法中运用的量表就是自陈量表，这种量表以受测者对问题作答为依据，实际上相当于受测者的自我鉴定。一种是有关人员以观察为基础，对被试做出评价。这种评定法所依据的资料虽然是非正式收集的，却是在真实条件下获得的，有很大参考价值。

非自陈量表根据评量方式不同，可分为几种。

1. 数字评定量表

提供一个顺序的数字系列，由评定者给被评者的行为确定一个数值（等级）。例如，表4-3是评定学生道德意志行为的坚持性的量表。

表4-3　坚持性评定量表

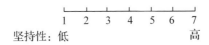

坚持性：低　　　　　　　　高

2. 描述评定量表

对所要评定的行为提供一组具有顺序性的文字描述，由评定者选出一个适合被评者的描述。也可将描述量表与数字量表结合起来，给每个描述一个等级。此种方法简单易懂，应用较为广泛。例如，表4-4是学生守纪情况评定量表。

3. 标准评定量表

事先提供不同类型人的行为标准，由评定者将这些标准与被评者的行为对照，看被评者最像哪一种人。此种量表的标准之间并不需要有顺序性。例如，对品德不良及违法犯罪青少年的调查分析，常采用表4-5这种方法。

表 4-4 守纪情况评定量表

描述量表	纪常违反纪律	多次违反纪律	偶尔违反纪律	很少违反纪律	从未违反纪律
数字量表	5	4	3	2	1
学生×××					
×××					
×××					

表 4-5 品德不良及违法犯罪青少年的调查量表

姓 名	类型						
	偷盗	强奸	杀人	打架斗殴	抢劫	不正当性行为	……
×××							
×××							
×××							

4. 检选量表

提供一个由许多形容词、名词或陈述句构成的一览表，评定者将表中所列项目同被评者行为逐一对照，然后将其中所有能描述被评者行为特征的项目圈选出来，最后对结果加以分析。表 4-6 参考了王汉澜(1987)的检核表，在此基础上稍有改动。

表 4-6 评定被试"关心别人"的检核表

行为内容	被试姓名								
	A	B	C	D	E	F	G	H	I
1. 对别人的需要和问题很敏感	√	√				√			
2. 学习上肯帮助同学		√	√		√		√	√	
3. 能帮助别人得到他所需要的东西	√	√		√	√				√
4. 喜欢为班上做好事		√	√		√				
5. 愿意和别人共同讨论和使用材料			√				√	√	√
6. 有礼貌地和别人共同工作									
7. 能提建设性意见	√					√			
8. 鼓励别人									
9. 称赞别人取得的成绩		√					√		
10. 关心生病的同学	√	√	√					√	√

5. 强迫选择评定量表

提供许多组词汇或陈述句，评定者必须在每组中选出一个最能代表被评者行为的词汇或陈述句。此法与自陈量表中的强迫选择法类似，只不过对题做出反应的人是评定者而不是被评者。运用这种方法可消除某些评定误差。

非自陈量表同自陈量表相比，它不受被评者语言能力的限制，所以，在研究年龄较小、没有书面语言能力的儿童时，更显出其优越性。例如，布里奇儿童社会行为量表就是一例。布里奇儿童社会行为量表是由布里奇（Bridgs，K. M. B）编制来评量 2~5 岁幼儿社会行为发展情况的。整个量表分两部分：一部分测量幼儿间的社会行为，一部分测量幼儿与成人间的社会行为。第一部分共 30 个题目，其形式如下所示。

某儿童曾做过或未做过下列各项：

	是	否
1. 他与其他儿童玩耍吗？	[　]	[　]
2. 他与其他儿童说话吗？	[　]	[　]

……

1~18 项测量的是积极的社会行为，凡答"是"者得 1 分，19~30 项测量的是消极的社会行为，凡答"否"者得 1 分。计分公式如下所示。

$$分数 = \frac{得\ 1\ 分的项目数 \times 100}{总题数 - 观察不明的题数}$$

总分越高，说明社会行为发展越好。

除以量表的形式对个体进行评定外，还有书面鉴定的形式。例如，教师对学生做的操行评语，领导对工作人员工作态度的评定等。书面鉴定由于不易统计分析，在品德发展研究中不常采用，仅作参考材料。

七、脑神经科学法

当前脑神经科学借用许多新的研究方法如功能性核磁共振成像技术（fMRI）、正电子发射断层扫描术（PET）、神经磁成像技术（MEG）、事件相关电位技术（ERP）以及生物化学等先进手段，使人们对大脑神经活动的整体机能与分化机能有了更为深入精细的认识和理解。

在品德发展领域的脑神经研究中，学者们对于道德认知中的道德判断研究较多，得出了相应的大脑机能定位区。

在实际操作中，研究者将被试安置在扫描床上，在向被试提出各种道德难题的同时，fMRI 扫描仪可以通过测量人体血液中的含氧量显示大脑的激活区域。大量学者的研究（Moll, de Oliveira-Souza, Bramati & Grafman, 2002；Moll, Eslinger &de Oliveira-Souza, 2001, 2002；Greene et al., 2001）表明，人类大脑的腹内侧前额叶、两侧颞极、背外侧前额叶等部位均与道德判断相关。其中后颞上沟区域和顶下叶区域在面对道德判断难题时尤为活跃（Brothers & Ring, 1992）。

厌恶和愤怒是两种典型的道德情绪，学者们通过脑损毁和 fMRI 等手段发现，厌恶情绪激活的脑区有脑岛，基底神经节，纹状体；对于愤怒的研究表明愤怒与杏仁核有密切的关系，但是目前更多的是把愤怒和恐惧联系在一起研究，单纯研究愤怒脑机制的很少，也不成熟，有人认为与额叶、前扣带回有关。

利他与欺骗行为是两种典型的道德行为。坦克斯雷（2007）考察了利他主义的神经机制，发现右半球颞上回后部的激活程度可以预测被试的利他主义倾向，先前的研究表明这个区域也负责对他人意图的认知和推理。因此，研究结果表明对他人心理状态的推理过程对利他主义的产生非常重要。

捐赠是一种利他行为。莫尔等人（2006）考察了捐赠行为的神经机制，发现捐赠行为与人类的奖赏系统有密切关系。捐赠行为与人们对社会的依恋程度有关，而拒绝捐赠行为则与对捐赠对象的社会排斥和厌恶有关。

与欺骗相关的大量神经成像研究（Christ et al., 2009；Gamer, Klimecki, Bauermann, Stoeter & Vessel, 2009；Ganis, Morris & Kosslyn, 2009；Greene & Paxton, 2010；Kozel, Padgett & George, 2004；Langleben et al., 2002；Lee et al., 2002；Karim et al., 2010）表明，前额叶和前扣带回起着重要作用。

脑神经科学为品德发展的研究开辟了新领域，为很多争论不休的假说提供了新的证据，并能为人们的品德行为给予脑神经机制方面的解释。但由于受到技术的限制，仍处于探索阶段，我国学者在这一领域的研究还很有限。

八、内隐研究法

以往的很多研究结果表明，在深度催眠状态下，被暗示者依然能够抵制暗示者发出的违背道德原则的指令。这说明先前形成的固有的内隐记忆和内隐学习系统对于人们是否选择去做不道德的事情影响很大。随着内隐研究范式的发展，当前内隐记忆、内隐学习及内隐认知等一系列问题的研究成了记忆领域、学习领域乃至整个认知心理学研究的热点课题。同时，研究者们开始将内隐的研究方法深入到了很多其他的领域，品德领域便是其中之一。相关的很多研究表明，开展品德的内隐研究有助于揭示道德观念内化过程中的深层冲突，这将会为外显道德认知和道德行为发展的不同步现象提供新的解释视角。

国内最早把内隐认知研究引向品德心理研究的是杨治良等(1996)对青少年攻击性行为的内隐特征的实验研究。随后，各种实验设计不断涌现，对于攻击性的探讨相对较多。此处简要介绍徐大真和杨治良(2002)的研究。

研究者的目的是研究内隐社会认知中的攻击性的性别差异。实验材料为九组图片，图片均选自《三侠五义》《书剑恩仇录》《雪山飞狐》《鹿鼎记》等连环画册。图片分为两类，一类是男性攻击女性，一类是女性攻击男性。每类图片十张，共20张攻击与被攻击相互作用的图片，每张图片经扫描处理后制成30cm×20cm大小的卡片。

学习阶段向四组被试呈现四组图片，第一组、第二组为男性攻击女性，其中第一组箭头指向男攻击者，第二组箭头指向女被攻击者。第三组、第四组为女性攻击男性，其中第三组箭头指向女攻击者，第四组箭头指向男被攻击者。

测验阶段呈现五组图片，每张图片上只有一个人物。其中再认测验使用的一组图片共40张，20张为旧人物，20张为新人物；偏好测验使用四组图片，每组20张，全为旧人物。

结果发现，内隐社会认知中不存在性别攻击性的差异，表现在被试对实验材料中的性别差异与攻击、被攻击形象反应不敏感。在内隐社会认知中无论箭头指向攻击者还是被攻击者，两性均明显地偏好攻击者，不管被攻击者是男性还是女性。这证明男性在本质上更具攻击性的理论是值得怀疑的，女性对攻击者的偏好显著高于对被攻击者的偏好，反映了女性亦具有攻击性本能的一面。当然，这样的研究结果还需要更多的研究验证。

关于品德发展研究的方法很多，旧的方法不断得到改进，新的方法不断涌现。我们要对各种方法有一个全面的了解，掌握了好的工具或手段，自然也就会推动我们的研究，提高研究水平。

第四节

品德发展心理学模糊数学化的基本问题

关于心理学数学化的问题越来越成为尖锐的和重要的问题。一切心理科学发展的远景，在很大程度上都是随着这一问题的解决而转移的。

这里我们不准备介绍心理学中常用的统计数据的数学方法，只是着重谈谈品德研究中的模糊数学的应用问题。

一、品德具有模糊性

品德是个体对社会道德行为规范的内化的结果，这就决定了品德的一种模糊现象。因为社会道德行为规范本身具有模糊性，各行为准则之间没有明晰界限。例如，"集体主义品质"可以分为如下五个等级或更多的等级，显然，这些等级之间没有明确的界限。

第一级真心关心集体：主动热情地参加各项集体活动。

第二级能关心集体：积极参加各项集体活动。

第三级较关心集体：能参加各项集体活动。

第四级对集体欠关心：参加集体活动欠主动。

第五级对集体冷漠：不愿参加集体活动。

另一方面，儿童对道德知识的理解也具有模糊性，不同的个体由于所具有的知识经验不同，对一个概念的理解和把握程度也不同。例如，我们研究发现，幼儿掌握社会概念可分为如下四种水平。

第一级：不理解，如说"不知道"，或摇头。

第二级：笼统地理解，如说"好人、坏人"，"不打人、不骂人"。

第三级：开始有分化，是典型的具体形象水平。如"工人是盖房子的"。

第四级：能和某些本质属性联系起来，接近于初步的定义，如"工人是做工的"。

品德的模糊性给品德发展研究造成了很大困难，传统的一些研究方法对之是无能为力的。而模糊数学的诞生为研究品德发展的复杂性和不确定性带来了光明。

二、隶属度和模糊子集合

集合是现代数学中最基础的概念，集合可以用来表达概念。我们知道，一个概念有它的内涵和外延。符合某概念的对象的全体就构成了此概念的外延，一个概念所包含的那些区别于其他概念的全体本质属性就是这个概念的内涵。比如，"人"这个概念的外延就是世界上所有人的全体，而内涵就是区别于其他动物的那些本质属性的全体，如"会思维""能制造和使用工具进行劳动"等。用集合论的观点看，一个概念的外延就是一个集合。人们要表达一个概念一般有两种方法：或指出概念的内涵，或指出概念的外延。指出概念外延的方法叫外延法。普通集合表达概念的方法就是外延法。例如1，2，3，…表达了"自然数"这个概念。

然而，普通集合不能表达所有的概念。例如，"关心集体的学生""好人""秃子""大个子"等，这些概念就不能用普通集合来表示，因为这些概念和前面提到的概念相比，外延具有不确定性。例如，当我们对某个人是否是"秃子"进行评论时，有时很难做出肯定或否定的回答，也就是说在"秃子"和"非秃子"之间没有一个明确的界限。这种不确定性就是模糊性。对普通集合来说，论域 U 中的任意元素（或对象）μ 和集合 A 之间的关系只有两种，要么 $\mu \in A$，要么 $\mu \notin A$，二者必居其一，而且仅居其一，不存在"亦此亦彼"的现象。

1965 年，美国控制论专家扎德(L. A. Zadeh)在《国际信息与控制》上发表了模糊数学的第一篇论文《模糊集合论》，它标志着模糊数学的诞生，拓展了普通集合论，为人们进入模糊性领域开辟了道路。

模糊子集合和隶属度是模糊数学的基础。所谓模糊子集合就是：设给定论域 U（被讨论的范围或全体），U 到闭区间[0, 1]的任一映射 μ_A。

$$\mu_A \, U \longrightarrow [0, 1]$$
$$u1 \longrightarrow \mu_A(\mu) \in [0, 1]$$

都确定 U 的一个模糊子集合 A，μ_A 叫 A 的隶属函数，$\mu_A(\mu)$ 叫作 μ 对 A 的隶属度。换言之，在给定的论域 U 上的模糊子集合 A，μ 中的每一个元素 x 对 A 的隶属程度不同，可以在闭区间[0, 1]上取不同的实数值来描述，当 μ_A 的值域取[0, 1]闭区间的两个端点时，亦即 0 和 1 两值时，A 便退化为普通集合，隶属函数亦退化为特征函数。0 表示完全不属于，1 表示完全属于，当 μ_A 的值域为[0, 1]闭区间任意数值时，则表示不同的归属程度。

例如，有五位同学 X_1，X_2，X_3，X_4 和 X_5，设论域：$U = [X_1，X_2，X_3，X_4，X_5]$，现分别对每个同学关心集体程度打分（按百分制给分），再都除以 100，这实际上就是给定一个从 U 到[0, 1]闭区间的映射，如下所示。

x_1　85 分　即　$\mu_A(x_1) = 0.85$

x_2　75 分　即　$\mu_A(x_2) = 0.75$

x_3　98 分　即　$\mu_A(x_3) = 0.98$

x_4　30 分　即　$\mu_A(x_4) = 0.30$

x_5　60 分　即　$\mu_A(x_6) = 0.60$

这样就确定一个模糊子集合 A："关心集体的人"；$\mu_A(X_i)$ 分别表示五位同学对"关心集体"这个概念的符合程度。

从上例可以看出，描述元素或对象的模糊性，关键在于确定其隶属函数，有了隶属函数，就可对研究对象的类属和性态的不确定性做出精确的描述。模糊统计法是常用的确定隶属度的方法。

三、模糊数学在品德研究上应用举例

(一) 模糊统计实验

马谋超等提出的"多级估量法"就是一种模糊统计实验(马谋超，曹志强，1983；马谋超，汪培庄，1985)。多级估量法是依据类别判断的模糊集模型提出的，所以下面先介绍一下类别判断的模糊集模型的含义。

构成类别判断的模糊集模型的基本假设是：①心理连续量被分为若干类时，它们的界限是模糊的，每一类别都对应着一个模糊子集合。②一个特定的对象在多个类别上都可有不同的符合程度，即类别之间都是相容的。上述两条基本假设可表示为如下的数学形式：

$$g = \{\mu(X_i) \mid X_i, \ i \in I\}$$

g 代表心理连续量上的量表值，它是一个模糊子集合，$\mu(\cdot)$ 为模糊子集合的隶属度，X_i 为心理连续量上的各类别，$\{X_i, \ i \in I\}$ 构成 g 的论域。换言之，心理反应的分类是心理连续量上的模糊子集合，一个客体对于每一类别都有一定的隶属度。心理连续量上的分类，在有些场合可以联系到平行的物理连续量(如长度、温度等)，但在另一些场合，它只有口语的词语类别，而无平行的物理连续量(如喜爱、满意等)。

类别判断的模糊集模型，是用以多值逻辑为基础的连续值隶属函数代替了以二值逻辑为基础的特征函数。因此，在测量方法上不再是传统类别量表中的"是"或"不是"的"非此即彼"的判断，而是事先给定若干等级。例如，对劳动的态度可分为五个等级：认识很差、认识较差、认识一般、认识较好、认识很好。在测试时，要求被试在全部给定类别等级上做出一一评价。因此，这种方法被称为多级估量法。这样一次测试得到的是一组向量，而不是一个单值，其提供的信息显然比传统的类别量表丰富和细致。这就更有利于描述某一时刻的心理状态和某些模糊决策过程，也更可能进行决策分析。

运用多级估量法的具体做法是：要求被试在量表的诸类别上，挑选自认为最合适的一个，并指明自信度等级，然后在其相邻近的两个类别上做对偶比较，以表明赞成和反对，确定自信度等级，一直到对每个类别都做出评价。多级估量法常用表4-7进行测试。

表 4-7　多级估量法测试表格

反　应		类　别				
		很不	较不	中常	较	很
赞　同	坚持		√			
	基本					
	少许	√				
反　对	少许			√		
	基本					
	坚持				√	√

仅有上述表格是不够的，还要对被试的反应进行数学处理，因此，需要对量表类别及自信度赋值。有关量词的模糊度及其相邻间的距离的研究表明，五点类别量表是接近等距的。因此，我们使用的类别之间距选择一组等距的数字系统，诸如（1，2，3，4，5）（-2，-1，0，1，2）（0，0.25，0.50，0.75，1.00）。自信度各等级之间亦可取值1，2，3，赞同与反对分别冠以正与负。确定语言值之后，可对反应结果进行数学处理：

$$R^w = \sum_{i=1}^{n} S_1 C_1 / \sum_{i=1}^{n} C_1$$

其中，R^w 为加权总自信度，表示在量表上位置点的估计；n 为量表类别个数；S_i 为各类别语言值；C_i 为第 i 类上的自信度。下面举一个例子说明多级估量法的计算。

例如，对于不良行为严重性的评定，表 4-8 表示五位被试的反应（马谋超，1986）。

表 4-8　不良行为严重性的评定

严重性类型			无(0)	轻(0.25)	中(0.50)	重(0.75)	很重(1.00)
赞成	坚决	+3	6				√√√	
	基本	+2	5			√√	√√	
	少许	+1	4		√	√√		√√
反对	少许	−1	2	√	√√	√		√
	基本	−2	1	√√√	√√			√
	坚决	−3	0	√				√
ΣC				5	10	20	28	11
C̄(平均)				1	2	4	5.6	2.2

将表内数据代入公式：$R^w = \sum_{i=1}^{n} S_1 C_1 / \sum_{i=1}^{n} C_1$

$$R^w = \frac{0 \times 1 + 0.25 \times 2 + 0.5 \times 4 + 0.75 \times 5.6 + 1.00 \times 2.2}{1 + 2 + 4 + 5.6 + 2.2}$$

$$= 0.60$$

确定在量表上的位置

严重性增强

$\begin{array}{c} \xrightarrow{\quad} \\ 0 \qquad 0.6 \quad 1 \\ R^w \end{array}$

多级估量法与古典类别量表相比，它一次可获多组信息，所得结果更全面，更准确，更真实。但这种方法也有局限性，它基本上属内省法范畴，因此，在测量的客观性方面有待进一步的研究。

(二)综合评判

以孟海兰、白冬冰的"中学生思想品德的测量与评价"的研究(1986)为例，来介绍一下综合评判的步骤。

第一步，确定学生的思想品德结构（见表 4-9）。

第二步，将因素数量化（见表 4-10）。

第三步，组成评议小组。

表 4-9　学生思想品德评价内容

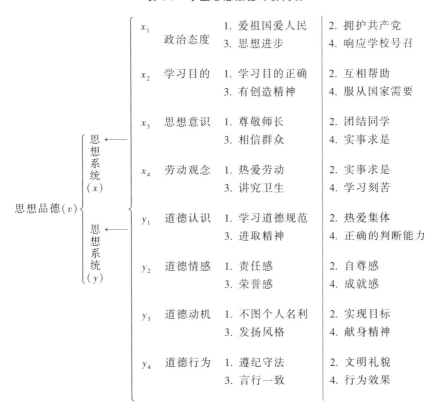

表 4-10　学生思想（x）品德（y）量表

等级	x				y			
	x_1	x_2	x_3	x_4	y_1	y_2	y_3	y_4
优 （0.85）	爱祖国、爱人民，拥护党的方针政策，思想进步，积极响应学校的号召。	（略）	〃	〃	积极学习道德规范，认识正确，有较强的进取心和道德判断能力，热爱集体。	（略）	〃	〃

续表

等级	x				y			
	x_1	x_2	x_3	x_4	y_1	y_2	y_3	y_4
良 (0.75)	爱祖国、爱人民，比较关心党和国家大事，要求进步，行动较积极。	"	"	"	学习道德规范比较积极，认识较正确，有进取心和一定的道德判断能力，关心集体。	"	"	"
中 (0.65)	爱祖国、爱人民，能够一般地关心党和国家大事，有进步要求，但行动不突出。	"	"	"	能够一般地学习道德规范，有一定的认识，能够参加集体活动，道德判断能力一般。	"	"	"
差 (0.55)	爱祖国、爱人民，但不太关心党和国家大事，遵守纪律较差。	"	"	"	对道德规范认识不太清楚，上进心不强，对集体活动不关心，道德判断能力较差。	"	"	"

注：一般来说，人们把优等的最低值定在 0.8 以上，良等的最低值定在 0.7 以上，中等的最低值定在 0.6 以上，差等的最低值定在 0.5 以上。在实际评价过程中，为了更好地掌握评议标准，就取每个等级之间的中间数值，故分别取 0.85，0.75，0.65，0.55，并允许评议时在 0.01~0.05 范围内上下波动。

一个 60 人左右的教学班，可由十人组成评议小组，其中包括班主任、科任教师 2~3 名，班级学生 7~8 人。小组里既有男生，又有女生；既有学生干部，又有普通同学，目的是为了能够全面地、客观地反映各方面的意见。评议小组成员是经班级民主选举产生的，由班主任和两名学生任组长。他们能正确地掌握评价内容和标准，办事公道，认真负责，了解学生的情况，并有较高的威信，具有较强的分析判断能力。评议小组成员既评价别人，又评价自己，也被别人评价。

第四步，测量与分析。

由于评议组由十人组成，这样每个学生思想品德的每一项因素都有十个不同或相同的数据，对这十个数据采用两种处理方法。

一是按照标准值上下准许波动的范围进行归类。如 1 号的 Vx_1，10 名评议成员的评价值分别是：0.65，0.66，0.71，0.81，0.71，0.64，0.67，0.65，0.65，0.75，依据表 4-10 所给出的量表值对 1 号的 V_{x_1} 的评议等级做出归类：评优 0.1、评良 0.3、评中 0.6、评差 0。这样则得出模糊集合：

$$V_{x_1} = (0.1 \quad 0.3 \quad 0.6 \quad 0)$$

同样方法得出 V_{x_2}，V_{x_3}，V_{x_4} 的值：

$$V_{x_2} = (0 \quad 0.2 \quad 0.8 \quad 0)$$

$$V_{x_3} = (0.1 \quad 0.3 \quad 0.6 \quad 0)$$

$$V_{x_4} = (0.2 \quad 0.6 \quad 0.2 \quad 0)$$

又设 V_x 的权重 A_1（指 x 所含各项占的比例）为 0.2 0.4 0.3 0.1，则综合评判解为：

$$B_1 = A_1 \cdot X$$

$$= (0.2 \quad 0.4 \quad 0.3 \quad 0.1) \cdot \begin{Bmatrix} 0.1 & 0.3 & 0.6 & 0 \\ 0 & 0.2 & 0.8 & 0 \\ 0.1 & 0.3 & 0.6 & 0 \\ 0.2 & 0.6 & 0.2 & 0 \end{Bmatrix}$$

$$= (0.07 \quad 0.29 \quad 0.64 \quad 0)$$

二是求出 V_x 各项的算术平均值。例如 1 号学生 V_{x_1} 项的 $S_{x_1} = (0.65 + 0.66 + 0.71 + 0.81 + 0.71 + 0.64 + 0.67 + 0.65 + 0.65 + 0.75) \div 10 = 0.69$，它表示该生 V_{x1} 的单项发展程度，其他各项以同样方法求出平均值进行比较。

以同样方法对品德进行测量。

例如，对 1 号学生品德测量结果如下：

$$B_2 = A_2 \cdot Y = (0.07 \quad 0.44 \quad 0.49 \quad 0)$$

对 1 号学生思想品德综合评判，其解为：

$B = A \cdot V$，设 V 的权重 A 为 0.4 0.6

$$B = (0.4 \quad 0.6) \cdot \begin{Bmatrix} 0.07 & 0.29 & 0.64 & 0 \\ 0.07 & 0.44 & 0.49 & 0 \end{Bmatrix} = (0.07 \quad 0.38 \quad 0.55 \quad 0)$$

根据最大原则，1 号学生属于中等发展程度。

运用上述方法可求出每个学生的发展情况，得到表 4-11 的结果。

表 4-11　学生发展情况结果

序号	姓名	$B_1 = A_1 \cdot X$				$B_2 = A_2 \cdot Y$				$B = A \cdot V$				单项平均组
		优	良	中	差	优	良	中	差	优	良	中	差	Vx_1……
1	×××	0.07	0.29	0.64	0	0.07	0.44	0.49	0	0.07	0.38	0.55	0	0.69……
⋮	⋮													
36	×××	0.13	0.39	0.41	0.07	0.15	0.68	0.19	0	0.14	0.55	0.28	0	0.75……

综合评判方法与传统的评判方法相比，它能提供更多、更全面、更细致具体的信息，它将定性定量相结合，以量见质，给模糊现象以精确说明。但这种方法与模糊统计实验一样，受主观因素影响较大，而且评判指标的确定及评判者对指标的理解和掌握程度本身也有较大不确定性。

品德作为一个系统，既从属于社会系统，又从属于生物系统，受生物与社会规律的双重制约，所以不能把品德发展心理学建成像数学、物理学、计算机科学那种模式的科学，也不能把它建成像哲学、历史、伦理学等学科那种模式的科学。品德就其起源来说是社会的，就其结构来说，是以自然历史的高级产物为中介的。品德发展心理学既不是纯自然科学，也不是纯社会科学，也不是两者的机械相加，而是在二者边缘上产生的一门综合性的精神科学。所以，品德发展心理学不能盲目追求数量化，能定量的则定量，不能定量的绝不能勉强，而且，目前品德研究的全部数量化还是有困难的。

第五章

群体与品德发展

如前所述，儿童青少年的品德是在群体中发展起来的。

个体品德的发展往往会因群体的不同而存在着差异。这里的群体，有广义和狭义之分。广义的群体，是指整个社会文化背景；而狭义的群体，主要指各种团体。家庭是社会的细胞，我们把它理解为另一种特殊的群体组织。集体是一种正规的团体，它和人们的偶然的集合是不同的，它具有以下几个特征。

第一，有明确的共同目的以及由此而产生的共同行动，每一个集体成员都为共同的任务而行动着，彼此互相关心，互相督促；

第二，有统一的领导；

第三，有共同的纪律，每一成员都要使自己的意志服从于集体的意志，使自己的利益服从于集体的利益；

第四，有共同的舆论，舆论是集体形成的重要标志。

第一节

品德发展的社会文化背景

社会文化背景对品德发展的影响，从纵的方面看，表现在社会发展不同阶段上的不同道德观念；从横的方面看，则表现为当今时代不同社会文化背景下的不同品德发展。

一、社会的发展与道德观念的变化

道德观念的发展变化，是与社会的发展变化紧密联系的，它总是反映着一定社会的利益要求，大体同社会形态的发展和更替相适应。因此，分别考察原始社会、奴隶社会、封建社会、资本主义社会和社会主义社会的不同道德观念，将有助于我们认识社会文化背景对品德发展的影响。

(一)原始社会的道德观念

原始社会的道德观念是人类道德的第一个历史类型。它具有三个特征。第一，维护全体成员的共同利益和平等自由。每一个成员都享有平等和自由的权利，并享有保护平等自由的义务和权利。所以，权利和义务没有区别，参加公共事务，既是权利，也是义务。第二，道德观念十分笼统、模糊、含混不清。人们往往只区分一些简单的道德观念，如"好的"和"坏的"，"自己的"和"别人的"，"有利的"和"有害的"，等等。第三，道德的调节作用狭隘而外在。道德所调节的对象仅限于本部落内部，因而道德的调节作用是十分狭隘的。与此同时，道德的调节作用也体现为外在的。

(二)奴隶社会的道德观念

与原始社会相比，奴隶社会的道德观念具有三个特点：第一，初步意识到了人的价值，但出现了社会等级。奴隶主在社会上占据着至高无上的统治地位，而奴隶只能终身依附于奴隶主，绝对屈从奴隶主的统治，因而大多数人丧失了平等和自由的权利。第二，道德开始成为相对独立的社会意识形态。随着奴隶制的发展，社会道德不再被人们盲目地理解和遵从。比如，对立地区别"吉德"与"凶德"，"明德"与"昏德"，"同德"与"离德"。可见，奴隶社会的道德已经不再是含混不清的外在行为准则，而是逐步形成了一种相对独立的社会意识形态。第三，道德的调节作用多样化、复杂化。调节个人与行业、阶级、国家、民族等之间的关系，调节男女、夫妇、父子、君臣、朋友、主仆等之间的关系。因而道德的调节作用逐步多样化、复杂化。

（三）封建社会的道德观念

与奴隶社会相比，封建社会的道德观念也具有三个特点：第一，人身自由有所提高，但存在着严格的宗法等级制度。一方面，在封建社会中，地主阶级占有全部或绝大部分生产资料，但不占有劳动者本身，农民比奴隶拥有了更多的人身自由；另一方面，由于严格的宗法等级制度，劳动者仍属于社会的最底层，宗法等级制度严格地规定了人们的尊卑贵贱秩序。第二，道德进一步体系化、神秘化。比如我国封建社会的"三纲""四维""五常""六纪"等道德体系。此外，道德的神秘性也进一步加强，对道德观念及准则的解释和说明越来越多地基于"神意""天道"等。第三，道德的调节作用加强。一是使用外部的强制力量来强化道德观念及准则对人们的约束；二是通过强制的、详细而繁复的道德说教，迫使人们从内心接受这些道德观念及准则，从而"自觉"服从这种道德体系，使得道德的调节作用内化。

（四）资本主义社会的道德观念

与封建社会相比，资本主义社会的道德观念有它自己的特点。第一，强调"自由""平等"和"博爱"，强调个性解放。人的价值与尊严的问题是普遍受到关注的。人们总是希望每个人都能够充分体现自己的个性，发挥自己的才能，得到更多的自由，实现自己的价值；也希望人与人之间能够平等、互爱。与此同时，由于生存竞争十分激烈，贫富悬殊较大，因而还不可能实现真正的自由、平等和博爱。第二，道德的本质已越来越深刻地为人们所揭示。道德现象已逐步失去了它的神秘性。不少人对道德的起源、发展及其实质等问题进行了深入的探索，道德逐渐被作为一门学科而得到科学的研究。第三，道德的调节作用克服了教条化而变得更加普遍而灵活。人们遵循着具有普遍意义的道德观念，并将它灵活地应用于各个具体情形之中。道德的调节作用更加内化，更加具体地体现在人们的日常生活之中。第四，在国际事务上殖民、掠夺、战争，这给人类带来了灾难，带来了金融海啸，也带来了道德上的虚伪。

(五)社会主义社会的道德观念

科学社会主义创始人基于辩证唯物主义历史观和对资本主义社会基本矛盾的分析，认为代替资本主义的未来社会制度具有固有的先进性和优越性。1949 年，中华人民共和国成立，70 年宏伟历程彰显科学社会主义鲜活生命力。社会主义社会的道德观念具有自己的特点：第一，强调以人为本，人们拥有更多的自由。人与人之间的关系基本是平等的，其物质基础是"各尽所能，按劳分配"。第二，道德已成为十分重要的社会意识形态。强调物质文明与精神文明的共同建设，道德已成为一种十分重要的社会意识形态。例如，中共十八大提出，倡导富强、民主、文明、和谐，倡导自由、平等、公正、法治，倡导爱国、敬业、诚信、友善。第三，道德的调节作用更加广泛化，并且被更深刻地内化。道德观念代表了多数人的意愿，因而其调节作用是广泛的。"德治"与"法治"相结合，在人们的政治生活、社会经济生活和文化生活方面，道德的调节作用都在不断地深化。与此同时，道德的调节作用也逐渐通过人们的内心而实现。第四，在国际上坚持和平共处与人类命运共同体，这是在道德上的进步。当然，我们绝没有讲过社会主义的道德观念已十全十美了，所以需要进一步向前发展。

二、中华民族传统美德

中国道德观念的发展变化，是与中华民族社会发展变化紧密联系着的，它反映着中华民族优秀文化的特点，反过来，它又与中华民族社会发展相适应，继承与弘扬中华民族传统美德，是发展与创新当今中国道德观念并付诸社会道德行为的前提。

(一)中华民族文化的特点

文化，又名文明，通常指人类在社会历史发展过程中所创造的物质财富和精神财富的总和，特别是指精神财富，如文学、艺术、教育、科学等，也包括社会认知、社会行为、社会风俗和社会规范等文明的特点。

现在谈中华民族文化的特点的人太多，发表的文章也不少，处于一个百花齐放的状态。概括来说，中华文明以德为核心，中华民族的美德是中华文明的基石；中华文明表现在文学、艺术、科学、教育四个方面，它们构成了中华文明的四座丰碑；中华文明以自强不息和和谐为两大精神支柱，又是中华文明发展的动力；中华文明以民为出发点，为民服务是中华文明的宗旨；法制和睦邻是历代施行仁政、稳固江山的方法，是中华文明发展的手段。

第一，中华文明历来崇德重德。孔子讲"为政以德，譬如北辰，居其所而众星共之"，荀子把道德之威视为"国威"之一，这正是"德治"的道理所在。"道之以政，齐之以刑，民免而无耻。道之以德，齐之以礼，有耻且格。"这都是强调"德政"，即有益于人民的政治措施或政绩，"既无德政，又无威刑，是以及邪"。中华文明不仅重视德政，还强调要提高个人的道德修养，形成了仁、义、礼、智、信的"五常"之德，"君子进德修业""大学之道，在明明德，在亲民，在止于至善"，这都是讲个人要提高自身的道德修养，学校也要注重培养人的德性。可见，中华民族的美德源远流长，这是中华文明的核心，是中华文明的基石。

第二，中华文明历来以教育为先。该特点可以追根到《礼记·学记》"建国君民，教学为先"的命题。中华文明甚至是与教育画上了等号，中国是礼仪之邦，其基础是教育。早在6000多年前就有原始社会的教育，且从黄帝时期起教育就走向了有意识、有目的的状态。约5000年前，中华民族出现了最早的学校"成均、庠、序、校"。3000年前，西周集前代之大成，出现了一套较完备的学制系统，设有"官学"和"乡学"。春秋时期出现了孔子的儒家私学，从西周的官学到孔子的私学已有完整的课程设置，即礼、乐、射、御、书、数六艺。中华民族在历代办教育过程中，逐步形成儒学的指导思想；历来尊师重教，对教师的要求不仅在教书，更重在育人；历代的学生，因学校类型、名称不同也有不同的称谓，但尊师爱生、教学相长、言传身教成为历来师生关系的基本准则和要求，构成社会文明大计以教育为本的趋势。在中华民族的文化中，教育与文学、艺术、科学是相辅相成、互为前提的。中华文明在以教育为先的同时，也历来重视文学创作、崇尚艺术和追求科学发明。其中教育为四者的基础，文学、艺术、科学是中华文明的关键，这样才构成中华文明的四大宝库。

第三，中华文明历来坚持自强不息，不断革故鼎新。"生无所息"，"天行健，君子以自强不息；地势坤，君子以厚德载物"，"君子敬其在己者，而不慕其在天者，是以日进也"。中华民族从来就不怨天尤人，反而把挫折当成考验，活着就是要自强不息，"功生于败，名生于垢"，乐观地把磨难当作是"天将降大任于斯人也"。"有志者，事竟成，破釜沉舟，百二秦关终属楚；苦心人，天不负，卧薪尝胆，三千越甲可吞吴"也成为人人相传的佳句。中华民族之所以能在5000年的历史进程中生生不息、发展壮大，历经挫折而不屈，屡遭坎坷而不馁，靠的就是这种奋发图强、坚忍不拔、厚德载物、与时俱进的精神。

第四，中华文明历来以和为贵。中华文明强调社会和谐、心理和谐和团结互助。"君子和而不同"，"爱人者，人恒爱之；敬人者，人恒敬之"，"与人和者谓之人乐，与天和者谓之天乐"，既强调和谐相处，要"天人合一，仁爱及物"。从孔夫子到孙中山，再到中国共产党的五代领导集体，强调的都是"和为贵"的思想，追求天人合一、人际和谐、身心和谐、"内圣外王"、真人逍遥，向往人人相亲、人人平等、天下为公，立足于人的现世关怀，确立起人性关怀的价值系统。

第五，中华文明历来为民利民，以民为本，尊重人的尊严和价值。"民惟邦本，本固邦宁"，"天地之间，莫贵于人"，以人民的利益为根本利益，强调要利民、裕民、养民、惠民，实现社会公平和正义。中华文明的历史上不乏"居庙堂之高则忧其民"，"圣人无常心，以百姓之心为心"的明君，我们党和国家的五代领导人也一直坚持全心全意为人民服务，把民主、民权和民生放在一切工作的首位。2013年11月26日，习近平同志在山东菏泽座谈会上，引用了一副清代的对联："得一官不荣，失一官不辱，勿说一官无用，地方全靠一官；吃百姓之饭，穿百姓之衣，莫道百姓可欺，自己也是百姓。"这段话不仅表达官民关系的重要性，而且也阐述着重视中华文明的民生观。

第六，热爱和平，反对战争。该特点可以追根到老子"以道佐人主者，不以兵强天下，其事好还"的警言，以及"兵者不祥之器，非君子之器，不得已而用之，恬淡为上"等慧语。中华文明历来注重亲仁善邻，讲求国与国之间的"和睦相处"和"讲信修睦"；要遵循"强不执弱""富不侮贫"的国家交往准则，尤其是要"大国者下流，天下之交，天下之牝"，强调只有以德服人才能"协和万邦"，才能"天下之人皆相爱"，认为这是国家之间相处的原则；"海纳百川，有容乃大"，强调真诚地尊重和包容，对待他国的文明要兼收并蓄、博采众长，以合作谋求和平反对战争，以双赢促发展。这些都与中华文明所强调和推崇的"以和为贵""天下大同"的思想是一致的，由此发展而来的"和平共处五项原则"也成为国际上广为接受的国家交往准则。

由此可见，中华民族文化博大精深，并在一代又一代的发展中发扬光大，绽放出夺目的光芒。中华民族的传统美德正是中华民族文化整体的一个重要组成部分。

（二）"五常"是中华民族传统道德的核心价值观念

中华民族传统美德的要求源远流长，而"五常"——仁、义、礼、智、信则是传统道德的核心价值理念。从中华民族道德史上分析，夏代主张"孝"；周代提倡"礼"；春秋时期，孔子倡导"仁"；孟子重视"仁、义"；汉代形成较完整的仁、义、礼、智、信的体系。在传统美德提法上还有不少内容，但大部分都包含在"五常"之中，并不断丰富和发展。

2007 年 1 月 25 日徐光春同志在《光明网》上发表了《中华民族美德和社会主义荣辱观》，提出了中国共产党人继承和发扬中华民族传统道德的正确态度和与时俱进的精神面貌。读后给我启发良多，下边是我对仁、义、礼、智、信"五常"的认识。

"仁"指爱，是儒家的一种含义广泛的道德观念"仁者人也，亲亲为大"，意指人与人相亲相爱。孔子的"仁"，以"爱人"为核心，包括恭、宽、信、敏、惠、智、勇、忠、恕、孝、悌等内容。孔子进一步阐述："志士仁人，无求生以害仁，有杀身以成仁"，也就是说，为了仁可以"杀身"牺牲自己。仁成为道德的最高范畴，称为"仁德"；仁可以扩展成为统治者善政的标准，即"仁政"。所以，把"仁"作为中华民族传统美德的第一要素并不为过。

　　"义"指正义。《孟子·告子上》曰："舍生而取义者也"，其意指节操或气节，不仅构成重要的道德范畴，而且从孟子开始，把"义"与"仁"联系在一起，构成了"仁义道德"。把"义"与"仁"联系在一起，还有心理学的依据，仁是爱，属于情感过程，义为情谊或情义，也属于情感过程。从道德感出发，"仁则廉，不仁则耻"，"有义则廉，背义则耻"，从道德廉耻感出发，仁义结合是很有道理的。然而，义更多还应理解为道德行为，《中庸》指出，"义者宜也"，义是行而宜的意思，所以"义"成为符合道德规范或道德标准的一种道德行为范畴。

　　"礼"原指礼仪，同时体现了如何处理人际关系的道德要求。从 3000 年前西周的"官学"到 2500 年前孔子的"私学"，其课程为"礼、乐、射、御、书、数"，即"六艺"。那个时期，礼为六艺之首，但也有人把它视为道德规范之首，例如管仲在《管子·牧民》中提出"礼义廉耻，国之四维"的治国思想，把礼仪提为治国的四要素的第一因素。于是，"礼仪之邦"表达了中华民族的文明和美德。"礼"尽管是第一位的，而"仁"又是礼的中心内容，正如孔子所云："克己复礼为仁"，由此可见，礼不仅要求人们处理好人际关系，而且要求有自我控制的素养，做到"非礼勿视、非礼勿听、非礼勿言、非礼勿动"，实现"知人者智，自知者明"的道德修养。

　　"智"原指智能、认识或认知，但在这里，如果"礼"更多为处理人际关系的能力，那么"智"则更集中于处理自我的能力，真正做到"知己识人"。如何做到知己识人呢？这就要求明辨道德规范，即识别善恶准则。儒学主张"仁智勇"三者"天下大道"，强调知、情、意、行的道德结构，智的功能就是学道、识道、行道，也就是道德认识或道德认知，在知、情、意、行中排在入门或基础的位置，因为道德集中表现为道德精神、思想方法和行为规范，而"智"所体现的正是道德精神与思想方法，所以在中华民族传统美德中显示出其分量来。

　　"信"，指诚信，即诚实守信。孔子把"信"作为"仁"的重要成分之一，要求"敬事而信"，"谨而信"。孟子认为"可欲之为善，有诸己之谓信"。所有这些，都是强调"信的重要性"。在道德规范中，守信既是诚实的表现，更是诚实的核心。这就是诚信的实质。诚信是做人立世的根本，正如孔子所指出的那样，"人无忠信，不可立于世"；"人而无信，不知其可也"，所以孔子希望有道德的人"言必信，行必果"。作为中华民族传统美德的诚信，不仅是中国人在言行方面的道德要求，也是中国在亲仁善邻，国家交往中所遵循的一条重要原则，正因如此，我们的朋友遍天下，中国赢得了文明大国的国际声望。

（三）从不同视角继承与弘扬中华民族的传统美德

孙中山先生于1934年演讲中曾指出，如果我们要治国天下，首先要恢复民族主义和民族地位，也就阐述了要继承与弘扬中华民族传统美德的重要意义。然而，要继承、弘扬什么样的中华民族的传统美德，人们的理解可不一致。我认为之所以有差别，是由于视角不同罢了，这里仅呈现三种观点。

一是"十大传统美德"。中国古代称"玉"有十种特质，即"美玉"。儒家用美玉比喻君子的十大美德。但"十大美德"是什么，解释又各有区别。《礼运》提出的是"父慈、子孝、兄良、弟悌、夫义、妇听、长惠、幼顺、君仁、臣忠"十项，这是要一代代相传的美德。《文苑英华》中唐太宗《执契静三边》诗云："戢戈荣十德，升文辉九功"。提到要弘扬的"十德"指"仁、知、义、礼、乐、忠、信、天、地、德"。中国文明网发表了李兮的文章《中华民族的传统美德及其现实意义》，文章指出中华民族的十大传统美德是：仁爱孝悌、谦和好礼、诚信知报、精忠报国、克己奉公、修己慎独、见利思义、勤俭廉政、笃实宽厚、勇毅力行。三种"十德"，十分相近，无非都是在阐述中华民族传统美德是中华民族的历史、文化凝结而成的社会道德准则，是中华文明的一个重要组成部分，它的内涵是指处理好人与自然、人与他人、人与社会、人与自己的天人合一、人己关系、群己关系和自我修养四种道德要求，要求我们不断相传、继承、发扬、创新和发展。

二是"三达德"的道德品质。个人的道德修养或道德品质又如何继承弘扬传统美德呢？中华民族传统文化提倡的是"三达德"，即君子有三种基本品德——仁爱、智慧和勇敢。不少学者称其为三种常行的优秀的德性。《中庸》提出"智、仁、勇三者，天下之达德也"。在字面上，包括上面我们的阐述，智仁勇并不难理解。但孔子当年提出是为了修身或道德修养，"仁者不忧，智者不惑，勇者不惧"，也就是说一个人如果有仁爱之心，有超常智慧，有勇敢行为，那么这个人必然心底无私坦荡，认知能力超众，意志坚强有力，是一位道德高尚的人，精神面貌向上的人。其基础是为了调节君臣、父子、夫妻、兄弟和朋友之间关系的"五达德"。孔子又曰："好学近乎知，力行近乎仁，知耻近乎勇。知斯三者，则知所以修身；知所以修身，则知所以治人；知所以治人，则知所以治天下国家矣。"说明个人道德修养的意义、内容和方法，为后人如何继承、弘扬和发展提出了方向。此外，古人要我们继承和发扬的还有两种"三德"，《洪范》提到的"三德"，一是正直，二是刚克，三是柔克；《地官师氏》提到的"三德"，则以"至德、敏德、孝德"为"三德"。强调的都是个人道德修养。

三是民国时期的"四维八德"。1924 年，孙中山围绕三民主义中的民族主义做了演讲，提出了"忠孝仁爱信义和平"，即"八德"。孙中山认为，道德中最重要的首先是"忠孝"，"忠"是指忠于国，忠于民；"孝"是中国人的特长，是中华民族的优良传统。其次是"仁爱"，从孔子开始，中国人就讲仁爱，所以要把仁爱发扬光大。再次是"信义"，不管是对于朋友还是邻国，都要讲信义，就"信"字方面的道德，孙中山认为在中国人做得很好。最后是"和平"，以和为贵也是中华民族的传统美德。孙中山不仅强调这种观点，而且与古人提出的"格物、致知、诚意、正心、修身、齐家、治国、平天下"相提并论，加以发扬，使中华民族复兴。20 世纪 30 年代，又有人提出了"礼义廉耻"，即"四维"。其中礼是指规规矩矩的态度，义是指正正当当的行为，廉是指清清白白的辨别，耻是指切切实实的觉悟。于是，1934 年提出了"四维八德"的国民道德，即"忠孝仁爱礼义廉耻"。"四维八德"是民国时期道德教育的核心，各级各类学校都贯彻"弘扬中华民族传统文化，继承固有的道德"的精神。

三、当代不同社会文化背景下的个体品德发展

考察社会文化背景对品德发展的影响，还可以通过比较当今时代不同社会文化背景下个体品德发展的相同和不同特点。这也就是进行品德发展的跨文化研究。

(一)国外关于品德发展的跨文化研究

1968 年,科尔伯格等人曾在墨西哥、中国台湾、土耳其以及犹加敦进行了一次有关道德判断发展的跨文化研究。研究涉及了这些国家和地区的各种文化(包括亚文化)。研究的结果表明,这些国家和地区的儿童青少年的品德发展有相似的规律,发展的各阶段的顺序是不变的;但是,在不同的国家和地区,儿童青少年品德发展的快慢和所能达到的最高水平存在着一定的差距。比如,科尔伯格发现,土耳其和犹加敦的落后农村的儿童青少年,在通过每一个道德发展阶段时的速度都比较缓慢,其中许多儿童青少年甚至可能永远也达不到第四阶段。因此,科尔伯格认为,文化因素能改变道德发展的速度和广度,这是通过刺激思维而不是靠直接教导来实现的,但文化因素并不能改变儿童青少年道德判断发展的阶段顺序。

1973 年,美国心理学家格瑞姆雷(L. K. Grimley)进行了一项品德发展的跨文化研究。该研究取样自亚洲、欧洲、美洲和非洲的国家,探索了品德发展与国籍、宗教信仰等的关系。

该研究共有被试 206 名,分为 13、15、17 和 19 岁四个年龄阶段。其中 13、15 和 17 岁儿童青少年分别来自美国和赞比亚;19 岁的儿童青少年来自美国、日本和英国。研究结果如下。

第一,各国儿童青少年的年龄大小与品德发展水平之间呈现显著的正相关($p<0.01$)(见表 5-1、表 5-2),并且不同年龄阶段之间都存在着品德发展水平的显著差异($p<0.01$)。

表 5-1　年龄大小与品德发展水平的关系

年龄	总样本	美国	赞比亚
13	263.3	275.5	253.9
15	310.2	316.2	309.5
17	350.6	345.4	337.5
19	364.7	378.1	—
自由度	3	3	2
差异	29.9	46.6	32.4
p 值	<0.001		

表 5-2 不同年龄阶段的品德发展水平的差异检验

总样本	平均数	269.2	301.9	337.9	369.7
13	269.2	—	40.7**	68.7**	100.5**
15	301.9	—	—	28.0**	59.8**
17	337.9	—	—	—	31.8**
19	369.7	—	—	—	—
美国	平均数	275.5	316.2	345.4	378.1
17	345.4	—	—	—	32.8**
19	378.1	—	—	—	—
赞比亚	平均数	253.9	309.5	337.5	
13	253.9	—	55.6**	83.6**	**(p<0.01)
15	309.5	—	—	28.6**	
17	337.5	—	—	—	

第二,宗教信仰与品德发展之间没有显著相关($p>0.05$)(见表 5-3)。

第三,国籍与品德发展水平之间有关系,但没有显著相关($p>0.05$)。

可见,即便是在不同的社会文化背景下,儿童青少年品德发展的大致趋势还是一致的,而且不同年龄阶段之间都存在着显著差异。当然,在这项实验中,宗教信仰与国籍这两个因素似乎与品德发展水平关系不太大。

表 5-3 宗教信仰与品德发展的关系

信　仰	样本				
	总样本	美国	赞比亚	英国	日本
天主教	331.8	320.6	301.4	367.2	353.2
新教	329.0	317.2	288.8	365.3	
其他宗教	350.7	330.9	352.0	357.1	
无	344.1	328.4	302.0	360.7	398.0
自由度	3	3	3	3	1
F 值	0.9	0.7	1.8	0.9	1.4
p 值	>0.05				

1986年，雷斯特（J. R. Rest）等人也对品德发展进行了跨文化研究，并对社会文化因素对品德发展的影响提出了一些问题。

（二）我国关于品德发展的跨文化研究

我国关于品德发展的跨文化研究，主要是分两方面进行的。一方面，同国外某些重要的品德发展研究进行跨文化比较，比较研究结果的异同，从而了解不同文化背景的影响作用；另一方面，利用我国是一个多民族国家的优势，在国内开展不同民族间的品德发展跨文化研究。

1. 与国外的有关研究进行跨文化比较

这方面的研究，主要集中在对皮亚杰模式的检验与修正上。

（1）关于行为责任的道德判断

根据皮亚杰等人的研究结果，年幼儿童在道德判断中重视行为后果，忽视意向性，这种倾向要到10岁左右才减弱。1979年我国儿童青少年心理学工作者对此问题进行了研究，结果表明，我国小学三年级的儿童青少年（8～9岁），绝大多数已能根据行为的意向性进行判断了。

（2）关于公正观念的发展

根据皮亚杰的研究，7岁、10岁和13岁是儿童青少年公正观念发展的三个关键年龄：7岁左右儿童青少年尚不理解公正观念，10岁左右儿童青少年以公平和平等为标准进行判断，而13岁左右的儿童青少年则以是否公道作为判断的标准。对此，我国"儿童青少年道德发展研究协作组"1983年的研究发现：以平等为标准的公正判断在7岁儿童身上略占优势，以是否公道为标准的公正判断在11岁儿童身上已占绝对优势。

（3）关于惩罚观念的发展

根据皮亚杰的研究，年幼儿童往往认为对有过错的人应当施以强制性惩罚，而年长儿童青少年则大多数认为强制性惩罚是不必要的，有过错的人将受到同辈集体的回敬。因此，皮亚杰认为强制性惩罚观念的产生先于回敬性惩罚观念，前者随年龄的增长而递减，后者随年龄的增长而递增。而李伯黍等人1984年的研究也发现，我国儿童青少年的惩罚观念的发展也具有这样的规律，但这两种判断的转折，是发生在 8~9 岁，而不是发生在 12 岁。

可见，这些跨文化比较研究都证明了儿童青少年品德发展的有序性和阶段性，只是在年龄分期上有所不同，这主要表现在我国儿童青少年的品德发展的转折年龄比皮亚杰的研究结果早 1~3 年。

2. 国内不同民族间的品德发展跨文化研究

我国是一个多民族国家，由 56 个民族组成，各民族的文化背景差别较大，因而有利于开展国内品德发展的跨文化研究。1987 年，"全国儿童青少年道德发展研究协作组"发表了一项《汉族与少数民族儿童道德发展比较研究》的报告，探讨了我国不同民族儿童青少年的公有观念的发展。

该研究用对偶故事直接询问了 5、7、9、11、13 岁汉族和七个少数民族的共2000 名儿童青少年。七个少数民族包括内蒙古的蒙古族、新疆的维吾尔族、广西的壮族、湘西的土家族和苗族、四川的彝族和藏族。研究结果如下。

第一，汉族和其他民族儿童青少年的公正观念、惩罚观念和公有观念的发展趋势基本是一致的；但各民族之间仍然存在着显著的年龄差异，并且这种年龄差异随着年龄的增长而逐步缩小。

第二，在公正观念的发展方面，对无意的人身伤害，各族儿童青少年的反应基本一致；但对有意的人格侮辱，各族儿童青少年的反应存在着显著差异，蒙古族儿童青少年多以服从作为公正判断的原则。

第三，在惩罚观念的发展方面，维吾尔族儿童青少年与汉族儿童青少年之间无显著差异，而其他六个少数民族儿童青少年主张强制性和回敬性惩罚的人数比例显著高于汉族儿童青少年，主张批评性惩罚的人数比例显著低于汉族儿童青少年。

第四，在公有观念的发展方面，各族儿童青少年之间的差异较大，与汉族儿童青少年相比，维吾尔族和壮族儿童青少年的公有观念发展较早，而藏族儿童青少年的公有观念发展较晚；蒙古族儿童青少年根据行为意向性来判断行为好坏的能力发展较慢；土家族和苗族儿童青少年在意向性不变的情况下，认为损坏私物的行为更坏的人数比例，在 9 岁组和 11 岁组都较高，而且苗族儿童青少年随着年龄的增长，这一人数比例有逐步提高的倾向。

总之，从上述有关研究中我们可以清楚地看到，社会制度、社会文化背景与品德发展具有十分密切的关系。

当然，应当看到，即使是在不同的社会文化背景下，儿童与青少年品德发展的总体趋势还是基本一致的，都存在着明显的顺序性和阶段性。

第二节

品德发展与社会生活领域

如前所述，品德发展除了遵循上述四个基本规律以外，与社会生活领域的关系也极为密切。我国目前的学校品德教育中存在泛道德主义倾向，常常把其他领域的问题也归咎于品德问题。例如，有些学校要求女生剪掉长发，不剪长发就被当作违纪处理，甚至认为留长发是"不道德"的。据许多中学一线教师反映，诸如此类的"仪容仪表、衣着穿戴"问题是他们教育管理工作中比较头疼的问题。学生认为学校在这些方面的规定侵犯了他们的自由，而教师也无法为这样的规定提供一个能让学生心悦诚服的理由。与此同时，对于学校中另一些诸如"不打架、不骂人"之类的规定，学生认为其合理性是毋庸置疑的，因而对其进行辩解和反抗的人很少。同样是学校的规定，为什么学生的态度和行为反应却极为不同？下面，我们通过介绍道德认知的领域理论来探讨这个问题。

一、什么是社会生活领域

以特里尔（E. Turiel）、努奇（L. Nucci）等人为代表的美国一些道德发展研究者提出的道德认知的领域理论（domain theory）认为，儿童青少年的品德发展与其社会生活领域密切相关。社会生活领域具体可分为道德领域（moral domain）、习俗领域（conventional domain）和个人领域（personal domain）（Nucci，1981）。具体而言，道德领域由与身体伤害、心理伤害、公平或正义有关的行为事件构成。例如，考试作弊有违公平原则，诽谤别人会给别人造成心理伤害，因而都属于道德领域事件。习俗领域则由与众人的一致性或共同遵守的一般规则有关的行为事件构成，这样的行为可以使社会保持和谐。例如，特里尔指出"习俗是社会制度的一部分，是人所共同遵守的行为规则，它们的意义是由其所在的体制规定的。因此，习俗依赖于环境，其内容随着社会意义的不同而不同"（Turiel，1987）。个人领域由与冲突性伤害或公平和权利无关，也不能由习俗调控，属于个人权限之内的行为或事件构成。例如，一个人留什么样的发型，喜欢看什么类型的电视剧等就属于个人领域事件。已有实证研究表明，在儿童早期，孩子就已经能够区分道德领域和习俗领域了（Nucci，1991）。

　　显然，三个领域是有本质区别的，尤其是道德领域和习俗领域的差别更值得强调。习俗是一些由多数人建构的共同行为，其意义由所在的建构系统决定。因此，是否遵守习俗的行为由建构系统所赋意义的影响力而定，习俗的情境性也可能因为社会建构意义的不同而变化。但是，道德不是由存在的社会构成来建构或定义的，是必须无条件遵守的、不讲私人感情的，是普遍适用的，并且可以被推广到不同情境（Turiel，2006）。我们以学校中"不打架、不骂人"和"衣饰准则"为例，来说明习俗和道德两个领域的区别。打架骂人行为必然伤害到被打被骂的对象，"打架骂人是不对的"这一判断产生于该行为的必然消极结果，是不依赖于社会认可的标准而存在的。由此可见，"不打架、不骂人"是典型的道德领域的规则。而"衣饰准则"则不同，它依赖于学校这一社会组织的存在，学校期望学生能够遵循"衣饰准则"，但违反"衣饰准则"的行为并不必然给他人带来伤害和违反公平原则。而且，这些"衣饰准则"对学校以外的情境不具有普遍约束力。由此可见，"衣饰准则"是典型的习俗领域的规则。

二、区分各个领域的能力制约儿童青少年的品德发展

道德认知的领域理论一方面继承了皮亚杰和科尔伯格以来的认知研究传统，另一方面又拓展了二者，其贡献主要体现在将统一的规则区分为不同领域的规则上，强调人们对于道德领域事件的思考不同于对其他领域社会事件的思考，规则具有领域特殊性。特里尔认为，科尔伯格只研究道德思维的形式，忽视了道德思维的内容，因此，其研究不能对"真实生活世界"中的儿童青少年发展做出说明（Turiel，2006）。特里尔从个体如何对所面临的事件进行归类，以及采用什么标准来判断这个事件两个方面来研究儿童青少年的品德发展。他认为，个体在判断社会事件之前，会先对其归类，若把事件归为道德领域事件，就会从公正、个体的权利和利益的角度出发去判断；若将事件归为习俗领域事件，就会根据社会通行的行为准则和规范来做出判断（Turiel，2006）；而当一个事件同时属于不同领域的事件时，个体会感受到价值判断、态度及行为决策方面的冲突，于是，个体会产生领域整合推理的需要。特里尔和斯梅塔娜（Smetana）提出了三种领域整合模式：领域从属（domain subordinate），指个体虽然意识到这个事件同时属于不同的领域，但却只将其当作其中的一个领域事件来应对；领域协调（domain coordination），指个体能够在认清不同领域之间的矛盾后，对同时属于不同领域的事件进行顾全整体的反应；缺乏领域决策（lack of domain resolution），指个体意识到了不同领域之间的矛盾，也意识到这个事件可同时属于不同领域，但不能做出兼顾二者的反应（Turiel & Smetana，1984）。在领域判断方面，即便是儿童青少年也认为道德判断与一般的社会事件判断不同。来自东西方文化背景的 60 多项研究检验并证实了这种领域区分的普遍性（Helwig，Tisak & Turiel，1990）。一些针对年幼儿童的研究表明，2 岁儿童不能区分领域，3 岁末的儿童能够独立进行道德判断，4~5 岁的儿童对于道德侵犯和习俗侵犯的区别逐渐趋于一致，6~7 岁的儿童能对熟悉的事情进行领域区分，9~10 岁的儿童能够将领域区分应用于不熟悉的事情上（Turiel，2006）。可见，儿童青少年区分各个领域的能力制约着他们的品德发展。

儿童青少年的领域判断不只受到年龄因素的影响，也受到文化因素的制约。道德和习俗的关系在不同文化间具有极大的差异，某种社会习俗有时可以被视为道德规范。例如，施维德通过对印度婆罗门种姓和不可接触家庭的研究发现，印度文化中规定社会等级较高者应避免接触(避免被污染)社会等级较低者，而且这种规定具有"道德"命令的性质(Shweder，1987)。尼桑在以色列研究了三组来自不同文化团体的儿童青少年对规则的认知，发现来自传统阿拉伯乡村的儿童青少年认为任何违规行为(即使在习俗领域)都是不对的，甚至坚持认为法律应该禁止所有的违规行为(Nisan，1987)。

同时，努奇的研究表明，道德与习俗的领域交叉增加了探究人们社会行为原因或效果的复杂性。不同文化下的人们也许对同一社会问题有着不同的道德判断，个体之间对同一行为道德意义的理解也可能存在差异。在相对明确的事例中，人们依据道德做出判断或者依据习俗做出的决定，其结果都是相当明确的。但是，不同文化下的个体对于行为属于道德领域还是习俗领域的判断存在着差异，导致行为的意义变得模糊起来。

寇彧等人(2013)开展的有关儿童青少年对腐败认知的研究发现，个体在不同年龄阶段可能会对同时属于不同领域的事物采取不同的领域整合模式，从而对其做出不同的领域判断。具体而言，小学生对腐败的态度只是道德批判；初中生则在对腐败进行道德批判的同时，也意识到了腐败的普遍性，但较少表达对腐败的理解和认同；高中生一方面对腐败进行了更严厉的道德批判，另一方面却非常强调腐败的普遍性，认为腐败是很多人遵循的规则，因而也表达了对腐败的理解和认同。由此可见，小学生对于腐败的判断最初属于领域从属，随着年龄增长，儿童青少年越来越认识到腐败的复杂性，开始既从道德领域来判断腐败，又从习俗领域来判断腐败，他们从道德领域判断腐败时，态度是更加批判的，从习俗领域判断腐败时，态度则是更加认同，体现出了缺乏领域决策的特点。

三、领域区分与品德教育

中国传统的道德教育采用了"大德育"模式，这意味着不对道德、社会习俗和个人三个领域加以区分，将其统一纳入道德教育范畴。但是，有研究发现，中国儿童青少年对这三个领域内的问题确实表现出不同的推理方式，这初步证明了将领域理论应用于中国品德教育实践的可行性（杨韶刚，2007）。道德认知领域理论提示我们在学校品德教育中区分道德、习俗和个人等不同领域，按照儿童青少年在不同领域的发展特点来制定相应的教育目标和措施，引导学生在处理道德问题时聚焦于事件中潜在的公正或人类福利的考量，处理习俗问题时聚焦于对社会期待的角色和社会规范所具有的组织功能的理解（Nucci，1982）。这样可以避免品德教育实践中设定假、大、空的品德教育目标，有助于提高品德教育的针对性和有效性，使学生在品德领域、习俗领域等各方面都得到实效发展。

努奇致力于将领域理论的基本思想应用于道德教育实践，提出了建立与领域相适应的"教育气氛"的方法。他认为，从领域理论来看，道德领域建构的主要特点是道德事件本身具有的内在结果，因此教育者的目标就是指出这种内在结果。在不同年龄下，这种教育方式因个体的发展水平不同而具有不同的教育应对。首先，在童年早期帮助儿童青少年关注行为的影响和互惠。其次，对小学高年级的同学引进同伴调解者。同伴调解可以使儿童青少年不把道德行为的践行仅仅归因为成人权威，而且使儿童青少年从第三者的角度看待自己的处境，为其看待道德问题提供了一个新的角度。最后，到了青少年时期，学生寻求成人干预道德问题的比率下降了，此时可以通过同伴之间的交往活动及参与道德讨论和思考活动来进一步发展其道德水平。

对于习俗领域的教育气氛的建立，努奇提出了四点建议：第一，教师对儿童青少年习俗和个人领域内的事件需要遵循个体的发展规律。儿童青少年的社会习俗概念形成是一个质疑与否定的曲折推进过程，他们对社会习俗的肯定经常在后来被否定，这些方面的否定后来又会被更加综合和深入的肯定所取代。第二，允许学生参与制定直接影响他们的规范。第三，给儿童青少年以良性的支持，帮助他们建构领域概念。教师对学生违反规范行为的反应需要保持公平和前后一致，教师的训斥只应针对学生的行为本身，而不能和学生的品德联系起来。第四，要注意学生对个人领域的建立及其对习俗领域的影响。处于青少年早期的学生，一般认为学校有权调节道德和习俗问题，但他们也为教师的权利划定了范围，认为教师无权调节学生们的个人行为，甚至把反抗一些习俗作为维护个人领域的一种表现（刘春琼，2011）。

四、城市化进程中的儿童青少年品德发展

随着中国改革开放和城市化进程的不断加速，越来越多的农村剩余劳动力开始向城市转移，流动人口规模不断壮大。庞大的流动人口背后，流动儿童青少年（出生在城市，随父母双方或一方在城市一起生活的儿童青少年）与留守儿童青少年（不能随父母进城，留守在家乡的儿童青少年）的教育与品德发展问题已引起了社会各界的广泛关注。接下来，我们以流动儿童青少年与留守儿童青少年为例，来分析城市化进程对儿童青少年品德发展的影响。

(一)流动儿童青少年的品德发展

心理学家布朗芬布伦纳（Bronfenbrenner，1979，1994）提出了一个颇具影响力的发展概念。他强调"在环境中发展"或"发展生态"的重要性。生态环境由四个相互镶套着的系统（如图 5-1）和其中的人、背景以及时间的交互作用过程所构成。

微观系统（microsystem）指个体活动发生的直接环境，比如学校和家庭；联系系统（mesosystem）指各个微观系统之间的联系，如儿童青少年的家庭环境质量可能影响他的在校成绩及与同伴交往的信心；外层系统（exosystem）指个体并未直接经历，但会受其影响的背景之间的联系，如父母的工作环境；宏观系统（macrosystem）指个体生存的社会或亚文化中的社会制度的意识形态和组织形式（寇彧等译，2006）。这些系统与个体相互作用并影响着个体的发展，也影响着儿童青少年的品德发展。为什么说城市化进程会影响流动儿童青少年的品德发展呢？第一，流动儿童青少年跟随父母来到城市，其社会环境发生了较大的变化；第二，流动儿童青少年父母的职业和工作环境的不稳定程度较高、家庭功能较差（侯娟，邹泓，李晓巍，2009），家庭社会经济地位相对较低（刘霞，申继亮，2010）。这些因素就使得流动儿童青少年会较为频繁地转学，需要不断适应新的学习环境、师生关系和同伴关系。所以，流

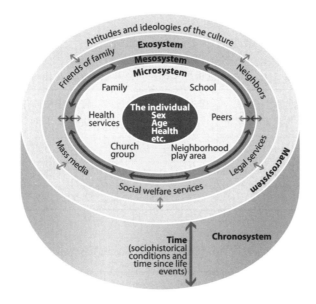

图 5-1　发展的生态环境模型图

动儿童青少年会比普通城市儿童青少年体验到更低的自尊感与归属感，感受到较强的不安全感、孤独感和被歧视感（刘霞，申继亮，2010），他们的观念和行为也会因为环境的改变而受到新的影响，在道德判断方面出现不同程度的冲突或困惑，最终影响到品德的发展。

流动儿童青少年所处的生态系统对其品德发展的重要影响主要体现在如下几个方面。

在道德认知方面，李悠（2003）发现，流动儿童青少年的道德认知水平低于广州市常住儿童青少年。在儿童青少年品德发展中，家庭社会经济地位以亲子关系与父母教养方式为中介影响着儿童青少年的道德认知水平。

寇彧等人（2012）在北京市的一项大样本研究发现，北京市户籍儿童青少年、普通学校的流动儿童青少年、打工子弟学校的流动儿童青少年在对行贿的判断上不存在显著差异，但在对行贿行为是否公平的认识和是否认同行贿行为的判断上存在显著差异，打工子弟学校的流动儿童青少年比其他两组儿童青少年更明显地认同行贿行为，且更加认为行贿行为是公平的，这和他们较低的一般公平世界信念、较高的物质主义价值观和较强的被控制的命运观有关(见表 5-4、表 5-5),而公平世界信念等价值观念又与他们的社会生活环境变化密切相关。

表 5-4   三类儿童青少年行贿判断和认同的差异比较

	北京市户籍儿童青少年	普通学校的流动儿童青少年	打工子弟学校的流动儿童青少年	F
行贿判断	4.19(1.82)	4.15(1.76)	3.94(1.73)	2.03
行贿公平	2.04(1.63)	2.13(1.70)	2.51(1.84)	7.78***
行贿认同	1.99(1.45)	2.12(1.51)	2.52(1.72)	11.81***

注:*** $p<0.001$。

表 5-5   三类儿童青少年公平世界信念、物质主义价值观和被控制的命运观得分比较

	北京市户籍儿童青少年	普通学校的流动儿童青少年	打工子弟学校的流动儿童青少年	F
一般公平世界信念	4.19(0.90)	4.02(0.78)	3.97(0.710)	7.05**
物质主义价值观	3.04(0.95)	3.15(0.92)	3.33(0.784)	10.33***
被控制的命运观	2.99(0.95)	2.96(0.92)	3.16(0.848)	4.74**

注:** $p<0.01$;*** $p<0.001$。

寇彧等人的进一步研究发现,在判断自己是否认同行贿行为上,北京市户籍儿童青少年主要依据的是道德原则,普通学校的流动儿童青少年以道德原则为主、社会习俗为辅来进行判断,而打工子弟学校的流动儿童青少年则以社会习俗为主、道德原则为辅来进行判断。可见,儿童所处的微观环境以及各微观环境之间的相互作用会影响儿童青少年的道德判断。而城市化的进程,正在迅速改变着流动儿童青少年的微观环境。

在道德行为方面,殷世东和王守恒(2009)的研究发现,他们调查的安徽省阜阳市八所学校的流动儿童在学校有打架斗殴、酗酒闹事、欺负弱小同学等暴力行为的达 47% 以上,甚至出现严重的犯罪行为。可见,儿童青少年的生活环境和学习环境的改变,对其影响是巨大的。

（二）留守儿童青少年的品德发展

如果说流动儿童青少年的品德发展受到了城市化进程给他们带来的环境改变的影响，那么留守儿童青少年的品德发展则受到了城市化进程给他们带来的家庭功能的改变的影响。方晓义等人（2009）的研究发现，与一般儿童青少年相比，留守儿童青少年的自尊感低、孤独感强。之所以出现这些问题，是因为留守儿童青少年从原来和父母生活在一起的家庭环境转化为单亲或者与祖辈、亲友等共同生活的家庭环境，这种新的家庭环境使儿童青少年面临着亲情缺失、家庭教育功能弱化等危机，所以也会使儿童青少年产生不适应，体验到强烈的不安全感，随之出现抑郁、孤僻、退缩等不良行为以及道德认知判断扭曲等现象（申继亮等，2007）。

林宏（2003）的调查发现，许多留守儿童青少年在家里不听祖辈的教导，或顶撞祖辈，或保持沉默，或行为不端、我行我素。在学校，许多留守儿童青少年不太遵守学校的规章制度、说谎、小偷小摸、打架、欺负同学。据老师反映，留守儿童青少年中早恋的比例也较大。此外，55.15%的留守儿童青少年性格比较任性、冷漠、内向、孤独。

周宗奎等人（2005）的调查也发现，父母外出打工的农村留守儿童青少年在人身安全、学习、品行、心理发展等方面都存在不同程度的问题。尤其是初中阶段的男生的不良行为表现更为突出，例如，放任自流、不服管教、违反学校纪律、晚上偷偷外出上网、通宵不归，甚至看不良录像、同学之间拉帮结派、赌博等。

可见，在城市化进程中，家庭流动对流动儿童青少年和留守儿童青少年的家庭和学校两大微观生态系统产生了重创，造成这些儿童青少年的安全感和归属感缺失，成长中的心理需求得不到很好的满足，部分儿童青少年出现了道德失范行为。城市化进程深刻地影响着流动儿童青少年和留守儿童青少年的道德认知、道德行为的发展。有关品德发展的家庭微观环境与学校微观环境的具体影响，请参照本章后面的相关内容。

第三节

————

家庭环境与品德发展

中华传统文化中，历来重视家庭教育，重视"家庭环境与品德发展"的关系。北宋政治家、史学家司马光在《温公家训》中强调"为父母者，慈、严、养、教并重"，传为千古名言。1995 年天地出版社出版了张致强辑注的从周朝周公旦到清代张之洞的《中华名人家训格言》，就全面展示了中华传统的家庭环境与品德发展的教育名言与家训格言。

在当代，家庭对人们的生活仍然起着极为重要的作用，影响着人们的身心发展的各个方面，因此它自然受到了教育工作者和相关研究者的高度重视。

一、家庭环境

家庭对个体身心发展的影响，是通过家庭环境来实现的。

儿童青少年身心成长过程中的家庭环境，主要包括客观和主观两方面的因素。客观因素包括家庭的物质生活条件、家庭的结构和主要社会关系、家长的职业类型和文化程度，以及儿童青少年在家庭中的出生次第等；主观因素包括家长的品德修养、家长对子女的养育态度及期望，以及家庭气氛和家庭作风等。

对于儿童青少年来说，由于他们的身心发展水平的限制，生活的范围狭窄，因而家庭环境对他们的影响作用要比成人的影响更大。这些因素日复一日、年复一年、经常不断地影响着儿童青少年，从而在儿童青少年的身心发展上起着重要的作用。

当然，家庭环境诸因素对儿童青少年身心发展的影响是多种多样的、极为复杂的。家庭环境中的某一因素，可能会满足儿童青少年在这一方面或这些方面的需要，但可能不会满足儿童青少年在另一些方面的需要。比如，独门独户的居住条件，有利于儿童青少年的学习和休息，但对儿童青少年扩大生活范围，增长见识，加快社会化等，则有一定的不利影响。

而且，即使家庭具有相似的客观条件，儿童青少年也有可能向好的和坏的两个方面发展。也就是说，即使两个儿童青少年的家庭经济状况、居住条件相似，即使其父母的职业类型和文化程度相同，即使其出生次第一样，他们也有可能向着不同的方向发展，一个成长得很好，另一个成长得较差。这主要取决于家庭环境中的某些主观因素，如家长的品德修养、家长教育子女的方式、家长与子女的关系等。

一般说来，家庭环境中的客观因素是不易改变的，或是一时难以改变的，但家庭环境中的主观因素则是可以改变的。因此，要促使儿童青少年的身心得到良好的发展，家长必须从主观方面积极努力，发挥良好的作用。

二、家庭环境对儿童青少年品德发展的影响

家庭环境对儿童青少年品德发展的影响，是以一种多因素、多侧面的复杂方式来实现的。而且，并不是所有的家庭环境因素都对儿童青少年品德的发展起作用，不可以一概而论。

（一）家庭环境中的客观因素对儿童青少年品德发展的影响

1. 家庭物质生活条件的影响

家庭物质生活条件主要包括家庭的经济状况和居住条件等。我国学者丁瑜的调查结果表明，家庭的经济状况和居住条件（按人均生活费用和人均居住面积分别划分出 4 个等级）同儿童青少年的品德之间不存在显著的相关。因此，家庭的物质生活条件对儿童青少年品德发展的影响是不明显的，不具有统计学的意义。

2. 家庭结构和主要社会关系的影响

家庭的结构主要是指家庭的人口结构。比如，有的家庭只是由父母和子女两代人组成，而有的家庭则是由祖父母、父母和子女三代人组成，有的家庭甚至由四代

或更多代人组成。无疑，他们都会或多或少地参与对儿童的教育，这自然会在一定程度上影响到儿童青少年的品德发展。我国现在提倡的"独生子女"政策，将使家庭结构呈现为"4—2—1"的模式，亦即新的家庭将由祖父母和外祖父母四人、父母二人和儿童青少年一人组成。这样，独生子女在家庭中接受教育的机会将有所增加。当然，如果父母及其他长辈的教育方式不正确或不一致，就会使这种有利因素转变为不利因素，从而对儿童青少年的品德发展产生消极的影响。

家庭的人口结构中，一个十分重要的因素就是父母是否分居或离婚，这里可以有两种原因导致父母分居或离婚：一种是父母因工作等原因而不得不暂时(或在一段时间内)分居两地，但彼此之间的关系是良好的；另一种是由于父母关系不和而导致分居或离婚。

在我国，由于工作、户口等方面的原因，有一些家庭存在着父母分居两地的情况。根据上述的调查发现，这种情况不会明显地影响到儿童青少年的品德发展(见表 5-6)。

表 5-6 父母分居两地与子女品德的关系

父母分居与否	子女品德状况		
	优良	一般	较差
父母一起生活	36.6%	55.5%	7.9%
父母分居两地	22.8%	66.7%	10.5%
差异考验	$p>0.5$		

那么，父母因感情破裂等因素而离婚或分居对子女品德发展有无影响呢？我们把这种结构的家庭称之为破裂家庭。美国犯罪心理学家梅里尔对 300 名青少年犯罪者进行了研究，并将他们与 300 名年龄、性别、邻居等环境因素相当的青少年非犯罪者进行了比较。结果发现，青少年犯罪者中有 50.7% 的人来自破裂家庭(包括父母离婚、离婚后又结婚、分居、抛弃、母亡、父亡、父母双亡、父亡母改嫁、母亡父续弦等情况)；与青少年非犯罪者相比，青少年犯罪者的兄弟姐妹中有青少年犯罪史的也较多。格鲁克夫妇将 500 名青少年犯罪者和 500 名青少年无罪者做了比较

研究，发现从他们出生之日算起，前者中有 302 名(60.4%)经历过家庭破裂，而后者中只有 171 名(34.2%)经历过家庭破裂。

尽管我国离异家庭还没有如此严重，但是因父母之间感情破裂而导致的分居或离婚，对子女品德的发展却具有严重的不良影响。我们(林崇德，1992)关于"离异家庭子女心理的特点"的研究发现，根据教师评定的结果，离婚家庭子女在品德方面表现出问题行为的人数比例，显著高于完好家庭子女。让教师从不尊重教师、欺负同学，撒谎欺骗，做错事不感到羞愧，吹牛自夸四个方面进行评定，离异家庭子女表现出这些问题行为的人数比例分别为 24.6%、31.05%、28.18%、15.58%，完好家庭子女则分别为 26.9%、5.28%、7.48%、6.38%。除了对师生同学表现外(完好家庭子女多出 2.3%，$z = 0.255$，$p > 0.05$，无显著差异)，其他三个方面，离婚家庭子女的百分比明显高于完好家庭子女(S 值分别为 13.650、11.065、6.036，p 值均小于 0.01，差异显著)。

父母离异之所以对子女品德发展产生不良影响，主要是由于破裂的家庭结构给儿童青少年带来了过分紧张的生活气氛和感情冲突，家庭缺乏温暖和关怀，致使他们失去了生活目标，在道德观念、道德情感、道德意志和道德行为等方面易于向不良的方向发展。至于那些父母因工作等客观条件不得不暂时分居两地的子女，其品德发展则没有受到影响。无疑，这是因为父母之间的感情仍然良好。

此外，家庭的主要社会关系也对儿童青少年的品德发展有一定的影响。对于生活在社会关系极为复杂(特别是某些近亲有不良品德)的家庭中的儿童青少年来说，要避免受到不良因素的影响是一件不容易的事情。

3. 家长职业类型和文化程度的影响

家长的职业类型不同，可能导致不同的家庭生活特点和家庭教育方式，从而影响到子女品德的发展。当然，由于职业的选择往往取决于家长的受教育程度，因而家长职业类型对子女品德的影响，实际上是其文化程度影响子女品德的间接表现。

我国丁瑜(1985)的研究将家长的职业划分为知识分子、干部职员、工人农民三类，指出不同职业类型父母的子女的品德都存在着明显的差异(见表5-7、表5-8)。

表 5-7　父亲职业类型与子女品德的关系

父亲职业类型	子女品德状况		
	优良	一般	较差
知识分子类	57.1%	41.3%	1.6%
干部职员类	36.6%	57%	6.5%
工人(农民)类	25.9%	62.2%	11.9%
差异考验	$p<0.01$		

表 5-8　母亲职业类型与子女品德的关系

母亲职业类型	子女品德状况		
	优良	一般	较差
知识分子类	56.3%	37.7%	6.3%
干部职员类	46.7%	50.7%	2.7%
工人(农民)类	21.2%	66.5%	12.3%
差异考验	$p<0.01$		

上述研究还将家长的文化程度按其所接受的学校教育水平进行划分，分为"小学(或以下)""中学或中专""大学(或以上)"三个类别，分别考察了父母的文化程度与子女的品德发展的关系。结果发现，父母的文化程度对子女的品德发展有显著的影响(见表 5-9、表 5-10)。

表 5-9　父亲文化程度与子女品德的关系

父亲文化程度	子女品德状况		
	优良	一般	较差
小学(或以下)	28.9%	60.7%	10.4%
中学或中专	31.1%	59.8%	9.1%
大学(或以上)	62.3%	37.7%	0
差异考验	$p<0.01$		

表 5-10 母亲文化程度与子女品德的关系

母亲文化程度	子女品德状况		
	优良	一般	较差
小学（或以下）	22.5%	67.5%	10%
中学或中专	42.3%	49.7%	7.9%
大学（或以上）	55.8%	42.3%	1.9%
差异考验	$p<0.01$		

郑红丽和罗大华（2009）对 277 名违法组、341 名犯罪组和 179 名普通组青少年的家庭社会经济地位进行比较发现，普通组青少年的家庭社会经济地位显著高于违法组和犯罪组。回归分析也发现，家庭社会经济地位对青少年是否出现违法或犯罪行为具有显著的预测作用。

由于父母的文化程度会影响到他们对子女的教育方式，影响到他们对子女的自觉教育程度，影响到他们能否根据子女的特点进行及时的帮助与教育，甚至影响到子女分析、思考和解决问题的方式，因而最终会对子女的品德发展有所影响。

4. 儿童青少年在家庭中出生次第的影响

在我国处于"多子女"时期，民间流传着"大傻（义务感、责任心问题）、二怪、三闹、四懒（幼子女"娇气"的问题）"的说法，其正确性值得探讨，但提出了儿童青少年的出生次第与心理，尤其是品格发展的关系。

尽管我们前面的研究发现，长子、居中或末子等出生次第情况没有导致儿童青少年品德发展的明显差异，但我国民间的观念与国外的某些研究结论却有相似性。表 5-11 就列出了伯德尔等人关于出生顺序与性格特征的研究结论。

表 5-11 出生顺序与性格特征（墨菲制）

研究者	研究的结果
伯德尔 （I. E. Berder）	独生子或长子有比平均稍高的支配性，末子有比平均稍低的支配性。
加曼 （A. Garman）	出生顺序早的孩子对痛苦的感受性大。

续表

研究者	研究的结果
艾森伯格 （P. Eisenberg）	长子或独子比中间的孩子或末子更有优越感。
埃利斯 （H. Ellis）	小家庭中长子成为名人的概率大，而大家庭中的末子成为名人的概率大。
福斯特 （S. Foster） 罗斯 （B. M. Ross）	妒忌性较强的儿童青少年中长子比较多。
古迪纳夫 （F. L. Goodenough） 莱希 （A. M. Leahy）	长子往往有较少的攻击性、指导性和自信心，而且较为内倾。 末子往往畏首畏尾，独生子的攻击性、自信心往往都很强。
维特 （G. E. Vetter）	在过激的人中，独生子所占的比例较大；在保守的人中，长子较多，末子也相当多。

总之，这些家庭客观因素或多或少地以这样或那样的方式影响着儿童青少年品德的发展。但是，如前所述，这些客观因素只是在一定程度上起作用。良好的客观条件如果未被家长恰当地、正确地加以利用，那么也有可能产生消极的影响；反之，对于客观条件较差的家庭来说，只要家长自身加强品德修养，注重正确而科学的教育方式，创造出融洽的、和谐的家庭气氛，那么其子女的品德就会向着正确的方向发展。

（二）家庭环境中的主观因素对儿童青少年品德发展的影响

1. 家长品德修养的影响

儿童青少年经常以他们父母的形象为榜样来加以模仿。因此，父母高尚的道德品质修养，会极大地感染其孩子，使他们的品德也向着良好的方向发展。反之，如果家长的道德品质败坏，其子女也会因他们的言传身教而向品德恶劣的方向发展。在某少年管教所的 70 个案例中，家庭主要成员曾经受过拘留以上处分的有 15 人，占 21%。可见家庭成员的品德修养对儿童青少年的影响是相当大的。

美国艾奥瓦州医科大学精神病学系教授克劳(1987)对家庭有犯罪行为的青少年进行了研究。他挑选了两组青少年，各 46 名。第一组青少年的母亲中，有 90% 为关押过的严重刑事犯罪分子，其余 10% 为行为不端分子。第二组青少年的母亲则为一般。研究结果表明，第一组青少年的不良品德现象大大多于第二组青少年。在第一组青少年中，有七人(15.2%)曾因刑事犯罪而遭逮捕，这七人至少都确证有罪一次，有的多次被捕，多次确证有罪，有三人(6.5%)犯有严重刑事罪，六人(13%)曾在成年或少年时被关押过，其中一人在成年和少年时都被关押过。而第二组青少年中只有一人(2.1%)被捕和确证有罪。第一组青少年中，有八人(17.4%)接受过精神病治疗，其中七人住院治疗；第二组青少年中，只有二人(4.3%)接受过精神病治疗，其中一人住院治疗。

可见，家长的品德不良会对儿童青少年品德的发展有不利的影响。

2. 家长对子女的养育态度及期望的影响

日常生活经验和大量有关研究都告诉我们：家长对待子女的态度，在很大程度上影响着儿童青少年人格(包括品德)的发展。

肖文娥、邢玉凤和梁金辉(2002)发现，有利于学生品德发展的"优势父母教养方式"是父母充分的情感温暖与理解、父亲的不严厉惩罚和母亲的不拒绝否认。

根据美国心理学家鲍德温(A. L. Baldwin)等人的研究：母亲对子女的支配性态度，会使子女变得消极、缺乏主动性、依赖和顺从；干涉性态度会导致子女的幼稚、神经质和被动；娇宠性态度会导致子女的任性、幼稚、神经质和温和；否定性态度会导致子女的反抗、暴乱、冷淡和自高自大；不关心的态度会导致子女的攻击、不安定情绪和冷酷；专制性态度会导致子女的反抗、不安定情绪，依赖和服从；民主性态度会导致子女的合作、独立和直爽。由于这些结果大多与品德有关，因而母亲的态度是影响儿童青少年品德发展的一个重要因素。

根据日本心理学家森武夫(1978)的研究，母亲如果采取保护的、非干涉性的、合理的、民主的和宽大的态度，儿童青少年就会富有积极性，态度友好和情绪安定；反之，如果母亲采取拒绝的、干涉的、溺爱的、支配的、独裁的和压迫的态度，儿童青少年将变得适应能力差，依赖性强，精神不稳定和富有反抗性等（见表5-12）。

表 5-12　母亲的态度与子女性格的关系

母亲的态度	儿童青少年的性格
支配一切	服从，无主动性，消极，温和
照管过甚	幼稚，依赖性，神经质，被动性，胆怯
保护	缺乏社会性，爱深思，亲切，情绪安定
溺爱	任性，反抗性，幼稚，神经质
顺应过度	无责任心，不服从，攻击，粗暴
忽视	冷酷，攻击，情绪不安定，创造力强，善交往
拒绝	神经质，反社会，粗暴，试图引人注意，冷淡
残酷	执拗，冷酷，神经质，躲避，独立性
民主	独立性，直爽，协作，亲切，善于社会交往
专制	依赖，反抗，情绪不安定，自我中心，胆大

美国犯罪心理学家格鲁克夫妇于 1950 年研究了家长养育态度对子女犯罪情况的影响。他们将家长的管教方法分成三种：恰当——管教一贯严格，但也不过分严厉，不致引起孩子的恐惧和对立；一般——管教不稳定，时紧时松；不恰当——管教或者过分严厉，引起孩子的反抗，或者放任自流，使孩子的行动毫无约束。他们发现，在青少年犯罪者的父亲中，仅有 4% 的人对其孩子的管教方法恰当，有 26.7% 的人管教方法一般，其余 69.3% 的人管教方法不恰当；在青少年犯罪者的母亲中，仅有 2.5% 的人管教方法恰当，有 27.4% 的人管教方法一般，其余 70.1% 的人管教方法不恰当。

由于父母的养育态度直接影响到他们与子女的关系，父母与子女之间的关系也能影响到子女品德发展的情况。美国犯罪心理学家 F. 伊凡·奈及其同事将青少年犯罪者的犯罪行为分为"严重犯罪"和"轻微犯罪"。他们发现，在母亲与孩子关系融洽的 292 个案例中，只有 14% 属于"严重犯罪"；而在母亲与孩子关系对立的 313 个案例中，有 48% 属于"严重犯罪"。可见，青少年犯罪的严重程度随母亲与子女关系的融洽与对立的不同而有所变化。

根据我国辽宁社会科学院对犯罪青少年的调查，在 469 名犯罪青少年中，父母用打骂方式进行管教的有 203 人，占 44.7%。

可见，父母良好的养育态度可以使儿童青少年向着积极主动的、友好安定的方向发展，而错误的养育态度则会导致儿童青少年的攻击性、反抗性的增强。

另外，父母对子女的期望也对子女的品德发展有着一定的影响。我国丁瑜的研究将家长对子女的期望水平分为三个等级，分别为希望子女考上大学、考上中专和分配工作。结果发现，在三种不同的期望水平下，儿童青少年品德状况之间存在着显著差异(见表 5-13)。

表 5-13　家长期望与子女品德的关系

家长期望	子女品德状况		
	优良	一般	较差
考上大学	50%	45.2%	4.8%
考上中专	31.7%	60.2%	8.1%
分配工作	19.2%	66.7%	14.1%
差异考验	$p<0.01$		

可见，家长对子女的期望较高，有利于子女品德的良好发展；而家长对子女如果不抱任何期望，对之放任自流，则不利于子女品德的良好发展。当然，这里还存在着一种反馈效应，即子女的品德状况也可以反过来调节家长的期望水平。

3. 家庭气氛和家长作风的影响

20 世纪 60 年代前后，美国心理学家佩克(R. F. Peck)与哈维格斯特(R. J. Havighurst)等人在美国中西部的群锐城进行了一项关于少年与青年的较大规模研究。结果发现，儿童青少年的品德发展与家长作风的关系十分密切(见表 5-14)。

可见，家长的和善作风有利于儿童青少年的良好品德发展，而过于严厉的家长作风则会使儿童青少年产生敌对和反抗行为。

表 5-14　儿童青少年品德与家长作风的相关

家长作风	儿童青少年的品德				
	意志坚强	情绪稳定	自发努力	友好态度	敌对行为
信任	0.74	0.60	0.27	0.44	−0.40
民主	0.43	0.16	0.36	0.33	−0.40
容忍	0.56	0.53	0.05	0.19	0.10
严厉	−0.16	−0.08	−0.38	−0.38	0.40

后来，罗森伯格(Rosenberg)发现，青少年的自尊心在很大程度上也受到家庭气氛的影响。他还发现，青少年中品德优良的人，其家庭一定是充满爱护、信任和高度民主的气氛。在这样的家庭中，子女对于家长不是因惧怕而服从，而是有理性的尊敬。

丁瑜的研究也发现，在"和睦""平常"和"紧张"三种不同的家庭气氛条件下，儿童青少年的品德发展情况存在着显著的差异。在"和睦"的家庭气氛下，儿童青少年的品德状况优于"平常"的气氛，而"平常"的气氛又优于"紧张"的气氛(见表 5-15)。

表 5-15　家庭气氛与子女品德的关系

家庭气氛	子女品德状况		
	优良	一般	较差
和睦	39.3%	53.4%	7.3%
平常	19.4%	70.9%	9.7%
紧张	33.3%	33.3%	33.3%
差异考验	$p<0.01$		

戈尔曼-史密斯等人(1996)对 362 名居住在美国的三类非裔青少年(包括非违法者、非暴力违法者、暴力违法者)的家庭功能与其违法犯罪行为进行了研究。结果发现，暴力犯罪青少年的家庭的亲密度、家庭规则和家庭成员的卷入程度都显著低于另外两类青少年家庭，而未违法组的母子沟通最为积极。

汪天德和汪颖琦(2000)总结了美国学者关于家庭与青少年犯罪研究的结果，得出以下七点结论。

①与正常青少年相比，行为失范的青少年往往缺乏父母的支持，也缺乏对父母的感情，与父母的关系疏远。

②虽然有些青少年同不良的青少年交往密切，但只要他们同父母保持密切的关系，就不至于走上犯罪的道路；而与父母关系疏远的青少年，即使很少与不良青少年交往，也会更大可能走上犯罪的道路。

③虽然朋友对青少年行为影响很大（特别是在吸毒问题上），但青少年对于朋友的选择常取决于同父母的关系。

④父母对青少年的管教和要求缺乏一致性，也会导致青少年行为失范，父母对子女的控制应适中，过严或放纵都会造成青少年行为失范。

⑤如果父母能有效监督子女的行为，参与他们的课外活动或娱乐活动，对子女在学校的学习抱有较高的期望的话，子女犯罪的可能性将会大幅度降低。

⑥如果一个家庭充满矛盾，家庭成员之间缺乏和谐关系，子女就有可能犯罪。

⑦家庭结构不健全会对子女的发展产生副作用，这种影响对年龄较小的孩子和对女孩子更大。家庭结构对子女的影响也可能因家庭成员的关系改善而减少。

总之，家庭环境是影响儿童青少年品德发展的重要因素。其中主观方面的因素，例如，家长的品德修养、家长对子女的养育态度与期望，以及家庭气氛和家庭成员的关系等，在一定程度上决定着儿童青少年品德发展的方向，这是家庭教育不可忽视的规律。

第四节

学校集体与品德发展

学校是专门从事教育的机构，是儿童青少年接受有目的、有计划、有组织、有系统的教育的地方。学校是影响儿童青少年品德发展的重要集体，这种影响不仅通过德育途径来实现，还通过诸如集体舆论、班风、教师的工作作风以及他们之间的关系等因素来实现。

一、班集体

班集体是构成学校集体的基本单位，学校集体的特点正是通过各个班集体的特点而表现出来的。

（一）班集体的特征及其形成

与一般集体相比，班集体具有这样一些特点。

第一，组成带有强制性。一般地说，儿童青少年入学被安置在哪一个班级，并不是由他们自己的意愿决定的，而是由学校根据学生的情况统筹考虑的。

第二，成员具有类似的身心发展水平。班集体基本上是根据成员的年龄水平进行组建的，因而在各方面都具有十分类似的特点。当然，班集体成员之间仍然存在着一定的个别差异。

第三，教师在班集体中居于核心地位，具有较强的权威与权力。教师受社会的委托，对班集体中的学生进行指导，他们的身心发展水平远远高于学生，学生在各方面都受到教师的深刻影响。

第四，班集体还受到其他因素的影响。比如，一个班集体往往还要受到同年级或不同年级的其他班集体以及每个学生的家庭因素和其他社会因素的影响。

第五，班集体的真正形成是需要一个过程的。根据国外的有关研究（见潘菽，1980），学生集体的发展过程可以划分为四个连续的阶段：第一阶段，教育要求对集体来说还是外来的；第二阶段，学生中的先进分子、积极分子接受了教育要求，并协同教师向其余大多数学生提出了这些要求；第三阶段，学生的整个集体接受了教育要求，并向个别差等生提出了这些要求；第四阶段，教育要求成了集体中每一个学生的要求，他们已经不需要外来监督，就能自己提出要求，并严格遵守、认真履行。根据我国学者对班集体形成阶段划分的研究(见韩进之、王宪清，1986)，在班集体形成的不同阶段，其共同活动的目的与任务、组织结构成员之间的相互作用和集体舆论等都有不同表现(见表 5-16)。

表 5-16　学生班集体形成的阶段划分

阶段	共同活动的目的与任务	组织结构	相互作用	集体舆论
组建班级	共同活动的目的与任务来自外部的教育要求(主要来自教师)	教师及其指定的学生助手依靠行政手段组织班级	互相观察探索。从好感—恶感出发，个别学生开始接近	表面上既无争论，也无共同意见与态度
集体形成的初期	部分先进分子、积极带头者接受教育要求，并协助教师向其余大多数学生提出。有些学生开始提出符合部分同学愿望的个别目的与任务	学生的地位和作用开始分化，出现各种活动的积极带头者与追随者	在自然因素与个性因素的基础上形成伙伴组	对班级的个别问题开始出现不同的争论
集体形成的中期	大多数学生接受了教育要求并向个别较差学生提出。学生自己开始提出符合大多数学生愿望的目的与任务	得到多数人拥护的领袖式人物开始涌现	各伙伴组与非伙伴组成员开始出现改组、扩大、联合的趋势	大多数学生对班级的基本问题开始形成一致的意见与态度
集体形成的后期	不需要外来监督，自己能提出要求，严格遵守，认真执行	领袖式的人物与积极分子组成班级核心。形成既有集中又有民主的组织结构	大多数学生能团结友爱、平等互助、友好往来	形成强有力的集体舆论组

　　学校集体中除了班集体这一基本单位外，还有其他各种集体组织形式，如少年先锋队组织、共产主义青年团组织、课外活动小组等。它们也是影响儿童青少年身心发展的重要因素。

　　一般来说，刚入学的儿童还没有形成真正的学校集体关系和集体生活。在教师的正确引导下，到一年级下学期的时候，儿童初级的集体关系和集体意识才初步形成起来。到二年级的时候，儿童已能明确地意识到自己是班集体的成员，把集体的要求变成自己的要求，把集体的荣誉当作自己的荣誉。此外，加入少年先锋队组织在儿童青少年的集体生活中具有重要意义。那些首先加入少先队的儿童青少年通常是班集体的积极分子，他们是班集体的重要支柱和教师的得力助手。当班集体在组织上和纪律上都得到巩固和加强时，儿童青少年的集体关系就从小范围的班集体活动逐步扩大到全校性的集体活动。当儿童进入小学中、高年级后，集体活动的范围日益扩大，集体意识日益提高，他们已能初步懂得集体利益和个人利益的关系，并能日益自觉地服从集体的要求，维护集体的利益。

(二) 班集体在儿童青少年品德发展中的作用

这主要体现在儿童青少年道德品质的知、情、意、行几个方面。根据我们对先进班集体作用的系统研究，我们发现，集体道德心理从两个方面影响着集体成员——个体的品德诸因素，即知、情、意、行的发展。第一，良好的集体的道德品质促使大部分正常儿童青少年形成良好的品德；第二，良好的集体的道德品质能改造品德不良学生。同时，整个的集体道德心理在学生的不同年龄阶段表现出不同水平和特征。

1. 班集体信念的作用

我们的研究结果表明，班集体的信念对集体成员的品德形成的作用有：①成为个体道德行为的准则；②促使个体对前景的向往，提高其形成良好品德的自觉性；③使个体增强集体观念，更好地服从集体利益。班集体信念的上述作用随着年级升高而日益加强，这一点也被我们的研究结果所证实。

2. 班集体情感的作用

集体荣誉感、责任心和义务感等都是良好的集体情感。它在个体品德形成中的影响作用是较大的：①使儿童青少年对他们的道德行为是否符合社会的要求而产生荣誉感或羞耻心、自豪或内疚等情感体验；②直接影响个体良好的道德感的形成；③使集体成员之间相互学习，相互模仿正确的道德行为，并产生可接受性体验。我们的研究结果表明，在先进班集体中，儿童青少年都具有很强的集体荣誉感、义务感，热爱班集体，同学间互助友爱。随着年级的升高，集体成员的集体荣誉感的稳定性不断提高，其内容也日益丰富。

3. 班集体意志行动的作用

在研究中我们看到，班集体的坚定的意志行动不仅直接增强了集体成员形成良好品德的既定决心，而且也提高了集体成员为形成良好品德而克服困难的自觉性，并使集体成员统一行动，保持和维护良好的道德风尚，自觉约束自己的行为。班级集体性越强，班集体的力量也越显著。

4. 班集体行为习惯的作用

班集体的行为习惯水平的确定，主要依据的指标是常规与班风形成的程度。良好的常规与班风对集体成员的品德形成的作用表现在：①能促使个体良好道德习惯的形成和定型；②促使个体道德行为的不断练习和逐步巩固；③改造个体的不良行为习惯。

二、学校德育对儿童青少年品德发展的作用

学校教育是有目的、有计划地培养人的活动。学校德育是根据一定社会的思想政治观点、道德行为规范、儿童青少年身心发展规律，有目的、有计划地塑造儿童青少年心灵的教育活动。因此，学校集体中的德育必然会促进儿童青少年的品德发展。

学校德育主要是通过三条途径来实现其上述作用的。

(一) 各科教学

林建宁在《中国科学报》提出"德融数理"，就是强调各科教学中的德育问题。第一，是政治课和思想品德课教学。它们是学校对儿童青少年进行道德品质教育的主要学科，起着其他学科所不能起到的独特作用。它们按照儿童青少年身心发展的顺序性和阶段性，有目的、有计划、有系统地对他们进行程度不同的道德品质教育。

第二，是其他各科教学。其他各科教学不仅要向儿童和青少年传授知识，发展他们的能力，而且还要培养他们的优秀品德。事实证明，要提高教学质量，就必须

培养儿童青少年明确的学习目的，勤奋好学的精神和社会所要求的其他良好思想品德。由于各科教学是学校教育的主要形式，占用儿童青少年的时间也最多，因而将品德教育渗透于各科教学中，必会对儿童青少年的品德发展产生很大的影响。例如，教师在语文课教学中，常常进行爱国主义教育；在历史课教学中，在讲授历史知识的同时，培养学生历史唯物主义的观点；在数学、物理、化学、生物课的教学中，往往在讲授科学的定理、原理、原则、法则等自然规律时，加强对儿童青少年的唯物辩证法教育；等等。

（二）全校、年级、班级或团、队的活动

学校中的年级组长、班主任和团、队负责人是年级、班级和团、队的领导者和组织者，他们根据儿童青少年的年龄特点，有目的有计划地组织丰富多彩、形式多样的德育主题活动，如各种大型报告会、演讲会、竞赛等，能够促进儿童青少年品德的良好发展。

（三）课外和校外活动

课外活动和校外活动是指在学校教学计划之外，由学校和校外教育机关领导和组织的多种多样的教育、培养和训练活动。它们对儿童青少年的品德发展也有相当大的影响。

比如，各种学科小组活动和科技小组活动，可以丰富儿童青少年的知识，培养儿童青少年的能力，使儿童青少年养成严谨的作风和不畏艰苦的探索精神；又如，军训活动可以锻炼儿童青少年的组织纪律性，增强爱国主义情感；再如，社会调查活动和公益劳动，可以培养儿童青少年提高判断是非的能力，增强助人为乐、热爱劳动的高尚道德情操；等等。

三、学校集体中其他因素对儿童青少年品德发展的影响

学校集体中的其他因素，指教师的态度及作风、集体舆论、班风及同伴关系等。

(一) 教师的态度及作风

在勒温(K. Lewin)的指导下,李皮特(R. Lippit)和怀特(R. K. White)研究了教师的领导方式与儿童青少年的反应。结果发现,教师对儿童青少年的态度在一定程度上影响着儿童青少年的品德发展。布拉弗德(L. P. Bradford)和李皮特根据这一研究的结果和其他类似的研究,概括了教师的四种领导类型和可能导致的儿童青少年的反应(见表 5-17)。

表 5-17　领导的类型、特征及儿童青少年的反应

领导类型	领导的特征	儿童青少年对这类领导的典型反应
强硬专断型	①对儿童青少年时时监督; ②要求即刻接受一切命令——严厉的纪律; ③认为表扬会宠坏儿童青少年,所以很少给予表扬; ④认为儿童青少年不可能自觉学习。	①屈从,但一开始就抵触和不喜欢这种领导; ②常常推卸责任; ③易激怒、不愿合作,而且可能会在背后伤人; ④教师一离开课堂,学习就明显松垮。
仁慈专断型	①意识不到自己是一个独断专行的人; ②表扬并关心儿童青少年; ③他的专断的症结在于他的自信,他的口头禅是"那样做是对的,我喜欢它"或"你怎么能给我这样做呢"; ④以自己为班级一切工作的依据。	①大部分儿童青少年喜欢他,但看穿他的这套方法的学生可能会恨他; ②在各方面都依赖教师——就儿童青少年而言没有多大的创造力; ③屈从,并缺乏个性的发展; ④班级工作的量可能是多的,而质也可能是好的。
放任自流型	①在和儿童青少年打交道中几乎没有什么信心,或认为儿童青少年爱怎样就怎样; ②很难做出决定; ③没有明确的目标; ④既不鼓励也不反对儿童青少年,既不参加其活动,也不提供帮助或方法。	①不仅道德差,而且学习也差; ②有许多"推卸责任""寻找替罪羊""容易激怒"的行为; ③没有合作; ④谁也不知道应该做些什么。
民主型	①和集体共同制订计划和做出决定; ②在不损害集体的情况下,很乐意给个别儿童与青少年以帮助和引导; ③尽可能鼓励集体的活动; ④给予客观的表扬与批评。	①儿童青少年更加喜欢学习,喜欢同伴和老师; ②儿童青少年工作的质和量都很高; ③儿童青少年互相鼓励,而且能独自承担责任; ④不论教师在不在课堂,需要引起动机的问题很少。

后来，他们又研究了教师的作风与儿童青少年自我管理之间的关系。结果发现，由于教师的不同工作作风，儿童青少年在教师出席、缺席与缺席后返回三种情况下的自我管理也不相同（这里是以儿童青少年在这三种情况下的学习成绩为指标的，见表5-18）。

表 5-18　教师作风与儿童青少年自我管理

组别		教　师	
	出席	缺席	缺席后返回
放任组	30	50	20
专制组 { 强硬	30	15	60
仁慈	75	30	80
民主组	50	50	40

从专制组的情况来看，教师不在场时，儿童青少年学习成绩很低，可见教师的威力乃是儿童青少年学习的动力。放任组的数据似乎较为特殊，因为教师不在时，儿童青少年反而更加努力地学习。后经调查发现，原来教师在场时也对儿童青少年放任自流，而当教师不在场时，儿童青少年中的核心人物便自动出来引导其他同学，保证了他们的自我管理。从民主组来看，无论教师在场与否，儿童青少年总是继续学习，学习成绩不受影响。这主要是因为他们对学习任务有正确的认识，自我管理能力强。

总之，如果教师以民主的态度对待儿童青少年，儿童青少年将向着情绪稳定、态度友好和具有领导能力等方向发展；如果教师采取专制的态度对待儿童青少年，将易于导致儿童青少年的紧张情绪、冷淡、攻击性和不能自治；而如果教师采取放任的态度对待儿童青少年，将易于使儿童青少年向无组织无纪律的方面发展。因此，教师的态度和作风在一定程度上影响儿童青少年的品德发展。

(二) 集体舆论的影响

集体舆论，是指在集体中占优势的言论与意见，它是集体的重要标志。对于处在集体中的个体来说，集体的舆论会对个体的思想观念和行为产生很大的影响。

1956年，美国的社会心理学家阿西（S. E. Asch）曾经就个人对集体舆论的服从进行了一项实验研究——即本书第三章所提到的从众行为研究。实验被试为大学生，每组7~9人，但其中只有一个人是真正的被试，而其他人则都是主试事先安排好的实验配合者。实验中，主试拿出两张卡片，其中一张画有一条直线，另一张画有不同长度的三条直线，这三条直线中有一条与第一张卡片上的直线长度相等（见图5-2）。主试要求大家指出第二张卡片上的哪条直线与第一张的那条长度相等。当实验配合者（"假被试"）按主试事先的要求，共同挑选出一条显然错误的直线后，各实验组中共有37%的真正的被试竟也跟着多数人做出了同样的错误判断，而当单独对这些真正的被试进行测验时，几乎没有人出现错误。

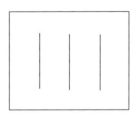

图 5-2　从众实验卡片

在日常生活中，我们也常常会遇到这种从众现象。即当周围所有人的观点都与自己不一致时，自己便开始动摇，试图放弃自己的观点，而去接受大多数人的观点。当然，集体舆论对个体品德的影响，在一定程度上还取决于个体的品德修养程度、集体的性质和特征、集体与个体的相互关系等。但对于儿童青少年来说，由于他们尚未树立牢固的道德信念，因而集体舆论对他们的思想观念和道德行为的调节作用是很大的。

根据我们的有关研究，集体舆论对集体成员品德形成的作用表现在：①对个体的品德行为做出权威的肯定或否定，鼓励或制止，因而是一种强化的"信号"；②直接影响个体道德认识的提高；③是集体荣誉感的源泉。

（三）校风、班风的影响

校风和班风指的是学校集体和班集体中成员普遍具有的、占优势的言行倾向性，它包括前面谈及的集体舆论，也包括有倾向性的集体行为举止。良好的校风、班风对于学生良好品德的形成和不良品德的改造具有十分重要的意义。

在美国，哈桑和梅等人就曾对这一问题进行了一定的研究。他们发现，如果班集体的主导风气（即班风）不健康，将会影响到该集体中几乎所有的成员。他们注意到，在某个班级中，几乎人人都有欺骗行为，而在另一个对照班中，却没有一个儿童进行欺骗。研究者将来自同一个班的毫无共同之处的一些儿童配成对，凑成足够的对数，然后对这些儿童进行欺骗测验，计算所得分数之间的相关，结果所得出的正相关为 0.35。

我们在一项调查中也发现：具有良好而稳定班风的班集体不仅促使班级成员品德良好的发展，而且对改造学生的不良道德行为习惯的效果是很明显的（见表 5-19）。

表 5-19　先进班集体对不良道德行为的儿童青少年的影响作用

性质	影响效果							
	做了帮助，开始变化		发生一般变化		发生显著变化		基本无变化	
	人数	百分比（%）	人数	百分比（%）	人数	百分比（%）	人数	百分比（%）
严重品德不良儿童与青少年（43 人）	39	90.7	21	48.8	17	39.5	5	11.7
一般品德不良儿童与青少年（132 人）	132	100	52	39.4	67	50.7	13	9.7

（四）同伴关系的影响

同伴关系指同龄人间或心理发展水平相当的个体间在交往过程中建立和发展起来的一种人际关系（杨晶，黄殷，余俊宣，寇彧，2012）。同伴关系在儿童青少年的发展和社会适应中发挥着成人无法取代的、独特的重要作用。青少年在与同伴的交往中，可以直接从同伴那里获得行为方式与思想交流。在获得同伴的期待和强化后，更易形成社会行为和态度。研究表明，同伴关系好的儿童青少年会表现出更多的亲社会行为。朋友关系越好越能够激发儿童青少年学习朋友的亲社会行为的动机，从而推动亲社会行为的发生和发展（陈斌斌，李丹，2008）。儿童青少年的亲社会倾向与积极的同伴影响呈正相关，与消极的同伴关系呈负相关（Ma，Cheung & Shek，2007；李丹，2000）。

国内杨晶等人（2012）研究发现，同伴关系干预后，无论是中学生自评的亲社会行为，还是教师他评的中学生亲社会行为得分均得到了显著提高，效果持续到干预结束两周后。可见，同伴关系干预能够有效地促进中学生的亲社会行为倾向（见图5-3、图5-4）。

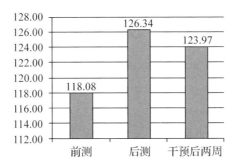

图 5-3　干预前后中学生自评的亲社会行为变化

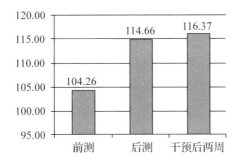

图 5-4　干预前后教师他评的中学生亲社会行为变化

第六章

个性与品德发展

如第一章所述，我们将品德看作个性的一种特殊形式，或个性的一个侧面。

个性这个概念，是一个社会范畴，它是许多学科的研究对象。

在个性心理学中，有关个性的定义很多。美国个性心理学家阿尔波特（G. W. Allport，1937）于 1937 年统计了西方心理学关于个性的定义，竟达 50 种之多。大致可以归纳为三个方面：一是强调个性的内在结构与组织，二是强调个性差异，三是强调内外环境、遗传与社会对个性形成的作用（Hjelle & Ziegler，1981）。苏联心理学家一般是从人的精神面貌给个性下定义的。这又有两种情况：一是强调个性是具有一定倾向性的各种心理品质的总和；二是强调个体差异。由于前者强调整体性和动力作用，所以成为 20 世纪 90 年代苏联心理学界公认的定义（彼得罗夫斯基，1981；波果斯洛夫斯基，1983；加梅佐等，1987）。我国心理学家在理解个性时，一般强调两个问题：一是把个性看成是个性意识倾向性和个性心理特征的总和（高玉祥，1985）；二是强调个性的四种特征，即全面整体的人、持久统一的自我、有特色的个人和社会化的客体（陈仲庚，张雨新，1986）。此外，人的非智力因素和心理健康也应视为个体的心理特点。

作为个性的一种特殊形式，品德发展是离不开整个个性的发展的。品德发展与个性的关系，集中地表现在三个方面：一是与个性意识倾向性之间的关系；二是与个性心理特征之间的关系；三是与心理健康之间的关系。这两个关系的核心问题，是品德的个体差异。

第一节

———

个性意识倾向性与品德的发展

个性意识倾向性，在一定意义上说，就是"需要"的表现形态。它由兴趣、爱好、动机、目的、理想、信念、自我意识、人生观和世界观等心理成分所组成。

总的说来，个性意识倾向性在品德的发展上起动力（或动机）系统的作用。当然，其中每一种具体成分所起的这种作用，又有不同的表现形式。有的本身就是动力因素，如道德动机、兴趣、理想、信念等；有的与品德平行发展，但关系密切，如自我意识等；有的与品德交叉发展，其中的一些因素构成品德的一个组成部分，甚至是核心的部分，如人生观和世界观等。

在中国古代有着丰富的志意心理学思想。"志"就是个体意识倾向性，动机、理性和人生观都可以用"志"来表达。《论语·公冶长》中"在心为志"表示志向和立志等意识倾向。墨子的志行论、志功论、志敢论，就是表示动机、理性和人生观与道德行为，特别是效果、勇敢等联系在一起。中国传统文化的志意思想，为今天我们讨论个性意识倾向性与品德关系做了示范。

一、动机与品德的发展

动机是一种由需要所推动的、引起行为的内驱力量；它起激起、调节、维持和停止行为的作用。道德动机则是一种由道德需要所推动的、引起道德行为的内驱力量；它在道德行为过程中起激发、选择、强化、调节和控制的作用，它最终是为了达到一定的道德目标。

（一）动机的心理学研究

心理学家研究动机，有四个目的：一是为了揭示行为上的差异；二是为了辨别责任归属；三是为了操纵动机，左右行为，以达到预期的目的；四是为了培养各种良好的动机，以便有相应的良好行为。

心理学研究动机，主要涉及四个问题。

1. 动机的性质

人类的动机在需要的基础上产生，由人的认识状态和刺激之间的相互影响所决定，旨在促进个体的行为，达到一定的目标，以获得满足为终结。它是引发个体行为的内在状态。

2. 动机的分类

不同的心理学派根据动机的不同方面，将动机作不同的分类。

第一，有的按照动机内容，将它分为生理动机（饥、渴、眠、梦、痛、性）、寻求刺激动机（行动、探索、好奇、控制、接触）、习得的动机（惧怕、攻击、合群、焦虑等）、潜意识动机（情绪、妒忌等）等。

第二，有的按照前后条件关系，将动机由下而上作阶梯式的分类。这主要是马斯洛的观点（详见第三章）。1968 年，他又将他的分类修改为两个层次：缺失性需要（deficiency needs）和存在性动机（being needs）。前者包括一切解决缺失、维持生存的基本动机，例如生理需要、安全需要、社会需要、尊敬需要等；后者包括追求知识、获得理解、自我实现、欣赏美和各种爱好等个体存在自我的动机。

第三，有的按照行为来源，将动机分为内在动机和外在动机。内在动机包括一切由个体内部引发的动机（好奇、求知欲、自我实现等）；外在动机则包括一切由体外事物所引起的动机（赏罚、物质刺激或社会刺激等）。

第四，有的按动机与社会需要的联系来分类。对于这一点，西方心理学与苏联心理学又不一样。西方心理学家，喜欢将社会动机分为重交往动机（affiliation-oriented motives）和重声誉动机（prestige-oriented motives）两种。前者包括交往需要（归属需要，affiliation need）和社会赞许需要（need for social approval）等；后者包括竞争动机和成就动机等。而苏联心理学家则喜欢根据社会利益的程度来揭示社会动机，将其分为直接动机和长远动机。我国心理学家对上述不同的分类都采纳，且根据不同条件分别使用。

第五，有的按照动机价值，将动机分为正确动机和错误动机。

心理学界有关动机分类的研究，对道德动机及其发展的研究是有价值的。

3. 动机的功能

苏联心理学研究动机性质，主要是考虑各种各样的个性需要。而西方心理学在分析动机时，往往用"驱力"（drive）一词来代表那些主要与生理有关的动机；至于与心理或社会有关的动机，则大多以"动机"（motive）或"需要"（need）来加以命名。当然，"需要"本身又有生理性与社会性之分。

不管动机是生理性的还是心理性的，它都具有下列功能。

（1）唤起功能

动机是唤起和推动各种行为的原动力；它具有引起行为的始动功能及指导、监控行为的功能。

（2）定向功能

动机给行为以一定目的性，行为的目的是有一定方向的，行为是为达成某一目的而发生的，因此动机给行为或活动的客体添加上一定的主观性，具有维持行为或活动达到目标的志向功能。

（3）选择功能

动机使主体只关注有关的刺激或诱因，而忽视不相干的刺激或诱因，主体便可以预计其行为结果。

（4）强化功能

由于有了动机，所以主体对自己的反应加以组织和强化，以便使其行为或活动能够顺利进行。

（5）调节功能

动机使主体随时改变行为或活动，以达到预期的目的。

4. 动机的过程

动机过程是一个十分复杂的心理学问题，对于它心理学研究较多的是挫折和冲突这两个课题。因为从动机的产生到目标的达到这样一个动机的过程，往往会受到阻碍，从而使主体内心产生挫折和冲突。

（1）挫折过程

挫折指主体在实现某种目标的活动过程中，由于受到妨碍或干扰而不能实现目标时的情绪状态和行为变化。

挫折的基本方式有：由延迟引起的挫折，由阻挠引起的挫折和由冲突引起的挫折。

一个人遇到挫折后，可能引起消极反应，如焦虑、冷漠、倒退、攻击性行为；也可能引起积极反应，如从失败中吸取教训、增加适应性、磨炼意志，从而经受挫折，达到预期的目标（见图6-1）。

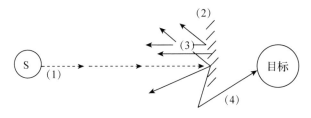

图 6-1　挫折图

一个主体（5）被引起去接近目标（1）的动机，它遇到了障碍（2），受到了阻挠，于是努力做出各种各样的反应（3）。终于获得了成功的解决（4）。——J. M. 索里与 G. W. 特尔福德制。

产生挫折的原因无非是主观的和客观的两个方面。美国心理学家洛森维克（S. Rosenzweig）对此做过专门的分析。他认为主观原因包括生理上的和心理上的两个方面；客观原因又包括自然的和社会的两个方面。而这种社会原因，如人身攻击、不公平的道德评价、制度的缺陷、教育的失误等，都关系到主体品德的发展。

（2）冲突过程

当主体面临着几种同样的向往（即所谓"接近"）或几种同样的厌弃（即所谓"回避"）的时候，就必须做出选择，会产生动机斗争，于是出现了冲突这种心理状态。冲突往往引起主体紧张和持久的挫折。

早在20世纪30年代，勒温（K. Lewin）就开始揭示冲突的实质。他认为，冲突是个体同其环境之间的交互作用。以后，不少心理学家开始研究冲突及其类型（见表 6-1）。

表 6-1　各种冲突情境

正强化	接近—接近	正强化
负强化	回避—回避	负强化
正和负强化	接近—回避	正和负强化
正和负强化	双重接近—回避	正和负强化

从上表中可以看到，冲突可分为：接近—接近型冲突、回避—回避型冲突、接近—回避型冲突及双重接近—回避型（含有两种复杂刺激）冲突。可用图 6-2 表示。

心理学家们普遍地认为，冲突着的动机并不是完全平衡的。冲突大都具有这样的特征：一个动机比另一个强大些，因而处于优先或主导的地位。

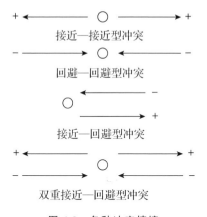

图 6-2　各种冲突情境

（二）道德动机在品德发展中的作用

1. 唤起道德行为

道德动机是引起、推动和指导各种道德行为或不道德行为的原动力，它具有给道德行为及活动客体与条件以主观性并对之进行定向的功能。所以说，它是一种内在的、深层的组织和结构。

2. 反映品德发展的水平

由于动机具有维持活动、达到目标的志向功能，所以，道德动机一旦引起道德行为和活动，就能使这些行为和活动具有稳固而完整的内容，并使主体表现出较大的积极性，从这个角度说，道德动机的水平，一般决定着儿童与青少年品德发展的水平，不同道德行为的表现方式，往往体现了儿童与青少年道德动机的层次；道德动机的变化或提高，会带来儿童与青少年道德行为的一系列的变化。可见，从道德动机可以理解为什么儿童与青少年要这样或那样行事，为什么他们有这样或那样的道德行为水平。

3. 处理各种道德情境

道德动机并不能机械地决定儿童与青少年品德的发展。品德发展既取决于道德动机的水平，又取决于一系列客观的道德情境。

国外有关研究表明，任务容易，增强动机就会提高效果，而增强任务的难度，最佳动机水平就降低。这就是耶克斯—多德森（Yerkes-Dodson）定律（见图 6-3）（布恩，埃克斯特兰德，1985）。

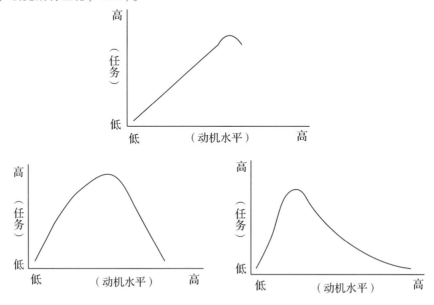

图 6-3 耶克斯—多德森（Yerkes-Dodson）定律

同样地，儿童与青少年品德的发展，往往制约于诸如道德任务的难度、复杂程度等一系列客观的道德情境，而道德动机则具有处理这些情境的功能，如组织、强化各种道德行为，以适应各种道德情境，改造各种道德环境，促进品德发展。

4. 使各种道德行为带上一定的情绪色彩

如前所述，道德动机是需要的表现形态之一。道德动机往往与整个道德动机系统或道德需要系统相联系，其中兴趣是一种最活跃的动机因素，兴趣是一种带有情绪色彩的认识倾向；同时，情绪和情感本身也可能转化为道德动机。因此，在一般的条件下，道德动机使道德行为具有一定的情绪与情感色彩，达到"随心所欲"的状态。

5. 自我调节道德动机的模式

主体的道德动机最初是由一定情境所激发，表现出对该情境的积极态度，并力求采取道德行为去获得它。但情境性动机带有偶然性，必须在复杂的动机系统中加以调节。这种调节功能表现在：①处理好各类"接近的""回避的"道德动机的冲突；②服从诸如道德理想、道德信念等高级动机的支配；③区分主次动机，使主导性的道德动机领衔整个道德动机系统，从而有效地决定某种道德行为，继而形成和发展为一个人的品德。

(三)儿童与青少年道德动机的发展变化

儿童与青少年道德动机的总的发展趋势是：从生理性的到心理性的，从本能的到习得的，从缺失性的到存在性的，从外在的到内在的，从具体的到抽象的，从直接的到长远的。

一般说来，婴幼儿时期是道德动机的萌芽时期；幼儿晚期到整个小学阶段是道德动机形成时期；从小学阶段起，儿童与青少年的道德动机出现各种特点。

二、理想与品德的发展

理想是一个人的奋斗目标。一个人的理想的发展，往往是与其信念相联系的。

信念是一个人对于某一理论准则、思想见解坚信无疑的看法。

但理想和信念又有区别，它们是两个不同的概念。理想主要回答主体向往和追求完美的标准的问题；信念不仅要以这种完美的标准作为认识的前提，而且伴有较强烈的情感体验，它是认识和情感的"合金"。

(一)理想的心理学研究

心理学家研究理想和信念，其目的有三个：一是揭示个体社会化或社会行为的差异；二是指出其作用；三是培养个体的理想和信念。总之，心理学家研究的理想和信念，是作为个性意识倾向性的一个组成部分，属于个性心理学的范畴。

在各个不同的国家，对理想或信念的心理学研究并不一致。一般说来，西方研究这个问题较少，苏联和我国心理学比较重视对理想或信念的研究。

心理学研究理想，主要涉及如下几个问题。

1. 关于理想的性质

心理学中说的理想，是一种积极的幻想，即符合事物发展规律的想象。只有在这样的理想中，主体看到自己还没有取得的成果，才会鞭策自己，战胜困难，迎接胜利。

心理学中说的信念，是指激励主体按照自己的理想、观点和原则去行动，且被意识到的思想倾向。信念的形成，表明主体确信有关自然和社会的理论准则、知识见解的准确性和真实性。

2. 关于理想的作用

理想是高层次的社会性需要的表现形态，是人的动机系统的重要组成部分，它给人的行为动机以巨大的力量。理想一旦确定之后，就会给主体的心理活动以深远的影响，决定其行为的方向、原则性和坚韧性。许多研究表明，理想的丧失或缺乏，会使人难以确立长远的、持久的奋斗目标；信念的动摇或瓦解，也是一个人精神崩溃的根本原因。

3. 关于理想的发展

心理学界有不少关于理想发展的研究，进而提出了培养理想的措施。

对理想发展的研究，一般从内容和形式两个方面进行。例如，我们参与了国内十省市自治区在校青少年理想发展的研究，主要是调查中学生的理想内容的发展趋势（青少年理想、动机、兴趣研究协作组，1982）；韩进之等人（1981）对中小学生理想发展的研究，主要是调查他们的理想概括水平，即理想的心理形式的发展水平。

（二）道德理想在品德发展中的作用

在伦理学史上，"道德理想"这个范畴，通常在三种不同的意义上使用。其一，是指人们所向往和追求的某种完美的社会道德关系或社会风尚。其二，是指人们所向往和追求的完美个性（或人格）在品德上表现出来的完美程度和标准。其三，是指人们应当并力图仿效的历史上或现实生活中出现的道德品质高尚的英雄模范人物（罗国杰等，1985）。

道德理想的这三种含义，都有其一定道理，而且是相互联系的。概括这三种含义，可以认为，所谓道德理想，就是人们依据一定社会道德原则和道德规范的要求，用以激励自己向往、追求并实现完美道德品质的目标。

从品德心理学的角度来分析，道德理想的作用表现在以下几个方面。

第一，道德理想是一种社会性很强的心理现象，它是一定历史条件和社会关系的产物。这种心理现象，既是一定社会要求人们追求的道德目标，又反映人民大众的愿望，有利于解决和实现历史发展所提出的任务。

第二，道德理想从属于社会理想。社会理想包含着对某种完善的社会制度的设想，也包含着对这种制度下社会道德的预见。就个体而言，他是在一定社会背景下来确定自己所追求的道德理想的，并往往是在他认定某种社会理想的条件下，产生其道德理想，形成其品德的。

第三，作为理想的一种形式的道德理想，就其心理特点来说，也是一种幻想，一种想象。因此，追求和效仿历史上或现实生活中具有高尚道德品质的伟人，努力塑造完美道德品质的形象，正是道德理想的特征。

第四，道德理想是需要的一种表现形态。它是一种社会—精神需要，即高层次的需要形态，它是个性意识倾向性的一个组成部分。

第五，道德理想和道德信念是组成道德动机系统的核心因素。

如前所述，道德动机系统的组成因素很多，其中核心的因素是道德理想和道德信念。作为一种动机系统的核心成分，道德理想和道德信念，制约着一个人，特别是儿童与青少年品德发展的方向和水平。一个品德高尚的人，他必定具备较高水平的道德理想和道德信念，也就是说，他比一般人更能深刻地认识到个人与社会和他人的关系，更能以强烈而自觉的愿望去履行对社会和他人的道德义务，从而更能追求某种完美而高尚的道德楷模；他比一般人更懂得自己行为的原则或准则，并在道德行为中表现出更大的自觉性、情绪性和习惯性。一个儿童与青少年所在的集体，如校集体、班集体，能否建立良好的校风和班风，其关键也在于这个集体中是否形成了良好的道德理想和道德信念。一个社会的风气的好坏、社会公德是否健康，与整个社会的道德理想和道德信念有直接关系。每一个优秀民族都有其崇尚的信仰，这是制约这个民族道德风尚的精神支柱和内在动力。

(三)儿童与青少年道德理想的发展变化

西方心理学对儿童与青少年道德理想和道德信念的研究，主要是把其发展看作是道德概念的内化过程。索里(J. M. Sawrey)和特尔福德(C. W. Telford)研究了儿童与青少年道德理想及其起源和发展后指出，儿童的伦理标准和道德概念一旦内化，就形成"自我"，成为个体的一部分。那些在性质上已经非常概括化和抽象化的信念和态度，就成为"理想"，而这些理想又联合起来成为"良心"。当个人的行动背离他们的伦理标准时，他们便遭到"良心的谴责"。道德概念的这种概括化及其内化为良心的过程是一个缓慢的过程，即使成年人也只是部分地完成了这种过程(索里，特尔福德，1983)。

苏联心理学将道德理想和道德信念既看作是高层次道德认识的一个组成部分，又强调其动力作用，并重视道德理想和道德信念的年龄特征的研究。例如，A. M. 巴尔底安(1961)以儿童能否自觉地遵守道德规则、抑制自己的愿望作为是否形成道德信念的指标，研究了道德信念形成的阶段。下面是他的研究结果。

小学一、二年级——实质上还没有道德信念，只有形成道德信念的某种因素。

学生完成任务还不是由于意识到社会行为规范而自觉地督促自己，而是由于教师的要求和威信或任务本身的趣味。

三、四年级——出现初步的道德信念。这表现为他们具有明显的完成作业和保持良好纪律的道德愿望，但这些道德愿望的自觉性还是很差的，而且不坚定。

五年级——开始表现出具有一定自觉性、独立性和坚定性的道德信念。学生开始能够论证争取优良成绩和保持良好纪律在学习上和生活上的必要性。当然，他们的论证还不是非常深刻而有系统的。

在我国，对青少年的道德理想和道德信念的研究，多从内容和形式两方面着手。我们自己曾通过谈话法、作品分析法、对个体追踪研究、问卷、联想法等，调查了青少年理想的内容。我们发现青少年的道德理想分四类：①对理想的认识肤浅，模糊，目标不明确（约占总被试的14.9%）；②向往未来和伟人的形象，但有时动摇，自觉性差（占27.8%）；③把理想只限于职业（占15.4%）；④初步树立了祖国利益高于一切的思想，有一定完美道德的标准，往往以英雄人物作为自己的榜样，并且不怕困难，严格要求自己（占41.9%）。

韩进之等人在1979年和1980年根据两次调查材料，把青少年的道德理想的形式从认识角度划分为三种发展水平：一是具体形象理想；二是综合形象理想；三是概括性理想（见表6-2）。

综合上述的研究材料和国内外其他资料，我们认为青少年的道德理想的形式，有如下几个特点。

第一，少年期，尤其是初一、二年级学生的理想，大多数是一些具体形象；而到青年初期，他们的理想更多是一些概括的形象，体现了道德规范和道德准则。

第二，少年期的道德理想，常常只是在一些特殊道德情境中才与现实生活相联系；而青年初期的道德理想，能够经常和现实生活相联系。

第三，少年期的心理表现出动荡性，其道德理想比较容易变化，一次谈话、一堂课、一次电影都可能引起他们对完美道德品质的向往。青年初期道德理想的提高难度较大，但比较稳定，能力、兴趣、认识水平往往结合在一起。

表 6-2 青少年的道德理想的三种发展水平

年级 *	具体形象理想		综合形象理想		概括性理想		缺乏理想	
	1979 年%	1980 年%	1979 年%	1980 年%	1979 年%	1980 年%	1979 年%	1980 年%
六	79.20	61.79	17.36	21.49	3.31	13.73	41.3	2.99
七	0	56.38	0	17.11	0	20.47	0	6.04
八	66.68	45.49	22.24	21.89	3.87	29.18	7.01	3.43
九	67.64	45.52	13.73	22.76	3.92	26.90	14.71	4.83
十	54.55	41.44	12.59	18.02	6.99	40.54	25.87	0
总均%	67.02	50.12	16.48	20.25	4.52	26.16	22.22	3.46
升降	下降 24%		上升 23%		上升 479%		下降 84 倍	
差异	$0.02 < p < 0.05$		$0.1 > p > 0.05$		$0.05 < p < 0.01$		$0.05 < p < 0.1$	

* 六至十年级即初一至高二年级。

儿童与青少年道德理想和道德信念的这些特点，是我们对他们加强道德理想和道德信念的培养工作的根据。

在小学阶段，儿童道德理想和道德信念的产生以及它们的深刻性和坚定性，在很大程度上取决于学校集体的教育、教师的影响、家庭教育和儿童道德经验发展的水平。因此，我们要从低年级起，特别是在儿童由于认识和行为不一致而产生思想斗争时，及时给他们树立生动形象的道德榜样，供他们效仿，并逐步使他们学会独立地辨别是非，自觉地进行自我教育，这是培养儿童道德理想和道德信念的重要条件。

在中学阶段，学校从初中开始就要经常对青少年进行前途教育和理想教育，激励他们为实现远大的目标和美好的未来而奋斗；同时，对青少年的道德理想和道德信念教育，不要只讲大道理，应该提倡求实精神，培养他们健康有益的兴趣爱好，帮助他们开辟实现这种理想和信念的途径；还要依靠平时的道德实践，引导青少年在掌握道德知识的同时，形成道德情感、道德愿望，即形成对现实的正确态度，并有按照这种态度去行动的志愿和决心；要通过学校的传统、集体的舆论、教师和家长的示范作用，巩固青少年的道德理想和道德信念，并养成道德习惯。道德理想和道德信念一旦变成良好道德习惯的动力，必然会使青少年形成较高水平的道德品质。

三、人生观与品德的发展

人生观是对人生的根本观点。它要回答的问题是人为什么要活着，人生的价值是什么，人应当具有什么样的品德，人应该选择什么生活道路，等等。

人生观与道德理想、道德信念具有一致性。由于人生观是比较稳定的根本性看法、态度和信念，它决定了一个人的道德理想和道德信念，同时道德理想和道德信念又体现出一定的人生观。

人生观是世界观的一个组成部分，它是一定的世界观在人生问题上的表现；世界观则给予人生观一般观点和方法的指导。

（一）人生观的心理学研究

西方心理学很少论述人生观的问题。最早对人生观进行量化研究的是莫里斯，他在 1948 年编制了"生活方式"问卷。被试就他提出的 13 种生活方式进行回答；后来，登普西和杜克斯在 1966 年对莫里斯的"生活方式"问卷加以修订，得到"简短形式的生活方式"问卷；1981 年，罗克尔和皮科克编制了一个多项度的"人生态度剖析图"，用以评估在生活中找出存在的意义和目的的程度（引自石林，李琼，1998）。

苏联和我国心理学研究人生观，主要是将其视为个性意识倾向性的一个组成因素。从狭义上分析，人生观是世界观的一个部分，它属于哲学的范畴。但是，生活在社会中的个体，在他的生长过程中，不管愿意不愿意，总要形成一定的人生观。于是，又存在着个体头脑中形成人生观的心理现象，这是一种属于个性意识倾向性的心理现象。

心理学研究人生观，主要探讨三个方面的问题。

1. 人生观的特点

作为一种心理现象，人生观具有三个特点：①系统性与一贯性，这种特点表明个性的确定性和成熟性。②概括性和个体性，人生观是对人生根本的观念体系，它具有高度的概括性；同时，根据人生观的概括程度，主体在认识和处理各种有关人生目的、价值和道路的问题以及对它们的预见方面各有不同，显示出人生观的个体性。③指导性和调节性，人生观的形成，成为主体行为的调节器，它直接影响个人的各种活动和个性的整个品质。

2. 人生观的形成

在个体身上如何形成人生观，形成什么样的人生观，这是心理学，特别是儿童与青少年心理学研究的课题。

3. 人生观对心理和行为的影响

心理学家对人生观的研究从基本的测量和结构的研究为主扩展到对心理和行为的影响研究。例如，研究者探讨了人生观与亲社会行为、职业选择等的关系。

(二) 人生观在品德发展中的作用

人生观表达的是人的最高社会需要。在社会—精神需要中，有一种追求较为广阔和深刻的最终目的的需要。主体按照这个最终目的，独立自主地对自己的生命活动加以谋划、组织和调节，并产生对人生意义的独特的理解。这不是一般的生理和心理的需要，而是代表着人的最高层次的社会需要。

作为最高层次的社会需要的表现形态的人生观，它在品德发展中占有相当重要的地位和作用。

1. 人生观的形成和品德的发展具有一致性

人生观反映主体对于人生的根本看法，所表现的核心问题是对社会、对他人、对自己的态度和行为。它是围绕着人生哲学的基本内容，即物质享受和政治权力等问题而展开的。具体地说，即是享乐主义、厌世或悲观主义、实用主义、权力意志主义，还是先人后己、乐观主义、公而忘私、全心全意地为人民服务，这是人生观的根本的差异。而一个人要遵循的道德规范，同样涉及个人和社会、个人和他人、个人和自己这三种关系；一个人所具备的道德范畴，是反映个人与社会、与他人、与自己的本质的、典型的、一般的道德关系的基本概念；一个人品德的心理结构，也涉及对社会、对他人、对自己的态度和行为。因此一个人的人生观和品德具有相近的内容，具有一致性。在一定意义上说，人生观是主体对社会道德原则和道德规范的综合反映。人生观的形成和品德的发展，是相辅相成和密切联系的。

2. 人生观是社会道德要求转化为个体品德的基本思想前提

由于人生观从人生目的、价值和道路等方面反映了社会道德原则和道德规范，所以它必然地规定着道德认识、道德情感、道德意志和道德行为等品德的心理特征的基本倾向，支配着道德行为定向、操作和反馈等品德的组织形式的基本进程，制约着道德教育的根本任务和道德修养的最终目标。所以，人生观是由社会道德要求转入个体品德的思想基础。

3. 人生观是品德发展的动力

在儿童与青少年的发展过程中，只要他们形成某种人生观，那么不论自觉与否，他们的道德动机就会带上人生观的色彩，他们的道德行为就总要受人生观的指导，并且长时期地受其支配。

人生观在品德发展中的动力作用，主要表现在三个方面。

(1)给予品德发展以思想倾向性

在青少年品德发展中，会涉及怎样做人，做什么样的人等一系列问题。在这些问题上，主体一般需要以人生观为动力，来做出他们的行为选择。

(2)给予品德发展以行为出发点

在青少年的品德发展中，人生观是道德行为的一个重要的出发点。马克思说："在不同的所有制形式上，在生存的社会条件上，耸立着由各种不同情感、幻想、思想方式和世界观构成的整个上层建筑……通过传统和教育承受了这些情感和观点的个人，会以为这些情感和观点就是他的行为的真实动机和出发点。"(马克思，1961)马克思的这个思想，可以说明人生观的动力作用。人生观作为一种动机，通过传统和教育，承受一定历史条件下社会关系的情感、观点和原则；反过来，又成为一定道德行为的出发点。任何一种道德行为，都为主体的价值目标所左右，都可以在主体的人生目的中找到一定动机和思想基础。

（3）给予品德发展以习惯

在青少年的品德发展中，由于人生观对道德行为的支配作用的长期性和经常性，它就能指导并推动人们经常练习、重复和强化一定的道德行为，最终形成一定的道德行为习惯。这种行为习惯必然是服从主体的人生观的。于是，人生观也转化为一种固定化的道德价值了。

（三）青少年人生观的发展变化

小学阶段，儿童已经对人生意义开始发生兴趣，但还没有什么人生观，他们不能对人生产生一个总的看法。

人生观萌芽于少年期，形成于青年初期。中学时期是一个人人生观从萌芽到形成的时期。

中学期间，个体生理和心理的变化，各种教育有意识地给青少年传授有关人生发展规律和社会发展规律的知识，各种有意义的社会活动和社会实践的开展，都给青少年人生观的形成与发展提供了生理的、心理的、理论的和实践的基础。

青少年的人生观从萌芽到形成，具有哪些特点呢？

首先，在青少年人生观的形成过程中，主要是解决关于人生意义的问题。我们曾提出20种看法，让初一、初三、高二年级的青少年回答。其中有这五个问题：①"以雷锋同志为榜样，一心想着社会、想着他人、想着工作"；②"当我临死的时候，可以无愧地说，我的一生已献给人类最壮丽的事业，为人类解放而斗争"；③"艰苦奋斗是一种美德，一种优良的传统，是成材的重要基础"；④"人走时气马走膘，有人走运有人想"；⑤"不吃不喝，一生白活""不穿不打扮，实在不划算"。统计回答的结果如表6-3。

表 6-3　不同年级青少年对五个不同人生问题理解与赞成情况

年级	问题 1		问题 2		问题 3		问题 4		问题 5	
	理解	理解	赞成	理解	理解	赞成	赞成	理解	赞成	赞成
初一（200 人）	100	95	78	72	91	86	76	26	100	12
初三（200 人）	100	90	86	67	100	86	93	27	100	18
高二（200 人）	100	90	93	68	100	87	97	30	100	21

从表中可以看出，青少年对人生意义的理解水平随年级增高而提高；然而，对某些人生意义的理解，并不等于赞成；相反，对某些正确人生意义的赞成人数，却随着年级的增高而减少，这正反映了他们的人生观越来越复杂，而且人生观成分中的道德认识比例越来越占优势。例如，第四个问题实际上是如何对待"命运"的问题，是"天命决定"论还是"实践决定"论，然而高二赞成"天命决定"的人数比其他年级要高（占 30%）。这说明树立正确的人生观的教育是非常必要的。

其次，人生观从萌芽到形成，是与青少年的世界观，即青少年对自然、社会和人生问题根本性的总观点相联系的。

中学阶段是青少年世界观从萌芽到形成的阶段。世界观的形成，不仅是一个认识问题，而且是和人的情感、意志、理想、动机、立场、态度及品德等密切联系着的。因此，在一个人的心理发展中，世界观是最后形成的，世界观的形成，是一个人个性意识倾向性发展成热的主要标志。

作为世界观的一个组成部分，人生观要接受世界观的一般的观点和方法论的指导。世界观影响一个人人生观的确立，制约一个人对人生意义的认识，支配一个人对人生道路的选择。同时人生观也影响着世界观，一个人对人生的根本看法，常常直接影响到他对整个世界的看法。

再次，青少年人生观的形成过程，是一个人人生价值的确立过程。价值目标的选择，是确立人生目的的基础。因此，在青少年明确地认识了人生的价值目标后，他们的人生价值就能转化为道德价值，并成为其道德行为的内在动力。

最后，青少年的人生观处于萌芽到形成的阶段，它的可塑性是很大的，还不是很成熟、稳定，尚待以后继续形成和发展。

决定青少年人生观发展的主要因素是环境，特别是社会制度，在社会主义条件下，青少年的人生观大都可以得到健康发展。但是，我们的社会还有不少弊病，腐朽的思想意识和习惯势力随时都在腐蚀年青一代的心灵，加上青少年认识问题的偏激性和缺少批判性，他们也很容易形成不良的人生观。正因为青少年人生观尚未最后定型，可塑性很大，因此，加强人生观教育具有非常重大的意义。

四、自我意识与品德的发展

自我意识，即关于作为主体的自我的意识，特别是关于人我关系的意识。它是意识的一个方面、一种形式。自我意识，不仅是个认识问题，而且包括情感、意志等。例如，自我感觉、自我评价、自我认识等，属于认识范畴；自我体验、自尊心等属于情感范畴；自我监督、自制力等属于意志范畴。

(一)自我意识的心理学研究

西方心理学关于自我意识的研究已有很长的历史。远的不必说，就以 21 世纪为例，如库里(Cooley，1902)、詹姆士(James，1907)、米德(Mead，1934)、斯纳格和康姆斯(Snugg & Combs，1949)、沙滨(Sarbin，1952)、沙利文(Sullivan，1953)、阿尔波特(1955)和罗杰斯(Rogers，1951)等人在关于自我意识的研究中，积累了丰富的资料。但是在 20 世纪 50 年代之前，还缺乏客观的考察。皮亚杰和科尔伯格研究儿童道德判断的问题，涉及自我意识的发展，他们在客观考察儿童与青少年的自我意识方面，做了探索。20 世纪 80 年代之后，西方心理学界对自我意识的研究出现了一个非常引人注目的新趋势，这就是美国心理学家弗拉维尔(J. Flavell，1976)提出的"元认知"(meta-cognition)概念。按弗拉维尔的观点，元认知就是对认知的认知。具体地说，元认知概念主要包括两个方面的内容：一是元认知知识，即个体关于自己认知活动、过程、结果及与之有关的知识；二是元认知监控能力，即个体在认知活动进行的过程中，对自己的认知活动进行监控，以达到确定目标的能力。因此，元认知过程实际上就是指导、调节我们的认知过程，选择有效认知策略的控制、执行过程，其实质是思维活动的自我意识、自我评价和自我控制。

20 世纪四五十年代，苏联心理学家除对自我意识的本质、结构等进行研究外，也对儿童自我意识的发展做了一些考察。如在 B.T. 安纳耶夫、Л.P. 察子塔、E.H. 库尔契兹卡、Л.M. 查普理亚加洛娃、B.Ф. 伊万诺娃、Л.H. 包若维奇和 E.A. 谢列亚科娃等的著作中都有所论述（A.H. 列昂节夫，B.M. 捷普洛夫，1963）。20 世纪 70 年代以来，苏联心理学家对儿童与青少年自我评价、自我调节等问题的研究占有中心地位。他们不但进行了一些理论探索，而且也开展了许多实验研究，如 A.N. 丽普金纳（陈会昌，1982）、Л.A. 雷也克、Л.C. 萨波日尼科娃、P.Л. 特雷索夫等，都取得了一定的成绩。

以我国心理学家韩进之为首的 12 个省、市、自治区的部分心理学工作者，于 20 世纪 90 年代对我国儿童与青少年自我意识的发展做了实验研究，并进行了一系列理论探讨。

近年来有关自我意识的研究新进展主要体现在自我意识情绪的研究上。自我意识情绪是人们在社会交往中根据一定的价值标准评价自我或被他人评价时产生的情绪，也是个体根据道德自我认同标准，比较不同情境下的行为或行为倾向时产生的道德情绪，如内疚、羞耻、尴尬、自豪等。自我意识情绪中包括两种类型的道德情绪，一种是负性的，它来自消极的自我评估，如羞耻、内疚和尴尬；另一种是正性的，它产生于积极的自我评估，如真实的自豪情绪。无论是正性还是负性情绪，对于个体的道德行为以及道德品质的养成，形成更高层次的道德自我都有着积极意义。具体体现在三个方面：道德反馈功能、道德动机功能和行为调节功能（俞国良，赵军燕，2009）。

综上所述，心理学对自我意识的研究，要比对动机、理想、人生观的研究丰富。

心理学研究自我意识的目的：一是揭示自我意识的实质及其起源，以便探讨意识的起源问题；二是研究个性，特别是个性意识倾向性的发展，不少发展心理学在论述个体的个性发展时，将自我意识视为其中的重要因素；三是探讨社会性及其行为的差异原因；四是分析自我意识的作用；五是培养自我意识，以便发展自我监控能力，提高社会性的功能。

(二) 自我意识在品德发展中的作用

同其他个性意识倾向性的表现形态相比较，自我意识在儿童与青少年品德发展中的作用有其特殊性。

1. 品德发展中的监控结构

在整个品德结构中有一个监控结构，这就是自我意识。无论是道德动机还是品德的心理特征(知、情、意、行)，都离不开这个监控结构。因此，自我意识直接影响着整个品德发展的水平。·

在儿童与青少年品德的发展中，作为监控结构的自我意识，主要表现出三种功能：定向、控制和调节。

第一，对道德规范的意识、定向或注意，使儿童与青少年提高道德行为的自觉性和积极性，在实践活动中，在环境和教育影响下，不断掌握社会经验和道德规范，逐步形成适合社会需要的个性特征。

第二，控制道德活动内外的信息量，使儿童与青少年意识到自己在一定道德环境中的地位和作用，以便在各种道德情境中发挥主观能动性，排除来自主体所掌握的道德规范之外的干扰和暗示，提高道德行为的独立性和批判性。

第三，及时调节品德活动的进程，使儿童与青少年修改道德目标、手段和行为，提高道德行为的有效性和实际水平。

2. 提高品德发展的策略性

人的思维活动由三个因素或变量组成：一是人，二是任务(课题或目标)，三是策略(朱智贤，林崇德，1986)。

这三个因素或变量，同样适合于人的品德活动。

在品德的发展过程中，有一个策略问题。一个人的道德行为，是循规蹈矩，人云亦云，还是独立思考，有策略，会分析，善于对具体道德情境作具体的处理，这是品德发展中一个很重要的特点。策略的水平，反映了儿童与青少年品德的发展水平。

在儿童与青少年品德发展中，自我意识在决策过程中发挥着几种功能。

（1）促进道德行为的分析性

在一定道德情境中，不断地分析解决道德问题所依据的条件，反复验证将付之于道德行为的计划。

（2）加强道德行为的策略性

在采取道德行为前，主体根据自己的品德结构在头脑中构成相应的策略或解决道德问题的手段，然后使这些策略在道德行为中生效。

（3）提高道德行为的正确性

在品德活动中，使儿童与青少年善于客观地考虑正反两方面的论据及可能性，随时坚持正确计划，以提高道德行为的正确性。

3. 促使儿童与青少年做出适当的道德评价

衡量自我意识水平高低的标准是自我评价能力，难怪国内外许多发展心理学著作均将自我评价能力发展趋势，作为儿童与青少年自我意识发展的标指。

儿童与青少年的自我评价能力的发展，同他们的道德评价水平具有一致性。

儿童与青少年的自我评价能力，一般顺着三个方向发展：自我评价的独立性日益增长；自我评价的原则性逐步形成；自我评价的批判性在不断提高。儿童与青少年自我评价的内容，一般顺着这个方向发展：从对具体的、外部的行为的评价转入对人的内心世界、内心品质的评价，并要求了解别人的和自己的人格特点，了解自己的体验和评价自己。

儿童与青少年的道德评价能力及道德评价的内容，沿着同样的路线发展。心理学研究表明：自觉地运用道德意识来评价和调节道德行为的能力，是从小学时期才开始逐步形成的；儿童与青少年对道德品质的评价，是从只注意行为的效果逐步过渡到比较全面地考虑动机和效果的统一关系。

由此可见，发展儿童与青少年的自我意识，有助于他们做出适当的道德评价；儿童与青少年道德评价的提高，又丰富了他们的自我意识，两者是相辅相成，密切联系的。

(三)儿童与青少年自我意识的发展变化

韩进之领导的全国儿童与青少年自我意识发展调查研究协作组,对幼儿、中小学生的自我意识做了系统而全面的研究,并获得可喜的研究成果。

1. 幼儿自我意识的发生与发展

幼儿自我意识发展研究协作组(1986)的研究表明,幼儿自我意识的发生与发展是有规律的。

第一,幼儿自我意识各因素(自我评价、自我体验、自我控制)的发生时间虽比较接近,但基本上是不同步的。如果以第三个四分点(Q_3—75%左右)为自我意识发生的标指,那么自我评价开始发生的年龄转变期为3岁半至4岁;自我体验开始发生的年龄转变期为4周岁左右;自我控制开始发生的年龄转变期为4~5岁。各因素发展的总趋势是随年龄的发展而上升,并表现出年龄组之间的差异性。第二,幼儿自我评价发展水平无性别差异性,在自我体验发展水平方面,6岁组女孩比男孩高,即女孩的体验比男孩深;在自我控制发展水平方面,5岁组和6岁组的女孩比男孩高,即女孩的自我控制能力强。

第三,幼儿自我评价首先是依从性的评价,然后发展到对自己个别方面进行评价,进而发展到对多方面进行评价;幼儿自我评价的发展,明显地停留在对别人或对自己外部行为的评价上,同时,也表现出他们的自我评价有从外部行为向内心品质转化的倾向。

第四,幼儿已具有一定的道德性评价能力,4岁组儿童能够初步运用一定的道德行为准则来评价别人和自己行为的好坏,同时能够尊敬长者,但评价带有一定的情绪性。只有到5~6岁,儿童才能自觉模仿成人而从社会意义上来评价道德行为的好坏;但对某些道德概念的理解是很肤浅的,没有分化,比较笼统,幼儿期还不能很好地理解道德概念的内涵。

第五,幼儿自我情感体验的发展在不断深化,社会情感的自我体验开始出现,且有一定的顺序性,同时自我体验又表现为易受暗示性。

第六,幼儿有一定的自我控制能力,但3~4岁儿童的坚持性、自制力很差;只有到了5~6岁才有一定的独立性、坚持性和自制力。总的说来,幼儿的自我控制能力还是较弱的。

在培养幼儿的自我意识的过程中，成人对幼儿的评价在幼儿的个性发展中起着重大的作用。因此，我们必须善于对儿童做适当的评价，对儿童行为做过高或过低的评价对儿童都是有害的。同时，善于引导儿童初步地评价他人或自己的内心品质，评价他人或自己的道德行为，这对提高幼儿的自我意识水平和道德评价能力是有帮助的。但引导必须注意形象性、情绪性和可接受性，注意为儿童的自我评价、自我体验、自我控制形成和发展创设良好的情境；防止空洞的说教。

2. 中小学生自我意识的发展

研究（韩进之，魏华忠，1985）表明，中小学生自我意识发展也是有规律的。

第一，在中小学生自我意识发展中，呈现出三个上升期和三个平稳期（见图6-4）。

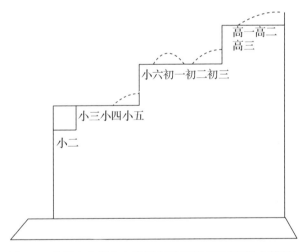

图 6-4　我国中小学生自我意识发展模式图（韩进之等制）

三个上升期（发展速度较快）：小一—小三，小五—小六，初三—高一。

三个平稳期：小三—小五，小六—初三，高一—高三。

第二，中小学生自我意识发展水平在城乡儿童与青少年之间无显著差异；男女之间也未表现出显著的性别差异。

第三，自我评价、自我体验、自我控制三项发展趋势各有不同（见图6-5）。

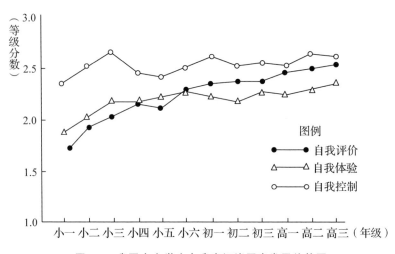

图 6-5　我国中小学生自我意识诸因素发展趋势图

由图 6-5 可见,中小学生自我评价一直呈发展的趋势,且发展速度较快,自我体验发展是先快后慢;自我控制的发展因外部控制力(教师、权威的影响力)与内部自我控制力的不同,发展趋势呈现出忽高忽低的形式,这有待进一步的研究来说明。

第四,自我评价发展是一个复杂的问题。中小学生自我评价的独立性随年级升高而增大,但到初三以后,发展速度变缓,自我评价的具体性与抽象性,外部评价与转向内心世界评价,都随年级升高而发展,但二者表现出不同步性,即初一以后抽象性评价继续原速发展,而内部评价能力发展的速度变得缓慢;自我评价的稳定性一直保持随年级升高而发展的趋势。

第二节

个性心理特征与品德的发展

个性心理特征是指人身上经常地、稳定地表现出来的心理特点。它包括能力、气质和性格。个性心理特征是在心理过程中形成的，反过来又影响心理过程的进行。

作为个性的一种特殊表现形式的品德，一方面，其发生和发展要依靠个性意识倾向性为动力（或动机）系统；另一方面，具有不同先天遗传素质的个体，在不同的社会环境和教育影响下，经过自己的主观努力，会形成各不相同的道德面貌，它们集中体现在品德的心理特征，即道德认识、道德情感、道德意志和道德行为等方面。这些稳固的品德特征，是与个性心理特征的影响分不开的。也就是说，个性心理特征能赋予品德发展以经常的、稳定的特征。当然，能力、气质和性格在品德发展中的作用是不完全相同的。

在中国古代，有着丰富的差异心理学思想，孔子的"上智、中人、下愚"论是智能的差异；"狂、中行、狷"论是性格的差异；对学生中"愚、鲁、辟、喭、果、达、退、兼"的评价是气质的差异。所有这些与品德有关，于是孔子提出"仁、智、勇"的思想，"狂者进取，狷者有所不为也"的观点等，"因材施教"就是以此为基础而提出来的。在我们今天讨论个性心理特征与品德的关系时，必须注意到因材施教的作用。

一、能力与品德的发展

能力是一个比较古老的由多学科研究的对象，由于它的复杂性，迄今还没有一个令人满意的定义。自从心理学从哲学母体中独立出来以后，能力（尤其是智力）就成为心理学家研究的重点对象。

（一）能力的心理学研究

心理学研究能力，主要涉及以下几个问题。

1. 能力的实质

关于能力的概念，在心理学界一直是众说纷纭，没有一个统一的意见。在西方，通常把能力区分为两类：一类是指对某项任务或活动的现有成就水平（常用 ability 一词表示），这种能力是个人在后天环境中学习的结果，代表了一个人的知识经验水平；另一类是指容纳、接受或保留事物的可能性，即一个人身上现在没有而将来能有的潜在力量，它不是指个人习得的知识经验或对某些动作的熟练程度，而是指将来有机会学习或接受训练时可能达到的程度（通常用 capability 一词表示）。

苏联心理学中，能力的定义与西方迥然不同。例如，捷普洛夫（1956）指出，能力有三种特征：①能力是指一个人不同于其他人的个性心理特征；②能力是指与某种或某些活动的顺利进行有关的个性特点；③能力不能归结为某人已形成的知识经验、技能和熟练，但能使人容易而迅速地掌握知识和技能。捷普洛夫的这种观点，在苏联心理学界是一种较普遍的观点。但也有与此不同的看法，例如，鲁宾斯坦（1965）认为，"能力是在个体中固定下来的概括心理活动的系统"。

我国心理学工作者对能力的概念也有不同的看法，但多数人倾向于把能力与活动联系起来，把智力与认识联系起来，考察能力在活动中、智力在认识中的作用，并把它们视为个性心理特征的组成因素（朱智贤，林崇德，1986）。

2. 智力的结构

智力具有复杂的心理结构，研究智力结构可为能力和智力的测量与培养提供心理学依据。许多心理学家对智力结构进行了探索和研究，提出了不同的理论，比较有代表性的理论有七种。

第一，桑代克（E. L. Thorndike）认为人的智力由许多特殊因素或成分构成的。

第二，斯皮尔曼（C. Spearman）认为智力是由两种因素组成：普遍因素（G）和特殊因素（S）。

第三，凯勒（T. L. Kelly）与瑟斯顿（L. L. Thuastone）的群因素说。凯勒认为智力由五种因素组成；瑟斯顿认为智力由七种基本因素所组成。

第四，吉尔福特的三维智力结构说。吉尔福特认为，智力是由操作、材料内容、产品三个维度构成的一个类似立方体的结构。其中，操作包括五种智力要素；材料包括四种智力要素；产品包括六种智力要素。这样可构成 120 种独立的智力因素。

第五，阜南（P. E. Vernon）的层次结构理论。阜南认为，智力结构不是立体的，而是按四个层次排列的结构。

第六，认知心理学的智力结构观。认知心理学运用信息加工观点来解释和说明智力结构。例如，斯腾伯格(Stenberg)认为，智力可区分为三种信息加工成分：操作成分、知识获得成分和元成分。其中，元成分是核心成分，它具有策略构造机制，能够使另两种成分与目标定向程序和谐一致(Siegler，1986)。凯拉荷(Klahu)和威勒斯(Wallace)提出一种自我校正系统的关键机制，他们认为概括化又可分为三种较具体的表征和加工单位：时间系列、规则觉察和多余部分的删除(Siegler，1986)。总之，认知心理学把智力活动看作是信息加工过程，信息加工的程序与机制就是智力的结构。

第七，林崇德的智力结构观。人类个体之间智力差异的根本原因在于其思维结构的差异。因此，只要解决了人类思维结构的问题，人类智力的种种问题即可迎刃而解。我认为思维是一种三棱结构。思维三棱结构中包含六个因素：①思维的目的；②思维的过程；③思维的材料；④思维的品质；⑤思维的自我监控；⑥思维的非认知(或非智力)因素(见图6-6)。

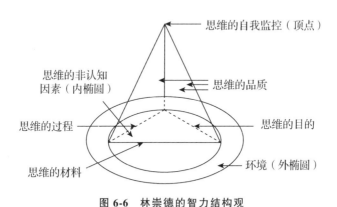

图 6-6 林崇德的智力结构观

3. 能力和智力的测量

人的各种能力和智力可以通过心理过程和行为活动表现出来，因此就可以依据对个体的观察或运用一定的测量工具对个体的能力和智力做出判定。比较流行的测量能力和智力的方法是问卷法(或量表法)。目前，各种类型的能力和智力测验多达

200 种以上。

(二) 认知能力在品德发展中的作用

人的能力是复杂多样的,许多能力都与品德发展有密切关系。其中认识能力表现得更为明显。

认识过程很丰富,它包括感知觉、记忆、思维和想象等。认识过程体现着认知心理活动的一般规律性,但是,现实的认知心理活动总是在一定的个体身上发生的,个体的认知活动既体现着一般规律,又具有个别特点。当认知活动的特点以某种机能系统或结构的形式在个体身上固定下来时,它们就带有经常的、稳定的性质。这种在各个人身上经常地、稳定地表现出来的认知特点就是认知能力或认识能力,这种认知或认识能力,甚至被一些人干脆看成智力。

1. 社会认知的内容与形式

认知能力对道德知识的获得,道德意识的形成起着重要作用,这可以从认知的内容和形式两个角度来考察。

如前所述,品德是对社会关系的反映,是个体依据道德行为规范进行活动时表现出来的稳固心理特征。显然,这些心理特征的形成是与社会道德行为规范在个体身上的内化分不开的。那么内化的具体过程是什么? 或内化的形式是什么呢? 认知心理学关于社会认知与推理的研究初步揭示了这一问题。

认知心理学认为,社会认知与推理的过程就是信息加工的过程,是人类一般信息加工能力在品德方面的表现。美国心理学家怀耶(R. S. Wyer)和卡斯通(D. E. Carlston)(1979)提出了社会认知与推理的一般模型(见图 6-7)。

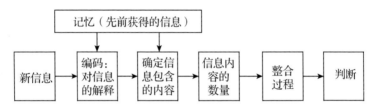

图 6-7 社会认知与推理的一般模型

按照怀耶和卡斯通的解释，任何一个依据已有信息或新获得信息进行的社会推理，都包括如下几个相互关联的步骤。

第一步：信息的编码与解释。一个人依据社会环境所提供的信息对一个人或一件事进行推断，首先必须依照先前对人或事件形成的概念对信息进行编码和组织。这种编码可能涉及所接受的信息的几个特殊的方面，也可能涉及几组这类信息。编码可能包括几个步骤，例如首先将信息转化为语言的或非语言的概念，而后由概念引发出具体的人或事物的表征。

第二步：信息内容的识别。一旦信息被编码和组织，判断者就必须为了将要做的判断而分析信息的内涵。一般地，他是通过提出一些假设来完成这一步骤的。当然，这些假设与所涉及的概念是有关的。有时，也可能通过在逻辑上与这些概念有关的其他信息导出结论。例如，一个被试对"一个人在考试中'帮助'了其他人"这一信息进行了编码，然后问他："你觉得这个人如何？"被试可能推断他喜欢这个人。之所以如此，他是基于这样的假设：帮助其他人的人是善良的和友好的，而善良和友好的人是应该被人爱戴的。从这一简单例子中可以得出三点结论：①分析一则信息的内涵所运用的假设是以最初对它的编码为根据的。在这一例子，如果把考试中"帮助"其他人的行为看作是一种欺骗行为，那么其设想会截然不同。②判断者得出某种结论，是与其相信已觉察到的信息内涵代表一个人的一般特征的程度有关，也就是说，一件事有多种内涵，判断者识别出一种内涵而认识不到其他的内涵，是因为判断者相信这种内涵可以反映出被判断对象的一般特征。③对信息内涵的评估过程势必涉及三段论推理。例如，"这个人是善良和友好的，如果一个人是善良和友好的，那么，他是应被人喜欢的。"

第三步：内涵的整合。在许多情况下，所呈现的用以做出一个判断的信息可能被领悟出几种不同的内涵。例如，某信息的某几个方面可能含有"这人是诚实的"意思，同时另几个方面可能含有"这人是不诚实的"意思；一些信息表明某人是助人为乐的；也有些信息可能表明这人是自私的。在这些情况下，判断者必须运用他认为合适的规则对这些信息的内涵进行整合，以获得总的判断。他所运用的规则依赖于被整合信息的类型和判断的类型。

2. 认知能力对品德发展的影响

认知心理学家对上述几步进行了深入细致的研究，提出了许多具体的模型，较详细地展现了社会认知与推理的形式与过程。实际上，他们已从内容和形式两方面揭示了认知能力对品德的影响。

第一，认知能力是品德发展的基础。个体品德的形成过程，实际就是个体社会化的过程，亦即个体在社会实践活动中，在社会和教育影响下，不断掌握社会道德规范，形成与社会相一致的人格特征的过程。这种社会道德行为规范在个体身上内化的过程，是以个体对社会道德情境和道德知识的学习、理解为前提的，也就是说，儿童与青少年对道德规范的学习和理解要受认知能力水平的制约。认识能力的高低直接影响到个体道德认识发展水平，影响到道德意识的形成。道德意识水平的高低反映了品德定向系统的发展水平。所以，认识能力是品德发展的基础。

第二，认识能力在品德发展上的作用表现出两极性。品德具有社会道德评价意义，有好坏之分。无论是优良的道德品质，还是丑恶的道德品质，都与人的认识活动有密切关系。例如，关于品德不良学生心理特点的研究发现，有的学生的认识能力很低，有的人尽管智力水平并不差，但是他们的聪明才智没有得到正确而适当的发挥，以致形成了错误的道德意识，对社会产生了更大的消极作用。相反，对于品德良好的学生来说，较强的认识能力有助于他们迅速掌握正确的道德知识和行为规范，激发道德情感，形成良好的道德行为习惯，在个体品德发展上起积极的推动作用。

第三，提高认识水平是提高品德修养水平或矫正不良品德行为习惯，改变错误观念的突破口。一个人品德修养水平如何，与他的知识文化水平、对社会道德伦理观念的认识水平及所形成的人生观、世界观有密切关系。因此，认识水平的提高，有助于儿童与青少年产生正确的道德价值判断，形成健康的道德情感，这样会相应地改变他们各种与道德伦理相违背的观念与认识，提高品德修养水平。

正因为认知能力的发展是品德发展的必要条件，所以皮亚杰和科尔伯格都以认知能力作为基础，提出了儿童与青少年道德发展的阶段论。

二、气质与品德的发展

气质是高级神经活动类型在人的行为和活动中的表现，它对个体品德发展有重要影响。

(一)气质的心理学研究

气质是一个比较古老的概念，早在公元前 5 世纪，古希腊医生希波克拉底就提出了有关气质的学说。我国春秋时代的孔子，从类似气质的角度把人做了分类。随着科学的进步，人类对自身的认识越来越深刻，对气质的概念提出了新的解释，建立了更为科学的气质学说。

1. 气质的性质

据现代心理学的研究，气质是表现在心理活动的强度、速度、灵活性及指向性等方面的典型的稳定的心理特征。

在日常生活中可以观察到：有的人感知速度快，有的人慢；有的人能长时间集中注意力，有的人注意力很快就分散；有的人思维敏捷，有的人思维迟钝；等等。这些是心理活动的速度特征。对同一件事，有的人情绪体验强烈，有的人无动于衷；有的人意志力坚强，有的人意志力薄弱。这些是心理活动的强度特征。处理一个问题，有的人根据具体情况做具体分析，有的人却显得呆板。这是心理活动的灵活性特征。还有，有的人倾向于外部事物，对人热情，善于社交；有的人倾向于内部，不愿与别人交往。这些是人的心理活动的指向性特点。

人的心理活动在上述方面表现出来的典型的、稳定的特征，是以遗传本质为生物学前提的。可以从婴儿身上发现，有的吵闹、好动、不认生，有的比较平稳、安静、害怕生人，这就是气质差异的表现。研究也表明，同卵双生子在气质特征上的相关明显地高于异卵双生子(林崇德，1982)。这说明，遗传在气质中的作用是很重要的。

2. 关于气质的学说

气质学说多种多样，常见的有如下几种。

（1）体型论

德国心理学家克列士米尔（Kretschmer）和美国心理学家薛尔顿（Sheldon），主张人的气质取决于人的体型，他们根据人的身体形式和组织，将人分为四类：运动型（斗志型），肥胖型（矮胖型）、瘦长型（高瘦型）和畸形型（异常型）。他们的理论过于强调生物因素，忽视社会因素，显然是不正确的。

（2）激素理论

这种理论认为，内分泌腺活动与气质类型是有关系的。他们根据人的某种腺体的特别发展，把人分为甲状腺型、脑垂体型、肾上腺分泌活动型、甲状旁腺型和性腺过分活动型等。

内分泌腺的活动与人的气质的确有关，它的失调可能引起某些症状。但是，完全以激素的活动来解释气质，往往会把许多性格问题同气质问题混淆在一起。此外，内分泌腺的活动、激素的合成与分泌都直接或间接地受神经系统所支配，因此应更主要地分析神经系统本身的活动特点。

（3）高级神经活动类型理论

这一理论首先是由巴甫洛夫提出来的，巴甫洛夫强调以兴奋与抑制过程、平衡和灵活性作为划分神经类型的依据，他将人的气质类型分为四种：不可抑制型、活泼型、安静型和弱型。

巴甫洛夫的学生发展和完善了高级神经活动类型学说，比较有影响的是捷普洛夫—涅贝利岑学派的工作。他们提出了神经系统类型研究的几个方法论原则；详细讨论了兴奋强度、维度的两极性：耐受性与感受性；论证了神经系统灵活性的两种特性——动力性和平衡性，并明确了神经过程的平衡性为第二级特性，它包括强度、灵活性、易变性和动力性。他们还对神经系统其他特性做了一些探索。总之，他们在完善和发展巴甫洛夫的理论上做出了贡献。

（4）气质调节理论

这一理论是由波兰心理学家斯特里（J. Strelan）在巴甫洛夫理论基础上提出来的，

他吸收了活动理论、唤醒或激活能力研究的资料，对气质外部特质从两个方面进行了分析。一方面是行为的能量水平，主要表现在反应性与活动性上。反应性是指人们对于刺激的反应强度不同，反应性高低不同，而他们又直接影响到个体感受性和耐受性的高低。活动性主要与提供和保持激活最佳水平有关系。另一方面是气质行为的时间特点。包括下列几个特质：反应速度、灵活性、持续性、反应节奏和节律性。气质行为的能量水平与时间特点反映了相当稳定的个体差异，构成重要的心理特征。

3. 气质类型特征

首先对人的气质进行分类的是古希腊医生希波克拉底，他认为人体内有四种体液：血液、黏液、黄胆汁、黑胆汁。人的机体状态取决于这四种体液混合的比例。他根据人体内部哪种体液占优势，而把气质分为四种类型：多血质、胆汁质、黏液质和抑郁质。他所创立的这种气质学说，尽管缺乏科学根据，但与近代心理学对气质的研究有很多相似之处（叶奕乾，1982）（见表6-4、表6-5）。

表6-4 高级神经活动类型与气质

高级神经活动的特点和类型	气质类型
强 不平衡 （不可抑制型）	胆汁质
平衡 灵活性高（活泼型）	多血质
灵活性低（安静型）	黏液质
弱 （弱 型）	抑郁质

表6-5 气质类型及其特征

类型	胆汁质	多血质	黏液质	抑郁质
特征	直率，热情，精力旺盛，情绪易于冲动，心境变化剧烈，具有外倾性。	活泼、好动、敏感，反应迅速，喜欢与人交往，注意力容易转移，兴趣易变换，具有外倾性。	安静、稳重，反应缓慢，沉默寡言，情绪不易外露，注意力稳定又难于转移，善于忍耐，具有内倾性。	孤僻，行动迟缓，精神体验深刻，善于觉察别人不易觉察的细小事物，具有内倾性。

人的气质千差万别，虽然在日常生活中可以观察到四种气质类型的典型人物，但大多数人都是介于 2~3 种气质类型之间，而近似某种气质。因此，不能绝对地把某人归入某种气质类型。

4. 气质的测量

气质测量常用方法有：条件反射法、划消测验、敲击测验、复杂反应测验、问卷、心理鉴定等。

(二)气质在品德发展中的作用

气质是天生的、典型的、稳定的心理特征，主要是表现在人的心理活动动力方面的特征，即心理活动的强度、速度、灵活性、平衡性、指向性等特点。于是，它直接影响着品德结构、品德过程，特别是道德行为的强度、速度、灵活性、平衡性和指向性。当然，气质本身无好坏之分，但它在人的社会活动中会表现为一种个性特点，后者会影响到各种品德的心理特征的发展。

1. 气质是遗传素质影响个体品德发展的中介

我们已阐述过遗传与环境在品德发展上的作用。我们认为，气质不能决定个体品德的发展，它只是为品德发展提供某种可能性。这种可能性会使个体易于形成某种道德品质，而不易形成其他类型的品德的心理特征。这不仅在我们的教育实践中可以经常观察到，甚至也由犯罪心理学的研究所表明（罗大华等，1986）。一些人在不良因素作用下品质变坏，甚至走上违法犯罪道路，他们就是从不同的方面，以不同的方式接受外界的不良因素，从而在各自的品德不良和违法犯罪类型上表现出气质的特征。例如，暴力犯罪者中，胆汁质的人为多；盗窃犯中，多血质、黏液质的人为多。

当然，这种由气质造成的可能性是否变成现实性，关键在于后天的环境和教育。例如，胆汁质类型的人动作强烈、迅速、易急躁，对自己的行为常感到难以控制，这是一个事实，但他们的行为是否会违反道德规范，这就不确定了。我们曾在第三章举了一个点火生不着炉子而砸了炉子的中学生的例子，他在上课管不住自己，老师一批评就发火顶撞，曾一度成为全校有名的"不守纪律"学生。经调查，这个学生从小易兴奋、激动，属于胆汁质类型。如前所述，像这类学生，靠"压服"定然无济于事。幸好这位砸炉子的学生，在中学阶段遇到了一位善于说服教育的班主任，这位班主任采用"晓之以理、动之以情"的循循善诱的方法，经过她几年的训练和塑造，这个学生逐步地能控制自己的情感，性格逐渐稳重，品德良好，顺利地完成了中学的学业。

2. 气质在社会活动中成为一定的品德心理特征

如前所述，气质本身无好坏之分，但它在人的社会活动中表现出来并获得一定的社会意义，就成为人的品德特征。例如，胆汁质的人性急、多动、奔放，在社会活动中可以表现为待人热忱，也可以表现为顶撞师长，违反纪律；多血质的人灵活，在社会活动中可以表现出善于适应困难情境，并处理好各种人际关系，也可表现为耍滑头和"不诚实"的品质；黏液质的人迟缓，在社会活动中可以表现为镇定、刚毅、实干，也可以表现为顽固、呆板，影响人际关系；抑郁质的人多虑，在社会活动中可以表现为爱好思索，体贴细致，也可以表现为疑神疑鬼，耍小心眼，嫉妒心强。由此可见，同样的气质可以形成良好的品德特征，也可以形成消极的品德特征。这取决于它被赋予的社会意义，即取决于个体在社会活动中所接受的各种影响。

3. 气质是成功的道德教育的一个重要依据

气质对品德的影响，也表现在它对环境作用于个体的方式产生影响。个体与社会环境的相互关系决定了个体品德的发展水平。个体在与社会环境相互作用中产生的具有一定内容的道德行为特征，是个体气质类型特征与社会行为"常模"的结晶。气质是在人的行为中表现出来的，而且在人出生的早期就表现出其特征。在后天的社会和教育影响下，气质逐渐被赋予一定的社会意义，成为品德特征。但是，社会和教育对个体作用的方式在一定程度上是受气质类型影响的。例如，父母或养育者对孩子的态度，往往受孩子气质的影响而发生变化，爱哭的孩子和喜欢安静的孩子，父母对待的方式是不同的。父母对孩子的态度、教育方式的差异，是造成品德个体差异的原因之一。

同时，气质类型特征也是进行个别施教的依据。教育工作要求了解儿童与青少年的气质特点，并针对这些特点采取不同的教育手段和方式。只有这样才能处理好智力和非智力因素的关系，发展学生的能力，培养学生良好的品德。例如，对于胆汁质的儿童与青少年，不要轻易地去激惹他们，而要锻炼他们的自制力，使他们能沉着冷静对待事物；对于多血质的儿童与青少年，要给予更多的机会和任务，并使他们从中受到更多的教育，要求他们养成扎实、专一、坚持到底和克服困难的决心；对于黏液质的儿童与青少年，要更加耐心，给予他们考虑问题和准备行为的足够时间；对于抑郁质的儿童与青少年，要更多地关心体贴他们，避免在公开场合指责他们，要根据他们的接受能力，适当地调整要求，鼓励他们克服困难，勇敢前进。我们对不同气质的儿童与青少年，采用不同教育方式，因势利导，有利于培养儿童良好的道德品质。否则，在教育者和被教育者之间就会经常产生冲突，造成儿童与青少年形成不良品德的潜在危机。所以，气质类型是培养和发展个体品德的重要参照依据。

（三）气质的锻炼与改造

气质具有某些先天特性，具有相对稳定性，但这并非意味着气质根本不可改变。一个人从出生的时候起，就受周围环境和教育的影响。对于这种影响，个体必须以一定的活动来做反应，这些活动又常常会固定在他后来的生活之中，这就形成了巩固的神经联系（条件反射）系统。这种巩固的系统，一方面能加强或发展神经过程的特征，使气质类型特征表现得更明显；另一方面也能掩蔽或改变神经过程的特性，使后天形成的行为特征掩盖先天的气质类型特征。

既然气质具有可塑性，我们就可以根据社会和教育的要求，依据儿童与青少年气质类型特征，发展和培养其积极的一面，克服其消极的一面。这样就可使各种气质类型的儿童与青少年成为品学兼优的人才。

第一，必须熟悉关于气质的基本知识，清楚地了解儿童与青少年的气质类型，依据气质类型特征，采取切合实际的教育方法。

第二，我们不能对儿童与青少年的气质有任何偏见，如喜欢某种气质的儿童与青少年，而讨厌另一种气质的儿童与青少年。气质本身是无好坏之分的，它只是在获得一定社会意义时，才具有道德评价意义。因此，在照顾到气质类型特征的同时，要充分注意教育的形式与内容，培养儿童与青少年正确的道德动机，巩固气质的积极品质，克服消极品质。

第三，与其他个性心理特征相比，气质在儿童早期表现比较明显，因此，要从小就对儿童的气质进行锻炼与改造，为他们形成良好的品德奠定基础。

三、性格与品德的发展

人与人之间的差异首先表现在性格上。性格问题最早是作为道德问题被提出来的。由此可见，性格与品德有着密切的关系。了解性格的心理学研究对于弄清楚性格在品德发展上的作用是很有帮助的。

(一)性格的心理学研究

人们对性格的研究可以追溯到公元前 3 世纪，古希腊科学家和哲学家奥夫拉斯特(Theophrastus)的《形形色色的人》就是一本性格问题的著作。在其之后，历史上许多哲学家对性格进行了各种不同的论述，文学家对性格也进行了生动的描述。20世纪以后，人们更多地从心理学角度对性格进行了研究，形成了不同的理论。

1. 性格的实质

关于究竟什么是性格的问题，至今也没有形成一种统一的说法。在西方，性格与人格两个概念往往是等同的，如美国心理学家波林(1981)认为，性格就是"个人所区别于他人的行为"。据统计，关于性格的概念约有 55 种解释。苏联一些心理学家也往往把性格的概念等同人格的概念。如列维托夫(H. Л. Jlecbhtob, 1959)在 20世纪 50 年代，把性格确定为人的人格的心理风格，认为它是影响行为和行动的那些足以在本质上把人区别开来的心理特征。但苏联大部分心理学家把性格作为人格的一个方面来理解，并指出性格本身的特点。中国的心理学教科书中，一般把性格理解为人对客观现实的稳固的态度以及与之相适应的惯常的行为方式的独特结合。

2. 性格的结构

性格是十分复杂的心理构成，研究性格就要了解组成性格的各种成分的特点及它们之间的相互关系，即了解性格的结构。关于性格的结构有多种理论，比较有代表性的有三种。

（1）精神分析理论

这一理论是由弗洛伊德创建的。弗洛伊德把人的心理分为潜意识和意识两大部分，并且把潜意识的作用提到高于意识的前所未有的地位。在潜意识概念的基础上，他提出了人格结构。他认为，人格是由本我（id）、自我（ego）和超我（superego）三部分组成的。"本我"由先天的本能、欲望所组成，是人们活动的原动力，它遵循"快乐原则"。"自我"在现实的需要与"本我"的非理性需要之间，起着中介作用，它按照"现实原则"进行活动，对"本我"进行控制和压抑。"超我"就是"道德化了的自我"，它包括良心和理想的"自我"，对"自我"进行监视和统制。总之，弗洛伊德认为在人格结构中，"本我"完全在意识之中，"自我"则是在潜意识和意识的关系之中，而"超我"则和意识起同样的作用，它保持着一个人的人格标准。

（2）特质理论

特质论者认为，人的人格是由一些人格特质要素所组成的，这些特质要素是所有的人共有的，但每一种特质要素在量上因人而异，由此就造成了人格上的差异。所谓特质，是指一个人的行动中具有一贯性、倾向性的东西。如内倾性、支配性、情绪稳定性等都属于特质，他们决定行为的倾向，但一般不能直接观察，只能通过行为和言语的表达，用因素分析的方法找出来。这种理论的代表人物有奥尔波特（G. W. Allport）、卡特尔（R. B. Cattell）、艾森克（H. J. Eysenek）。

阿尔波特认为，人格特质可分为普遍特质和个人特质。前者指同一文化形态下人们所具有的概括的性格倾向，人人皆有。后者指个人独特的性格倾向，为个人所独有，代表个人的行为倾向。他认为个人特质才是真正的特质。他又把个人特质分为三种：主要特质、中心特质和次要特质。

卡特尔的特质论源于阿尔波特。他同意阿尔波特的观点，认为有共同特质和个人特质。共同特质（或普遍特质）是用因素分析法抽出来的共同因素，个人特质是抽出来的独特因素。卡特尔又进一步将特质区分为表面特质和根源特质。他运用因素分析的方法，从表面特质中得出 16 种根源特质，这就是 16 种人格测验的理论基础。

艾森克认为，人格结构有两个维度，一个是内倾—外倾，一个是情绪稳定—情绪不稳定。这样，两个维度交叉，形成四种人格类型。这四种人格类型又与希波克拉底气质类型有关系（见图 6-8）。

图 6-8　人格类型与气质类型的关系

（3）我国和苏联一些心理学家关于性格结构的观点

这种观点认为，性格是在人的活动的各个方面表现出来的，为了研究性格结构，可以把性格特征归纳为五个方面：性格的态度特征、性格的意志特征、性格的情绪特征、性格的理智特征和性格的气质特征。性格的各种特征是有机联系在一起的，随环境变化，性格特征会以不同方式进行组合而获得表现，同时，性格也是变化的。所有这些，使性格的结构具有动力性质。

3. 性格的类型

性格的类型是指在一类人身上所共有的性格特征的独特结合。划分性格类型从远古时代就已经开始。但根据一定理论原理，采用一定科学方法分类，则是近代的事情。由于性格本身的复杂性，在心理学研究中，至今尚没有一种统一的分类方法。现将几种主要的分类方法介绍如下。

（1）从心理机能来划分性格类型

这种分类是由英国心理学家培因（A. Brin）和法国心理学家李波（T. Reib）提出来的。他们以智力、情感和意志三者之一在某个人身上所占的优势，把人的性格分为智力型、情绪型和意志型。

（2）从社会生活方式来划分性格类型

德国心理学家斯普兰格（E. Spranger）从社会生活对人的影响角度，以社会文化价值的观点把性格分为六种类型：经济型、理论型、审美型、宗教型、权力型和社会型。

（3）以心理活动倾向性划分性格类型

荣格（C. G. Lung）从心理分析的观点，把人们的性格类型分为内倾型和外倾型两大类。

（4）根据"场说"（fieldtheore）对性格进行分类

威特金（H. A. Witkin）及其同事在研究知觉时发现，有些人很难从视野中离析出知觉单元，而有些人则比较容易离析。他们将对认知方式的研究推广到其他方面，最后依据场的理论，把人分为场依存性和场独立性两类。

（二）性格在品德发展中的作用

性格和品德有相似的结构，具有一致性（如表 6-6 所示），且统一在一个人的完整的人格上。

表 6-6　性格和品德的结构

性格成分	态度特征	理智特征	情感特征	意志特征	气质特征
品德成分	道德动机	道德认识	道德情感	道德意志行为	道德习惯

良好的性格无疑给予儿童与青少年的品德以良好的、经常的、稳固的特征。相反，不良性格也给儿童与青少年的不良品德以经常的、稳固的特征，甚至导致违法犯罪。李巨才等人（1981）研究发现（见表 6-7），性格特征的消极方面与品德不良的极端表现——违法犯罪有一定的关系。由此我们可以得出结论，性格在品德发展上起重要作用。

1. 一个人的性格可以表现他的品德

性格是人格中最鲜明表示出来的心理特征，它可以区别一个人与众不同的、明显的和主要的特点，具有直接的社会意义。它主要表现在人对现实的态度和行为方

表 6-7　100 名违法犯罪青少年性格特征分类

人数(%)	表　现	项　　　目	
23	极端表现	情绪特征(不安宁、不稳定、易冲动)	
47	明显表现		
30	无表现		
18	极端表现	意志特征(胆大、不畏难、任性、难自制)	
60	明显表现		
72	无表现		
18	极端表现	对己(自高自大、私欲炽盛)	对现实的态度
58	明显表现		
24	无表现		
9	极端表现	对人(多疑喜忌,常怀敌意)	
61	明显表现		
30	无表现		
9	极端表现	对社会(心有不满,常寻发泄)	
42	明显表现		
49	无表现		
85	明显外向	性格类型	
0	明显内向		
15	不明显		

式里。所谓态度就是个体对社会、对他人、对自己的一种心理倾向,它包括了对事物的评价、好恶、趋避等。态度是通过人的行为表现出来的。个体的惯常的行为方式是区别不同性格类型的重要标志。而这一标志又是有好坏之分的,所以它也是评价一个人行为活动的社会意义的依据。

性格这种特性决定了它可以表现一个人的品德。品德是个体社会性的鲜明表现,它是个体反映和处理社会关系、实施道德行为的惯常的、稳定的心理特征。这些特征也就是性格结构中的重要成分。例如,个体对他人的态度的性格特征,一方面可表现为正直、诚实、同情心、善交际、礼貌等;另一方面也可以表现为阿谀奉承、徇私舞弊、冷酷无情、弄虚作假、行为狡诈、态度傲慢等。显然，这些性格特征可以反映出一个人道德品质的优劣。

2. 性格特征可以发挥道德动机的作用

如前所述，道德动机即品德的意识倾向性，它是"需要"的表现形态。道德动机是引起或维持道德行为朝向一定目标的原动力。

个体的态度体系是其性格的重要组成成分，它反映了一个人对人、对物、对社会的心理倾向性。这种倾向性以及与之相应的行为方式在个体的社会生活中可以起到道德动机的作用，成为推动个体从事某种活动的动力。例如，一些人珍视自己的成就比担心失败要大得多。因此，他们喜欢挑选更艰巨的任务，即使遭到失败也在所不惜。他们倾向于客观上没有根据的冒险。而另一些人恰恰相反，珍视成就，但更担心失败。因此，他们表现出过分的小心谨慎，甚至在确信能胜任更困难的任务时也去挑选容易的任务。人之所以采取不恰当的、与客观条件相矛盾的行为方式，是由于受其所特有的行为方式或行为倾向的影响。如果性格特征促使个体采取的特有的行为方式与客观情境的要求相符合，这样的性格特征对个体的行为就起到积极的推动作用，如果性格特征使人违背客观情况的要求去行事，那么，这种性格特征就会妨碍个体去实施行为计划，完成任务。

3. 性格培养可以巩固已形成的品德心理特征，也可以改造或矫正不良品德

包括道德认识、道德情感、道德意志和道德行为在内的品德心理特征，是在个体的活动中逐渐形成的。个体所形成的道德品质的好坏与稳定，是主观与客观、内部与外部等多种因素综合作用的结果。性格特征是其中一个重要的影响因素。如果一个人形成了积极的、良好的性格特征，那么他的言语举止、待人接物的方式都将为社会所接纳，为他人所欢迎。于是他的行为对社会所产生的积极的有意义的效果，在客观上，为其形成良好品德创造了优良的环境条件；在主观上，对其已形成的良好的道德品质是一种强化，一种积极的反馈。这就可以达到巩固所形成的良好品德心理特征的效果。

相反，如果儿童与青少年在性格上形成明显的不良倾向，那么，这就可能导致品德不良，甚至违法犯罪。研究发现，青少年犯罪行为都有一个逐渐演变的过程。

大多数犯罪青少年，当他们还在学校学习期间（特别是在初中阶段），就在学习上和品行上表现出不良的性格：学习懒惰，无心上学，对集体、师生冷漠，无恒心，把旺盛的精力耗费在无益的活动上。他们带着这些不良性格特征走上社会，在不良环境因素的影响下，就很容易走上违法犯罪的道路（李巨才等，1981）。

（三）性格的发展变化

性格不是天生的，是在个体后天的活动中逐渐形成的，它有一个发生和发展的过程。

苏联心理学家把性格形成的复杂过程划分为三个阶段：第一阶段是学龄前儿童所特有的，是性格受情境制约的发展阶段。在这个阶段，儿童的行为直接取决于具体的生活情境，直接反映外部影响，还未形成稳固的状态。第二阶段是小学与初中期儿童与青少年所特有的，是稳定的内外行动形成的阶段。由于稳固的行为方式正在形成的过程中，因而性格正在日趋形成但对已形成的不良习惯需要施加强有力的教育才能改变。第三阶段是高中生所特有的，是内心制约行为的阶段。在这一阶段，稳固的态度和行为方式已经定型，因而性格的改造就较困难了。

根据我国心理学家对性格发展的研究，婴儿期只是性格的某些特征刚刚显露，幼儿期是性格开始形成的时期，幼儿的性格在游戏和日常生活中表现最为明显。

中小学生性格迅速发展，并日趋成熟和稳定，研究表明（中小学生性格发展与教育协作研究组，1987）有如下几个特点。

第一，性格是一种多维度的心理结构，其发展虽有大体相同的趋势，却不是同步的。性格各因素的发展既不等速，也不均衡（见图6-9）。

第二，我国中小学生的性格是逐渐发展，日渐成熟的，从初中二年级至高中一年级，已发展到较高的成熟水平。

第三，在中小学生的性格发展中，有两个相对的稳定期和两个快速发展的骤变期。两个稳定期分别在小学四年级前后和初中二年级前后；两个骤变期，一个在小学六年级前后，一个在高中一年级前后（见图6-10、图6-11、图6-12）。

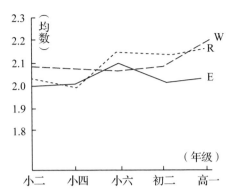

图 6-9 我国中、小学生性格的情绪特征（E）、意志特征（W）、
理智特征（R）发展总趋势

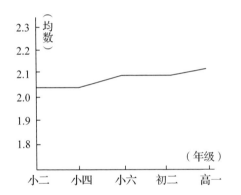

图 6-10 我国中、小学生性格发展总趋势

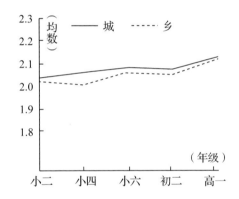

图 6-11 我国城、乡中、小学生性格发展总趋势

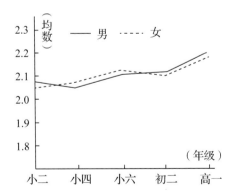

图 6-12 我国中、小学男、女学生性格发展总趋势

第四，性格的发展受遗传、年龄、教育和社会环境等多种变量的影响。性的成熟、性意识的觉醒在性格的发展中具有重要作用。

我们认为，在儿童与青少年性格的培养中，注意养成儿童与青少年良好的行为习惯是非常必要的。行为习惯是稳固的行为方式。良好的行为习惯对推动良好性格的形成将起到积极作用。

第三节

———————

心理健康与品德发展

"祝你（您）健康！"这一句问候语中间就含有健康与否或水平的差异。故每个人心理健康的问题，属于个体的心理，人的心理健康具有个体差异或个性的差异。

早在 1983 年版《中学生心理学》中，我率先提出了"心理卫生""心理治疗"的概念，并率先在学校中倡导"心理健康"教育的设想。随着时间的推进，特别是 20 世纪 90 年代后，大、中、小学心理健康教育深入开展，诸如"良好的心理素质是人的全面素质中的重要组成部分""心理健康教育是实施德育的重要内容"逐步成为教育工作者的共识。

我多次强调，心理学是由西方传入的，但是西方心理学传入中国之前，中国早就有了心理学、医学心理学和心理健康教育的思想。《黄帝内经》是我国现存最早的医学典籍之一，从它所含的医学心理学思想和健康心理学思想便可见中国古代医学心理学思想和健康心理学思想的丰富。

首先，在病理心理学思想方面，认为发病因素是多种多样的，其中包括情绪和意志异常的心理因素。"喜怒不节，寒暑过度，生乃不固"，也就是说，情绪或意志波动过于激烈或持续过久，会使脏腑功能失常，气机发生紊乱而致病。

其次，诊断心理思想方面，提出"得神者昌，失神者亡"，即以"得神"与"失神"，也就是一个人的精神面貌或心态作为衡量其情绪与意志心理活动是否下沉的标准，作为预测疾病的根据。

再次，治病心理思想方面，认为"精神进，志意治"，并翔实地论述了心理疗法，例如，开导安慰法、情绪与意志相胜法、针刺疗法等。

最后，心理卫生思想方面，提出"不治已病，治未病"的原则。"治未病"的根本措施是：顺应自然，生活有度，调摄形体，调摄精神。

中国后来历代医学家都继承和发展了《黄帝内经》的医学心理学思想和健康心理学思想。

开展大、中、小学生心理健康教育的依据是教育部颁布的《高等学校学生心理健康教育指导纲要》和《中小学心理健康教育指导纲要》，这两份文件既论述了大、中、小学生心理健康教育的共同性问题，又强调年龄特征，对学生的心理健康教育内容和方法做了科学的阐述。

一、积极开展学生心理健康教育

学生心理健康教育，是提高学生心理素质，促进其心理健康和谐发展的教育，是进一步加强和改进中学德育工作、全面推进素质教育的重要组成部分。

(一)科学地理解心理健康

我曾于2001年接受《中国教育报》采访时提出，心理健康教育的路子一定要走正，其意是必须科学地理解心理健康，强调心理健康教育必须坚持正面教育。心理健康教育必须面向全体学生，以提高全体学生的心理素质为目的，是德育工作的一个组成部分。

什么是心理健康与心理健康教育？心理健康，意指一种良好的心理或精神状态。心理健康的概念既代表心理健康，也表示它的相反方向——心理问题。在国际心理学界，有学校心理学、心理辅导、心理咨询等，在我国围绕着心理健康开展的教育被称为心理健康教育。有人理解为人格或品格教育，也有人强调非智力因素教育，等等，实质都差不多。

2006 年中共中央十六届六中全会通过的《中共中央关于构建社会主义和谐社会若干重大问题的决定》(以下简称《决定》)中首次阐述了社会和谐与心理和谐的关系。《决定》指出："注重促进人的心理和谐，加强人文关怀和心理疏导，引导人们正确对待自己、他人和社会，正确对待困难、挫折和荣誉。加强心理健康教育和保健，健全心理咨询网络，塑造自尊自信、理性平和、积极向上的社会心态。"党中央用近百字论述心理健康或心理疏导问题，这在历史上还是第一次，是对中国心理学工作者的莫大的鼓舞，从中我们体会到心理和谐是心理健康教育的指导思想，心理和谐也对我国学校心理健康教育指出了方向并提出了具体的要求。

(二)"心理和谐"对心理健康教育提出更高的要求

心理和谐不仅对心理健康做了分析，而且对心理健康教育提出了更高的要求。

1. 心理健康教育必须要坚持正面教育

我们应该看到广大学生的两个主流：一是学生心理健康是主流；二是有些学生由于某些心理问题来咨询和接受辅导，这也是主流，因此心理健康教育必须坚持以积极心理学的观点开展正面教育。然而，长期以来，病理学与缺陷观占据心理学的主要地位，而忽视了对人类积极特征的研究，如乐观、希望、知识、智力和创造力等。于是，积极心理学必然会产生。

积极心理学是关于人类幸福和力量的科学，它产生于世纪之交，创始人是马丁·塞利格曼(Martin E. P. Seligman)，以研究人类的积极心理品质，关注人类的健康幸福与和谐发展为主要内容，试图以新的理念、开放的姿态诠释与实践心理学。

上述十六届六中全会提出的心理和谐，从内涵上说，包含了比积极心理学更深刻的核心内容；从外延上说，心理和谐揽括并扩展了积极心理学的各个方面。把心理和谐作为心理健康教育的指导思想，目的就是要坚持正面教育。

2. 健全心理健康教育网络

根据北京师范大学的经验，一个完善、系统的心理健康教育体系应该包括：工作网络、教育网络、服务支持网络。工作网络分为三级：第一级工作网络是心理辅导指导委员会及其下设的专业机构，负责制定心理健康教育的相关方针和政策；第二级工作网络是心理辅导人员在接受了专门培训后与咨询者直接接触，了解其面临的问题和可能出现的问题，并对一些紧急情况做出预防和预警；第三级工作网络由专门的心理咨询组织以及其他各级各类组织构成。教育网络根据教育对象的不同也分为三级：第一级教育对象是正常、健康的个体，使他们的心理得到完善的发展。第二级教育对象是轻度心理障碍的个体，如问题行为、不良习惯、人际关系问题、环境适应问题、抑郁、生活中的各种危机等。第三级教育对象主要是较严重的心理障碍者，该级教育主要由社会心理健康治疗组织或医院来承担。服务支持网络包括建立专门的心理健康网站，建立心理健康论坛，并建立心理健康教育网站大联盟和心理健康总论坛。总之，这三个部分构成一个有机整体，相互配合，在社会上形成一个完整而高效的心理健康教育体系和结构，从整体上维护人们的心理健康。

3. 加强幸福指数的研究

目前在学校里对什么是幸福，做了生动有趣而深刻的讨论，而心理和谐就要求社会和谐，重视幸福指数。在国际上从 20 世纪 60 年代开始，GDP(国内生产总值)和 GNP(国民生产总值)等经济指标难以评价个人和国家真正的幸福感。自此，主观幸福指数逐渐成为评价一个国家国民幸福程度的重要指标。什么是幸福，幸福指数包括哪些内容，从 20 世纪至今，在世界各地，各行各业都在进行积极而热烈的讨论，学校也不例外。尽管提法上各有千秋，但国际上主要获得三点共识：一是幸福以认知、情感和个性等心理因素为支撑；二是从纵横比较中获得是否幸福；三是金钱绝不代表幸福。我的好友、北京十一学校老校长李金初先生的教育目标是优秀做人、成功做事、幸福生活。这很有道理。前两者为德才兼备，最后还是要幸福生活。

当前，我国国民主观幸福指数测量工具的编制和标准化，是摆在我国心理学家面前的一项重要课题。我们必须从国情出发，根据我国的特点来制定幸福指数的测量工具，心理健康追求的正是国民的幸福健康，中学生也不例外。

(三)"心理和谐"要求我们从人文关怀角度关注学生的心理问题

继中共中央十六届六中全会提出《决定》之后，中国共产党第十七次全国代表大会报告再次指出，"注重人文关怀和心理疏导，用正确方式处理人际关系"。心理健康教育要求我们做好以下人群的人文关怀工作。

1. 重视学生的心理行为问题

尽管学生心理健康是主流，但我们必须看到，目前学生中出现越来越多的心理健康问题，迫切需要开展和加强心理健康教育。调查表明，他们中普遍存在着如上边提到的心理问题或行为问题。在这些心理行为问题中，既有"问题"儿童青少年，也有"学校处境不利"儿童青少年。前者，通常指品格上存在着问题且经常表现出来的青少年。这里，一是指品德发展上的缺点；二是指性格发展上有偏激。这类学生在学校里，较多地表现出纪律松弛、情绪消沉、焦虑紧张，甚至于闹学、混学、逃学和辍学等。后者通常指智能潜能正常，但在学校中处于低下地位，实际上被剥夺了学习权利和学习可能的学生，也包括本身能力发展迟滞、学习成绩落后、行为不良等不能适应学校学习的学生和从较低水平学校转到较高水平学校时不能很快适应新条件的学生。

2. 关怀儿童青少年中的弱势群体

关怀留守儿童青少年；关怀流动儿童青少年；关怀贫困儿童青少年；关怀艾滋致孤孤儿。

3. 关心离异家庭儿童青少年

离异家庭的儿童青少年是指父母婚姻破裂而导致家庭解体后出现的特殊社会群体。当前，离异家庭儿童青少年的心理发展和教育，以及他们出现问题，尤其是因父母离异后严重地影响学习，离家出走，甚至于违法犯罪成为少年犯，已成为一个世界性的社会问题。

4. 关注受灾学生的心理疏导

我国是一个自然灾害频生的国家，一旦受灾后，健在人群心理变化一般分为三个阶段：紧急应变期、冲击期、心理重建期。灾后受灾群体，特别是儿童青少年发生的心理变化及其对策，特别是如何加强人文关怀值得我们研究。

2008 年 5 月四川汶川发生特大地震，震后我们一大批心理学工作者奔赴灾区进行心理疏导工作。教育部成立国家心理疏导培训班，作为领导小组组长，我在成都对当时四川灾后心理疏导工作提出四点建议：①帮忙不添乱，决不能造成二次伤害；②科学有序，按民政部的划片，每个省市心理学工作者到该去的区域，做好从心理救助到心理援助的工作；③积极的培训，不论是谁（包括我自己）只要没有学过创伤心理学的都得参加培训；④加强伦理性与科学性，做好灾后群体心理疏导工作。

二、学生心理健康的标准

国际上关于心理健康的标准很多。首先，在判断心理健康的指标上，适应性指标（指一切不适应社会现象的都属于不健康）和发展性指标（强调从发展视野分析心理健康问题）是公认的两种指标，而后者是根本性的指标。其次，对心理健康标准的具体表示主要采用三家之言，一是国际心理卫生大会标准（四条）：身体、智力、情绪协调，适应环境、人际交往顺利，有幸福感，发挥潜能；二是人本主义心理学（经典十条）：安全感，了解自己，理想、目标切合实际，适应环境，保持人格的完整与和谐，善于从经验中学习，良好的人际关系，控制情绪，适应群体、发挥个性，适当满足个人需要；三是美国人格心理学标准（七条）：自我开放（不自我封闭），良好的人际关系，具有安全感，正确地认识现实，胜任自己的工作，自知之明，内在统一的人生观。最后，在心理健康的标志上，较多的是强调没有心理障碍和具有一种积极向上发展的心理状态。以上三个方面为我们讨论中学生心理健康的标准提供了有益的依据。

(一)心理健康的标准的提出，必须要坚持科学性

早在1983年，我就提出了关于心理健康与心理不健康的标准问题，当时我就强调标准的提出必须坚持科学性，今天我们仍然坚持这个观点。1983年，我对心理健康标准进行初探后写道："那么究竟怎样的情况才算变态心理呢？"一般以下列3个方面为指标：第一，看心理活动与客观环境是否统一，所作所为是否符合他所生活的特定环境对他提出的要求，其言行能否被一般人所理解，有没有明显的离奇和出格的地方。第二，看心理活动本身是否完整和协调。他的认识过程，情感体验和

意志行动是否协调一致。第三，看心理活动本身是否统一。个性心理特征是否具有相对稳定性，它在各种心理过程中是否得到体现。如何测定，用什么方法加以鉴别呢？到目前为止，还没有一套科学的分析和检查的办法。现在国内外常用的判定办法大致有 4 个：一是以经验为标准，根据研究者对自己的心理状态的比较来鉴别常态和变态；二是以对社会适应性为标准，对环境不能适应则为异常；三是以变态或障碍原因、状态严重与否为标准。有些变态心理现象或导致障碍的因素在常态人身上是绝对不存在的；四是以统计数据为标准，将心理活动的行为表现数量化，并制作常态分布曲线，对照被试的行为表现，看其是否变态。今天看来，当年的标准和测定方法的科学性与本节引言中的判断指标、名家标准和公认的标志是一致的。

（二）学生心理健康的具体表现极其标准

学生心理健康与心理问题及其内容具有特殊性，因此，我们应该根据学生的具体心理健康的表现来制定心理健康教育的标准。

1. 学生心理问题及其产生原因

我们将学生心理健康方面存在的问题主要归纳为三方面：一是人际关系的紧张；二是学习所造成的压力；三是在"自我"方面出现问题。北京市青少年心理咨询服务中心主任王建宗，曾统计了五年中所接收听的六万多人次中学生的热线咨询内容，把各类问题做了分析，其中人际关系方面问题占 42% 强，学习方面问题占 27% 强，两项占了近 70%，余下的是"自我"占 20%，其他方面的问题占 10%，咨询者来自重点学校的占 45% 以上，可是重点学校在所有学校的比例仅占 5%。可见，重点学校学生在心理健康方面的问题要远远超过普通学校的学生（林崇德等，2000）。

学生的心理健康或行为问题，并非现在才有，只不过今天的问题更为严重、更为突出。原因在哪？《中共中央关于进一步加强和改进学校德育工作的若干意见》（1994）（以下简称《意见》）指出，这主要是因为"面对新的形势和要求，学校德育工作还很不适应"。这里具体又分为外部原因和自身原因。

其一，外部社会原因。在新旧体制转换过程中出现了各种各样的矛盾，主要表现在：①社会上滋长的唯经济主义的影响，在学生中表现为"一切向钱看"的消极现象，不仅妨碍学生树立正确的人生观和价值观，而且也助长他们产生拜金主义、享乐主义和极端个人主义的心理。②在当前教育体制不能全面贯彻党的方针的条件下，容易产生重智轻德、分数至上的消极现象，它往往使学生产生焦虑情绪、挫折感和人格障碍，甚至于萌发"轻生"的念头。③有些家庭教育不当也会产生各种各样的消极现象。像离婚家庭子女失去正常教育，易发生情绪低沉，不能适应现实生活，致使学习成绩降低、人际关系紧张，甚至于使品德滑坡、人格异常。有些独生子女家庭，由于娇惯、纵容、溺爱，致使孩子任性、懒惰、独立性差、依赖性强、不够合群等问题严重。④大众传媒中不健康的内容也是造成学生心理行为问题的重要原因。一些文艺作品、影视广播和网络内容等充满"拳头"加"枕头"的内容，对儿童青少年起着教唆作用，使他们心理变态，误入歧途。所有这一切，都同《意见》中指出的"增强适应时代发展、社会进步，以及建立社会主义市场经济体制的新要求和迫切需要的素质教育"相违背，都是产生"问题"儿童青少年、"学校处境不利"儿童青少年的根源。

其二，学生自身原因。学生出现心理行为问题还有前几章提及的其自身的原因。学生心理行为问题较多的青少年期，正是心理学家所谓的"动荡期"甚至"危机期"，青少年处在人生发展的十字路口，这是一个幼稚与成熟、冲动与控制、独立性与依赖性交错的时期。这一时期必然是两极分化严重的阶段。这个阶段的主要任务，在前几章已做较多的分析，这里不再赘述。

2. 学生心理健康具体标准

根据国际上公认的判断指标、标准和标志，针对上边提到的学习、人际关系与自我的三个主要问题，我们做了一些探索。也就是说，对于广大学生心理健康在每个方面的具体标准，我们很难包揽无遗地逐条列出，但是从问题的正面出发，大体可概括为：一是敬业，二是乐群，三是自我修养。

学习是学生的主要活动。心理健康的学生能够在学习方面敬业，从中获得智力与能力，并将习得的智力与能力用于进一步的学习中。在学习中充分发挥智力与能力，就会产生成就感；由成就感不断产生乐学情绪，进而会学和活学，如此形成一个良性循环。具体地说，学生学习的心理健康表现在如下六点：成为学习的主体；

从学习中获得满足感；从学习中增进体脑发展；在学习中保持与现实环境的接触；在学习中排除不必要的忧惧；形成良好的学习习惯。

人总要与他人交往，并建立一定的人际关系。学生的人际关系主要涉及亲子关系、师生关系和同伴关系等方面。学生与双亲、与教师的关系是一种垂直方向的关系，而与同伴的关系则是水平的关系。每个学生总是"定格"于人际关系网络中某个特定的位置，同时又与别人发生各种方式的联系。学生处理错综复杂的人际关系的能力直接体现了其心理健康水平。学生在人际关系方面，心理健康表现为如下六点：能了解彼此的权利和义务；能客观了解他人；关心他人的要求；诚心地赞美和善意地批评；积极地沟通；保持自身人格的完整性。

心理健康的人了解自己，并悦纳自己。"人贵有自知之明"，健康的人能正确客观地认识自我，加强自我修养，既不自卑，也不盲目自信；他们经常进行反思，看到自己的长处，更能容纳自己的不足，并寻求方法加以改进。他们常常能正确地认识、体验和控制自我。主要表现在以下六点：善于正确地评价自我；通过别人来认识自己；及时而正确地归因并能够达到自我认识的目的；扩展自己的生活经验；根据自身实际情况确立抱负水平；具有自制力。

我们根据这三个方面的 18 点编制了心理健康测查量表，并在全国范围内逐步开展测试和使用，取得了一定的效果。

(三) 学生心理健康教育的任务及其内容

根据上述的标准，进行学生心理健康教育，必须从教育部高校或中小学心理健康教育指导纲要出发。

1. 坚持学生心理健康教育的目标

心理健康教育的总目标是：提高全体学生的心理素质，培养他们积极乐观、健康向上的心理品质，充分开发他们的心理潜能，促进学生身心和谐可持续发展，为他们健康成长和幸福生活奠定基础。

心理健康教育的具体目标是：使学生学会学习，正确认识自我，提高自主自助和自我教育能力，增强调控情绪、承受挫折、适应环境的能力，培养学生健全的人格和良好的个性心理品质；对有心理困扰或心理问题的学生，进行科学有效的心理疏导，及时给予必要的危机干预，提高其心理健康水平。

2. 强化学生心理健康教育的主要任务

心理健康教育的主要任务是：全面推进素质教育，增强学校德育工作的针对性、有效性和吸引力，开发学生的心理潜能，提高学生的心理健康水平，促进学生形成健康的心理素质，减少和避免各种不利因素对学生心理健康的影响，培养身心健康、具有社会责任感、创新精神和实践能力的德、智、体、美全面发展的社会主义建设者和接班人。

按照"全面推进、突出重点、分类指导、协调发展"的工作原则，不同地区应根据本地实际情况，积极做好心理健康教育工作。

3. 按年龄特征确定学生心理健康教育内容

小学生、初中生、高中生和大学生的心理健康教育的内容，按不同阶段、不同教育任务而定。

三、心理健康与品德发展的关系

心理健康教育与德育的关系，心理健康本身与学生品德发展的关系是社会各界，尤其是教育界所关心的问题。

(一)在德育框架下开展心理健康教育

心理健康教育与德育之间关系十分密切，然而"既不能用心理健康教育代替德育，又不能用德育来代替心理健康教育"，我的弟子俞国良教授对此做了精辟的论述。

毫无疑问，心理健康教育是德育的一个重要组成部分，但两者既有区别又有联系。两者所附庸的对象不同。德育目标和内容是社会选择的结果，是人类社会的附庸；心理健康教育则完全属于作为个体的"人"的自我完善，社会中每个正常的个体都是身和心的统一，每个个体都要求身体和心理得到健康发展。两者的内容和任务不同。德育是对学生进行理想、信念、道德观和人生观、世界观等方面的教育；心理健康教育则是对学生的学习、人际关系、自我和社会适应等方面进行教育，重视对学生的个性、情感和意志品质等方面的培养和潜能的充分发挥。两者的工作原则不同。德育坚持价值导向原则，具有公开性和群众性等特点，对学生的思想言行做出旗帜鲜明的评价、教育和引导；心理健康教育则秉持"价值中立"的原则，强调尊重学生的内在需求，要求在充分尊重、理解学生的基础上，让学生进行自主选择。

尽管如此，德育和心理健康教育在教育体系中也存在着很多一致性，二者的终极目标具有一致性。我国学校培养人才的总体目标是，使学生在德、智、体、美等方面得到全面发展，不管是德育还是心理健康教育，都必须服务于这一总体目标，只是二者的侧重点不同而已。二者所遵循的教育规律具有一致性，必须以学生的生理、心理和认知发展水平为出发点，遵循由易到难、由浅入深的螺旋上升教育规律，才能取得预期的教育效果。同时，两者的服务主体具有一致性，其服务主体都是学生，都需要充分考虑学生的主观能动性在发挥教育功能中所起到的决定性作用。

心理健康教育是德育工作的一部分，但它对德育有独特的贡献。据统计，近年来发生的刑事案件中，青少年犯罪比例逐渐升高，而青少年犯罪中，14~16岁孩子引发的案件又占70%。这些孩子最初几乎都表现出心理不够健康的状况，如果他们能及时得到教育、引导，相当一部分的刑事犯罪是可以避免的。因此，我们主张在德育的框架下积极开展心理健康教育。

(二) 心理健康与品德交叉联结、相辅相成

心理健康与品德是两个概念，但其交叉联结着，相辅相成共同提高。

首先，心理健康与品德在内涵上交叉联结，有时很难区别。本书第十章，我们还将较详细地介绍社会和谐和心理和谐的三个空间是自我关系、我他或人己（人际）关系和人与社会的群己关系；而本书第一章所述的道德规范也是这三个关系。从这三个关系出发，心理健康的范畴或概念与品德的范畴或概念就具有一致性。例如，自我关系或自我修养的"信心"，人际关系的"合作"和"孝道"，群己关系的"爱国情感"，很难区分是心理健康的概念还是品德的概念。闹学、逃学、混学和辍学的现

象，也很难分析是心理问题还是品德问题，只有对具体情境做具体动机的深入分析，才能了解到底属于什么性质。

其次，心理健康与品德两者发展的条件具有相似性或一致性。从外部条件来分析，在品德发展上，社会的条件是决定的因素，诸如社会、家庭、学校、媒体的影响决定着品德的性质和水平；而前边提到心理问题产生的外部条件，也是社会、家庭、学校、媒体等社会因素。从内部条件分析，青春期为多事之秋，这对心理健康和品德的发展来说，两者都要重视这个阶段的特殊性。

再次，心理健康教育与品德教育或德育，方式方法是一致的，例如都强调正面教育，强调年龄特征为其出发点，强调正确有效的道德教育方式和手段，等等。如前所述，这里恕不再述。心理健康和品德形成发展过程具有一致性，都以知、情、意、行为载体。心理健康的结构涉及知、情、意、行；如前所述，我们是从心理学或心理现象的角度研究个体的道德品质即品德的，品德的结构也涉及知、情、意、行。

最后，心理健康与品德发展是相辅相成，互相促进的。心理健康的提高和道德品质的发展互为前提，只有心理健康才能更好地发展品德，同样地，只有品德端正才能更好地提高心理健康。生活中常常出现"暂时性"的感情冲动，这是心理问题，如何处理，这就取决于心理健康的自控能力的强弱。但因控制不了这种冲动，发生骂街、打人甚至于斗殴事件，就是品德问题，这可能会走到违法犯罪的边缘。同样地，一个品德修养高尚的人，也往往大度、豁达、容易自控那种一时冲动的心境。

然而，简单地把儿童青少年的问题归结为品德问题，不是科学的态度，而应该具体问题做具体分析。比如，撒谎可以分为两种类型，一种是故意撒谎，另一种是过失性撒谎。故意撒谎就是品德问题，如学生为了赌博逃学、玩电脑游戏而撒谎说头痛要请假，偷盗抢劫他人财产却瞒骗说是朋友赠送，诸如此类的问题，既违反了社会的主流价值观，也违反了社会的行为准则，属于品德错误。而过失性撒谎则是心理问题，孩子为了不让家长打他，为了逃避老师的责罚，编造了一些假话，这种撒谎出于一种自卫或防御心理。解决心理问题就要用心理学的方法，这才是科学的态度和做法。

第七章

入学前儿童品德的发生与发展

人的品德是如何产生的？又是如何发展的？这可以从两个方面进行研究，一是从种系发展的角度来研究，即从人类的发生、发展过程中探讨品德的产生和发展；二是从个体发展的角度来研究，即从儿童出生到"懂事"到成熟的过程中研究品德的产生与发展。本章和随后几章的任务就在于从人的个体发展的过程来阐明儿童与青少年品德发生、发展的简史。

研究儿童与青少年品德的发生发展的简史，首先要探讨入学前儿童品德的发生和发展。从出生到六七岁，是儿童品德逐渐萌芽、产生的时期，也是儿童品德迅速、稳步地形成和发展的时期。

入学前儿童的品德的发展，拟从儿童品德的发生、三岁前儿童品德的发展和幼儿期品德的发展三方面进行探讨。

第一节

——

品德发生的标志

关于儿童品德的发生及其标志，目前国内外心理学界还没有统一的定论，各家各派看法不一。

儿童品德是在与人不断交往过程中逐渐形成和发展的。成人在与儿童的交往中，不断地以自己的言行和与儿童的交谈传给儿童各种道德知识和信息，帮助儿童了解初步的社会道德规范和行为准则，并不断地以表情、言语或动作对儿童的行为给予各种不同的强化。另一方面儿童在与人的交往过程中，在与成人和同伴的各种关系中，逐渐意识到主体与客体，意识到自己的行为，并逐步能够以成人的要求判断、评价、调节自己的行为。儿童品德由此逐渐出现和形成。因此，儿童的社会化及自我意识的发生是儿童品德发生、发展的基础。在此基础上，儿童理解、接受成人教给的道德规范和行为准则，并以此来调节、控制自己的行为、愿望。这也就是说，儿童品德发生有三个环节：社会性的发生，自我意识的发生，品德的发生。

一、社会性的发生

婴儿生下来时，是无与人交往的社会性需要的。成人与婴儿的关系，主要是一种生理上的照顾关系。因为婴儿维持自我生命的能力比其他小动物要差得多，离开了成人的照料就不能生存，需要成人保证他们的吃、喝、穿、睡、住等，带给他们生理上的满足与快感。

在这个时期，婴儿对各种非社会性和社会性的刺激（比如灯、铃、玩具、花和人脸等）的反应是不分化的。观察和实验都表明，初生的婴儿就会笑，但是这种类似微笑的面部表情最初是不分化的，他们不仅对人脸笑，而且对铃声、灯光也笑，你摸摸他的脸颊，碰碰他的腹部，或者跟他谈话，他都会笑。因此，许多研究者和心理学家称婴儿最初的笑为"内源性的笑""反射性的笑"或者"前社会性的笑"。

约从4~6周起，婴儿对人脸和周围其他物体的反应开始区分，表现出对社会性的视觉和听觉刺激的明显偏爱。他们对人脸笑得更多，父母和其他人的接近都能更多地引起婴儿的活泼、愉快的情绪反应。他们的眼睛集中地注视成人的脸，对成人微笑，手舞足蹈，并发出咿咿呀呀的柔和的声音。不仅在吃饱、睡足时有这种反应，在饥饿、困倦或不适时也会暂时地做出这样的反应。婴儿不愿意一人躺着，没人和他说话，如果成人跟他说着说着就不说了，或者抱着抱着又放下他走了，婴儿就会感到很不高兴，甚至大哭起来。这说明新生婴儿从第一个月末到第二个月初始，已明显地出现了与成人交往的需要，这是人类特有的社会性需要，是婴儿社会性的表现：对人有明显不同于其他物体的积极情绪反应，喜欢和要求与人交往，并在与人交往时，表现出明显的喜悦。因此，心理学家和社会学家们称婴儿这时的微笑为"社会性的微笑"。

但是，从此时到四个月前，婴儿对人的反应还是无差别的，他们不仅对经常照料、护理他的母亲笑，也对家庭或周围的其他人笑，甚至对完全陌生的人也笑，见谁都乐呵呵的。大约到四个月时，婴儿对与成人的交往和反应逐渐出现选择性，开始区分人，对人有差别地进行反应。首先婴儿最喜欢他生活的主要照顾者，见到他们，婴儿表现得最高兴，笑得最多；其次是家里的其他成员和周围其他熟悉的人；最后是陌生人，对陌生人婴儿笑得最少，只是偶尔笑笑，且不像对自己妈妈那样笑得甜和自然。对成人交往和反应的分化性是婴儿社会性发生的进一步表现。

4~6个月时，婴儿虽然和妈妈在一起时表现得最愉快和最高兴，但对妈妈的离开，其反应在强度和性质上还并没有特别不同于对别人离开的反应，尽管妈妈的离开会使他伤心、哭泣，但是一会儿也就忘记了，如果这时有其他人来替代妈妈和他谈话、玩耍，婴儿一会儿就能接受这个替代者，转悲为喜。婴儿这时对妈妈的离开还没有特别强烈的反应。而七个月后，婴儿对母亲的情感进一步发展为依恋，这时就更不愿意与妈妈分离，有的甚至连妈妈离开一步也不愿意，否则就哇哇大哭，而且别人没法替代，怎么哄也没用。当妈妈回来时，婴儿会迫不及待地扑向妈妈，依偎着她，表现出很大的委屈和悲伤，要求妈妈的安慰和爱抚。

以后，婴儿随着交往范围的扩大和交往机会的增多，在形成对母亲依恋的基础上，逐渐形成对其他人的依恋，这主要是家中经常接触的其他亲人，如父亲、祖父母以及兄弟姐妹等。研究表明，婴儿在9~10个月时，可以形成对父亲的明显的依恋，非常愿意和父亲在一起，喜欢父亲抱着他，同他玩，在同父亲的接触中感到非常的快乐。

在婴儿与成人的交往中，成人不仅要满足婴儿的交往需要，给予抚慰、快乐，同时还教给儿童各种动作、语言，教婴儿如何使用物体，如何与人相处，对婴儿的行为进行各种评价，对婴儿的行为、愿望给予各种调节、强化。正是在这个过程中，婴儿逐渐学会了人类的行为方式和道德规范，获得了社会的适应性。

婴儿的接触对象虽大多是成人，但他们也很喜欢和同伴交往。3～4个月大的婴儿，看见别的孩子，就会饶有兴趣地相互对视，目不转睛地瞧着同伴。以后，看见别的婴儿时，婴儿会高兴地去抓别人的手，拉别人的衣服，或把玩具给别人，并且高兴地拍手或手舞足蹈。当会蹒跚走路时，婴儿更喜欢与别的婴儿在一起，会主动地接近对方，把自己的玩具给别人，两人一起玩，或者帮助、配合同伴。在与同伴的交往中，婴儿逐渐学会了如何表达自己的愿望，如何和同龄人友好相处，如何和同伴合作、分享东西、互相帮助。这时婴儿出现了初步的同情感，会因看到别人高兴而高兴，看到别人难受而难受。当他自己快乐时，如果同伴痛苦、哭泣，他也会哭起来；为了能使同伴高兴起来，去哄他、摸他，甚至放弃自己的一些快乐，比如把玩具给他，把糖果给他。这种最初的友好、互助和同情感是儿童高级社会性情感和品德发生的基础。

二、自我意识的发生

如前所述，自我意识是意识的一个方面，即关于作为主体的自我的意识，特别是关于人我关系的意识。意识到自己，把自己作为主体从客体中区分出来，是人的个性特征的重要标志之一，也是人类意识有别于动物心理的重要标志之一。

儿童在生活的第一年，是谈不上什么自我意识的，他意识不到自己，甚至还不能意识到自己身体的存在。吸吮自己的手和脚，就像吸吮自己以外的其他东西一样。

只有到一岁左右的时候，儿童才开始把自己的动作和动作的对象区分开来，出现自我意识的最初表现，以后能进一步意识到自己是动作的主体，能把自己这个主体和自己的动作区分开来。例如，知道是由于自己扔皮球，皮球就滚了；由于自己拉床单，小猫被吓跑了；由于自己打碎了碗，见成人走过来，便大哭起来；等等。儿童从此时开始认识自己跟外界的关系，自己跟事物的关系，认识到自己的存在和自己的动作。

但是，这时所谓的自我意识，就实质上而言，还只能算是一种自我的感觉，远没有那样明确。

约在第二年，随着言语的产生和发展，儿童开始知道自己的名字。例如，成人叫他"宝宝"，他也学着叫自己"宝宝"。但是，这时他叫自己的名字，就像是在叫他自己以外的别的东西一样。由于只是把名字理解为自己的信号，因此，在旁人叫与自己同名的别的儿童时，他就感到困惑了。但此时，儿童开始明确地认识到自己的身体，认识自己身体的各部位，也能意识到自己身体的感觉和行动，并可告诉成人。比如，他会说"这是宝宝的眼睛""这是宝宝的肚子""宝宝坐坐""宝宝饿了"等。这是儿童比较明确的自我意识出现的标志。

实验表明，儿童在一岁半（18 个月）时，能够认识自己的形象。一岁多时，见到镜子里的映象并不知道就是他自己，有时以为是别的儿童和他拍着玩，或者到镜子后面去找那个儿童。再大一些时，看到镜子里的映象有时有点局促不安，但有时又好像是在欣赏。到一岁半时，儿童能够明确知道镜子里的映象就是他自己，认识自己的形象。这时，如果趁其不备在儿童鼻子上点上一个红点，他在照镜子时，就会不好意思，经常用手去摸这颗红点，想擦掉它。因为他知道镜子里的映象就是他自己，而自己脸上原来是没有这个红点的。

以后，在与人的进一步交往中，儿童从知道自己的名字、形象，逐步到能够掌握代名词"我"。这是自我意识发展的一个新的阶段，标志着自我意识的真正发生。从此，儿童不再把自己看作一个客体，而开始把自己当作一个区别于所有客观的主体来认识。

真正自我意识的发生，使儿童在和别人的关系上和对自己的态度上发生本质的变化。因为只有意识到自己，儿童才能意识到自己和别人的不同，自己和别人的关系，意识到自己的行为、愿望、动机和言行等，而成人也才有可能进一步引导他正确地对待别人，正确地评价、调节和控制自己的行为。

儿童自我意识特别是关于自我行为、愿望的意识，关于人我关系的认识，以及自我评价、自我体验及自我控制，对儿童最初道德品质的产生起着直接的促进作用；而儿童社会性的发生以及与成人和同伴的积极交往，则是儿童自我意识形成、发生的直接基础。

三、品德的发生

实验和观察都表明，与儿童的认识和意识发展水平相比，一岁前的婴儿是谈不上道德不道德的，他们还不可能有道德判断，也不可能有意地做出什么道德行为。18个月以后，在周围成人的教育影响下，在婴儿自我意识萌芽和形成的同时，儿童逐渐出现最初的道德观念、道德判断和道德行为。例如，2~3岁的儿童已能知道和别的儿童在一起友好地玩，帮助同伴，不独占玩具，不推人、不打人，有好东西和别人一起分享，同情不舒服的儿童，这是好的；相反，动手推人、打人，不帮助同伴，不愿和儿童一起玩，不能分享东西，独占玩具，抢同伴的东西，这是不好的。

在不断地与成人的交往中，儿童不仅逐渐理解、接受成人以自己的言行传授给他们的道德行为准则，而且努力产生合乎这些道德要求的行为方式。例如，家里来别的儿童时，能喜欢他们来，亲热地和他们一起玩，能大方地把自己的玩具拿出来与他人分享，一起做游戏；吃苹果时，能把大苹果给爷爷奶奶，然后给爸爸妈妈，然后再是"宝宝"自己。同时，成人对儿童行为的态度、评价，逐渐成为儿童判断、评价自己和别人行为的标准，成人所说的"好"与"不好"，"乖"与"不乖"，"对"与"不对"以及"好人"与"坏蛋"等词，成为儿童道德判断的工具和手段。比如，能分清把玩具给别人一起玩是"好的"，而独占玩具或把别人的玩具抢过来则是"不好的"，和同伴在一起友好地玩是"好的"，而揪小朋友、打小朋友则是"不好的"，听话、有礼貌是"好孩子"，而任性、发脾气则是"坏孩子"。

从上面的论述可知，品德发生的首要特点是适应性。儿童虽然才刚刚开始他们的生活旅程，但他们已开始学习人类的行为方式和道德规范，适应现实社会，开始努力使自己的行为、愿望与现实的行为规则、道德规范相一致和协调，并产生合乎这种道德规范的行为和愿望。因此，适应性是儿童品德的一个显著特点。这是儿童使自己由一个自然人变成一个社会人的重要起点，也是儿童萌生初步的道德意识和行为的重要起点。

同时，我们也可看出，品德发生的另一个突出特点是"两义性"。儿童简单地把事物、他人的行为和自己的行为区分为两类，即"好"或"不好"，"对"或"不对"；儿童把人也笼统地区分成两类，即"好人"和"坏人"，或"乖孩子"和"坏孩子"。其间不再具有更细致、复杂或相对的划分。这是与儿童的认识水平、思维水平密切相关的，他们还不可能将事物的意义理解得更细致、复杂，还不可能相对地来理解、判断事物。

品德发生的第三个显著特点是"从他性"。不仅儿童所适应、遵循的规则、规范是外在的，而且儿童判断他人和自己行为的标准也是外在的，都来自成人。成人称赞、表扬的，儿童即认为是好的、对的，是可以做和应该做的；反之，成人批评、责备甚至惩罚的，儿童则认为是坏的、错的，是不能做和不应该做的。这一特点显然与上述第一个特点"适应性"是密切相连的。这时的儿童还处于开始初步适应现实社会、学习基本行为规范的时期，还缺乏独立性和自主性，不可能独立地依据自己内在的标准来判断、评价和调节自己的行为。

第二节

三岁前儿童品德的发展

对于三岁前儿童品德的发展，国内外都予以很高的重视。自 20 世纪 20~30 年代以来，特别是近 20 年，国外心理学家对儿童早期品德行为特别是亲社会行为的产生和发展做了大量的研究并取得了许多有意义的成果。国内一直非常注意三岁前儿童品德的培养，但是对儿童品德的发展尚缺乏系统的研究，所见多为实际工作者或家长的经验性总结或描述性的文章。因此，综合国内外关于儿童早期品德发展的研究及经验报告，有助于我们更好地了解三岁前儿童品德发展的特点。

一、国外关于儿童早期品德发展的研究

国外关于儿童早期品德发展的研究涉及的方面是很广的，包括"亲社会"行为和"反社会"行为，特别是侵略性行为和攻击性行为两大方面。前期的研究工作多侧重于儿童的攻击性行为和侵略性行为，而近年的研究，正如格鲁赛克(J. E. Grusec)和阿纳森(L. Arnason)(1982)所指出的，则侧重于亲社会行为，因为这更有利于促进儿童亲社会行为的发展，从而培养儿童积极、良好的道德品质。

亲社会行为，指对他人和社会有利的行为，通常也叫积极性的社会行为或利他主义行为。它包括帮助、安慰、援助、分享、支持、合作和谦让等。1924 年，施太伦(W. Stern)在对幼小儿童的观察基础上指出，即使是两岁的儿童也已经有了感受他人悲伤的能力，他不仅为他人情绪影响而伤心和焦虑，由他人眼泪引起哭声，而且在更高级的意义上能置身于他人情境，接受他人的悲伤、痛苦和恐惧，并力图安慰和帮助他人，甚至为他去报复。皮亚杰 1932 年指出，一岁末的儿童已经出现了利他的倾向和分享的反应，一个一岁的孩子会把他的玩具递给另一个孩子。沙利文(H. S. Sallivan)也认为，早期儿童对他人的需要表现出很大的敏感性和同情心。一个两岁的儿童看见同伴在哭，他就会说，"他哭了，他想要糖"，并摆手叫他别哭。

莱因戈德(H. Rhecngold)通过对儿童早期行为的研究认为，儿童的许多行为并不像人们原来一般认为的那样，表现了依赖、寻求赞扬或注意，而是反映了儿童给予他人、与人分享和援助的早期倾向和能力。1976 年他和合作者将实验室布置成家庭的式样，然后请 15~18 个月的儿童和父母在其中活动以研究儿童的分享行为，结果发现几乎所有儿童都表现了一次或多次的分享，他们不仅能把自己的玩具拿给别人看，或者是拿出玩具参加到他人的活动中，而且能够将自己的玩具送给别人，让别人玩，并且不管是对自己的父母还是对不太熟悉的他人，都表现出这些分享行为。1979 年，莱因戈德采用同样的方法进一步研究儿童的援助行为：在"家里"留有一些未完成的任务，且让成人不要请儿童帮助。在 25 分钟的短短时间里，所有的两岁儿童都帮助了他们的母亲，20 个儿童中有 18 人帮助了他们不熟悉的成年妇女。

赞恩–韦克勒（C. Zahn-Waxler）和拉德克-耶罗（M. Rad-ke Yarrow）于 1982 年就儿童对处于困境的他人的早期反应做了九个追踪研究，观察对象为 10、15、20 个月三个年龄组的儿童。他们训练母亲们详细记录儿童平常的行为，并模拟设置一些情绪困境来看儿童的反应。结果表明，10~12 个月的儿童，对他人的困境还不能引起明显的情绪和动作反应，只有三分之一的情况引起了他们的简单的注意，或伤心、哭泣，或者用眼睛搜寻看护人等。15~16 个月的儿童对处于困难境地的他人开始有积极的反应，即能去主动地接触和轻拍、抚慰他人。18~24 个月的儿童，这类反应越来越明显、频繁和多样化。两岁儿童能够主动帮助陷于困境的人，拿出自己的物品给对方，并提出应该怎么办的建议，用言语和行动对其处境表示同情，力图引起处于困境者的情绪变化，有时还请别人帮助他，或者用替代性的活动转移、安慰处于困境者，等等。但是，儿童并不总是对他人痛苦的表情线索做出积极的反应。这些线索有时引起躲开、回避或攻击，但是与积极性反应相比，这类反应发生频率很低。

邓恩（J. Dunn）等于 1982 年的研究发现，14 个月的儿童就能对他的兄姐表示关心，并知道如何使他们高兴，使他们喜欢自己，并以自己特有的方式向他们提供注意、同情、关心、分享和帮助。

在众多的关于儿童早期亲社会性行为的研究中，霍夫曼（M. Hoffman）关于儿童同情心（或移情）和利他主义行为的研究占有重要的地位。霍夫曼（1976，1984）认为，移情是一种无意识的、有时是十分强烈的对他人情绪状态的体验，它推动人去做出有利于他人利益的行为，甚至不惜牺牲自己的利益。儿童很早就有移情的行为，他们能够感受到别人正在感受的东西。一个 18 个月的儿童，看到另一个儿童跌倒了哭了，他也会跟着哭起来，或者吮吸自己的手指，看上去好像焦虑不安，非常痛苦、难过的样子，这是最初的移情反应的表现，它发生于儿童出生的前两年。这时的反应还不能说明儿童真正理解了别人的情绪状态，这种反应产生的原因一般用经典条件反射的理论予以解释，就像儿童条件性害怕的习得一样。一岁的儿童，起码已在各种场合哭了上百次，这种哭声已经反复地跟儿童自己的苦恼或痛苦联结在一起。这样，通过这种简单的结合，别的孩子的哭声就可能唤起他的痛苦的体验，或对先前痛苦的回忆，因此他便也流出眼泪。如果年幼儿童能想出办法使另一个儿童停止哭泣，他自己或许也会感觉好一些。

在霍夫曼研究的基础上，艾伦弗里德(J. Aronfreed)研究了儿童做出一些牺牲而减轻别人痛苦的条件，他发现：①儿童需要有多次与父母或他人同时产生共同的痛苦之类的体验的经验；②儿童同伴的痛苦要有明显的外部表现，比如痛苦的哭声。但是单单知道同伴有痛苦是不够的，艾伦弗里德还发现，共同的愉快感受和展现愉快的情绪表现也能刺激儿童做出一些牺牲，以给同伴带来更大的快乐。艾伦弗里德的研究工作强调了亲眼目睹他人痛苦以及把自己的感情与他人的感情联结起来，这就是利他主义行为产生的基础。

海(D. F. Hay)等人也探讨了早期亲社会行为产生、发展的内部过程。他们认为，儿童与成人的交往、成人给儿童行为提供的榜样和强化是非常重要的。在日常生活中，儿童随时看到和亲身经历成人是如何满足他的需要，给他以安慰、援助等，这个过程包含了大量的亲社会行为学习的机会。以后，当儿童碰到类似的情境时，一旦表现出类似的亲社会行为，成人便给予强化、鼓励，这样儿童的良好行为便逐渐得以巩固，养成习惯。

二、三岁前儿童品德发展的特点

如前所述，三岁前是儿童品德萌芽、产生的时期。

(一)儿童的道德观念、道德判断及其行为表现

儿童的道德观念、道德行为是在成人的强化和要求下逐渐形成的。当儿童在日常生活中做出良好的行为时，成人就显出愉快的表情，并且用"好""乖"等词给以积极的或正面的强化；当儿童做出不良的行为时，成人就显示不愉快的表情，并且用"不好""不乖"等词给以消极的或负面的强化。在这样的过程中，儿童就能不断地做出合乎道德要求的行为，并形成各种道德习惯。以后再遇到一定的场合，儿童就不加迟疑地做出合乎道德要求的行为来。而对于不合道德规范的行为，则采取否

定的态度或加以克制。例如，当2~3岁的儿童看到别的儿童手里有新奇、好玩的玩具时，就想拿过来玩，但是另一方面又觉得抢别人的东西是不对的，因而努力克制自己的愿望而不去抢玩具。

儿童的道德判断，也是在与成人的积极交往中逐渐学会的，先学会评价他人的行为，进而学会评价自己的行为。在评价自己的行为时，先是模仿成人对自己行为的评价，例如，成人说"好""乖"，儿童也认为"好""乖"，成人认为"不好""不乖"，儿童也认为"不好""不乖"。以后儿童将逐步学会自己评价自己的行为。

但是，儿童由于生活范围狭窄，生活经验缺乏，同时也由于认识或意识水平的限制，他们的道德行为都只有一些萌芽表现。比如，儿童在一起玩时，知道应该互相友好，"大家一起好好地玩"，但是常常要推人、抢人的玩具，如果别的儿童也推他一下，或者说"不给"，他还会动手打人，甚至去告诉老师"他不给我"。而且，儿童的行为是极不稳定的，常常容易受情绪和周围环境的影响，并不总是服从于一定的道德标准。例如，同是一个儿童，刚刚帮另一儿童捡起球得到老师的表扬，但是过一会儿他又会把这个儿童的球打掉，两人吵起来了；刚刚看到另一个儿童在摘花，一本正经地告诉他"好孩子不能摘花"，可是过一会儿他自己也忍不住去摘了。反过来也是一样的，一个儿童刚刚把另一个儿童搭的"汽车"推倒了，把那个搭"汽车"的儿童弄哭了，但不消几分钟，两人又和好了，不仅把玩具给对方玩，还和那个儿童一起搭"房子"。因此，2~3岁儿童的道德观念、道德行为还只有一些最初步的表现，我们不可作过高的估计，也不能提出过高的要求。对儿童的行为和品质不可轻下断论，而要经常地给以提醒、鼓励和指导。

(二) 儿童的道德情感及其行为表现

正如前面所述，幼小儿童在掌握道德观念的基础上，已经产生了初步的道德感，比如同情心、责任感、互助感等。一岁半和两岁的儿童，已能关心别人的情绪，关心他人的处境，因他人高兴而高兴，因他人难受而难受，并力图安慰、帮助别人。以后随着自我意识的进一步发展和成人的不断教育，儿童对自己和他人的行为是否符合社会道德准则就产生了最初的体验。当自己或别人的言行符合他所掌的社会准则因而受到表扬时，儿童便产生高兴、满足、自豪的情感体验；当自己或别人的言行不符合他所掌握的社会规范因而受到批评或斥责时，他便会产生羞愧、难受、内疚和气愤等情感体验。例如，当看到别的儿童手里有巧克力，想夺过来吃时，成人生气地制止这一行动，并告诉他"好孩子不拿别人的东西吃"，这时儿童会产生羞愧的体验；当把自己喜欢吃的雪糕分给别的小朋友吃，妈妈笑眯眯地称赞"真乖，真是好孩子"时，儿童会产生高兴、兴奋的情绪体验。

在成人的教育下，2~3岁的儿童也出现了最初的爱和憎。当看到故事书上的大灰狼、灰狐狸时，会用拳头去打它，拿手指去戳它，而当看到小兔子战胜了大灰狼、小鸭子把大狐狸拖下了水时，便高兴地拍手大叫；当看到电视上解放军被敌人的炮火打伤了或光荣牺牲时，儿童会难过地流眼泪或咬紧牙关；而当看到解放军发起反攻，用机枪把敌人都打败了，儿童会高兴地跳起来欢呼："解放军叔叔把敌人都打死了！"

当然，这时儿童产生的道德情绪体验，还是非常肤浅的。因为他们的这些行动或者是出于成人的要求、评价和强化，或者是出于完全的模仿；而且，他们之所以产生这样的情感体验，也是因为受成人相应的评价和情绪表现的影响。进一步看，这种情绪体验在儿童那里是十分短暂的，有时也很不明显。只有当儿童对自己的行动的意义有了一定的理解或者养成了一定的习惯以后，他们才会有自觉的、主动的情感体验。因此，儿童的道德情感只能说是在开始萌芽，各种道德行为也只是刚刚产生，并且逐渐出现最初的一些道德习惯。

第三节

幼儿期品德的发展

幼儿期是指儿童从三岁到6~7岁这一时期，这是儿童正式进入学校以前的一个时期，所以又叫作学前期。

在西方、苏联和我国，对幼儿品德的发展都做了大量的研究。西方较有代表性的是皮亚杰和科尔伯格的研究；苏联较有代表性的是库尔奇兹卡娅（Е. И. Кулъчицкая）和雅科布松的研究。这些研究对于我们是极有帮助的。

一、西方与苏联心理学家对幼儿品德发展的研究

(一)西方心理学家关于幼儿道德发展的研究

1. 皮亚杰关于儿童道德发展的研究

如第二章所述，皮亚杰是最早系统地研究儿童道德认知，特别是儿童道德判断的心理学家，他从发展的角度进行了追踪研究。

皮亚杰认为儿童认知发展是儿童道德发展的必要条件，儿童的道德发展是认知发展的一部分。因此，他着重从儿童对规则的理解和使用，以及儿童公正观念和儿童是非观念的发展出发，来研究儿童道德的开端和发展规律。

皮亚杰通过和幼儿一起玩弹子游戏或观察两个幼儿比赛打弹子游戏，研究了幼儿对游戏规则的意识、理解和使用情况。关于对游戏规则的认识，皮亚杰认为存在着三个主要的年龄阶段。第一阶段，规则还不是有遵守义务的运动规则。儿童常常把自己认定的规则与成人教给的社会性规则混在一起。第二阶段，规则是以片面的尊重为基础的强制性的规则。儿童认为规则是外加的，绝对不能变的东西。第三阶段，规则是彼此商定、可变更的。儿童认为游戏中最重要的是维持双方对等的原则，具体的规则是自己商定的，因此也是可变的，关键在于要使它合理，一旦确定了规则，参加游戏的人就应该遵守。

与儿童对规则的认识发展相适应，儿童对规则的遵守和执行存在以下四个发展阶段。第一阶段是单纯的个人运动规则阶段，儿童只凭个人的意愿和习惯进行游戏，这与规则认识的第一阶段相适应。第二阶段是以自我为中心，向大年龄儿童模仿的阶段，儿童模仿大龄儿童是如何做游戏的，但并不和他们一起玩，即使和他们一起玩，也并不想胜过对方，这与规则认识的第一阶段末和第二阶段始相对应。第

三阶段是初步的协作阶段，儿童想胜过对方，互相要求对方在对等的条件下进行游戏，服从规则，但是又常常不遵守规则，造成互相争执。这一阶段与规则认识的第二阶段相对应。第四阶段是规则确定化阶段，这时儿童已在规则上完全取得一致，即使有些争执也可利用丰富的规则知识加以协调，愿意并能够比较严格地遵守规则了。这与规则认识上的第三阶段相对应。

关于儿童对公正观念的认识，皮亚杰设计了许多关于教师或家长偏爱、顺从他们的学生或孩子的故事，然后讲给儿童听，要求他们对"偏爱行为好的孩子是否公平"这个问题做出判断。结果发现，幼儿（七岁及七岁以下的儿童）对公正概念尚不理解，他们判断好坏的标准就是是否服从成人，还不会分辨服从和公正，不服从和不公正的区别。

关于儿童是非观念的发展，皮亚杰特别探讨了儿童对说谎和过失的认识和判断。他把许多包含道德价值内容的成对故事讲给儿童听，然后请他们对故事中主人公的特定行为进行评价，并说出评价的理由。根据大量的研究结果，皮亚杰指出，五岁以下的儿童还不会做比较，六岁以上的儿童才会做比较回答。6~7岁的儿童一般根据主人公的行为在客观上的后果（比如打碎的杯子的数量的多少、说谎与真实情况的相差程度）来做出判断，即从行为的客观效果去做判断。而十岁以上的儿童则能注意到行为的动机和意图（比如是否有意撒谎或无意打碎杯子），从行为的主观意图上去做判断。也就是说，幼儿的道德判断主要是效果论，随着年龄增长，儿童的道德判断逐渐从效果论转向动机论。

我们在第二章里提到，皮亚杰提出了儿童道德发展的阶段论，即自我中心阶段、权威阶段和可逆性阶段，而幼儿主要处于前两个阶段。自我中心阶段，又叫前道德阶段。处于这个阶段的儿童，在认知发展上刚好处于前运算思维时期，他们对问题的考虑都还是以自我为中心的，对引起事情结果的原因只有最初步的朦胧的了解，他们的行为直接受行为的结果所支配。因而这个年龄阶段的儿童既不是道德的，也不是非道德的。

权威阶段，又叫他律道德或道德实在论阶段。这时的儿童认为规则是绝对不变的，不理解规则是由人们自己创造的，可由人们的愿望加以改变的，规则对于他们来说，是存在于自身之外的强加于他们的东西。在评定是非时，总是抱着"全或无"的极端的态度，或者是好的，或者就是坏的；而且判断行为的好坏完全根据行为的后果，而不是根据主观的动机。对权威表示完全的服从，每个儿童都按违反或遵从权威来判断是非，认为遵从或听话的就是好的，违反或不听话的就是不好的。

可逆性阶段，即自律道德或道德主观论阶段。这个阶段到儿童入学后才出现。

皮亚杰认为，儿童道德认识的发展与儿童认知能力的发展是相对应和平行的。在认知上处于感知运算阶段的儿童，在道德上都相应处于前道德阶段，同时前道德阶段还包括 2~3 岁的处于前运算认知阶段的儿童；在认知上处于前运算阶段的 3~7 岁的儿童，在道德上都处于他律道德阶段；而在认知上处于具体运算阶段的小学儿童，在道德上多处于自律道德阶段。所以，皮亚杰认为，道德上的他律阶段与自律阶段间的差异就相当于前运算思维阶段与具体运算思维阶段间的差别。

同时，皮亚杰认为，儿童道德发展的这些阶段的顺序是固定不变的。儿童道德的发展就是由前道德到他律道德再到自律道德的转化过程。

2. 科尔伯格关于儿童道德发展的研究

如前所述，科尔伯格是皮亚杰儿童道德发展理论的继承者，他也认为儿童道德发展要以一般的认知发展为基础，应当从儿童的认知发展出发研究儿童道德判断的发展。同时，他又在皮亚杰道德发展理论的基础上，用道德两难故事进行了长期的实验研究，积累了大量的资料，进一步提出了自己的儿童道德发展阶段理论。

科尔伯格把儿童的道德发展分为三种水平，六个阶段。七岁以前的儿童多属于第一阶段，即服从与惩罚的道德定向阶段；少数属于第二阶段，即相对的快乐主义的道德定向阶段。因此，我们下面着重分析第一级水平及其第一、第二阶段的特点。

科尔伯格认为第一级前习俗水平的主要特征，是着眼于自身的具体结果。这时的儿童知道存在着一些法则，如果你破坏了它们，则会遭到"权威人物的处罚"；同时，他们认为人与人的关系完全由直接的互利性所决定，凡事都要为自己着想，做对自己有利的事。

在第一阶段，儿童认为规则是由权威制定的，必须无条件地服从；服从权威或规则是为了避免惩罚，违背了规则是要受惩罚的。对于行为的好坏，也是依据行为所得到的结果来判定，即受到权威人物赞扬的就是好的，反之就是坏的。

在第二阶段，儿童不再把规则看成是绝对的、固定不变的了，他们已认识到任何事情都是多方面的，取决于个人的看法。他们还认为，每个人都有他的需求和意图，并且最终总是根据自己的需要和快乐来做决定；个体服从规则就是为了得到好的待遇和结果，正确的行动包含着满足个人需要的行动。

由此可见，科尔伯格对幼儿道德发展的看法同皮亚杰的阶段论既有相同的地方，又存在不同之处，它们所反映的儿童道德发展的总趋势是一致的，但是在道德发展的分期上存在着较大的差异。科尔伯格和皮亚杰均指出幼儿道德发展的第一阶段(或"他律道德阶段")的特征是毫不犹豫地、绝对地服从权威，根据行为的结果做出判断。关于幼儿道德发展的第二阶段，除认识规则具有相对性这一共同点之外，科尔伯格还认为，皮亚杰提出的关于这一年龄阶段儿童的其他特征，如能根据行为的意图做判断，具有自己的价值标准等，则要到之后的第三或第四阶段才出现。

(二) 苏联心理学关于幼儿道德发展的研究

1. 库尔奇兹卡娅的研究

E. И. 库尔奇兹卡娅(1982)主要从儿童道德情感发展的角度深入研究了儿童道德发展的规律，尤其详尽细致地探讨了学前儿童羞愧感的发生与发展。

库尔奇兹卡娅设计了四种可以引起儿童羞愧感的情境，观察儿童在其中的行为和情绪反应，以探讨羞愧感产生的条件。比如将儿童领进一个房间，让他玩一些玩具，并且告诉他其中有个玩具是别人的，不能动。当儿童按捺不住，打开包着这个玩具的纸或者装着这个玩具的盒子时，就把他带出房间，同时观察他的情绪反应。再如，组织儿童一起玩"请你猜"的游戏，用小手绢蒙住其中一名儿童的眼睛，让他去找一样东西，找到就发奖品；若他为了找到东西而在手绢下偷看，就当着全体小朋友的面给予指出和批评，并观察他的情绪反应。

实验结果表明，在三岁前期的幼儿身上已可看到较明显的接近于羞愧感的情绪反应，比如脸红了、扭过脸去、不敢正视成人等。但这仅仅是萌芽状态的羞愧感，它往往与难为情、胆怯交织在一起，还没有从惧怕中"摆脱"和分化出来。这种羞愧也不是因为认识到自己的过失而产生的，而是由于成人的直接刺激——带有责备和生气的口吻而引起的。因而，这个年龄的儿童的羞愧感主要不是表现在内部，而是全部显露在外，通过表情动作体现出来。

幼儿期的儿童已不需成人的刺激就能"独立地"表现出羞愧感了。这时候儿童产生羞愧感是因为开始认识到自己的行为是不对的，应该为此承担责任。因此，羞愧感和惧怕感已经区分开来，不再包含惧怕的成分，它的表现开始具有独特性，即内心体验的比重显著增加。这个时期的儿童羞愧感的特点和产生条件也是不同的。随着年龄的增长和儿童的发展，儿童羞愧感的表现越来越依赖于和人们的交往。在实验中，小班和中班儿童只在成人面前才感到羞愧，而大班儿童在同伴面前，特别是本班同伴面前也感到羞愧。这表明儿童越来越意识到同伴对其行为的看法，集体舆论越来越重要了。

同时，随着年龄的增长，儿童羞愧感的范围也在不断扩大，而且越来越社会化，羞愧感的体验越来越深。幼儿晚期逐渐记住了产生羞愧情绪的条件，以后遇到类似的情境，便会努力控制自己的行为，要求自己不再做错。这表明成人对他们的要求逐渐地内化变为他们自己的要求。库尔奇兹卡娅指出，在幼儿期儿童羞愧感的发展中，羞愧感从一种情境性的、偶然的、只是因某种具体事件或场合引起的体验，逐渐变成儿童个性中一种稳定的成分。羞愧感最初只与儿童按道德要求做出的行为或行动密切相关，只产生在这些行为中。到了幼儿晚期，则可以根据这种情感预期其将来的行动。在实验中，处于幼儿期的被试凡在违反规则时表现出羞愧感的，随着年龄的增长，做出错误行为的人数和次数都逐渐减少。

2. 雅科布松的研究

雅科布松（1979）用他的实验揭示了幼儿期儿童调节道德行为的心理机制。雅科布松认为，到目前为止，儿童道德发展的研究者们通常将道德发展看作是个体对社会行为的内化过程，并将道德分为道德认知、道德情感和道德行为三个方面。因此，对儿童道德发展的实验研究也都侧重于探讨影响儿童道德发展的因素和作为道德发展基础的心理特质，并查明道德发展三成分之间的关系。然而，对于道德发展的核心问题——道德行为的心理机制，却未能做出有理论依据和实验证明的解释。

雅科布松指出，当个人利益与众人利益发生冲突且必须在两者之间做出抉择时，个体就会面临个人愿望的实现与实现愿望后所造成的不良社会后果间的矛盾，在这种情况下就需要有一种力量来帮助选择者调节自己的行为。这主要有两种方式，一种是法制调节（通过法律、制度等），另一种是非法制调节（主要通过道德调节）。道德调节的主要手段不是外部制裁，而是内心的审判，行为者本人成为评定自己道德行为的"道德法庭"。

那么，怎么才能保证行为者按照社会的道德准则正确调节自己的道德行为呢？雅科布松认为，道德的发展不是先天特点的自然发展，它是儿童在向宏观的社会现实学习，首先是在学习、掌握道德准则和道德原则的过程中得以实现的。而道德准则和道德原则的掌握首先涉及个体对自己行为的道德评价，而道德评价又完全从对个人利益和社会利益的比较而做出，因此把自己的行为与道德标准相对照是道德调节心理机制的主要环节之一。

为此，雅科布松采用实验的方法着力探讨了儿童在把自己的行为同道德标准进行对照时的心理特点，以及用哪种方法可以最有效地促使儿童把自己的行为与道德标准相对照。

在实验中，雅科布松设计了三种方法来促使儿童将自己的实际行为与善和恶这两个对立的道德标准相对照。这三种方法是：①使儿童自己熟悉善和恶这两种道德标准，并影响他们自己去用这两个标准同自己的具体行为相对照；②让别人用道德评价的公式对儿童的行为做出评价，当发现儿童的行为与"恶"的标准相符时，就告诉他什么样的行为才与"善"的标准相符；③由别人说某个儿童总的来说是好的，并记下他所做的符合"恶"的标准的具体行为，然后使儿童去认识自己的行为是否符合"恶"的标准。

雅科布松选用幼儿期儿童容易理解的小说《金钥匙和普罗提诺奇遇记》中的普罗提诺和卡拉巴斯这两个人物作为"善"与"恶"两个道德标准的代表，并采用做游戏的方法度量儿童的行为。在用上述三种方法训练前后，他给儿童各分发一次玩具，并于几周后再复测一次，看这三种不同的实验方法是否改变了儿童分配玩具的行为，并观察这些方法对儿童影响程度的大小。

实验结果表明，采用第一种训练方法的儿童，其分配行为在训练前后没有什么变化，虽然儿童都知道小说中的代表谁是好的，谁是坏的（"卡拉巴斯小气得很，总是自己拿得多，普罗提诺是好人，他总是平均分的"），但是他们依然是按不公正的方式分配，留给自己的玩具多；用第二种训练方法的儿童中只有个别的改变了自己的行为，转化为平均的分配；用第三种训练方法的儿童许多都很快转化为公正的分配，把更多的玩具分给别的儿童。

这三种训练方法之所以有不同的效果，是因为它们对儿童心理的作用和影响不同。第一种方法不利于促使儿童将自己的分配行为与对立标准进行比较，事实上儿童根本没有把不同的分配方法与对立标准建立任何联系。第二种方法促使儿童意识到了自己的行为与道德标准间的比较，"把多的玩具留给自己是不好的"，但是别人对儿童行为的这种评价引起他的极大的不愉快，甚至反感，他不愿别人把他看作是坏的代表或和坏的代表一样的人。既然不同意甚至对别人的评价有反感，那就很难改变他的行为。第三种方法之所以最有效，是因为它最有利于促使儿童意识到自己的分配行为与道德标准的比较，并使他们的行为与"善"的标准一致。这种方法在促使儿童选择一定的道德行为的情境里加进了儿童自己的形象，从而使道德冲突与个人利益的冲突变成自己的整个形象（"我是好人"）同个人的个别行为的矛盾；使儿童感到自己的整个形象是好的，又感到某个具体行为是不好的，两者存在冲突，为保持自己的整体形象，继续做好孩子，他就要有目的地使用好的道德标准调节自己的行为，克服不好的行为。所以，雅科布松进一步指出，从自己的正面形象与个别行为的反面形象之间的矛盾中所表现出来的关于本人形象的矛盾就是儿童道德调节的基础。调节的心理机制就是由本人克服行为的错误方式以消除这一矛盾。

二、幼儿品德发展的特点

从总体来分析，幼儿品德发展具有两个特点。

1. 从他性

从他性道德占主导地位,儿童认为道德原则、道德规范是绝对的,来自外在的权威,不能不服从,判断是非的标准也来自成人;同时只注意行为的外部结果,而不考虑行为的内在动机。幼儿晚期的品德开始向自律性转化,出现一些自律道德的萌芽,比如开始相对地理解成人的道德原则、要求,用自己初步具有的内部的价值标准来判断行为是非并控制、调节自己的行为。但对幼儿而言,这种调节主要地还是按外在的原则和要求进行的调节,内在的自觉的调节才刚刚开始。

2. 情境性

幼儿品德发展的基本特点是情境性,3~6、7岁,主要是情境性品德发展的时期。幼儿的道德认识、道德情感还带有很大的具体性、表面性,并易受情境的暗示,总是和一定的直接的道德经验、情境和成人的评价相联系着。幼儿的道德动机非常具体、直接、外在,往往受当前具体刺激(即情境)的制约,道德行为缺乏独立性和自觉性,因而也缺乏稳定性。

下面我们具体地从幼儿道德认识、道德情感和道德行为发展的特点来进一步分析幼儿品德的特点。由于幼儿品德的从他性和情境性,幼儿的道德动机处于起始的发展阶段,在此就不做专门分析。

(一)幼儿道德认知的特点

幼儿道德认知主要是指幼儿对社会道德规范、行为准则、是非观念的认知,包括幼儿对道德观念的掌握和幼儿道德判断能力的发展。

从前面的分析我们知道,儿童已能初步理解什么是"好",什么是"坏",并能做出一些合乎成人要求的道德判断。进入幼儿期后,儿童对道德概念的理解和其道德判断能力有了进一步的发展。

但是,由于幼儿心理发展一般水平的限制和生活经验的局限,他们对道德概念的掌握和他们的道德判断还带有明显的具体形象性和随之而来的局限性。

1. 幼儿对道德概念的掌握

对于幼儿道德概念的发展,国内许多学者进行了研究。陈帼眉(1979)研究了幼儿期儿童对"好孩子"的理解，发现幼儿初期对"好孩子"的认识是非常笼统、表面化的，只会简单地说出个别的具体现象。比如，有的幼儿说"听老师的话就是好孩子"，"上课时好好坐，腿并齐了"或"好好睡觉，闭上眼睛"就是"好孩子"。以后，幼儿对"好孩子"的认识逐渐地分化和完整，能从多方面及一些比较抽象的品质来考虑，认为"听老师的话，不打人，好好收玩具，不淘气，上课时不乱说话，就是好孩子"。较大的幼儿对"好孩子"的了解还有一定的概括性，说"好孩子上课时特别用心，能帮助别人，不拿别人的东西，把困难留给自己，把方便让给别人"，或者"好孩子就是学习好，爱劳动，爱帮助别人"。

姜宗坤、强平等人（1984）运用提问和谈话法探讨了大班幼儿的思想品德认识情况，内容包括对人、对物、对自己、对活动四方面，共有看图提问和口头提问 15 道题。比如，一个人玩玩具对不对，为什么？小猴为什么没有朋友？想玩别人的玩具，商量以后别人仍不给，你怎么办？别人打你的妹妹，你怎么办？老师表扬别人时，小刚不高兴，对不对？为什么？小明把幼儿园的玩具放在自己的口袋里了，应该怎么办？等等。请幼儿说自己对这些事情的看法、认识。根据调查结果，姜宗坤、强平等指出，幼儿对道德概念的认识存在四种水平：第一级水平，具有初步概括的道德概念。这部分儿童占全体被试的 8.9%。他们对事物已具有初步的是非认识，能够运用初学的道德概念对具体的道德行为情境提出自己的看法，比如"只顾自己，不顾别人是不对的"，"因为小猴子不谦让，不团结友爱，所以没有朋友"，"小明应该诚实，不说谎话"和"小明不应该自私"。第二级水平，根据具体的生活现象具体描述特定的概念。这部分儿童占 85.4%，占被试的绝大多数。这些儿童对道德概念的认识表现在他们对具体行为的描述上，如有的幼儿说"小猴子因为打小白兔、小花猫，不友好"，"不给别人玩，只自己玩，不对"，"劝他不要打人"，"小明应该把玩具拿出来，认错"。第三级水平，简单回答主试的提问而说不出理由。这部分儿童占 1.3%。这些儿童只会简单地回答教师的提问或者部分地重复教师的话语，或用手指着图片说"应该这样这样"。比如，对"妈妈和老师一起说话时，小明大声地喊要喝水，这样对不对，应该怎么办"的问题，这类孩子只会说"不对，不应该大声喊"，而说不出理由。第四级水平，回答"不知道"或者听不懂题。这部分儿童占 0.7%。这些儿童有的缺乏明确的是非观念，有的根本听不懂题意，回答"不知道"，或者干脆不吭声，不回答，如果你追问他，他就说"我不知道"。

庞丽娟研究了幼儿期儿童对诚实、有礼貌、友好、谦让、助人为乐、遵守纪律、勇敢等道德概念的理解，发现幼儿对道德概念的掌握，多从感性的道德经验开始，同具体、直接的自身道德经验密切联系着；同时，从小班到大班，在正确教育的影响下，随着儿童道德经验的丰富和思维发展水平的提高，幼儿掌握的道德概念的内容逐渐从比较片面、贫乏、单调，到比较全面、广泛、丰富，从只涉及自己身边的、直接的事，到更广范围的、稍间接的事，从非常具体、表面到比较概括、带有一定的抽象性。比如对于什么叫"有礼貌"的问题，小、中班幼儿大多回答"看见老师，问好"，"跟爸爸、妈妈再见"，"跟叔叔，阿姨再见"，"请人帮助时要说'请'"，"别人帮助你以后要谢谢别人"，"碰了小朋友要说'对不起'"，"不打人骂人"，"不说难听话"；大班幼儿除此之外，还回答"别人招呼你时不跑开"，"看见老师、叔叔、阿姨主动打招呼"，"对客人要客气，请客人坐，给客人倒水"，"在公共汽车上不挤人，不抢座"，"对人说话要和气"，"尊敬老人"，"主动给爷爷、奶奶让座"，"大人说话时，不没礼貌地插话、乱叫"，等等。再如，对于"助人为乐"的问题，中、小班幼儿一般回答说"帮妈妈洗小手帕"，"帮小朋友系鞋带"，"帮老师发午点"，"帮班里整理玩具架"，等等；部分中、大班幼儿回答说"帮助别人做好事"，"帮助有困难的小朋友"，"做对别人有好处的事，自己心里还高兴"，"愿意为大家做好事"，等等。

从上述三个研究，我们可以看出，从总体上来说，幼儿掌握道德概念具有三个特点。

①具体形象性。总是和一些具体的事物或行为、情境联系着，并依据这些具体、直接的事物来理解和掌握概念。

②表面性。对道德概念的理解局限于表面水平，缺乏概括性和深刻性。

③片面性、笼统化和简单化。往往只涉及个别的具体行为或方面，不能从多方面细致、全面地理解道德概念，缺乏全面性、分化性和复杂性。

幼儿掌握道德概念的这些特点和幼儿思维的具体形象性、生活经验的局限性是密切相关的。

2. 幼儿的道德判断

吴筱珍（1988）在关于幼儿中的独生子女和非独生子女对损坏公私财物哪一种行为更不好的道德判断的比较研究中，采用六组对偶故事测试被试（独生子女与非独生子女各40名）。在这六组对偶故事中，将财物损坏形式（公物或私物）和行为的意向性（无意或有意）组配成三种不同的结构：①意向不变，财物损坏形式改变；②财物损坏形式不变，意向性改变；③意向性和财物损坏形式同时改变。实验结果见表7-1、表7-2、表7-3。

表 7-1 对第一、二对故事判断结果的 χ^2 检验

幼儿类型		独生子女			非独生子女		
性别		男	女	合计	男	女	合计
第一对故事	人数	20	20	40	20	20	40
	私物损坏（无意）	12	9	21	9	5	14
	公物损坏（有意）	8	11	19	11	15	26
	χ^2	0.8	0.4	0.2	0.2	5.0*	3.6
第二对故事	人数	20	20	40	20	20	40
	私物损坏（无意）	9	15	24	11	8	19
	公物损坏（有意）	11	5	16	9	12	21
	χ^2	0.2	5.0*	1.6	0.2	0.8	0.2

注：* $p<0.05$。

表 7-2 对第三、四对故事判断结果的 χ^2 检验

幼儿类型		独生子女			非独生子女		
性别		男	女	合计	男	女	合计
第三对故事	人数	20	20	40	20	20	40
	私物损坏（无意）	2	2	4	1	3	4
	公物损坏（有意）	18	18	36	19	17	36
	χ^2	12.8**	12.8**	25.6**	16.2**	9.8**	25.6**

续表

幼儿类型		独生子女			非独生子女		
性别		男	女	合计	男	女	合计
第四对故事	人数	20	20	40	20	20	40
	私物损坏（无意）	1	6	7	0	9	9
	公物损坏（有意）	19	14	33	20	11	31
	χ^2	16.2**	3.2	16.9**	20**	0.4	12.1**

注：* $p<0.01$。

表 7-3　对第五、六对故事判断结果的 χ^2 检验

幼儿类型		独生子女			非独生子女		
性别		男	女	合计	男	女	合计
第五对故事	人数	20	20	40	20	20	40
	私物损坏（无意）	8	7	15	9	8	17
	公物损坏（有意）	12	13	25	11	12	23
	χ^2	0.8	1.8	2.5	0.4	0.8	0.9
第六对故事	人数	20	20	40	20	20	40
	私物损坏（无意）	18	18	36	16	18	34
	公物损坏（有意）	2	2	4	4	2	6
	χ^2	12.8**	12.8**	25.6**	7.2**	12.8**	19.6**

注：** $p<0.01$。

从上述表格可以得出如下结论。

第一，幼儿前期时独生子女和非独生子女的公有观正在形成。如在第六对故事中，当把无意损坏私物与有意损坏公物的行为相比较时，两类幼儿中绝大多数人都认为有意损坏公物比无意损坏私物的行为更不好。但是，这种公有观的形成还很不成熟，表现出极明显的形象性、表面性和片面性。

第二，幼儿中的独生子女与非独生子女已出现根据行为意向性做出判断的能力。两类幼儿都能在财物损坏形式不变的情况下根据行为意向性做出判断，都认为有意损坏财物比无意损坏财物更坏。除在第四对故事中两类幼儿女童的差异无显著

性外，在第三、四对故事中其他幼儿都能根据行为意向性做出正确判断，其差异都达非常显著水平。这一研究结果与美国查恩德勒（M. J. Chandler）、古特金（D. C. Gutkin）等人的研究结论可相互印证，"当财物损坏程度保持不变时，即使年幼儿童（5~6岁）也能根据行为意向性做出判断"。

第三，两类幼儿在道德判断中充当故事中被损坏个人财物的角色时，出现了逆转现象。换言之，在不充当角色时，认为损坏公物比损坏私物的行为更不好；在充当角色时，就转而认为损坏私物的行为更坏。除第二对故事中独生子女的这一逆转现象无显著差异外，其余均呈显著性甚至非常大的显著性。这说明幼儿多数是围绕自身的体验来作判断的，例如，"他弄坏了我的枪，我没有玩的了"，"他不会修枪，就不应该帮我修"，等等。而且在独生子女中有些幼儿提出了惩罚方式："要他赔新的！"可见，在充当角色后，不管是独生子女或非独生子女，都会因为自身角色的强化而产生判断的逆转现象。

陈少华、郑雪（2000）研究了亲社会情境中儿童的道德情绪判断。他们采用临床访谈法，向被试（4岁组和6岁组的幼儿各20名）呈现两难的亲社会情境故事，配以解释性图片，提问"你认为主人公是好孩子还是坏孩子"，"你认为主人公会有什么感受（高兴、难过还是混合情绪）"等问题。具体结果见图7-1。

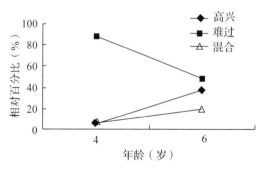

图 7-1 亲社会情境中儿童的道德情绪判断

实验结果表明，与犯过情境的判断倾向不同，在亲社会情境下，两个年龄组的儿童基本都做出了正确的道德判断，认为助人者是好孩子。而情绪判断则与道德判断相差较大，根据图7-1，在亲社会冲突情境下，87.5%的4岁儿童和47.5%的6岁儿童认为助人者会感到难过。4岁组多将助人者的受损和受助者的获益作为判断的主要依据。和以往研究中犯过情境的积极情绪判断一致，他们不考虑行为动机的价值，只要主人公受损，就判断为产生消极的情绪体验。而6岁组的情绪判断更加复杂，35%的儿童认为主人公将为自己做了好事而感到高兴，47.5%的儿童判断为难过，另有17.5%的儿童认为主人公会有混合情绪。这表明幼儿逐渐认识到人际交往的辩证性和复杂性，体验到冲突性情绪，反映幼儿的道德情绪日益发展成熟。

3. 幼儿的道德评价

幼儿往往凭借具体的、个别的行为或现象进行简单、表面的评价。到了幼儿晚期，他们才能初步进行比较复杂、全面、深刻的评价。同时，幼儿的评价还带有很大的受暗示性和情绪性，缺乏独立性和客观性。有关幼儿对故事中人物行为评价的实验研究表明，小班初期的绝大多数幼儿，对与他们生活接近、形象生动和有动作过程的人物，能正确评价其行为好坏，但是，这种评价主要是模仿成人对类似人物行为的评价，自己还不能了解行为的因果关系。小班后期的幼儿开始能揭示行为的因果关系，但是，还只限于人物的个别行为，因而评价具有较大的片面性和表面性。中班幼儿不仅能正确地评价人物行为的好坏，而且绝大多数能说出判断的理由，即为什么好，为什么不好。并且，他们从具体行为中揭示的因果关系，比小班幼儿要更为全面和细致。对于与他们的实际生活较接近的人物，他们还能初步揭示其行为的实质。大班幼儿大部分已能从一般社会道德准则出发来评价人物的具体行为，虽然这种评价仍然带有较大的具体形象的特点。对于同他们生活距离较远、需要依靠间接知识经验做出评价的行为，也开始能进行正确评价，并揭示其实质。

徐芬等(2001)在关于幼儿对不同行为情境中说谎的道德评价的实验研究中，分别用行为(亲社会/反社会行为)和言语(说谎话/说真话)两个部分来测试被试(共87名幼儿，分为3、4、5岁三个年龄组)，设计了3(年龄)×2(行为情境)×2(言语类型)的多变量实验，见表7-4，具体结果见表7-5。

由表7-5可以得出以下结论。

第一，三个年龄组的儿童都能做出对行为的正确判断，对于亲社会行为情境做出积极的道德评价，给予反社会情境的行为以消极的道德评价。

表 7-4 实验设计

行为情境	言语类型
亲社会行为	说谎(故事 4)
	说真话(故事 2)
反社会行为	说谎(故事 1)
	说真话(故事 3)

表 7-5 四个故事中儿童行为与言语表述的道德评价的平均数

	亲社会情境				反社会情境			
	故事 4(说谎)		故事 2(说真话)		故事 1(说谎)		故事 3(说真话)	
	行为评价	言语评价	行为评价	言语评价	行为评价	言语评价	行为评价	言语评价
3 岁	1.72	-1.00	1.83	1.66	-1.10	-1.48	-1.52	-0.28
4 岁	1.75	-0.86	1.89	1.57	-1.71	-1.54	-1.79	0.50
5 岁	1.97	-1.50	1.93	2.00	-1.97	-1.87	-1.90	1.43

第二，言语部分的结果显示，无论是好行为还是坏行为，对于说谎，幼儿均给予消极评价，而对说真话则给予积极评价(反社会情境中 3 岁儿童的评价除外)。随着年龄的增长，幼儿对做了坏事后"承认"(说真话)的评价越来越积极。这说明，自 4 岁开始，儿童能够明确地理解说谎与说真话，并做出相应的道德判断。

第三，受行为的干扰，3、4、5 岁儿童均对亲社会情境下的说谎做出消极评价。这说明幼儿对说谎/说真话概念虽然有了一定程度的理解，但发展趋势受行为情境和言语类型的影响，相当部分的幼儿尚不能对行为与言语作明确的区别。

周群芳(1988)对 4~6 岁幼儿的道德评价能力及特点进行了研究，认为幼儿对他人行为的评价有这样一个过程：从以成人意志为转移的，对事物只能进行简单的判断，到开始能够依据一定的准则来进行独立的、比较深刻的评价。比如，关于"打人对不对""抢别人东西好不好""在汽车上给妈妈抢座位对不对"等问题，4 岁幼儿有一部分不能独立地做出正确评价，而大多数能根据自己初步的感性经验独立、正确地做出评价；5~6 岁的儿童能更多地依据具体的道德范例，或者具体的社会道德行为准则,从社会意义上进行评价。再如对"在汽车上给妈妈抢座位对不对"这个问题,4~6岁幼儿有76.7%能独立、正确地做出评价,并且有61.6%能根据已掌握的道德范例或行为准则来说明原因,其中4岁幼儿有45%,5岁幼儿有65%,6岁幼儿有75%。4岁幼儿的回答是,"抢位子不是好人","抢位子不对","挤到前面抢不好";5岁幼儿的回答是,"应该让爷爷、奶奶坐","要让带孩子的阿姨坐","(抢位子)不讲礼貌","不团结友爱",等等;6岁幼儿的回答是:"抢位子是自私自利的行为","抢位子别人会有意见的","抢位子不文明礼貌","要关心老人和小弟弟、妹妹","要讲文明礼貌,让别人坐",等等。

这些对幼儿自我道德评价能力的研究表明,幼儿自我道德评价具有以下发展趋势。

(1)从轻信和运用成人的评价到自己初步的独立评价

幼儿初期对自己的评价往往只是成人评价的简单再现,而且,对成人的评价持一种不加考虑的轻信态度。例如,常可听到儿童说"老师说我是好孩子",或者"我妈妈说我唱歌唱得好"。到幼儿晚期,儿童就逐步对成人的评价持有一种初步分析的态度,如果成人对幼儿的评价不正确,会引起幼儿的疑惑与反感。

(2)从缺乏依据的评价到以初步行为特征为依据的评价

幼儿初期常常能做评价,但说不出评价的依据。比如,有的幼儿说"我爱劳动",但问他"你为什么说你爱劳动呢",他就答不上来。大班幼儿逐渐能依据自己的具体行为、品质进行评价,比如他们会说,"我爱帮妈妈洗袜子","我喜欢做值日生","我经常帮爸爸妈妈做事",等等。

(3)从比较笼统的评价到比较细致的评价

较小的幼儿对自己的评价常常是比较简单笼统的,而且只能从一个方面进行,比如问他们:"你觉得你是班上的好孩子吗?"他们会回答:"是的。我不打人。"较大的幼儿对自己的评价就能从较多方面进行分析:"因为我上课表现好,遵守纪律,能和小朋友在一起很好地玩,不乱扔玩具,喜欢帮助小朋友……"

(4)从对外部行为的评价到初步对内心品质进行评价

幼儿初期对自己的评价常常以自己的外部行为作为依据,而且也只能对自己的外部行为进行评价,他们还不能很好地意识到自己的内心状态和道德品质。而幼儿晚期则能理解一些比较抽象的品质，并对自己的内在品质进行评价，尽管这些内在品质还带有很大的形象性。比如，大班幼儿会说："叔叔、阿姨喜欢我，因为我听话、有礼貌，叔叔，阿姨说我懂事。"有的儿童也知道别的儿童不愿跟他玩，是"因为我对小朋友不友好、不谦让"。

总的说来，在整个幼儿期，儿童对自我的评价能力还是很差的，成人对他们的态度和评价将对他们的自我评价以至整个个性发展都发生重大的影响。因此，成人对幼儿的评价必须适当。过高的评价会使幼儿看不到自己的弱点和缺点，不能正确地认识自己及自己的行为，甚至不能形成正确的道德观念和是非观念；反之，过低的评价，例如，成人对儿童说，"你永远也不能遵守纪律"，"你总是爱打人"，"你改不掉这个毛病了"，等等，则会使幼儿认为自己是毫无希望、不可救药的人，因而失去获得肯定性、积极性评价的信心。

(二)幼儿道德情感的特点

1. 幼儿道德感的形成

婴儿已具有道德感的萌芽，比如初步的同情心、责任感和怕羞等。幼儿在幼儿园的集体生活中，随着对各种行为规则的掌握，他们的道德感进一步发展起来。起先，这种道德感主要指向个别行为，而且往往直接由成人的评价而产生。到了中班，由于比较明显地掌握了一些概括化的道德标准，幼儿的道德感便开始与这些道德准则、认识相联系。比如，因为自己做了好事或和同伴友好、合作地在一起玩而产生愉快感，因为违反了游戏规则或不遵守纪律而感到羞愧、气愤，等等。中班幼儿不仅关心自己的行为是否符合道德标准，而且很关心别人的行为是否符合道德规范，并产生相应的情感。中班的幼儿常常"告状"，如"老师，某某打人"，"老师，某某把积木都拿走了"，等等。这种告状，正反映了幼儿在把别的儿童的行为与老师、家长平时教导的行为准则、道德规范做比较，并且产生了某种道德体验。大班幼儿的道德进一步丰富、分化和复杂化，同时带有一定的深刻性和稳定性。研究表明，幼儿晚期已具有比较明显和强烈的爱国主义情感、集体主义情感、义务感、责任感、互助感和对别的儿童、父母、老师的爱以及自尊感和荣誉感等，而且基于道德认识的发展、道德评价能力的提高，大班幼儿的道德感也比较丰富和深刻。

2. 幼儿阶段是爱国主义情感的萌芽期

有人研究了幼儿爱国主义情感发展的特点，认为幼儿爱国主义情感是在幼儿日常生活中，在幼儿所见所闻的直接感受中萌芽的。幼儿一开始是爱父母、爱兄弟姐妹、爱家庭；接着是爱老师、爱同伴、爱幼儿园；然后是爱自己的家乡，爱家乡的一草一木、山山水水、名胜古迹以及生活在其中的劳动人民；以后在此基础上幼儿逐渐将这些情感与热爱祖国联系起来，萌发出最初的爱国之情。同时，随着幼儿爱父母、爱家庭、爱老师、爱同伴、爱家乡、爱人民的情感的体验日益明显、丰富和加深，幼儿爱祖国的情感也日益深刻。他们不仅愿意做使父母、老师、周围的成人高兴的事，不愿做使他们不高兴的事；不仅喜欢听别人说他的家好、幼儿园好、家乡好，喜欢别人和自己做对家庭、幼儿园、家乡有利的事，而且喜欢听人说中国好，做对中国有利的事，愿意中国什么都比人家强。当从电视上看到中外排球赛、足球赛时，儿童总是希望中国队赢；当看到中国队打了好球时，便使劲鼓掌，反之就发出"哎呀"之声，表示惋惜、遗憾。中、大班的幼儿对更广范围的人民、祖国已有了较深的感情。

3. 幼儿义务感的产生

关于幼儿义务感的研究指出，三岁幼儿在完成成人所指定的任务时，常常出现愉快或满意的情感，但是这不是由幼儿意识到了自己的义务和完成了这一义务而产生，而往往是由幼儿的某种直接需要、愿望得到了满足而引起的。因此，这种情感还不能说是义务感。四岁左右，在成人的教育下，幼儿开始由是否完成某个义务而体验到愉快、满意或不安、不高兴的情感，开始出现和形成义务感。而且，这种情感不仅可以由成人对幼儿道德行为的评价所引起，也可以由幼儿自己对自己行为的意识所引起。但这种义务感的范围还比较狭小，主要涉及自己亲近和经常接触的人，如父母、兄弟姐妹、老师、别的儿童等。同时，这种义务感常常是伴随着行为而产生的，还很不稳定。五岁和六岁幼儿能进一步理解自己的义务和履行这些义务的意义和必要性，并对自己是否完成义务和完成情况如何有了进一步的体验。体验的种类也不断分化，不仅有愉快、满意或不安等，还产生了自豪、尊重或窘困、害羞、惭愧、过失感等情感。义务感的范围也逐步扩大，不仅限于个别亲近的人，而且扩展到自己的班集体、幼儿园及自己所住的楼和院子等。这时幼儿还能够记住某些因履行某种义务而产生的情感体验，如愉快的或不愉快的，以后遇到类似情境时，能主动地去履行自己的义务。

4. 幼儿道德感的特点

幼儿道德感的形成和发展具有如下特点和趋势。

第一，幼儿在正确教育影响下，尤其是在集体生活中，在与成人、同伴交往的不断增加和对社会道德行为准则的不断掌握的情况下，他们的道德感进一步发展起来。一些新的道德感比如爱国主义情感、义务感、羞愧感、集体感、责任感都在幼儿初期萌芽，并在幼儿期逐步形成和发展。

第二，幼儿道德感指向的事物或对象不断增加，范围不断扩大，这就使幼儿的道德感不断丰富。

第三，幼儿道德感指向的事物或对象，由近及远，由比较直接到比较间接，由具体、个别的行为或需要的满足到一些比较概括、比较抽象的行为规则和道德准则。

第四，由于幼儿道德感指向的事物的变化，特别是事物性质的变化，幼儿道德感逐渐由比较肤浅、表面、不稳定，发展到比较深刻、持久和稳定。

第五，幼儿道德感是与道德需要紧密联系着的，并且逐渐形成一种内在品质，能够出现于行动之前，成为从事或克制某种行为的动机。

(三) 幼儿道德行为的特点

1995 年，卢乐珍、刘晓东等对我国幼儿道德行为现状进行了调查，内容包括诚实、守纪律、有礼貌、友爱、关心环境与他人、勇敢、爱劳动等，范围涵盖了北京、河北、辽宁、四川、甘肃、江苏六个地区。调查显示，在良好的教育影响下，我国幼儿期儿童大多数表现出多种、广泛的良好品德行为，如主动帮助同伴、向老师问好、日常生活中使用礼貌用语、在园较好地遵守各项集体规则等。在不同地区方面，经济、文化及教育较发达的地区，如北京、江苏，幼儿道德行为得分的整体水平较高。针对具体的道德行为,地区间的幼儿则互有长短,不同地区之间与同一地区内部都存在较大的不平衡性。另外,六个地区在守纪律方面得分均最高,在友爱、关心环境与他人、勇敢方面得分均最低,这反映着幼儿道德发展的倾向,但也从一个侧面显示出当前教育中过分强调纪律和权威约束等普遍存在的问题。在不同教育机构方面,公办幼儿园中幼儿的道德行为显著优于工厂幼儿园和农村幼儿园,工厂幼儿园在守纪律、勇敢、友爱方面还有待加强,而农村幼儿园在待人接物的礼节、关心环境整洁与他人困难方面也需要进一步的重视。在不同性别方面,女孩在理解成人指示、遵守集体规范、约束自身行为等方面更好,道德行为综合水平优于男生,而勇敢行为则得分较低,成为幼儿尤其是女孩的薄弱问题。

总体上,幼儿道德行为的发展存在以下问题。

第一,幼儿道德行为的动机具体、直接且外在,具有明显的情境性。许多研究表明,幼儿初期儿童的道德行为的动机往往受当前刺激、情境的影响,如儿童对行为或活动本身是否有兴趣,或者是成人对儿童提出的明显要求。因而,幼儿初期的道德动机对幼儿的道德行为缺乏持续的影响,而只有即时的、直接的作用。比如,小班幼儿上课遵守纪律,好好听讲,常常是为了得到老师的表扬,或者得"小红花",评上"好孩子"。一旦这些愿望得到实现,这些动机对行为的控制力就逐渐减弱,甚至好像根本没那回事似的,又吵闹起来。在幼儿中期和晚期,儿童逐步出现比较独立、主动和自觉的社会道德动机,但是这些道德动机仍然要受具体的道德范例的影响。例如,幼儿认为"不应该吵闹",是"因为吵闹大家都做不好作业了","小朋友应该互相谦让,不应该争玩具",因为"要不游戏就没法玩了","小朋友谈话要诚实",是因为"好孩子是不说谎的",等等。

幼儿晚期初步自觉的社会道德动机逐渐趋于内化,成为稳定的道德感,如义务感、责任感、同情心、自尊感、荣誉心和集体感等,并开始激起幼儿良好的道德行为。

第二,幼儿道德行为的自制力和坚持性还比较差。由于幼儿整个心理活动的自觉性、有意性和独立性比较差,也由于幼儿期道德动机的特点,幼儿期儿童的道德意志还是比较薄弱的,特别是幼儿初期的儿童,对自己行为的调节力和控制力更差，他们的行为主要受周围情境的影响，常需要成人的监督、调节和强化。中、大班幼儿开始能比较自觉地调节自己的行为，但是总的来说还是比较差的。闸北区幼教科研组的调查表明，在上课做小动作的幼儿中，因为好动、控制力差的，占36.7%；因为受其他幼儿的影响，如别人做小动作也跟着做的，占11.3%；因为上课时间长，后半节坚持不了的，占15.8%。在游戏时与同伴争夺玩具的幼儿中，因为玩具刚发下来具有新鲜感和吸引力的，占34.9%；因为别的幼儿要玩某一玩具，他也跟着要玩而去争夺的，占14.5%。可见，幼儿尚缺乏自制能力和坚持性。

第三，由于上述道德行为动机和道德意志的特点，幼儿期儿童还未形成稳固的道德行为习惯。邵渭溟和郭英（1984）关于幼儿文明礼貌行为习惯的调查表明，幼儿初期的儿童即使已经表现出一定的文明礼貌行为，但并未形成行为习惯。这表现在：①幼儿的文明礼貌行为还不稳定，同一个幼儿，同样在幼儿园或家里，一会儿挺有礼貌的，一会儿又没礼貌了；②在家表现不如在园表现。比如关于"主动问早、问好"一项，4~5岁幼儿在幼儿园能做到的有89.77%，而在家只有44.32%；5~6岁幼儿在园能做到的有89.41%，而在家只有47.73%；5~6岁幼儿在幼儿园都能做到不发脾气，不任性，而在家只有38.82%能做到。邵渭溟和郭英进一步将幼儿在园在家表现分成一致型和不一致型两类加以比较，在一致型中又分成在家在园表现均好、在家在园均一般和在家在园表现均差三种。具体结果见表7-6。

表 7-6 幼儿在园在家表现对比

组别	一致型（%）			不一致型（%）	
	家园均好	家园均一般	家园均差	园较家好	家较园好
4~5 岁	32.95	14.47	2.27	44.32	5.68
5~6 岁	38.82	22.35	0	33.94	5.88

由表7-6可见，园内表现较家里好的不一致型，在4~5岁幼儿中占44.32%，在5~6岁幼儿中占33.94%；家园表现一致型，在4~5岁幼儿中占49.69%，在5~6岁幼儿中占61.17%；家园表现均好型数量不多，在4~5岁幼儿中，只有32.95%，在5~6岁幼儿中，也只有38.82%。这说明，①幼儿期的文明礼貌行为还未形成自

觉的习惯；②随着年龄增长，幼儿的行为正由不经常、不稳定逐渐趋向比较经常和稳定；③我们不能满足于幼儿良好行为出现1~2次，而应着眼于使之经常化和稳定化，成为稳固、自觉的行为习惯。否则，培养幼儿的良好道德品质将成为一句空话。

第八章

小学儿童品德的发展与培养

小学阶段（6、7~11、12岁）又称童年期或学龄初期。

儿童到了6~7岁，正规的学习变成他们的主导活动，经过5~6年的小学学习，他们的心理过程与个性心理将获得较全面的发展。

学习是一种社会义务，是在教师指导下的有目的、有系统地掌握知识技能和行为规范的活动，这是社会物质和文化生活延续和发展所必需的。学生的学习和成人的劳动是具有同等社会意义的活动。社会对学生的要求是通过学校严格规定的制度来执行的。在学习过程中，学生必须系统地掌握知识、技能和书面言语，这就为他们的智力发展奠定了基础；学生必须参加集体生活，这就使他们开始意识到自己和集体的关系，意识到自己的义务和权利，小学儿童所在的集体，有着严密的组织性和纪律性，有着各种规章制度，并要经受各种社会评价，他们的个性品质在集体中获得发展。小学儿童不仅要学习自己感兴趣的东西，而且要学习自己不感兴趣但是必须学习的东西，这就是说，学习不但具有社会性、目的性和系统性，而且还带有一定的强制性。在教育的影响下，小学儿童的心理不断向前发展。当然，在学校的生活条件下，儿童的学习和他们的心理总是互相促进，交互发展的。儿童心理的发展给他们的学习提供了可能性，儿童的学习反过来又促进他们的心理发展。

小学儿童的心理，是在学习这种主导活动中逐步发展起来的。他们认识活动的发展，主要是从口头言语向书面言语过渡，从具体形象思维向抽象逻辑思维过渡。当然，小学儿童的抽象逻辑思维是初步的逻辑思维，在很大的程度上仍然直接与感性经验相联系，具有很强的具体形象性。在情感方面，他们的情感内容不断丰富，情感深刻性不断增加，调节和控制自己情感的能力不断加强，高级情感在发展着。

在意志方面，由于学习和社会意义的动机和目的开始发展，克服困难的意志逐步完善，意志品质也在不断地提高。小学儿童在集体中生活，个性处于一种特有的、稳定的内外行动形成的阶段，尽管其可塑性是相当大的，但在个性意识倾向和个性心理特征上已逐步地显示出个体差异。

小学儿童的品德，正是在这个外部的和内部的前提下逐步地发展起来的。也就是说，儿童入学后，学校及学习活动的要求，都在激发他们品德发展的种种新需要，并和他们已经达到的原有心理水平、品德结构产生矛盾，这种矛盾构成了小学儿童品德发展的动力。

第一节

小学儿童品德的一般特点

对小学儿童品德发展的特点，各国心理学家都在开展研究，形成各种不同的观点。

一、西方和苏联心理学家对小学儿童品德发展趋势的研究

如前所述，在西方，皮亚杰对童年期道德观念形态和判断做了大量的研究。他认为，通常在 7~12 岁，儿童的自律的道德，即服从自己的规定的道德获得了发展，并以人与人之间关系的水平表现出来。在对不同国籍、社会阶层和宗教信仰的儿童重复进行实验以后，他指出童年期的道德观念形态具有如下六个特点：①判断中的目的性，即依据人在行为中的目的来判定行为的好坏；②判断中的相对性，即开始认识到对于好坏可以有不同的看法；③制裁的独立性，即认为制裁要有一定的原则，应按照违反规则或伤害别人的轻重而给予不同的处理；④可逆性，即指出与某

一道德行为相对应的行为，且随着年龄的递增抽象的观念也越来越发展；⑤了解赔偿和改正的意义，逐步赞同适度的惩罚，如对受害者赔偿损失，给予犯错者一个改正的机会，等等；⑥看到偶然事件的因果性，逐步对道德行为的偶然事件和自然灾害的原因有所认识，给出较公正的结论。

这是童年道德观念形态的表现，主要反映了他们认知的发展，反映了童年期有一种从权威转向民主的道德发展的一般趋势。

在第二章里，我们曾介绍了科尔伯格将人的道德判断力发展大体分为三个水平，六个阶段。小学儿童处于前三个阶段，达到第四个阶段的为数极少，达到第五、第六阶段的一个也没有。小学一、二年级儿童几乎都处于第一阶段，其道德动机主要被恐惧心理所束缚，希望免除"权威人物"的处罚；其道德认识中有一些准则，并认为某一个人破坏了这些准则，会产生一定的后果；其思想倾向是有权就有理，凡是"权威人物"赞扬的就是"好"的，遭到他们批评的就是"坏"的。从三年级起，儿童进入了第二阶段的水平。其道德动机主要是从自身利益出发，凡事要对我有利，做一切"自然要做的"事；其道德认识是人与人的关系完全由直接的互利性决定，即"你帮我，我助你"；其思想倾向是必须为自己着想，一个人的义务只是帮助其自己，每个人都有他自己的需求和意图。小学高年级儿童道德发展基本上到达第三阶段水平，其道德动机主要是服从当"诚实儿童"的陈规和满足他人的希望，以争取社会赞许；其道德认识是必须尊重他人的看法和想法，合作意味着日趋完善的互助；其思想倾向是正确行为与社会利益相一致。科尔伯格认为，通常在良好的环境条件下，绝大部分小学六年级的儿童都能达到第三阶段的水平。所以有人建议，把第三阶段的道德判断力发展水平作为小学道德教育的目的（朱智贤，1982）。

苏联心理学家对小学儿童品德的发展早在 20 世纪 50～60 年代就做了不少研究工作。

首先，苏联心理学家研究了小学儿童的道德行为方式。他们认为，儿童特有的、极有意义的动机和有助于他们掌握道德行为方式的手段，是促进其道德行为方式发展的前提。

其次，苏联心理学家研究了小学儿童的道德习惯的特点。他们认为，道德习惯在儿童个性形成与品德发展中具有深远的意义。

最后，苏联心理学家研究了小学儿童的纪律性行为的形成问题。他们认为，纪律的要求对儿童行为的影响分三个阶段：第一阶段，纪律要求在外部固定起来；第二阶段，纪律要求具有一定的简化和概括化的性质，并要以提醒的方式做周期性的监督；第三阶段，纪律要求有原则化的性质，儿童的自我监督逐步代替对他们行为的外部监督。

20世纪70~80年代，苏联心理学家注意系统地研究小学儿童品德的特征（B. A.克鲁捷茨基，1984）。但他们强调小学儿童的完整品德是在学校中遵守明确的道德要求、准则和行为规范而形成的，并在与成人或同龄人的交往中发展。也就是说，他们重视"反映论"原则在儿童品德形成和发展中的作用。整个学龄初期，即小学阶段，儿童形成着道德行为的基础，掌握行为的道德准则和规范，开始形成个性的社会指向性。在小学儿童品德发展的具体年龄特征上，苏联心理学家指出，小学儿童的道德概念和判断从一年级到三年级显著地丰富起来，一年级儿童的道德判断通常是以本身的行为经验以及教师和父母的具体指示和解释为基础的；二、三年级儿童除依据本身行为经验和长者的指示外，开始善于分析他人的行为经验，并接受文化背景的影响；三年级以后的儿童在此基础上逐步不再等待外面的指示，而开始根据自己的主动精神完成某种道德行为。

二、我国关于小学儿童品德发展特点的研究

在我国心理学界对儿童与青少年品德发展的研究中，关于小学儿童品德特点的研究材料在数量上占很大比例。但是，这些材料涉及面很广，还少有人作整体的概括。

汇总我国在这方面的研究资料，并结合我们自己的研究，我们认为，在出生到成熟的整个儿童与青少年时期，我国儿童的品德发展所显示出来的基本特点就是协调性。

应该怎样来理解这个基本特点呢？

（一）小学儿童逐步形成自觉地运用道德认识来评价和调节道德行为的能力

系统的道德认识及相应的道德行为习惯的形成是从小学时期才逐步开始的。但这种系统的道德认识带有很大的依附性，还缺乏原则性。我国许多有关小学儿童品德发展的实验研究证明了这一点。

这里，我们仅举天津市的一个研究（李怀美，1986）为例，来略加分析。研究者从道德概念、道德评价和道德判断三方面来了解小学儿童道德认识发展水平。他们以"对人""对己""对社会"三个方面各四个道德概念为材料，并确定三级水平：一级水平是对道德概念理解片面或肤浅，停留在现象上（1×4＝4分）；二级水平是能够正确理解道德概念，但不深刻（3×4＝12分）；三级水平是较深刻地理解道德概念的本质（5×4＝20分）。他们的研究结果如表8-1所示。

表 8-1　小学儿童道德概念理解发展水平

概念	一年级	三年级	五年级
对　人	7.49	9.07	10.26
对　己	7.28	11.38	13.92
对社会	8.34	10.03	12.57
总均数	7.70	10.16	12.25

研究者还以"义务""荣誉""良心""幸福"等四个道德范畴，了解儿童道德评价发展的情况。他们设计四组对偶故事，每组的结构均按"动机正确而效果不好"和"动机不正确而后果好"两种情况安排，让被试判断是非和好坏并说明理由，道德范畴问题的对偶判断分三个水平：一级水平为重效果（1分），二级水平为重动机（3分），三级水平为效果与动机统一（5分）。研究结果如表8-2所示。

同样根据上述四个道德范畴，研究者又设计了两难问题，以了解儿童道德判断能力的发展水平。道德判断分三个水平：一级水平是围绕个人利害得失进行道德判断（1分）；二级水平是简单地运用道德规范进行道德判断（3分）；三级水平是理解道德原则并以此进行道德判断（5分）。研究结果如表8-3所示。

表 8-2　小学儿童道德评价发展水平

概念	一年级	三年级	五年级
义　务	3.10	3.97	3.94
荣　誉	2.49	3.57	3.98
良　心	2.96	3.74	3.94
幸　福	1.95	3.13	3.15
总均数	2.63	3.61	3.75

表 8-3　小学儿童道德判断发展水平

概念	一年级	三年级	五年级
义　务	2.14	2.15	2.06
荣　誉	3.06	2.80	3.01
良　心	2.92	3.01	2.99
幸　福	2.38	2.69	2.94
总均数	2.62	2.66	2.77

从上面三个研究我们可以看到，小学儿童道德认识有从具体形象性向逻辑抽象性发展的趋势。

首先，在道德认识的理解上，小学儿童从比较肤浅的、表面的理解逐步过渡到比较精确的、本质的理解。但比较具体，概括水平较差。

其次，在道德品质的判断上，小学儿童从只注意行为的效果，逐步过渡到比较全面地考虑动机和效果的统一关系。但常常有很大的片面性和主观性。

再次，在道德原则的掌握上，儿童道德判断从简单依附于社会的、他人的规则，逐步过渡到受内心的道德原则所制约。但是在很多情况下，判断道德行为还不能以道德原则为依据，缺乏道德信念，常常受外部的、具体的情景所制约。

以上三个方面的特点，同小学儿童思维发展的形象抽象性特点具有一致性（朱智贤，林崇德，2002）。

最后，小学儿童已初步掌握了道德范畴。不过对不同范畴的理解有不同的水平。比较对人、对己、对社会三方面的道德认识，对己方面的道德概念发展水平较高，对社会方面的道德概念的发展水平次之，最低的是对人方面的道德概念的发展水平，显示出不平衡性。

总之，小学儿童的道德知识已初步系统化，即初步掌握了社会范畴的内容，开始向道德原则水平发展。

(二)小学儿童的道德言行从比较协调到逐步分化

在整个小学阶段，儿童在品德发展上，认识与行为，言与行基本上是协调的、相称的，但是年龄越小，言行越一致，而随着年龄增长，逐步出现言行一致和不一致的分化。

年龄较小的儿童，行为比较简单，品德的组织形式也比较简单，且比较外露。就品德定向系统而言，他们还不能意识到一定道德情境的作用，往往按教师和家长的指令来定向；就品德操作系统而言，他们缺乏道德经验，动机比较简单，缺乏道德活动的策略，还不善于掩蔽自己的行为，自我调节技能较低，较难按原先制订的行为计划去行动；就品德反馈调节系统而言，他们的行为主要受教师和家长的"强化"，还难以进行自我反馈。因此，在小学低年级，儿童的道德认识、言论往往直接反映教师的教育内容，他们的行动也制约于这些内容，于是在表面上看来，他们的言行是一致的，而这种一致性的水平是比较低的。

年龄较大的儿童，特别是高年级的儿童，他们的行为比较复杂，相应地，在品德定向系统中，有了一定的原则性；在品德操作系统中，产生了一定的策略和自我设想，于是儿童日益学会掩蔽自己的行为；在品德反馈系统中，出现对他人评价的一定的分析，于是儿童的行为与教师和家长的指令产生一定的差异性。这样，言行一致与不一致的分化也必然会越来越大。

当然，一般地说，小学儿童言行的分化只是初步的，即使高年级的儿童，还是以协调性占优势。当然，他们品德言行的脱节是存在的，但这主要不是来自内部的道德动机，而是限于品德的组织形式及这个结构的发展水平。正如朱智贤教授(1981)分析的：①模仿的倾向。模仿是小学儿童的特点，他们看到模仿很有意思，以致明知被模仿的举动是不正确的，不好的，他们仍然照样做了。②出于无意。有些儿童明明在口头上背熟了道德原则，但是无意地做出与之相违背的行为来，他们常常为之后悔、惋惜。③在不同的人面前有不同的行为表现。有些儿童虽然知道什么是好的行为，什么是不好的行为，但是他们在某些人面前言行一致，而在另一些人面前却言行不一致。造成这种情况的原因也很复杂，或因为教师和家长的教育影响不统一，或因为儿童以感情代替理智，致使在"亲近"者面前显得"听话"一些，于是言行一致性也强一些。④只会说，不会做。道德行为做起来要克服困难，需要意志努力，而说则比较容易，因此小学儿童尽管知道道德规则，但是如果力图按照这些规则去行事就困难得多。可见，小学儿童的品德结构还未完善，将社会道德规范内化为定向系统要有一个过程。

(三)自觉纪律的形成和发展在小学儿童品德发展中占有相当显著的地位

在小学儿童品德的发展中，自觉纪律的形成和发展占有很显著的地位，它是小学儿童的道德知识系统化及相应的行为习惯形成的表现形式，也是小学儿童出现协调的外部和内部动机的标志。

所谓自觉纪律，就是一种出自内心要求的纪律，是在儿童对于纪律认识和自觉要求的基础上形成的，而不是依靠外力强制的纪律。自觉纪律是如何形成的呢？这是一个纪律行为从外部的教育要求转为儿童内心需要的过程。这个形成过程，一般要经过三个阶段。第一阶段依靠外部教育要求，依靠教师制订的具体规定和教师及时的检查；第二阶段是过渡阶段，儿童还未形成自觉纪律，但已经体会到纪律要求，一般能够遵守纪律；第三阶段是把纪律原则变成自觉行动。这三个阶段，体现了小学儿童品德结构的发展：在定向系统方面正经历着一个内化和社会化的过程，他们不断掌握社会经验和道德规范，形成与学校教育相协调的个性特征，并将自己纳入学校群体关系系统中；在操作系统方面，逐步明确纪律要求，确认遵守纪律的途径，做出纪律决策，实施纪律计划；在调节反馈系统方面，在执行纪律中对环境进行加工，产生正负反馈，从而加强和减弱行为动机，形成和发展品德结构。我们在研究中看到，在教师的细心引导下，低年级儿童是完全可能形成自觉纪律的。当然，小学生违反纪律或缺乏自觉纪律的现象也是存在的。这里要强调的是，必须对违反纪律的现象作心理学的分析。这里既由于存在着年龄的差异，也由于存在着个别差异。一般说来，年龄小的儿童出现违反纪律行为，常常是由于不了解纪律的性质，或出自对某一行为的好奇心而分散了注意，或是因疲劳而不能坚持。年龄大的儿童，原因固然比年龄小的儿童复杂得多，明知故犯的现象也是存在的，但有意捣乱是个别的，更多的是出自个体差异。这些差异表现在：①不理解或未正确理解纪律要求，或者对纪律要求的正确理解尚未转化为指导行为的自觉原则；②对教师持有对立情绪，我们经常看到不少小学高年级儿童遵守课堂纪律是因人（不同教师）而异的；③意志、气质上有缺陷；④没有养成纪律行为所必需的习惯；⑤特殊爱好没有得到适当满足，或者旺盛的精力无处发泄；等等。只要全面细致地了解儿童的个性特点，加上得力的教育措施，促使小学儿童自觉纪律的形成和发展并不困难。

总之，小学儿童的品德是从习俗水平向原则水平过渡，从依附性向自觉性过渡，从外部监督向自我监督过渡，从服从型向习惯型过渡。从这个意义上说，小学阶段的品德是过渡性的品德，这个时期品德发展比较平稳，显示出协调性的基本特点，冲突性和动荡性较少。

（四）小学阶段的品德过渡性特点，是品德发展过程中的"飞跃"或质变的具体表现。在这个过程中，存在着一个转折时期。这个转折时期，就是小学儿童品德发展的"关键年龄"

就品德结构的整体来分析，这个关键年龄在什么时候（哪个年级或年龄）出现，是有待深入探讨的一个课题。我们曾深入调查了小学50个先进班集体的1550名被试，认为这个关键期或转折期大致在三年级下学期前后。但由于教育工作上的差异，前后有一定的出入。

当然，这是就小学儿童品德的整体发展而言，至于就具体的道德动机和道德心理特征来说，它们的发展是不平衡的。例如，小学儿童的道德认识发展的关键期与道德行为发展的关键期并不一致。

第二节

————

小学儿童道德动机的发展

对小学儿童道德动机的研究，不论是在方法上还是在侧重点上，西方心理学和苏联心理学是不相同的。

在西方，认知心理学派，特别是科尔伯格运用了两难问题，即显示动机和效果不一致的情境的问题让儿童与青少年去判断，他们由此认为童年期的道德动机是服从做个"诚实儿童"的陈规和满足他人的希望，争取社会赞许。

20 世纪 70 年代以来，社会心理学关于归因理论的研究非常活跃，这一理论在各个领域得到了十分广泛的应用，自然也被作为研究道德动机的手段之一。所谓归因理论，就是关于人们用来解释自己或他人行为因果关系的信息理论。归因理论是从心理学家海德(F. Heider)有关人际知觉实验(1944)中发展起来的。1958 年他根据自己的研究认为，人们常常追究行为的原因，如果认为行为是由外部因素引起的，叫作外部归因；如果认为行为是由个人内部因素引起的，则叫内部归因。接着，琼斯(E. E. Jones)于 1965 年提出"相应推理"归因模型，以此来说明人们在复杂社会情景中的归因。韦纳(B. Weiner)于 20 世纪 70 年代(1971、1972、1979)进一步把动机看成一种认知现象。他根据前人对"控制点"的研究，提出了动机归因理论。他的研究表明，儿童对于行为结果的归因，表现为成功时较多地归因于运气、努力和能力，失败时较多归因于任务难度。

此外，西方心理学家在近 20 年中，一是重视对小学儿童纪律动机的研究，例如，奥利里(K. D. Oleary)等人研究了奖励和惩罚、表扬和批评对小学儿童遵守纪律动机的作用；二是重视文化背景对道德动机的影响的研究，包括种族、文化、亚文化和社区特别是家庭对儿童道德动机的各种作用。例如，杰森(L. C. Jensen)和肯斯顿（M. Kingston）在《怎样当父母》一书中就系统地论述了这个问题。他们指出："父母是引起儿童动机的最初的和最重要的社会源泉。"

苏联心理学家对小学儿童动机的研究，有代表性的人物是包若维奇。如前所述，她将动机分为两类，一类是学习动机，另一类是社会性动机，后者直接关系到儿童的品德发展。小学儿童社会性动机的发展有明显的年龄特点，在一、二年级是良好的，他们往往服从于成人的要求。三年级发生一个转折，不少儿童开始把学生的义务和责任当成包袱，不听从成人教导。但从三年级开始，逐步形成了自己的生活圈。道德动机独立性的发展，就成为小学儿童道德动机的特点之一。

我国心理学对小学儿童道德动机的研究，一般是从动机与认识、情感、意志的关系入手，总结了一些关于小学儿童道德动机的特点和培养方法。

一、小学儿童道德动机的特点

总的来说，小学儿童道德动机，一是由服从向独立发展，尽管高年级以自觉道德动机占主导地位，但还离不开对成人指令的服从；二是由具体、近景向抽象、远景发展，尽管高年级以社会需要作为道德动机的基础，但还离不开具体形象性；三是逐步产生道德动机的斗争，但激烈的冲突较少。

我们自己曾研究了小学儿童遵守纪律的动机，发现他们在为什么遵守纪律的问题上，有如下几种想法：①服从老师的要求；②为了获得表扬，成为"三好生"，不落人后；③为履行学校班集体和少先队组织的义务、各种制度要求，或为集体、组织争光；④体会到这是社会公德的要求，应该自觉遵守纪律。这四种不同的守纪动机，不是固定不变的，而是由低到高，由近及远，由具体到抽象地发展着。它反映了小学儿童从比较短近的、狭隘的、具体的、不稳定的守纪动机向自觉的、富有原则性的、比较稳定的、富有社会意义的守纪动机过渡。这里的守纪动机或道德动机，同道德认识、道德意志，特别是自制力是密切联系着的。这些动机，也随着不同年龄阶段（年级）和教育的不同程度而发展变化。在整个小学阶段，前三种比较突出，随着年龄的递增，尤其到了高年级，第一种动机在减弱，第四种动机在增强，但第四种动机一般只能在高年级出现。低、中年级的守纪表现，常常是出于学生对纪律的服从，听老师的话，动机斗争并不突出。他们一般还不善于把遵守纪律和道德需要联系起来，他们的纪律表现往往与教师的要求、学校制度和及时的检查直接联系在一起。可见小学儿童的道德动机具有直接性、具体性。

李伯黍等人（1964）曾系统地对小学儿童的道德动机特征做了调查研究，并做出心理学的分析，其结果见表8-4至表8-10。

表8-4 小学儿童的认识性动机的特征

年级	对公共生活准则的简单认识（%）	行为的社会理由								动机表述总数
		行为后果	理智论据	集体舆论	社会舆论	愿望意向	设身处地	道德责任感	合计	
小三	68	24	7	1	0	0	0	0	32	105
小四	70	16	7	0	3	3	1	0	30	121
小六	51	27	11	0	0	11	0	0	49	113

表8-5 小学儿童在假设情境中关于行为社会理由的表述性质

年级	属于客观陈述的（%）					属于内心道德体验的（%）			
	行为后果	理智论据	集体荣誉	社会舆论	合计	愿望志向	设身处地	道德责任感	合计
小三	72	23	5	0	100	0	0	0	0
小四	55	23	0	9	87	9	4	0	13
小六	56	22	0	0	78	22	0	0	22

表 8-6 小学儿童在假设情境中关于行为后果和理智论据的表述性质

年级	行为后果(%)		理智论据(%)	
	客观后果	自身后果	具体性	概括性
客观后果	94	85	84	0
自身后果	6	15	16	0
证据性质	0	0	0	0
具体性	100	100	100	0
概括性	0	0	0	0

表 8-7 小学儿童的实际道德动机的特征

年级	对公共生活准则的简单认识(%)	行为的社会理由								动机表述总数
		行为后果	理智论据	集体舆论	社会舆论	愿望意向	设身处地	道德责任感	合计	
小三	75	20	0	0	0	5	0	0	25	32
小四	53	32	0	0	0	15	0	0	47	40
小六	60	5	10	0	0	20	5	0	40	38

表 8-8 小学儿童在实际情境中关于行为社会理由的表述性质

年级	属于客观陈述的(%)					属于内心道德体验的(%)			
	行为后果	理智论据	集体舆论	社会舆论	合计	愿望意向	设身处地	道德责任感	合计
小三	80	0	0	0	80	20	0	0	20
小四	67	0	0	0	67	33	0	0	33
小六	13	25	12	0	50	50	0	0	50

表 8-9 在不同行为情境中小学儿童关于道德动机属于内心道德体验的表述的比较

年级	情境性质(%)	
	假设性	实际性
小三	0	20
小四	13	33
小六	22	50

表 8-10　小学儿童关于实际不道德动机的表述的发展

年级	动机类型(%)		动机表述总数
	由客观因素直接激发	属于思想上的原因	
小三	86	14	20
小四	79	21	20
小六	47	53	19

从这些表中可以看出我国小学生道德动机发展的一些情况。

首先，小学不同年级(年龄阶段)儿童的道德动机的自觉主动性和独立性具有不同特点。他们已能比较具体地意识到自己行为的依据，但他们的道德行为极少是出于内心的自觉。

其次，同年龄儿童产生道德或不道德动机的原因并不完全相同，它们是由客观的、主客观的或主观的性质不同的矛盾引起的。

最后，在对小学生进行道德教育时，一是正确估计他们道德动机的自觉主动性和独立性；二是既看到他们的道德认识对实际行为的制约作用，又不过高估计它的作用；三是善于针对和利用不同年龄儿童的道德需要。

二、小学儿童道德动机的培养

小学儿童道德动机具有直接性、具体性，道德动机的斗争并不复杂，这就大大有利于发展和培养他们的道德动机。

(一)将道德动机的培养和发展道德认识、道德情感、道德信念和意志结合起来

将发展道德认识同培养道德动机结合起来，可提高小学儿童道德动机的概括性和内驱力的指向性，从而使其道德动机逐步远景化。

将发展道德情感和培养道德动机结合起来，可提高小学儿童道德动机的情感色彩和内心体验，从而使其道德动机逐步信念化。

将发展道德信念、意志和培养道德动机结合起来，可提高小学儿童道德动机的

目的性和坚持性，提高抗拒不道德诱因的意志力。

(二)经常注意激发小学儿童的道德动机

在儿童产生一定的道德需要以后，要使它真正成为他们道德行为的经常而有效的动力，还须采取相应的措施，不断激活他们的道德动机。这些相应的措施有：①引导儿童明确日常道德行为的具体要求，以提高他们道德行为的自觉性、积极性和社会性。②激发儿童参加社会活动的兴趣，例如，公益劳动、宣传精神文明的活动、帮助孤寡老人等。小学儿童可在这些道德活动中，同化道德环境，并逐步将这种同化结果转化为具体的道德动机。③利用表扬、奖励、批评(我们不提倡在小学阶段搞惩罚)、竞赛、评比以及自我评价、自我教育等手段，促使儿童在主客体的正负反馈中，增强道德行为动机。

第三节

小学儿童品德心理特征的发展

不论在国外还是国内，在关于小学儿童品德心理特征发展的研究方面，对道德认识发展的研究较多，而对道德情感和道德意志行为发展的研究较少。

一、小学儿童道德认识的特点

在西方，对童年期道德认识的研究，主要是以社会认知学派为代表。如前所述，科尔伯格关于儿童道德发展的前三个阶段的特点，就是一例。在苏联，关于小学儿童道德认识的研究材料也较多，涉的主要是童年期道德标准的掌握及道德评价的发展。

我国在这方面的研究材料比较多。早在 20 世纪 60 年代就有人通过研究指出，低年级儿童能理解的一些道德概念，往往很表面，很片面，看不到本质的东西，常把谨慎和胆小、勇敢和鲁莽、英雄行为和冒险行为等概念相混淆，而四年级儿童的理解尽管需要有一定的形象材料作支柱，却能达到一定的概括水平。1978 年有人进一步研究指出，在我国的教育条件下，儿童在小学四～五年级期间，对道德准则的理解已经可能达到初步本质概括的水平(朱智贤，1980)。以李伯黍为首的协作组的研究(王宪清，1980)，代表了我国心理学家对小学儿童道德认识的研究水平(李伯黍等，1984)。特别是他们关于儿童对行为责任的道德判断问题和儿童道德观念发展问题的研究，基本上概括了我国小学儿童道德认识的特点。

(一) 小学儿童对行为责任的道德判断

李伯黍等(1984)关于儿童对行为原因和后果的道德判断的研究，采用了道德判断测验法。他们发现：①我国儿童从小学三年级起，绝大多数已能根据行为的原因或从行为的因果关系做出判断了，而且有 50% 以上的儿童能把行为的原因和后果两个方面联系起来进行比较判断，发展的一般趋势是年级越高，这两方面的百分比也越高。②在我国儿童的道德判断中，行为的主观原因起着特别重要的作用，各年级学生根据主观原因进行判断的人已占绝大多数。即使造成不良行为的客观原因很明显，他们在评价时也并不将其作为根据。而且，儿童即使是根据主客观原因进行判断，也往往把主观原因看作是首要的，将客观原因视为次要的、从属的。③我国儿童根据行为意义做出判断的起点较早，但各年龄儿童在判断时对行为意义的重视程度总的说来是不高的。④从小学五年级起，在一些儿童的道德判断中出现了一些新品质：能用发展的观点把"经教育后改正错误"看作是"思想好"的重要标志，并以此作为判断行为好坏的理由，既能看到被自己否定的对象身上的优点，又能看到被自己肯定的对象身上的缺点。但还没有资料可证明这些新品质已成为我国少年儿童的普遍特征。

儿童道德发展研究协作组(1982)在关于国内 18 个地区 5～11 岁儿童道德判断发展的调查中，编拟了三组对偶道德故事(第一组涉及关于动机意向和财物损坏的道德判断，第二组涉及关于能否摆脱成人惩罚影响的道德判断，第三组涉及关于人身伤害和财物损坏的道德判断），采用个别交谈法让儿童做出判断。其结果如图 8-1 至图 8-4 所示。

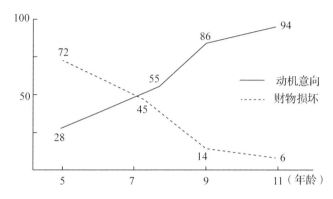

图 8-1 对动机意向和财物损坏的判断分布

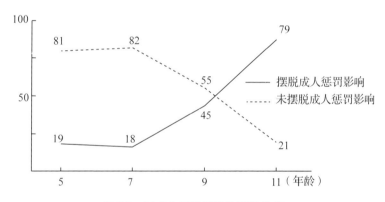

图 8-2 对成人惩罚影响的判断分布

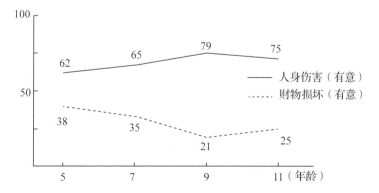

图 8-3 对人身伤害和财物损坏（有意）判断的分布

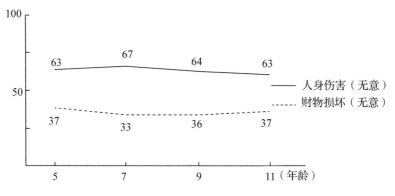

图 8-4　对人身损害和财物损坏(无意)判断的分布

从以上结果可以看出：①我国小学儿童从客观性判断向主观性判断发展的转折年龄在 6~7 岁之间；7 岁儿童的主观性判断已明显发展，客观性判断倾向明显减弱。②我国小学儿童摆脱成人惩罚的影响，根据行为本身好坏做出分析判断的转折年龄在 8~9 岁之间。③在行为的意向性不变的情况下，我国儿童多数认为造成人身伤害的行为更不道德。这种判断反应在无意识情况下与年龄无关，在有意识情况下与年龄有关，这种发展在 7~9 岁有一个明显的转折。

(二)小学儿童道德观念的发展

1. 小学儿童的公物观念的特点

陈会昌、李伯黍(1982)关于儿童对公私财物损坏的道德判断的研究，采用了个别施测的方法。现将其研究结果做如下介绍。

①各年龄组被试在第 1、2 对故事中行为者意向性不变的情况下对公私财物损坏的判断，其 χ^2 检验见表 8-11。

表 8-11　对第 1、2 对故事判断结果的 χ^2 检验

年龄组		5	7	9	11	总数
第1对	χ^2 数	4.74*	1.85	21.41**	50.07**	29.63**
	私物损坏（无意）	35	22	10	1	68
	公物损坏（无意）	19	32	44	53	148
第2对	χ^2 数	1.85	6.00*	16.67**	42.67**	52.05**
	私物损坏（无意）	22	18	12	3	55
	公物损坏（无意）	32	36	42	51	161

注：每个年龄组为 54 人。* $p<0.05$，** $p<0.01$。

②各年龄组被试在充当或不充当故事中被损坏个人财物者及第 1、2 对故事中行为者意向性不变的情况下，对公私财物损坏的判断，其差异的比例的 t 检验如表 8-12 所示。

表 8-12　被试不充当与充当角色时对第 1、2 对故事判断结果差异比例的 t 检验

年龄组			5	7	9	11	总数
第1对故事	不充当	人　数	54	54	54	54	216
		私物损坏（无意）	35	22	10	1	68
		公物损坏（无意）	19	32	44	53	148
	充当	私物损坏（无意）	41	34	16	1	92
		公物损坏（无意）	13	20	38	53	124
		t	1.25	2.31*	1.35	0	2.39*
第2对故事	不充当	人　数	54	54	54	54	216
		私物损坏（无意）	22	18	12	3	55
		公物损坏（无意）	32	36	42	51	161
	充当	私物损坏（无意）	34	30	18	2	84
		公物损坏（无意）	20	24	36	52	132
		t	2.31*	2.32*	1.29	0.45	2.99**

注：* $p<0.05$，** $p<0.01$。

③各年龄组被试在第 3、4 对故事中财物损坏形式不变情况下，对行为意向性的判断，其 χ^2 检验如表 8-13 所示。

表 8-13　对第 3、4 对故事判断结果的 χ^2 检验

年龄组		5	7	9	11	总数
第3对故事	人　数	54	54	54	54	216
	无意(私物损坏)	8	5	1	0	14
	有意(私物损坏)	46	49	53	54	202
	χ^2	26.74**	35.85**	50.07**	54.00**	163.63**
第4对故事	人　数	54	54	54	54	216
	无意(私物损坏)	14	3	0	0	17
	有意(私物损坏)	40	51	54	54	199
	χ^2	12.52**	35.85**	50.07**	54.00**	143.41**

注: ** $p<0.01$。

④各年龄组被试在第 5、6 对故事中意向性和财物损坏形式同时变化情况下的道德判断，其 χ^2 检验见表 8-14。

表 8-14　对第 5、6 对故事判断结果的 χ^2 检验

年龄组		5	7	9	11	总数
第5对故事	人　数	54	54	54	54	216
	公物损坏(无意)	18	5	3	2	28
	私物损坏(有意)	36	49	51	52	188
	χ^2	6.00**	35.85**	42.67**	46.30**	118.52**
第6对故事	人　数	54	54	54	54	216
	公物损坏(有意)	40	49	53	54	196
	私物损坏(无意)	14	5	1	0	10
	χ^2	12.52**	35.85**	50.07**	54.00**	143.41**

注: * $p<0.05$, ** $p<0.01$。

⑤各年龄组被试在不充当或充当故事中被损坏个人财物者及在第5、6对故事中意向性和财物损坏形式同时变化两种情况下判断结果差异比例的 t 检验,见表8-15。

表8-15 被试不充当或充当角色时对第5、6对故事判断结果差异比例的 t 检验

年龄组			5	7	9	11	总数
第五对故事		人 数	54	54	54	54	216
	不充当	公物损坏(无意)	18	5	3	2	28
		私物损坏(有意)	36	49	51	52	188
	充 当	公物损坏(无意)	11	11	7	4	33
		私物损坏(有意)	43	43	47	50	183
	t		1.52	1.62	1.33	0.84	0.69
第六对故事		人 数	54	54	54	54	216
	不充当	公物损坏(有意)	40	49	53	54	196
		私物损坏(无意)	14	5	1	0	20
	充 当	公物损坏(有意)	26	37	46	53	162
		私物损坏(无意)	28	17	8	1	54
	t		2.76**	2.87**	2.44**	1.00	4.34**

注: $^*p<0.05$, $^{**}p<0.01$。

从以上结果可以看出我国小学儿童公有观念形成和发展的几个特点。

①在行为意向性不变的情况下,五岁儿童已能初步根据公私财物的损坏做出好与坏的判断,而能正确分辨公私关系的转变年龄在7~9岁之间。

②在公私财物损坏形式不变的情况下,5~11岁儿童均能根据行为的动机意向做出好坏判断,且这种判断能力的发展显然早于五岁。

③在行为意向性和公私财物损坏形式同时变化的情况下,各年龄组的大多数儿童首先着眼于对行为意向性的判断,而不是对公私财物的判断。

④在充当故事中被损坏个人财物者的角色而身临其境地进行判断时,5~9岁儿童中一些原来认为损坏公共财物更坏的人转而认为损坏个人财物更坏,11岁儿童基

本无此逆转现象。

⑤小学儿童阐述的理由说明，不同年龄的儿童公有观念发展的水平不同，首先是处在关于快乐与痛苦的水平上，其次是在笼统地区分公与私的水平上，再次是在初步具备集体意识的水平上，最后达到从抽象的集体主义原则角度进行评价的水平。

2. 小学儿童的公正观念的特点

儿童道德发展研究协作组(1983)关于7岁、9岁、11岁、13岁少年儿童公正观念发展的调查，采用了个别交谈法。

(1)公正判断的总的结果

表 8-16　对故事 1~4 公正判断的 χ^2 检验

判断反应	年　龄			
	7	9	11	13
服从	238	191	134	97
平等	556	452	279	312
公道	437	616	854	881
总数	1231	1259	1267	1290
χ^2	126**	219**	636**	763**

注:** $p<0.01$。

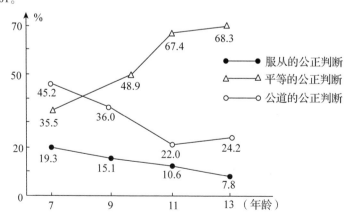

图 8-5　对故事 1~4 公正判断反应比例的分布

（2）行为情境对公正判断的影响

表 8-17　对两类行为情境故事公正判断的 χ^2 检验

判断反应		年　　龄			
		7	9	11	13
服从	对事类	125	103	56	4.6
	对人数	113	88	78	51
	总数	238	191	134	97
	χ^2	0.6	1.2	1.8	0.3
平等	对事类	273	217	132	130
	对人数	283	235	147	182
	总数	556	452	179	312
	χ^2	0.2	0.7	0.8	8.7**
公道	对事类	231	315	452	471
	对人数	206	301	402	410
	总数	437	616	854	881
	χ^2	1.4	0.3	2.9	4.2*

注：* $p < 0.05$，** $p < 0.01$。

（3）公正判断的"特定性"现象

表 8-18　对四个故事公正判断的一致性反应（%）

判断反应	年　　龄				
	7	9	11	13	总计
平等的公正判断	30	22	5	7	64
	9.09	6.67	1.17	2.12	4.85
公道的公正判断	21	54	90	94	259
	6.36	16.36	27.27	28.48	19.62

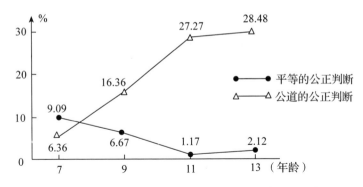

图 8-6　平等和公道的公正判断一致性反应的比例分布

（4）不同民族儿童公正判断反应齐性检验的结果

表 8-19　壮族、彝族与汉族少年儿童公正判断反应的齐性检验（χ^2 值）

判断内容	年　　龄			
	7	9	11	13
故事一	32.10△	28.49△	7.43	25.31△
故事二	6.18	8.09	4.70	30.53△
故事三	8.51	11.62	42.42△	35.51△
故事四	28.50△	51.27△	63.44△	64.57△

注：△显示不齐性。

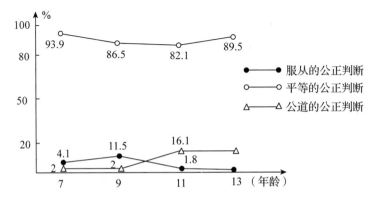

图 8-7　壮族、彝族少年儿童对故事 4 判断反应的比例分布

表 8-20 壮族、彝族少年儿童对故事 4 公正判断反应的 χ^2 检验

判断反应	年　龄			
	7	9	11	13
服从	2	6	2	0
平等	46	45	61	56
公道	1	1	11	7
总数	49	52	74	63
χ^2	81**	67**	82**	89**

注：** $p<0.01$。

从以上数据可以看到小学儿童公正观念的特点：①判断中反映出思维的可逆性特征，这种按可逆性原则所做的公正判断，在各年龄组被试中始终占绝对的优势。②公正观念的发展有一定的内在规律，公正判断的特定现象并不是普遍特征。③发展的一般趋势是公道的公正判断取代平等的公正判断的转折年龄在 8～9 岁之间；公道的公正判断在 11 岁时已占绝对优势，服从的公正判断在各年龄始终处于从属的地位。

刘军豪和岑国桢（2000）在国外相关研究的基础上，以我国 106 名 6～10 岁儿童为被试，对"上苍公正"判断特点进行了研究。他们发现，儿童对个体犯过与继发灾祸关系的判断反应可归为五类：①上苍因果关系，把继发灾祸看作是上苍对个体犯过的惩罚；②偶然性因果关系，把两者看作无必然联系，仅时空接近而偶然发生；③中介性因果关系，能找到某种中介性理由来解释两者关系，包括物理的或心理的（如偷了东西增加体重或心慌害怕了）；④思维不连贯性因果关系，尚不能对两者做出连贯一致的解释；⑤其他类。第一类和第四类反应可以归为前因果关系理解，它表明儿童尚不能找出犯过行为与继发灾祸两者的联系；第二类和第三类反应属于成熟的因果性理解，表明儿童已能理解两者的关系。这些研究结果表明，我国 6～10 岁儿童对上苍公正问题的判断不仅具有道德性质，还与儿童的因果关系推理能力的发展有关；我国儿童从前因果性解释到因果性解释发展的转折年龄在八岁左右。

3. 小学儿童的集体观念的特点

李伯黍等(1985)采用个别交谈法，要求小学儿童对三类故事做出判断，研究了他们的集体观念的发展。其结果见表 8-21 至表 8-24。

表 8-21　三类故事的 χ^2 检验

故事	判断反应	年龄			总数
		7	9	11	
第一类	甲比乙好	72	82	88	242
	甲乙都好	17	7	2	26
	总　数	89	89	90	268
	χ^2	15.08		$p<0.01$	
第二类	乙比甲更不好	75	76	87	238
	甲乙都不好	14	8	3	25
	总　数	89	84	90	263
	χ^2	8.00		$p<0.05$	
第三类	甲比乙好	52	83	89	224
	乙比甲好	35	7	0	42
	总　数	90	90	89	269
	χ^2	61.11		$p<0.01$	

表 8-22　第一类故事的 χ^2 检验

项目	年龄								
	7			9			11		
	甲比乙好	甲乙都好	总数	甲比乙好	甲乙都好	总数	甲比乙好	甲乙都好	总数
执行集体委托	29	1	30	26	4	30	30	0	30
关心集体荣誉	15	14	29	29	1	30	29	1	30
维护集体利益	28	2	30	27	2	29	29	1	30
χ^2	23.85**			2.12			1.02		

注：* $p<0.01$。

表 8-23　第二类故事的 χ^2 检验

项目	年龄								
	7			9			11		
	乙比甲更不好	甲乙都不好	总数	乙比甲更不好	甲乙都不好	总数	乙比甲更不好	甲乙都不好	总数
执行集体委托	25	4	29	25	5	30	28	2	30
关心集体荣誉	24	6	30	29	1	30	30	0	30
维护集体利益	26	4	30	22	2	24	29	1	30
χ^2	0.62			3.15			2.07		

表 8-24　第三类故事的 χ^2 检验

项目	年龄								
	7			9			11		
	甲比乙好	乙比甲好	总数	甲比乙好	乙比甲好	总数	甲比乙好	乙比甲好	总数
执行集体委托	21	9	30	25	5	30	30	0	30
关心集体荣誉	11	17	28	28	2	30	29	0	29
维护集体利益	20	9	29	30	0	30	30	0	30
χ^2	7.22**			5.89			0		

注：** $p<0.01$

从上面的结果可以看出我国小学儿童集体观念的发展情况。

①从 7 岁起，集体意识已经开始出现，但是七岁只是初步具有把为集体与为个人的行为动机分化出来的能力。

②集体观念的形成存在着明显的年龄差异，选择为集体的行为动机的判断人数比例逐年增加，大约在九岁前后出现重大变化。

③各年龄的大多数儿童在执行集体委托和维护集体利益的行为方面，选择关于为集体的行为动机的判断均占绝对优势，但在关心集体荣誉的行为方面，7 岁组儿童根据行为后果做出判断的人数比例要多得多，这种判断在其他各年龄儿童身上也有不同程度的反映。

4. 小学儿童的惩罚观念的特点

1983 年，儿童道德发展研究协作组采用个别交谈法，研究了 7~13 岁儿童对惩罚问题的看法。发现不同年龄儿童对二择一及三择一的惩罚方法的判断是有差异的，主要结果见表 8-25、表 8-26 及图 8-8、图 8-9。

表 8-25　各年龄儿童二择一判断反应的 χ^2 检验

年龄组	7 岁	9 岁	11 岁	13 岁
强制性惩罚	37	21	16	18
回敬性惩罚	23	39	44	42
总人数	60	60	60	60
χ^2	3.26	5.4*	13.06**	9.6**

注：* 表示 $p < 0.05$，** 表示 $p < 0.01$。

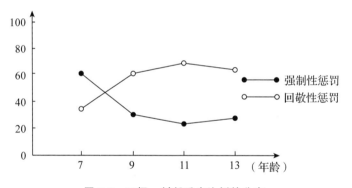

图 8-8　二择一判断反应比例的分布

表 8-26　各年龄儿童三择一判断反应的 χ^2 检验

	7 岁	9 岁	11 岁	13 岁
强制性惩罚	81	10	8	6
回敬性惩罚	95	51	31	47
批评性惩罚	540	650	670	646
总人数	716	711	709	699
χ^2		182.86	$p < 0.01$	

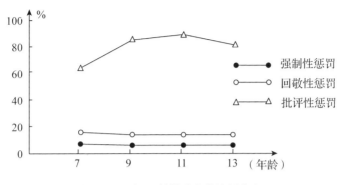

图 8-9 三择一判断反应的比例分布

由上面的结果我们可以看到：①选择批评性惩罚的被试比例随年龄的增长而递增，且始终占绝对优势，选择强制性惩罚和回敬性惩罚的被试比例随年龄的增长而递减。②在二择一判断中，出现新情况，即选择强制性惩罚的被试比例逐步减少。③我国儿童在 7~13 岁年龄阶段，对三种惩罚选择的发展趋向与他们的三种公正观念的发展趋向完全相对应，如批评性惩罚取代回敬性惩罚的转折年龄，正好与以公道为标准的公正判断取代以平等为标准的公正判断的转折年龄相一致，都是在 8~9 岁之间。

二、小学儿童道德情感的特点

西方心理学对小学儿童道德情感的研究，主要以海斯（R. D. Hess）和托尼（J. V. Torney）的国家意识发展理论最为有名。海斯和托尼（1967）曾对 12000 名美国小学儿童进行调查研究，发现童年期的国家意识（national loyalty），即忠于祖国的情感经历三个发展阶段：①低年级儿童表现为"国家象征期"（national symbols stage），即儿童对国家的依恋或热爱，表现于尊敬国家象征（如国旗、国歌及领袖）的言行之中；②中年级儿童表现为"抽象国家观念期"（abstract ideao about a country），即儿童以有关国家的抽象观念，如言论自由、竞争选举等作为爱国的根据；③高年级儿童表现为国际组织系统期（a country in the organized system of nations），即儿童以国家为国际成员之一，以国家所担任的角色为其忠诚或热爱的对象。

苏联心理学家曾对小学儿童道德情感的特点作了一些局部性的实验研究，代表人物是雅科布松。雅科布松(1960)以小学儿童为被试，采用综合方法，揭示其道德情感范围在各个方面的表现，以及在情绪品质范围内的愿望和自我批评，并指出小学儿童的道德情感由顺从逐步发展到独立，他们在与成人、同伴的相处中，逐步产生不满、委屈、反感的情感体验，且从行为、表情、言语内容和生气的语调中反映出来。

我国心理学家对小学儿童道德情感的研究涉及两个方面，一是道德情感发展的特点，二是情感在品德教育中的作用。

(一)小学儿童道德情感发展的特点

我国早期关于道德情感发展方面的研究注重探讨道德情感的总体发展特点，近年来对具体的道德情感的研究也取得了较大进展。

1. 小学儿童道德情感发展的总体特点

李怀美等人(1989)制定了一套问卷试题，用以测查小学二、四、六年级儿童的道德情感的发展趋势。试题包括五个道德情感范畴：爱国主义、良心、荣誉、义务和幸福，各有四个试题，共20题，每题又根据道德情感的不同水平拟定了五个答案。在规定的时间内，让被试在五个答案，即很符合，比较符合，介于符合与不符合之间，不太符合，很不符合五种体验中，依次进行选择，并将题号填写在答案纸上的相应格内。每题五个答案，各代表道德情感由低到高的不同水平。

①自然的、直接的情感(直接感受到的痛苦与快乐为依据)；②由对直接的个人得失的预测引起的情感(对直接赏罚的预测)；③不是个人意愿，而是按照社会反应而行动的情感(社会的奖赏的作用，借助于行为理想)；④不管自愿与否，由必须遵守道德行为准则的外部作用力引起的情感(不论愿意不愿意都必须服从的外部作用力)；⑤以已被内化并结合成为自我的抽象道德观念为依据，不仅是自觉的，而且已成为一种激励的力量(具有高度概括性的，理论型的道德情感)。

他们认为，品德发展应该是多层次、多水平、多深度的，所以道德情感发展不应以单维度来表示。他们采用的是三因次翼面图(见图8-10至图8-14)。

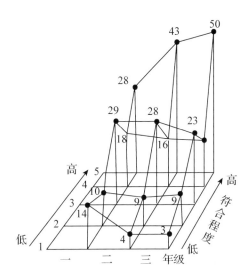

图 8-10　范畴一，爱国主义情感高层次水平答案中符合程度的百分比

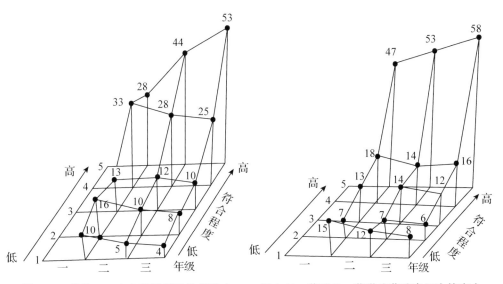

图 8-11　范畴二，良心范畴高层次答案中
符合程度的百分比

图 8-12　范畴三，荣誉感范畴高层次答案中
符合程度的百分比

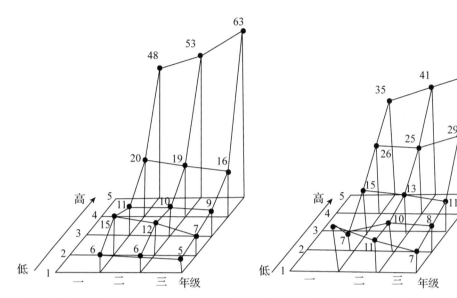

图 8-13　范畴四，义务范畴高层次答案中符合程度的百分比　　图 8-14　范畴五，幸福范畴高层次答案中符合程度的百分比

由这些研究可见小学儿童道德情感的特点。

①每个年级都有道德情感的五级水平。随着年级的递增，高级水平逐步增加，低年级从第三级向第四级转化；中年级以第四级为主；高年级约有半数被试达到第五级水平。

②小学三年级是道德情感发展的转折期，即一、三年级之间道德情感水平的差异较显著，而三、五年级的差异没有如此明显。

③小学儿童对不同道德范畴所表现出的道德情感有差异，即道德情感发展具有不平衡性。其表现是义务感最强烈，荣誉感次之，良心和爱国主义再次之，幸福体验最差。

陈会昌（1987）曾用故事法专门研究了小学儿童爱国主义情感的发展特点。这里介绍一下他的观点。

①从小学末期起，对祖国山河、领土的热爱，逐渐增进了自豪感、依恋感等感情色彩。

②小学低年级儿童是从朴素的乡土观念出发，体验到中国人应该为中国工作；

小学高年级儿童则能初步理解个人和国家的利害关系。

③小学儿童的国家尊严感，是在初步的国家自豪感的水平基础上发展起来的。达到这种初步的国家自豪感的，一年级只占 12%，三年级占 25.9%，五年级占 31%。五年级有 20.7% 的被试明确地表现出国家尊严感。

④小学儿童区分爱国主义和狭隘民族主义的能力并不强，他们只是从一般人际交往道德原则出发来看待国际交往及国际矛盾冲突的。而且一年级达到这样水平的也只有 13.8%，三年级达到的占 41.4%，五年级达到的占 63.8%。

⑤小学一、三年级之间和三、五年级之间是爱国主义情感发展较快的转变年龄。这个结论与李怀美等人的结论稍有出入，但都表明小学儿童的道德情感发展中确实存在着关键期，这个关键期一般在三年级。

2. 小学儿童道德情感发展的研究进展

道德移情作为一种重要的道德情感形式近年来日益受到重视。岑国桢、常宇秋（2003）参照美国心理学家霍夫曼提出的道德移情的理论观点展开了研究。他们运用故事投射法和个别交谈法，以 6、8、10 岁的 176 名儿童为被试，测查他们道德移情反应的一般趋势及与年龄的关系，并探讨他们在相同感、内疚感、气愤感三种道德移情反应上的特点。结果发现：①我国 6~10 岁儿童面临道德情境时做出的道德移情反应随年龄的增长而提高。②研究对象对集体的道德移情反应强于对个人的道德移情反应。③6~10 岁儿童对声誉损害的道德移情反应最强，其次是对人身伤害的，最后是对财物损坏的。④6~10 岁儿童确实存在着霍夫曼（Hoffman）指出的"对他人情感的移情"阶段和"对他人生活状况的移情"阶段，同时，他们对内疚感和气愤感的移情反应均强于相同感，而对气愤感的移情反应又强于内疚。

另外，张晓贤、桑标（2012）关于小学生内疚情绪理解能力的发展研究发现，相对于人际交往情景，小学生在学业情景中表现出更高的内疚理解能力；在学业情景中，一年级到三年级是小学生内疚理解力快速增长的时期。

（二）小学儿童情感在品德教育中的作用

章志光、石秀印（1988）的研究事先请故事员以情绪感染方式和平淡叙述方式分别讲述同一故事，并摄成两套录像。然后给小学四、五年级学生看。他们以"票数有限只能请部分学生看电视"为由，选择那些不顾别人，争先报名的 160 名儿童为被试，分为四批，每批 40 人，将他们分成表扬—情绪组（看情绪性电视前给予表扬）、指责—情绪组（看情绪性电视前给予批评）、情绪组（光看情绪性电视，而不加褒贬）和控制组（看同样内容而不带情绪渲染的电视），每组被试各 10 人。各组被试看录像时的表情动作都做了录像。看完电视，又对他们进行了五等级选择题的问卷测查，其内容包括：①听故事前后的心情；②对讲述者的评价；③对故事的评价；④对故事中两个（正面与反面）主人翁的评价；⑤自我评价；⑥口头道德行为选择。最后进行行为复测（类似选被试时的情境，告诉被试仅有几张看新电影的票，谁要看可报名），以观察通过电视教育后这些学生在争与让的实际道德行为上有无变化。结果发现，有 31% 的被试由先前争看电视而转变为让别的同学去看新电影，其中表扬—情绪组人数最多（占该组人数的 59%），情绪组其次（35%），指责—情绪组与控制组最少（分别为 15.4% 和 13.2%）。

由此可见外界信息所激起的情绪体验制约着个体对信息源的可信性和意义的鉴别，影响着个体对信息的接受、加工和"情绪—认知"结构的建构，并参与心理动力，左右着行为的决策和发动。"情绪—认知"结构的四类形式是：①对善行的认知—积极情绪；②对恶行的认知—消极情绪；③对恶行的认知—积极情绪；④对善行的认知—消极情绪。如果①>③、②>④，个体就更有可能做出实际的道德行为。

寇彧等人（2006，2012）针对小学生展开的"提高情绪胜任力"的团体训练研究，从情绪的识别、情绪的理解、情绪的表达、情绪的控制四个方面，对小学生进行为期半年的胜任力提高训练，结果发现，经训练的小学生可以明显增多情绪表达的词汇，提高情绪线索的识别能力、理解情绪表达规则的能力、情绪调控的能力。寇彧等（2012）的另一项研究发现，通过"知恩识恩""谢恩""报恩施恩"等三个环节的培养，不仅可以有效提高学生的主观幸福感，而且还能促进其亲社会行为的发展。

因此，在小学儿童的品德教育中，激发其情感特别是道德情感，使他们保持良好的心境，并不失时机地促使他们在认知的基础上对良好行为做出积极情绪评定，对不良行为做出消极的情绪评定，提高情绪胜任力和感恩教育等都是非常有效的教育方法。

三、小学儿童道德意志行为的特点

西方心理学对小学儿童意志行为特征的阐述，首先来自社会认知学派，他们研究较多的是"认知—行为"（Cognitivebhavior）。研究者指出，小学儿童逐步掌握"做好孩子"的道德观，学会充当遵从惯例的角色，避免与他人的冲突，尽量不被他人谴责（W. M. Kurtines &J. L. Gewirtz，1984）。

其次，目前西方有一个较有影响的课题，即研究 6~12 岁儿童性别角色的发展。社会性发展的重要内容是获得性别角色。这种社会性是如何发展的，长期从事这个课题研究的麦科佩（E. E. Maccoby）与杰克林（C. N. Jacklin）既肯定了遗传作用，又强调学习（后天）的影响。一般认为，对性别角色的发展的解释要依靠两种基本理论，一种是强化和模仿理论，另一种理论则强调不同性别会给强弱力量不同身体造成明显的差异。而小学儿童的品德发展与性别角色的发展水平，有一定的联系，如男孩同性恋等，于是研究者提出要设法给小学儿童提供成年男子的榜样等。

最后，研究小学儿童的道德行为等级。例如，佩克（P. F. Peck）与哈维格斯特（R. J. Havighurst）的研究认为，小学儿童道德行为属依从传统惯例行为型。其特点是依随社会的风尚，遵从集体的决策，自己不采取单独的主张与果敢的行动。

此外，西方心理学家还对儿童进行抗拒诱惑的实验，例如，沃尔特斯（G. Walters）的研究指出，良好的榜样，愉快的情绪能增强儿童道德行为的抗诱惑力。

苏联心理学家较重视小学儿童的道德动机和道德意志对行为方式的作用。例如，斯拉维娜（Л. C. Slavina）研究了少先队员执行道德任务时的特点。她指出，由于在大多数场合，任务的实际执行往往比对任务的接受较迟一些，所以儿童必须把任务跟它在头脑里的"执行"联系起来，即在头脑里确定在何时并如何执行这一任务。可见，小学儿童在道德行动中，已逐步明确道德意志的目的性，并为达到这个目的、任务而做出意志努力。

虽然 20 世纪 80 年代我国心理学界对小学儿童意志行为的研究材料并不多，但从研究中仍然可以看出我国小学儿童道德意志行为的一个特点，即在外部力量的作用下，其道德意志控制力和自觉性会明显地表现出来，但这种控制力和自觉性还不能完全离开外部的检查和督促。近年来，我国越来越多的研究者致力于道德意志行为的研究，其中关于自我延迟满足的研究取得了较多成果。

自我延迟满足是一种为了更有价值的长远结果而放弃即时满足的抉择取向，以及在等待中展示的自我控制力。研究者发现随着生理、心理各方面的逐步成熟，小学生的自我延迟满足能力不断地增强，尤其是四年级之后，主要表现为自我延迟满足的时间不断延长，能够自发地产生和使用有效的延迟策略，对延迟策略的知识也不断地发展(李凤杰，2010)。

小学儿童意志控制力和自觉性的发展也影响到该阶段儿童亲社会行为和攻击行为的发展。意志控制力的增强、自觉性的提高使得该阶段儿童能更多、更自觉地按照父母、老师的要求做出道德行为并逐渐将其内化，因而表现出更多的亲社会行为。众多研究也表明了 6~12 岁儿童亲社会行为增长显著这一特点(赵章留，寇彧，2006；林崇德，2009)。然而，意志控制力的发展对小学儿童身体攻击行为存在抑制作用。随着意志控制力的发展，小学儿童逐渐学会抑制自己的冲动，控制自己的情绪，能更好地区分偶然和有目的的激怒行为、判断他人的意图、对他人无意识的伤害更具有宽容性。所以儿童在这一阶段的身体攻击总体上有所下降(寇彧等，2006，2012；林崇德，2009)。

第四节

—————

小学儿童道德习惯的形成和培养

道德习惯的形成在小学儿童品德发展中的地位和作用，不论在西方还是东方，已被许多心理学家所认识和重视。美国心理学家布恩（L. E. Bourne Jr.）和埃克斯特兰德（B. R. Ekstrand）（1985）指出，怎样使我们的儿童把我们的行为准则和价值观内化为他们的行为准则和价值观？靠爱（情感）和习惯。《苏联心理科学》（1963）收录了教育家马卡连柯的观点，他说："我所要求的是把儿童的生活作为培养一定类型的习惯的经验组织起来。"

我国心理学界和教育界十分重视对小学儿童的道德行为习惯培养。

我们认为，由于小学儿童品德发展以协调性为特点，小学阶段是道德行为习惯培养的最佳期。尽管品德培养应该有多种起点，道德行为习惯培养也离不开道德认识、道德情感和道德意志的培养，但从道德行为习惯培养入手，这的确是发展小学儿童品德的最有效的途径。

一、小学儿童道德行为习惯的特点

我们在研究中看到，整个小学阶段，儿童品德的可塑性很大。低年级儿童还没有形成必要的道德行为习惯，四年级以后逐步养成初步的道德行为习惯。但从总体来看，小学儿童的道德行为习惯不巩固，容易变化。

我们在研究中还看到班集体可影响儿童习惯，特别是道德行为习惯的形成，而一个班集体能否在这方面发挥有效的影响，关键在于是否形成了良好的班风。我们看到，班集体习惯的形成有三种情况：一是未形成良好的集体习惯；二是班风未形成，但主导作用比较稳固；三是形成稳固的良好班风。从所调查的小学中50个先进班集体来看，先进班集体基本上都处在第一、第二级水平，低年级先进班集体一般处于第二级水平，四年级以上的先进班集体逐步发展到以第三级水平居多数（60%）（林崇德，1980）。由此可以看到小学儿童养成道德行为习惯的年级特征的趋向。

北京市"小学生行为习惯培养系列化实验课题组"于1987年曾围绕19个方面对羊坊店学区220名小学儿童的行为习惯进行了全面调查。如果我们用"五爱"道德规范为指标，那么其中有六项明显地涉及道德行为习惯。

①守纪习惯，指自习课或老师不在时一样遵守纪律(自觉遵守)；

②待人习惯，包括尊重习惯，即尊重父母，尊重师长的习惯，待客习惯，即文明礼貌待客；

③劳动习惯，包括生活自理、家务劳动、值日等公益劳动习惯；

④爱公物习惯，指不损坏公物、爱护公物，尊重别人的劳动果实等；

⑤关心集体习惯，凡是集体的事都能积极发表意见，主动出主意，并认真完成集体的任务(尽义务)；

⑥课外活动习惯，指课余爱读课外科普读物，并有一项科技小制作的业余爱好。这种习惯也可以说是热爱科学习惯的萌芽。

这项研究的结果见表 8-27 和表 8-28。

表 8-27　小学儿童道德行为习惯的总体情况

项目	守纪	待人		劳动	爱公物		关心集体	爱科学
		尊重	待客		不损坏公物	节约		
百分比	33.6	54.1	46.8	30.0	73.7	44.2	29.1	44.4

由表 8-27 可以看出以下几点。

①当前小学儿童各种道德行为习惯的水平偏低，表中六个项目八个数据中有六个未过半数。特别是在关心集体、劳动、守纪三项要求的品德指标方面，形成行为习惯的仅仅只有 30%上下。

②劳动习惯较差，这是当前小学儿童中的普遍现象。如果再细分析一下，在家庭中能生活自理，如收拾被褥的只占 26.4%；参加家务劳动的，如洗碗只占 13.2%；可是做值日的却占 50.5%。可见，目前小学儿童的在家里的劳动习惯更差，也就是说，他们缺乏自觉劳动的习惯。由于劳动习惯差，随之而来的便是不爱惜劳动成果，能注意节约的只占 44.2%，还有 26.3%的儿童不爱护公物。

③小学儿童关心父母、教师、他人的习惯要达到 50%左右，尽管有差距，但总的说来还是理想的。我们认为，对小学儿童进行爱人民的教育，首先要从爱父母、爱老师、爱同学开始，从人道主义教育开始。

表 8-28　小学儿童道德行为习惯的年龄特征

年级	项目(%)							
	守纪	待人		劳动	爱公物		关心集体	爱科学
		尊重	待客		不损坏公物	节约		
低年级	37.2	46.2	46.2	25.5	83.3	51.3	37.2	55.7
中年级	11.4	54.8	57.5	24.2	57.1	41.4	23.3	32.8
高年级	52.2	62.3	52.2	41.0	79.7	39.1	44.9	40.5

　　从表 8-28 可见，小学儿童道德行为习惯的发展水平呈"马鞍"形。低年级和高年级较高，中年级较低。按理说，中年级道德行为习惯各项数据都应比低年级高，可实际并非如此。这说明，低年级形成的行为习惯，是处于一种依附性很强的"家长和教师的权威"阶段，这种行为习惯并不巩固，一旦升入中年级，由于独立性和自觉性的发展，有些儿童就显得不完全"听话"了，于是就可能破坏了原先形成的道德行为习惯，因而导致行为习惯水平下降。高年级儿童道德行为习惯水平的上升，不仅是一个数量问题，而且还是一个质量问题，说明他们的道德行为习惯已带有一定的自觉性。

　　与道德行为习惯密切相关的亲社会行为在小学高年级中期呈现出上升趋势。寇彧及其团队基于原型代表性的概念表征取向，在系列研究中通过群体焦点访谈、青少年主观评定、记忆实验等方法，建立并验证了儿童青少年认同的亲社会行为概念的四维度模型，即利他性亲社会行为、遵规公益性亲社会行为、关系性亲社会行为和特质性亲社会行为(张庆鹏，寇彧，2011)。其中，利他性亲社会行为是指以他人利益为重，甚至付出一定代价的助人行为。例如，看到他人有困难时主动帮助、见义勇为等。遵规公益性亲社会行为指遵守社会规范、关心集体及公众利益的行为。例如，遵守公共场所秩序，爱护班级环境卫生等。关系性亲社会行为是指涉及建立和维护社会交往中积极关系的行为。例如，主动和新同学打招呼，结交新朋友等。特质性亲社会行为则主要涉及通过提升个人修养达到亲社会目的，反映个体自身优良品质的行为。例如，改正自身缺点，为他人保守秘密等。以此四维模型为基础，经过两次修订，寇彧及其团队开发了《青少年亲社会行为量表》(Prosocial Behavior Scale for Adolescents，PBSA)，并以此为工具开展了关于儿童青少年亲社会行为发展特征的实证研究。研究结果表明：小学四年级至五年级，亲社会行为的整体表现及4个维度均呈上升趋势。这与国内外儿童中后期亲社会行为的发展研究结果一致(Carlo，2014；Eisenberg et al.，2006；Knight & Carlo，2012；Paulus & Moore，2011)。这是因为处于小学中高年级的儿童认知发展迅速，与亲社会行为密切相关的观点采择、移情以及亲社会道德推理等能力在不断增强，这使得他们可以更有效地处理与亲社会行为相关的各种信息(Carlo，2014；Eisenberg et al.，2006)。

基于小学生道德行为发展的这些特点，可以展开针对性的道德行为习惯培养。

二、小学儿童道德行为习惯的培养

习惯是在生活过程和教育过程中形成与培养起来的。如前所述，习惯形成的方式主要是靠简单的重复和有意的练习。

在小学阶段应具体抓好如下几件事。

(一)制定行为规范

小学儿童的行为规范，应该制定得比小学生守则更细、更具体。它要对小学儿童在学校、家庭、社会及日常生活等方面的行为提出一系列的具体要求。

目前，我国已有不少省份都在这方面做了探索，有的已经制定了小学生行为规范。例如，北京市制定的《小学生行为规范》(1987年)有37条，十分细致。

(二)适合年龄特征

小学儿童道德行为规范要根据不同年龄特征区别对待。

低年级应侧重常规教育及良好的常规训练。

中年级应侧重热爱集体、热爱学习和遵守纪律的教育，培养自觉纪律。

高年级应侧重社会公德、意志品格和爱国意识的教育，培养文明待人的习惯，并防止不良的行为习惯。

当然，低、中、高年级的要求必须是相交叉的，在中年级强调自觉纪律教育和常规训练，并不是说低年级和高年级就不需要。在统一要求，全面规划小学儿童的行为规范和习惯培养的前提下，按照各年级提出不同的要求，目的在于更好地实施培养计划。

(三)有目的地练习和重复

小学儿童的道德行为习惯的培养，靠"讲"(要求)，靠"练"(一个要求一个要求地练习)，靠"表扬"(正面引导)，靠"带"(榜样的带动)。

有目的地练习和重复的办法很多。

1. 严格的行为规范要求

行为规范一旦提出后，就要求儿童贯彻执行，且长期坚持下去；要讲清道理，但不管儿童是否理解，都必须按照各年龄(年级)阶段的要求来执行。

2. 耐心训练、指导

在行为规范方面耐心细致地做示范，使儿童逐步养成良好的行为习惯。但由于小学儿童自制力差，常常身不由己地违反行为规范，因此千万不能急躁，要正向引导、多表扬、少批评、以情促行、持之以恒。

3. 树立效仿的榜样

模仿有助于某种练习和重复活动，是加强道德行为习惯培养的一个重要途径。对小学生说来，能否引起模仿，取决于模仿客体的权威性形象及与模仿者的可接近性。因此，除可选择社会上或文艺作品中的英雄模范和功成名就的人物之外，主要还靠教师的以身作则和同龄人的先进典型的作用。

(四)善于客观地评估

对道德品质的评估，不仅是德育过程的重要环节，而且是培养道德习惯的有效手段。因为它既是科学地了解儿童的一种途径，又是教育儿童及儿童进行自我教育的一种方式。

小学儿童品德的评估，既要考虑他们的认识水平，更要考查其行为表现，也即采用知行综合评价。评估中要注意客观性，不仅采用儿童自评、同学互评、科任教师助评的方法，而且要发动家长一起来评估，尤其是独生子女在家庭的表现，应作为评估的一个方面，最后则由班主任做出综合评定。这样做能引导儿童在学校、家庭、社会上都严格要求自己。评估的结果是否量化或等级化，要视具体情况而定。评估结果必须及时告知儿童，使正确行为得到强化，从而尽快形成行为习惯。

（五）培养亲社会行为

如前所述，亲社会行为是与道德行为密切相关的，小学又是儿童良好行为发展的关键时期，因此在小学阶段开展亲社会行为的培养至关重要。目前，比较典型而有效的培养训练方案是寇彧等人开发的，包括八个主题：①认识自我；②提高情绪胜任力；③澄清价值观；④学会人际交往；⑤学会解决同伴冲突；⑥学会感恩；⑦形成良好的同伴关系；⑧促进发展观。教学实践和现场实验证明，这八个主题的心理技能培训课程对于促进小学生和青少年的良好道德行为有很好的效果。

第九章

青少年品德的发展与培养

青少年，又称青春发育期，一般年龄在 11~12 岁至 17~18 岁，其中包括少年期和青年初期。少年期(11~12 至 14~15 岁)相当于初中教育阶段；青年初期(14~15 岁至 17~18 岁)相当于高中教育阶段。我们这里说的青少年，主要指的是中学生。处于青少年期或青春发育期的中学生，身心都处在急剧地发展、变化和成熟时期。

与小学时期相比，中学生无论在学习活动的性质和内容上，在集体生活的关系和要求上，还是在自身生理发育和变化上，都有本质不同的新特点，这是青少年心理发展，当然也是品德发展的基本条件。

中学的学习活动有别于小学的学习活动。从学习内容上看，中学比小学不仅课程门类多，而且每一门学科的内容也趋向专门化，并接近科学的体系。随着年级的增加，青少年所面临的知识其常识性越来越少，而反映客观事物的规律性与严密性、逻辑性越来越强。从学习方法上看，随着学科多样化和深刻化，青少年的学习比小学儿童更有自觉性、独立性和主动性。在学习时，他们不仅要主动去安排计划，而且还要逐步学会组织自己的智力活动。因此，创造性的学习方法越来越被青少年所接受，他们独立思考、独立地解决问题的能力也越来越强。

中学的集体关系，也与小学的集体关系有许多区别。在班集体里，班主任不再像小学阶段那样照顾得具体而细致，实施方法不再是"包班制"，而且班主任也不一定是主课教师。这样，学生干部的作用越来越明显，同时促使每个集体成员要思考如何搞好"人际关系"，发展独立性、自觉性和积极性。青少年在家庭中的地位也在变化着，随着青春期发育的体态与生理机能的变化，能做的事情越来越多。于是成人往往逐步安排他们承担家庭的事务，尊重他们这个阶段所表现出的独立性，而他们自己也随着这些关系的变化，增强了"成人感"，并日益了解家庭生活中的各种关系，意识到自己在家庭中的地位和职责。青少年在集体中的新地位，是他们的心理，特别是个性发展的重要基础。

处于青春发育期的中学生，正如我们在第三章所说的，生理上正在经历"三大剧变"——外形变化、生理机能的变化和生殖器官的发育，逐步趋向发育成熟。所有这一系列生理变化，不仅提高了他们从事各种活动和劳动的能力，而且也促进其认识能力、情感和意志以及整个个性的发展与变化。

中学生在心理方面的特点很多，主要表现为：①心理逐步地带有"闭锁性"，即他们的内心世界逐步复杂，开始不大轻易将内心活动表露出来。我们在调查中发现，60%以上的中学生在烦恼时不能向父母和教师倾诉，这也是造成青少年与成年人交往的心理障碍的原因。②心理具有更大的社会性，即他们初步进入社会，心理生活逐步表现出社会和政治环境的色彩，并逐步地与其未来的理想、职业和社会地位等联系起来。③整个心理结构充满着过渡性，即处于一个从儿童期(幼稚期)向青年期(成熟期)过渡的时期。这种过渡状态反映出两种不同特点，前一阶段是一个半幼稚、半成热的时期，是独立性和依赖性、自觉性和幼稚性错综复杂、充满矛盾的时期；后一阶段是一个逐步趋于成熟的时期，是独立地走向生活的准备阶段。过渡期的青少年，其逻辑抽象思维正在从经验型向理论型逐步转化，其情感特征正在从强烈的两极动荡性向稳定性逐步转化，其世界观正在从萌芽向形成逐步转化。

青少年的品德，正是在这个外部的和内部的前提下逐步发展起来的。也就是说，青少年的学习活动、集体生活和生理变化，引起其品德发展的各种新需要，并和他们已经达到的原有心理水平、品德结构产生矛盾，这就构成中学阶段青少年品德发展的动力。在教育的影响下，在小学儿童品德发展的基础上，矛盾的不断产生和解决，就推动他们品德不断地向前发展。

第一节

———

青少年品德的一般特点

关于青少年品德的研究，不论是国内还是国外，都不如对小学儿童品德所做的研究多，结论也不统一。这里就我们看到的资料，做一个概述。

一、西方和苏联心理学家对青少年品德发展趋势的研究

西方对青少年品德发展有代表性的研究，主要是皮亚杰和科尔伯格等社会认知学派。

皮亚杰认为，到了11~15岁，青少年的思维能力超过了所感知的具体事物，表现出能进行抽象的形式推理，这就进入了"形式运算阶段"。这时，青少年的道德通过个性的发展而表现出新的特征。在皮亚杰看来，个性只有到形式运算阶段才能最后形成。他指出，自我的本性是自我中心的，而个性则是脱离中心的自我。自我是可增的，但坚强的个性却是没法去管束自我的一种力量。皮亚杰不仅从形式思维来解释个性的形成，而且还从社会关系的发展来证明个性是社会的产物，他认为个性的形成就是青少年加入成人社会，充当成人的角色。美国心理学家塞尔曼（R. Selman）和伯恩（D. Byrne）对此专门做了说明，认为儿童与青少年角色获得分5级水平：水平0——自我中心地看待别人，或不能区分他人与自己的观点，水平Ⅰ——明显认识到外部状态和内部状态的区别，并能识别到主观内部状态中的"真正的"自我；水平Ⅱ——掌握了自己的观点和别人的观点之间的联系；水平Ⅲ——角色获得时期，这是从中学阶段开始的，此时青少年能够了解两个人的关系并同时认识到他人的主观性，中学阶段57%的被试进入这一级水平；水平Ⅳ——能够掌握自己—他人相互作用的一般的社会观点，中学阶段有21%的被试可以达到这一级水

平，当然这基本上是高中生，他们可以从不同角度来比较各种观点，认识到思想和动机等心理因素与行为效果的关系。这是对皮亚杰个性形成指标，即"在成人社会中取得地位，获得角色"观点的有力而精辟的实验证明。随着青少年即形式运算阶段个性的形成，他们的道德也呈现出新的特征。在道德认识方面，青少年能够根据自己的价值标准来判断一些道德问题，并将公道原则即公正观念的高级形式作为其道德判断的内在基础；在道德情感方面，青少年"借助于形式思维，进一步获得了能运用理想或超越个人价值的新境界"，于是对理想、观念、意识形式产生情感，爱国主义的情感也从这个阶段起才获得真正的体验，也就是说，从青少年开始，社会因素成了道德感中主要的形式；在道德行为方面，青少年运用道德理想的准则，开始指向未来，并为改造社会做道德的准备。

在科尔伯格所指出的道德判断三个水平、六个阶段中，青少年属于后三个阶段，但以第四阶段为主，16 岁以后的青少年才逐步（但不是全部）达到第五、第六阶段。第四阶段的道德动机主要是充当社会的角色，维护观有社会秩序的义务感和责任感，道德认识是"有一个较大的社会体系，决定着一个人的个性行为"；思想倾向是"权威和社会秩序是道德的源泉"。第五、第六阶段道德主要特征为履行自己选择的道德准则；道德动机是同"良心"准则的内在联系，尊重所有人的权利、生活和尊严；道德认识为"道德准则与社会准则是使各种不同观点一致起来的社会契约，是可变的"；思想倾向是"即使道德准则的各项标准的价值和形式是可变的，但它们仍然是普遍有效的，法律受道德支配，而不是相反"。科尔伯格认为，从第四阶段起，青少年对别人关心的范围扩大了。权威确立的准则以及维护社会秩序成了行为原因。他们认识到正确的行为就是完成自己的义务，尊重权威，自觉地为现有社会制度献身。他们不仅自己履行义务，而且还坚持要别人也这么做。但是科尔伯格指出，即使到了第四阶段，青少年的道德判断力仍由外部希望所决定，并没有超出常规的准则和社会希望。因此，他将第四阶段与第三阶段一并称为"习俗水平"或"常态水平"。在科尔伯格看来，只有到了 16 岁以后才逐步进入第五、第六阶段，才能把自己置身于所处社会范围之外，努力脱离具体掌握原则的集团或个人的权威，摆脱把自己和这种集团结为一体去确定有效的和可用的道德价值和原则，这个阶段的道德行为有时已超越了某些规章制度，考虑更多的往往是道德的本质。所以科尔伯格将这两个阶段叫作"习俗后的（自主的，有原则性的）水平"或"超常态水平"（朱智贤，1982）。

苏联心理学家对青少年心理和品德的研究，一般是分少年期和青年初期两个阶段进行的。他们对青少年的心理研究，侧重于这个时期的社会性和个性特点。例如，《年龄与教育心理学》一书的作者对少年的心理特点做如下几方面的阐述：少年期在儿童与青少年发展中的地位和意义，少年机体的解剖生理的改变，关于少年期"危机"问题的各种理论观点，进入少年期时个性的主要新成分，少年与成人的相互关系，成熟发展和形成生活价值观的方向，少年和同志的交往，少年的学习活动，少年自我意识的发展（皮德罗夫斯基，1980）。作者对青年初期的心理特点做如下几方面的阐述：青年是社会心理的现象，自我意识的发展，交往和情绪生活、社会积极性和世界观的形成。这对青少年品德发展的探讨是有一定价值的。苏联心理学家对青少年品德特点持有几个较显著的观点：①道德过渡到真正的自律阶段，是从青少年期开始的，因为要想过渡到道德意识的更高阶段，个人的智力发展必须达到一定的水平，道德意识、自我意识的发展是与抽象思维的改进联系在一起的（N.C. 科恩，1983）。②品德发展有一个成熟期，尤其是道德思维（认识）。他们通过研究指出，"成人的"最后道德准备程度，那些高年级学生（即高中生）在学校里就已经达到了。尽管道德思维也会在后来发展，但"不会产生任何原则上崭新的东西，而只是对原有的东西加以巩固、扩大和完善"（A.D. 佐西莫夫斯基，1973）。③少年期和青年初期的品德是有区别的，前者具有较大的冲突性，后者虽然具有较大的稳定性，但还对道德准则存在着怀疑和否定情绪。这是青少年品德的内部矛盾所致。④青少年品德发展体现在动机（即"内部东西"）与行动（即"外部东西"）的统一上，其统一的程度往往取决于他们有没有处理类似情境的经验。⑤自我意识活动的活化作用促进青少年注意到道德伦理问题，少年们力图很快从头脑中抛弃和忘掉的一些个别情况，却能引起青年初期学生复杂的反省、过错感或悔恨。对自己道德品质的评价乃是青少年"自我"形象的最重要方面之一，于是盲目的自我肯定的意向就被更现实的、批判的自我分析和自我教育所代替。

二、我国关于青少年品德发展特点的研究

我国对青少年品德发展的研究，在 20 世纪五六十年代曾做了一些。70 年代后半期又重新开始。

汇总我国青少年品德发展的研究资料，结合我们自己的探讨，我们认为，在整个中学阶段，青少年的品德迅速地得到发展，他们正处于形成伦理的时期。但少年期(主要是初中生)和青年初期(主要是高中生)的品德是不同的，尽管这里没有一条明确的分界线。在少年期的品德中，伦理道德虽然开始占优势，可是在很大程度上表现出动荡性，即两极分化的特点。而青年初期的伦理道德则带有很大程度的成熟性，他们较自觉地运用一定的道德观点、原则、信念来调节行为。同时，从少年期开始，世界观开始萌芽，到青年初期则已初步形成。

如何分析和评价青少年品德的基本特点呢？

(一)个体的伦理道德是一种以自律为形式、遵守道德准则并运用信念来调节行为的道德品质。这种品德具有六个方面的特征

1. 独立而自觉地按道德准则来调节行为

"伦理"一般指人与人之间的关系以及必须遵守的行为准则。伦理的含义比道德深一层，它是道德关系的概括，所以伦理道德是道德发展的高级阶段。从青少年起，个体逐步掌握这种道德伦理，并能够独立而自觉地遵守道德准则。所谓独立性，即皮亚杰的"自律"，也就是服从自己的价值标准和道德原则；所谓自觉性，即目的性，也就是按自己的道德动机去行动，以符合某种伦理的要求。

2. 道德信念在道德动机中占据相当的地位

青少年时期是道德信念和道德理想形成的时期，是开始以其指导自己行为的时期。道德信念和理想的形成并成为青少年道德动机中的重要成分，使青少年的道德行为更有原则性和自觉性。这是人的主观能动性在道德行为上的具体表现，也是人的个性发展的新阶段。

3. 品德心理中自我意识的明显化

自我调查品德心理的全过程，是自觉道德行为的前提。古人说，"吾日三省吾身"，今人说，"每天在头脑过电影"，都是在提倡自我道德修养的反省性和监控性。从青少年开始，反省性、监控性的品德特点越来越明显，这是道德行为自我强化的基础，也是提高道德修养的手段。

4. 道德行为习惯逐步巩固

个体的道德伦理必须有道德行为相匹配。在青少年品德的发展中，逐步地养成道德习惯是进行道德行为训练的重要手段。与道德伦理相适应的道德习惯的形成，也是伦理道德培养的最重要的目的。

5. 品德发展与世界观形成的一致性

如前所述，世界观的形成，不单纯是一个认识问题，而是与道德品质密切联系着的。世界观的形成，是一个人个性、品德发展成熟的主要标志之一。青少年时期是世界观萌芽与形成的阶段，它既受主体的道德伦理的价值观念所制约，又赋予其道德伦理以哲学基础，两者相辅相成，具有一致性。

6. 品德结构的组织形式完善化

青少年一旦进入伦理道德阶段，其道德动机和道德心理特征这两个子系统在其组织形式或进程中，形成了一个较完善的动态结构。首先，青少年不仅逐步地按自己的准则规范进行定向，而且通过逐步稳定的个性而产生各种道德的或不道德的行为方式。其次，青少年在具体道德环境中，能以原有的品德结构定向系统对这个情境作不同程度的同化，同化程度随年龄增加而加强；能做出道德策略，比较完整的道德策略的决定与青少年的独立性的心理发展有关；能具体地将道德计划转化为外在的行为特征，并通过行为所产生的效果达到自己的道德目的，青少年外在的道德情感和行为可能与内心是一致的，也可能是不相同的，这与闭锁性的心理发展是直接相联系的，这大致在初中二年级以后才开始较快地发展，这种掩饰内心的活动对小学儿童说来还是有一定困难的。最后，随着青少年的反馈信息的扩大，他们能够根据各种反馈信息来调节自己的行为，使之满足道德需要。

(二)青少年品德处于动荡性向成熟型过渡的阶段

1. 少年期品德发展表现出明显的动荡性特点

少年期的品德,从总体上来说,已初步具备伦理道德的特征,但它不成熟,不稳定,具有较大程度的动荡性。

(1)少年期动荡性品德的表现形式

少年期的整个品德结构处于一种矛盾状态。他们的道德动机日渐信念化和理想化,但又存在着易变性和敏感性;他们道德观念的原则性和概括性在增强,但又带有一定程度的具体经验的特点;他们的道德情感表现得比较丰富且强烈,但好冲动而不拘小节,爱表现又时有假象;他们的道德意志以及自制力逐步形成,但又相当脆弱,容易受外界的影响,抗诱惑的能力并不强;他们的道德行为有了一定的目的性和决策性,自尊心、自信心增强,渴望独立自主地做好事,但愿望与实际行动之间又有一定的距离;他们开始喜欢从社会意义和人生价值方面来衡量和评价自己,但还缺乏耐心与韧性,往往时冷时热,中道易辙或半途而废。这是一个世界观、人生观萌芽的时期,又是两极分化严重的阶段,品德不良,甚至于违法犯罪正是从这个阶段开始的。可见少年期的品德结构的内在矛盾是十分严重的,可逆性较大。我们将少年期品德发展特点以"动荡性"三个字来概括,正是体现心理过渡时期那种半幼稚与半成熟共存,独立性与依赖性错综复杂、充满矛盾的特点。

(2)少年期动荡性品德的产生原因

首先是生理上的原因,如第三章所提到的,心理的发展跟不上生理的发育,容易产生冲突性。其次是思维发展的原因,少年期思维独立性和批判性有了显著的发展,但是容易产生片面性和表面性。如前所述,这些理智特点,容易造成怀疑和反抗成人,坚持己见,好走极端的行为。再次是情感发展的原因,少年期情感的两极性明显,他们很容易动感情,且情绪较强烈。他们常常因为一点小事而振奋、激动、热情奔放,或者动怒、恼气、与人争吵,甚至打架,有时又会转向反面,变得泄气、绝望。最后是自我意识发展的原因,少年期对别人或对自己的品德评价能力在逐步完善,但他们自制力还较薄弱,容易产生摇摆性。

少年期品德动荡性的特点,主要反映了品德发展中行为特征或心理特征的不成熟，但这种动荡性也反映了少年期的品德具备了自觉性和独立性，反映了从依附性走向成熟的过渡期的特点。对比小学儿童的"协调性"品德来看，这不是后退，而是一种提高。

2. 青年初期是品德趋向成熟的开始

青年初期结束的时候，即年满 18 岁的时候。青年的身心各方面已达到了相当成熟的阶段。按照我国宪法的规定，年满 18 岁的男女青年就可以取得公民的资格，享有公民的权利和履行公民的各种义务，正式担任保卫祖国的神圣职责。这就是说，青年时期是走向独立生活的时期，是一个开始独立决定自己的生活道路的时期。

然而，这个时期不是突然来到的，也就是说，从初中升入高中就开始向成熟性转化。其实，在初中后期，不少少年在许多品德特征上已逐步走向稳定，而在高中初期，仍然明显地保存着许多少年期"动荡性"的年龄特征。

从总体来看，青年初期逐步具备了上述伦理道德的 6 个特点，进入了以自律为形式，遵守道德准则，运用信念来调节行为的品德成熟期。

从小学儿童的协调性品德，到青年初期的成熟性品德，是在品德发展中由水平较低的稳定特点向水平较高的稳定特点的转化。前者的稳定，主要取决于外部力量，是一种存在着依附性的协调；后者的稳定，则主要取决于内部的力量，是一种自觉道德行为或不道德行为的表现。这中间的"动荡性"是对原先平衡的打破，又是达到新的平衡的过渡。这个发展变化过程，正反映了"否定之否定"的唯物辩证法的哲理，是一种客观存在的现象，也是儿童与青少年品德发展的必然规律。

(三) 青少年品德的发展存在着关键期和成熟期

我们自己在对在校中学生品德发展的研究中，发现初中二年级是中学阶段品德发展的关键期(林崇德，1980)。表 9-1 是对北京市 50 个先进班集体的 2250 名青少年的追踪调查结果。

表 9-1 中学先进班品德发展的质变期的确定

确定年级	初一(下)	初二(上)	初二(下)	初三(上)
占百分数	10%	54%	30%	6%

注：调查数据表明女生比男生大致早半年。

在同一个调查中我们发现，从初中三年级下学期到高中二年级这一阶段是青少年品德发展的初步成熟期(见表 9-2)。

表 9-2 中学先进班品德发展的初步成熟期的确定

确定年级	初二(下)	初三(上)	初三(下)	高一(上)	高一(下)	高二以后
占百分数	4%	6%	38%	36%	10%	8%

在另两个追踪研究中，我们追踪调查了某中学几个班集体毕业前后品德发展变化的状况，现将数据列成表 9-3 和表 9-4。

表 9-3 某中学 1969 届 7 班 55 名学生 10 年间道德品质发展概况

情况	不良品德学生 (12 名)		一般学生 (33 名)		学生干部 (10 名)	
	成为罪犯	有所转变	毕业后形成品德不良	表现良好	走下坡路	入党人数
人数	4	8	1	32	0	6
占本类数的百分数(%)	33.3	66.7	3	97	0	60

表 9-4 某中学 1972 届两个班 100 名学生七年间品德发展概况

情况	不良品德学生 (14 名)			一般学生 (70 名)		学生干部 (16 名)		
	成为罪犯	转变	显著进步	毕业后形成品德不良	表现良好	走下坡路	入党	入团
人数	5	8	1	2	68	0	2	14
占本类数的百分数(%)	36	57	7	2.9	97.1	0	12.5	87.5

注：①以上两表系 1978 年绘制，这三个班均是初中毕业班。

②这三个班中品德不良的学生较多，是因为这三个班班风较好，为了帮助教育品德不良的学生，才这样有意安排的。

从上述数据可见，个体品德发展在初中三年级或高中一年级趋于稳定，高中期基本成熟。由于品德成熟前后的可塑性是不一样的，我们应该抓住成熟前可塑性较大，特别是少年期这一品德两极分化较大的有利时机，加强青少年的德育工作。

第二节

青少年的道德动机的发展

对青少年道德动机的研究，已受到国际上不少心理学家的重视。

在西方，认知学派以两难问题为手段，研究了青少年的动机特点。他们的结论是，青少年的道德动机，由充当社会决定的角色、维护社会秩序的义务逐步发展到同"良心"准则的内在联系，尊重所有人的权利和尊严，也就是说，由外在的动机，发展为内部的动机。在西方和日本心理学的道德动机研究中，十分重视青少年价值观的研究。第一章里提到的罗基奇的价值调查表，就是用来测查青少年的价值系统状况的。日本心理学家田畸仁（1978）也曾研究了青少年劳动动机，获得结果如图9-1所示。

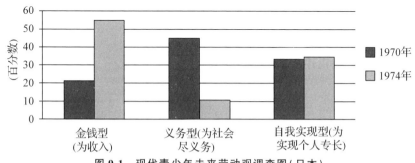

图 9-1　现代青少年未来劳动观调查图（日本）

研究者认为，青少年在小学阶段还没有明确的价值观的动机，到了中学，逐渐懂得了什么对自己最为重要。对小学生来说，最关心的是学习，非常希望取得好成绩，这也是教师和家长培养的结果。然而进入中学后，随着自我意识的发展，已形成价值观。动机的现实性和社会性不断地发展起来，且有一定时期的社会背景。

苏联心理学家在研究青少年道德动机方面，也提出了一些观点（M. B. 加梅佐，1988）：①社会性动机在发展，即想成为当之无愧的社会成员，为人民、为祖国、为社会谋福利，坚信科学对社会的实际意义这一广泛的社会动机逐步占首位。②有意动机逐步提到首位，即青少年越来越自觉地遵循已提出的目的和自己的意图。③自我评价的水平不断提高，这是青少年道德修养需要的前提条件，是试图改变自己的性格特征和智力可能性的前提条件。研究者指出，成熟个性的突出特点是具有分化的自我评价。这样的自我评价就是比较清楚地意识并区分出可以取得优秀成就的领域和不要奢望取得这种成果的领域，清楚地将自己的长处和短处区分开来。④青少年的道德动机作为个性的一个重要成分，逐步产生形成世界观的倾向，提高对人对己道德面貌的要求，发展自我评价并进行自我道德教育的意向，这是青少年个性中出现的新的形成物。

由此可见，西方心理学和苏联心理学对青少年道德动机的研究的侧重点是不同的，前者侧重于道德动机的内容，后者侧重于道德动机的形式，前者将道德动机和道德认识联系在一起，偏重从需要来研究道德动机。

我国心理学家对青少年的道德动机的研究，涉及道德动机的分类问题，即如前所述，是按道德具体活动内容与智力的联系，与社会的联系及价值的正确性等诸方面来分析道德动机，我们可以将这方面的观点做一个概括。

一、主导性道德动机逐步明确

动机是多层次的系统，其中有一种动机起主导作用。这种主导动机，往往决定或支配着行为活动。主导动机越明确，主导动机的水平越高，意志努力则越强。

青少年的道德动机一般是正确的、健康的。但是他们缺少社会阅历，不懂得处世的良方，还不很了解社会，往往好高骛远、急于求成，因此遇到一些困难和挫折，容易灰心丧气，产生徘徊、犹豫、苦闷、失望，甚至轻生的念头。可见青少年的意志容易动摇，行动的主导动机不太明确。

青少年道德动机有一个发展的过程，一般地说，它的趋势是从比较短近的、狭隘的动机逐步向比较自觉的、远大的动机发展，从比较具体的动机逐步向比较抽象的动机发展，从错误的动机向正确的动机发展，且后者逐步地成为主导的动机，并为主体所意识。

二、道德动机的多变性与稳定性交织在一起

在一项活动中，有的人动机坚定不移，并不惜为之做出一切意志努力；有人却多次变化动机，摇摆不定，往往做不出意志的决断。前者是道德动机稳定性的表现，后者是多变性的表现。

青少年的道德动机是多变性与稳定性交织在一起的，但以多变性为主。随着年级升高，稳定性逐步发展，多变性逐步减少。

少年期的道德动机的多变性是比较突出的，我们曾对初中生的日常活动做了系统的观察，发现他们在进行某一项活动时，很容易被"诱因"直接引起的欲望驱使，道德动机显得简单，带有一定程度的"偶发性"；在实施某一动机时，易变性也很突出，当第一动机的实现遇到阻碍时，常常不是做出意志努力，而是改变动机采取第二个或第三个动机，甚至更多个动机。这一系列的动机变化，一般是他们事先未做打算的，带有情境性。少年期动机多变的原因有两个，一是思维过程的稳定性不足，缺乏周密推理；二是兴趣广泛，什么都想学，什么都想知道，却缺乏兴趣的稳定性。

在正确的教育下，随着思维的发展和兴趣的稳定性的提高，青年初期的道德动机自确立到付诸行动之间，往往有一段动机斗争和抉择的过程，即为了一件事情反复进行思考和计划，而执行计划过程中遇到的困难往往是事先没想到的，所以动机的更换、目的的重新选择等可能性较小。于是青年初期的动机的稳定性逐步占优势。但由于动机斗争的复杂性，遇到困难时，青年初期的动机仍可能多变和动摇。

我们在培养青少年道德动机的稳定性的时候，不仅要启发他们周密思考，逐步

学会深思熟虑，提高他们兴趣的稳定性，还要引导他们在实施动机的时候多设想困难，多预料失败的可能性，以便提高实施动机的勇气，及时用意志努力调节和控制行为举止。

三、道德动机的现实性与社会性的发展

近年来我国的研究资料表明，青少年道德动机不仅在社会性方面随年级升高而发展，而且在现实性方面也随年级升高而发展。少年期讲究"实惠"的动机越来越明显，且青年初期所占的比例稍大于少年期。

章志光(1988)和王新玲(1993)修订了罗基奇的《价值调查表》，对我国青少年的道德价值观做了研究，结果发现，目前我国的青少年在18项终极性价值观方面大多把"和平的世界""文明而富强的国家""成为有真才实学的人""优异的学习成绩"列在最重要的前五项内，而把"手头有使不完的钱""人人都听从自己""自由自在，随心所欲""拥有最高的权力与地位"列为最不重要的后四项；在工具性价值观方面，大多把"有抱负""有才能""诚实""心胸宽广""勇敢""有理智"列为最重要的前六项，而把"服从"列为最不重要的第18位。这表明我国青少年的价值系统有共同性与稳定性，且基本上是健康的。而另外一些价值观则随着青少年的年级或年龄的增高在排序上出现升降的现象，如"真正的友谊""丰富多彩的生活内容""独立""自控"在递增；"没有剥削和压迫的社会""民主而有效率的集体""负责任""助人""仁慈"等在递降。由此可见，青少年的价值观是一个相对稳定的层次结构系统，其中起主导作用的是社会性较强的价值观，但是某些利他的价值观，如"没有剥削和压迫的社会""民主而有效率的集体""助人""仁慈""负责任"等没有被青少年列入重要的地位，且随年级增高而递降，这反映了目前我国青少年道德价值观的一个侧面，反映了道德动机的社会背景。

动机现实性随年级升高而发展，是符合青少年认识规律的，这正反映了动机发展的年龄特征。我们的德育工作应把握这条规律，加强对青少年的道德理想教育，促使他们整个品德的发展。

四、好奇心的变化

青少年道德行为的动机是多方面的，其中心理方面的原因或内在原因，是他们对各种事情的好奇心。

好奇心是人的需要的一种表现形态，是一种带有情绪色彩的认识倾向。遇事就要探究，在弄清"所以然"之前，别人越禁止，他就越觉得新鲜，越要去尝试。好奇心是青少年特别是少年期的特点。例如，有个初中生要当八级钳工，他对锁特别有兴趣，对各种锁都想试试能否打开，要不是他的家长及时进行教育，说不定会产生一定的不良后果。

对事物的好奇心之所以会促使一些青少年不顾后果贸然行动，是由于他们正处于半成熟、半幼稚的状态。他们尽管思维的独立性与深刻性在增强，但思维的批判性还很差，容易片面，好奇心往往成为他们认识事物、探究事物、寻找根源的一种"内驱力"。因此，对好奇心的作用不能低估，它是少年期道德动机的一种重要表现形式，也是造成品德不良与犯罪的一个不可忽视的原因。

随着思维的批判性和深刻性的发展，青年初期的好奇心便带有意志特点，符合一定行为规范的才去探究；不符合行为规范的则加以抑制。所以青年初期的好奇心往往发展为更高级的求知欲。

除了所介绍的上述内容以外，近 20 年来，我国学者对道德动机的研究还有一些进展，例如，在方法论方面受皮亚杰等认知派的影响，重视运用认知评价的方法展开研究。在研究的具体方法上，研究者多采取间接故事法，利用道德动机与行为结果的不同组合形式创设各种假想的道德问题情境，并辅以问卷法、量表法、交谈法等非实验方法，从而了解被试的道德动机发展水平，少数研究还运用一些简单的实验方法。总的说来，虽然自 20 世纪 80 年代初期起，我国就开始出现有关道德动机的研究，近 20 年来，在该领域的研究也取得了一定的成就，但这些研究对于揭示青少年道德动机的实质与发展规律还存在着很大不足。

第三节

————

青少年品德心理特征的发展

青少年的道德认识、道德情感和道德意志行为的发展，呈现出道德伦理的特点。

一、青少年道德认识的特点

对青少年道德认识的研究，在西方以社会认知学派为代表，从 20 世纪 60 年代起的研究，主要遵循着科尔伯格及艾森伯格的研究方法。在苏联，除了研究道德思维之外，主要是围绕道德评价的发展来展开，特别是以自我评价作为青少年道德发展的一项指标。

我国心理学界对道德认识的研究，一般从两个方面入手，一是研究道德思维的发展水平，二是研究道德观念的掌握程度。

(一)青少年道德思维的特点

青少年的道德认识，首先表现在道德知识、道德判断和评价上，它实际上是道德思维水平的反映。青少年思维能力的强弱，也往往影响着道德认识的水平。

1. 道德知识的发展

我们自己在研究中(林崇德，1982)，以道德知识数量和理解道德知识的水平为两项指标，分析有关班级的学生为讨论有关道德标准和行为规范的主题班会而写的发言稿，发现这些青少年对道德知识的理解分四级水平：一是不理解，或观念的重复；二是停留在现象认识上；三是初步揭露实质，上升到从基本要求上加以认识；四是理解行为规范与道德准则的实质，提高到从社会道德风尚上加以分析。

我们通过追踪研究，对每个学生的个案进行了分析，发现他们的道德认识有如下几个特点。

①道德思维发展是有年龄特征的，就大部分学生而言，初二上学期处于第一、第二级水平，初三上学期处于第三级水平，高中之后达到第四级的日益增加。

②道德思维的发展存在着个体差异，到高一上学期，80%的个体的认识水平和思维特点趋向基本定型；这是年龄特征与个体差异的一种表现形式。与苏联心理学家佐西莫夫斯基在20世纪七八十年代对道德思维的研究获得的结论类似。

③道德思维的发展反映了个体品德发展有一个从不知到知，从不成熟到成熟的过程，这就给教育工作者提供了塑造和转化学生品德的可能性。

④道德思维的发展，既反映了时代的特点、社会的要求，也反映了不同社会中人类共同的道德规范。

此外，首都师范大学蓝维主持的"北京市中小学生思想道德发展测评"研究，从2003年至2012年，历经十年的测查发现，北京市中小学生在对"世界与国家""群体、社会、个人""社会公德"等不同维度的认识上处于较高水平，但是在"学业问题""使用文明语言"和"社会适应"等方面的表现则不太令人满意（蓝维，苗玲冉，2013）。

寇彧关于青少年亲社会行为概念表征的研究也发现，青少年（以小学高年级学生和初中生为主）认同的亲社会行为由四种主要的类型构成，分别是利他性亲社会行为、特质性亲社会行为、关系性亲社会行为、遵规公益性亲社会行为（寇彧，张庆鹏，2006；寇彧，付艳，张庆鹏，2007）。

我们主张要对中学生加强德育，要提高他们的道德认识。同时也认为，那种脱离中学生道德认识实际的做法是片面的，因为它不符合道德认识的提高具有思维发展阶段性的规律。

2. 道德判断的发展

有人曾在北京重复科尔伯格的实验，研究了我国青少年道德判断发展的趋势（黄建华，1983；陈欣银，项宇，1990）。研究者参照科尔伯格道德发展阶段的指标，将被试的道德判断分为三种水平（前习俗水平、习俗水平、习俗后水平）、六个阶段(回避惩罚、利己、社会习俗、秩序和法则、社会契约、普遍的道德原则)。其研究结果如表9-5所示。

表9-5　道德判断发展阶段的趋向

		前习俗水平		习俗水平		习俗后水平		缺%	人次差异 χ^2 考验	平均阶段等级
		一	二	三	四	五	六			
13 岁 (初中)	人次	3	56	57	68	73	2	6.5	$\chi^2 = 23.8$ $df = 5$	4.00
	%	1	20.4	20.7	24.7	26.5	0.7			
16 岁 (高中)	人次	0	24	36	50	127	7	2.8	$p < 0.001$ (差异很显著)	4.34
	%	0	9.6	14.4	20	50.8	2.8			

从表9-5可以看出：①青少年几乎不存在阶段一的思维水平，阶段五所占的百分比最高。随着年龄的增长，阶段二、三、四的百分比都呈降势。而在阶段四下降的同时，阶段五表现出相当大的增长(26.5%～50.8%)。同样，阶段六也显示出渐增的倾向。②初中(少年期)与高中(青年初期)道德判断的差异，不仅表现在数量上，而且表现在质量上。这显示出这两个年龄阶段道德思维的差异性。

我们曾分析了100个先进班集体的舆论水平，发现没有一个先进班集体是没有正确的集体舆论的。正确的集体舆论是先进班集体道德心理的组成部分，是集体成员心理变化的"晴雨表"。青少年的道德判断也是在班集体的影响下获得发展的。一个良好的班集体和校集体，尤其是集体舆论是青少年道德是非观念形成的重要基础，也是青少年道德判断发展的基础。我们在研究中看到，集体舆论对集体成员道德判断的作用表现在：①对个体的道德行为做出权威性的肯定或否定、鼓励或制止，是"强化"的信号；②直接影响着个体道德认识水平的提高；③是集体荣誉感的源泉。如果以这种作用程度为指标，可把一个班集体的舆论分为三级水平：一是有压倒一切的正确集体舆论；二是正确舆论能占上风；三是没有正确的舆论。

3. 道德评价能力的发展

早在20世纪60年代，谢千秋(1964)就对青少年道德评价能力开展了研究。80年代的一些研究结论，与谢千秋的出入并不大。谢千秋采用故事分析、判断的方法，对五所中学的高中一、二年级和初中一、二年级的 281 名被试的 4 种道德判断能力，即通过现象揭露本质、全面考虑问题、分清问题的主次关系、具体问题具体分析等，进行了探讨和分析。根据这个研究，可以看出青少年道德评价能力的发展趋势。

（1）能开始通过现象揭露道德行为的本质

少年期具有这种能力者为 24%，青年初期占 49.2%。这说明在我们的教育条件下，青年初期近乎半数在道德评价方面具备了透过现象揭露本质的能力；而少年期这方面的能力要落后于青年初期。另外，同一年级的青少年，也还是存在着个别差异的。

（2）能开始全面地、历史地对事物进行评价

少年期具有这种能力者有 54.5%，青年初期达 87.2%。这说明在正常的教育条件下，大部分中学生在道德评价方面，不论对人或对己，都具备了这一能力，但从整体上来说，少年期学生的评价能力大大落后于青年初期，且在每个年级还都存在着个体差异。

（3）逐步地分清主次，对行为进行一分为二的评价

初中的被试具有这种能力的占 59.8%，高中达到 72.3%。这说明，大部分中学生已具备这方面的评价能力，且高、初中学生在这方面的能力的差异已经不十分明显，但仍存在着个体差异。

（4）开始学会就具体问题做具体分析

初中生具有这种能力者有 18%，高中生有 51%。说明在对人对己的评价方面，教会中学生对具体问题做具体分析是十分重要的。

上述研究表明，评价能力四个方面的发展，因年级不同而存在着差异，差异大小的顺序是：对具体问题做具体分析这一能力的差异最大，其次是全面考虑问题和通过现象揭露本质的能力，差异最小的是分清主次的能力。相同年级被试在各类水平中均分布着一定比例的人数，这表明初中学生对人对己评价能力已存在达到较高水平的可能性。

(二)青少年道德观念的特点

1. 青少年道德观念的发展

中学时期是道德观念形成的时期,个体开始以道德观念来指导自己的行为。我们曾以道德认识的稳定性和道德观念的作用程度为指标,分析追踪青少年的道德是非观念形成与发展的水平,发现可以分为三个等级:第一级是领会道德要求和掌握知识,接受有关的教育;第二级是产生行为经验,相信自己的经验是正确的(而实际上未必正确,有的甚至是错误的);第三级是形成信念或理想,使他们知道自己行为的原则或准则(这"原则"与"准则"也有正确与错误之分)。下面从青少年道德观念发展的一般特点及责任观念的发展两方面进行论述。

李怀美等人(1986)采用对偶故事法和两难故事法对青少年有关义务、荣誉、良心、幸福观念的特点进行了研究。这一研究将对道德范畴问题的对偶判断分三级水平:一是重效果(1分);二是重动机(3分);三是效果与动机统一(5分)。对道德范畴问题的两难判断也分三级水平:一是围绕个人利害得失进行道德判断(1分);二是简单地运用道德规范进行道德判断(3分);三是理解道德的本质进行道德判断(5分)。这一研究所获得的结果见表9-6。

表 9-6　中学生道德观念的发展水平

年级	情　况									
	义务		荣誉		良心		幸福		总均数	
	对偶故事	两难故事	对偶故事	两难故事	对偶故事	两难故事	对偶故事	两难故事	对偶故事	两难故事
初中	3.87	2.46	4.17	3.12	4.21	2.82	2.98	2.95	3.72	2.83
高中	3.61	2.79	4.40	3.26	4.41	2.45	3.45	3.63	3.81	3.04

从表9-6可见,初中(初二)与高中(高一)学生在对义务、荣誉、良心、幸福4种观念的认识上,差异并不显著。其认识的正确程度,揭示了道德范畴的本质程度并未显示出年龄特征来。产生这种现象的原因,是青年初期的被试对这些范畴的认识并不拘泥于学校教育的或常规的内容,而是具有自己的见解,这既反映了他们道德认识的自觉性的提高,又反映了他们具体认识的内容具有随心所欲的倾向。诚如

研究者所说的，这是个亟待教育工作者深入研究的课题。

青少年道德观念呈现出的特点，是否随着时代的变化而变化呢？当今青少年的道德观念发展状况如何？佘双好（2010）的调查研究显示，当代青少年道德观念发展状况总体处于积极稳定状态，具有以下特点。

第一，认可道德对个体和社会的积极作用，重视道德的协调功能，但道德观念上存在着明显的相对主义倾向。

第二，对社会道德和自身道德总体评价积极，对丑恶社会现象深恶痛绝，但对自身道德状况评价不高。

第三，道德标准依然是评价青少年的主要标准，能力标准得到一定程度重视，对身体健康标准依然忽视。其中，随着学历的提升，青少年越来越多地选择良好行为习惯，越来越重视内在的道德准则和实际行为表现。

第四，青少年在基础文明素质方面表现出较高的素养观念，但和行为之间存在着较大距离。

第五，认同传统观念的现代价值，但对传统道德的核心和实质缺乏系统了解。

第六，青少年在网络道德上表现出基本的道德底线，但对网络"恶搞"的实质认识不足。

第七，在婚恋道德方面采取更为开放和包容的态度，注重对婚恋道德主体的尊重，但较少考虑婚恋问题的社会影响。

第八，网络环境已经构成青少年道德观念发展的重要环境因素。

2. 青少年责任观念的发展

陈会昌曾系统地研究了 7~16 岁被试责任观念的发展。他的目的在于探索儿童与青少年对学习、集体任务、社会公益活动和劳动等的责任观念的发展规律（陈会昌，1985）。我们将他关于青少年责任观念发展的研究数据摘取在此（见表 9-7 至表 9-11）。

各年龄组被试责任观念发展达到的水平，按科尔伯格标准，划分为三级水平：①强制性责任水平；②半理解责任水平；③原则的责任水平。

表 9-7　各年龄组被试责任观念发展达到的水平

情况	年　龄								
	12			14			16		
水平	1	2	3	1	2	3	1	2	3
实验故事①(%)	0	75	25	0	66	34	0	45	55
实验故事②(%)	0	55	45	0	49	51	0	45	55
实验故事③(%)	0	62	38	0	53	47	0	53	47
实验故事④(%)	0	52	48	0	34	66	0	36	64
χ^2	39.34**			34.35**			34.86**		

注:** $p<0.01$。

从表 9-7 可见,12 岁的被试为半理解水平;16 岁的大多数被试达到原则理解水平;而 14 岁的被试则处在这两者中间的过渡状态,但基本上为原则理解水平。

各年龄组被试在学习责任、集体任务责任、社会公益活动责任和劳动责任同本人或小群体相冲突时对各类现象的判断结果的百分比(见表 9-8~表 9-11)。

表 9-8　各年龄组被试学习责任的判断结果

年　龄		12	14	16
不充当角色	做作业	89.7	83.8	71.8
	看电影	10.3	16.2	28.2
	χ^2	42.88**	31.12**	12.55**
充当角色	做作业	80.9	77.9	61.2
	看电影	19.1	22.1	38.8
	χ^2	25.94**	21.24**	3.36
t 检验		1.45	0.87	1.35

注:** $p<0.01$。

表 9-9　各年龄组被试集体责任的判断结果

年　龄		12	14	16
不充当 角色	按规定挖坑	92.6	95.6	95.5
	挖浅些	7.4	4.4	4.5
	χ^2	49.47**	56.53**	45.55**
充当 角色	按规定挖坑	79.4	86.8	78.8
	挖浅些	20.6	13.2	21.2
	χ^2	23.53**	36.76	21.88**
t 检验		2.23*	1.81	2.75**

注：* $p<0.05$，** $p<0.01$。

表 9-10　各年龄组被试社会公益活动责任的判断结果

年　龄		12	14	16
不充当 角色	种　花	83.8	75	71.6
	做　饭	16.2	25	28.4
	χ^2	31.12**	17.00**	12.55**
充当 角色	种　花	75.00	72.1	65.7
	做　饭	25.00	27.9	34.3
	χ^2	17.00**	63.24	6.58**
t 检验		1.27*	0.39	0.75

注：* $p<0.05$，** $p<0.01$。

表 9-11　各年龄组被试劳动责任的判断结果

年　龄		12	14	16
不充当 角色	坚持到底	92.6	86.8	89.6
	回　家	7.4	13.2	10.4
	χ^2	49.47**	36.76**	41.93**
充当 角色	坚持到底	83.8	0.75	79.1
	回　家	16.2	0.25	20.9
	χ^2	31.2**	17.00	22.70**
t 检验		1.60	1.74	1.70

注：** $p<0.01$。

从表 9-7 至表 9-11 可见，选择的正确率随年龄增高而有下降的趋势，且是否充当角色对此并无明显影响。联系到责任观念的水平研究，可见正确判断虽高，但并不能说明他们对道德现象有深刻的认识。

李怀美与陈会昌的研究反映了一个共同的趋势，即初中二年级之后(约 14 岁)青少年的道德观念出现明显的分化，且逐步按照自己的道德观念去分析具体的道德情境，做出正确的或错误的判断。这种是非观念的错误率可能随年龄升高而递增，可是其选择准则的自觉性也在随年龄升高而递增。

陈红兵、申继亮(1993)对中小学生学业责任感的研究得出以下结论。

第一，学生学业责任观念的发展遵循道德认识发展的一般规律，从小学四年级到高中一年级(10 岁~16 岁)的学生的学业责任观念可分为盲目顺从、内化顺从和半主动、积极主动四级水平。

第二，从小学四年级到高中一年级学生学业责任观念水平发展表现出从集中趋向分散的特点。

第三，随着年级升高，学生的学业责任行为得分呈下降趋势；学生学业责任情感的变化趋势与学业责任行为的变化相一致。

第四，学生学业责任观念水平的分布存在非常显著的性别差异，主要体现在内化顺从水平和积极主动水平上女生比例高于男生，而半主动水平上男生比例高于女生。

二、青少年道德情感的特点

西方心理学对青少年道德情感发展的研究，一般从三个方面入手：①青少年亲社会的行为。例如，耶洛等人(M. Yarrow, C. Waxler & Chapman, 1983)的研究表明，青少年亲社会行为的方向随年龄的变化表现出有正有负，这说明年龄与亲社会行为之间并没有必然的联系。②青少年的友伴或同伴关系。例如，帕科(J. G. Parker)和阿修(S. R. Asher)(1987)的研究表明，低接纳(lowaccepted)青少年容易在个体适应中出现问题，换句话说，青少年的友谊情绪或同伴关系障碍能够影响其后来的个体适应性。他们指出，有攻击性为（aggressiveness）和羞怯—退缩行为（shy-with-draw）的青少年的退学和犯罪现象要比低攻击性行为和不具备羞怯—退缩行为的青少年的退学和犯罪现象高 4~6 倍。他们因此建立了两个模式（见图 9-2、图 9-3）。

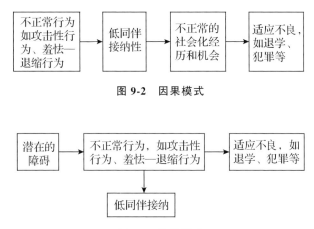

图 9-2 因果模式

图 9-3 伴随模式

当然，这两个模式是有缺陷的，极端的伴随模式否认同伴排斥，特别是长期的同伴排斥会导致青少年消极地看待世界与自己。而同伴排斥对社会性或个性发展、道德情感乃至整个品德发展有消极影响。极端的因果模式则忽视了促使较差的同伴关系形成的因素在后来的适应中会继续起作用。因此，我们认为应该建立一个更综合的模式。③青少年道德情感发展的具体特点。例如，赫洛克（E. Hurlock）研究了从性意识萌芽到爱情产生和发展的阶段等。

苏联心理学家对青少年道德情感的研究，也可概括为三个方面。一是在理论上探讨青少年道德情感发展的特点。例如，雅科布松在《情感心理学》一书中阐述了青少年期的道德情感的发展。二是研究青少年对道德情绪的认知和他们的反抗心理。例如，雅科布松研究了被试在被威胁要挨打时的情况下的情绪认知及对策。三是研究青少年的道德情感的具体表现。例如，德拉古诺娃（Т. В. Драгунова）和艾利康宁研究了少年的"成人感"的特点等。

自 20 世纪 90 年代以来，西方的道德心理学理论开始把关注的焦点从过去偏重认知和理性重新转向侧重道德情感的研究。

从我国心理学界对青少年道德情感的研究材料来分析，青少年道德情感的发展，主要体现在两个方面，一是道德情感的形式方面，二是道德情感的社会性方面。

(一)青少年道德情感形式的发展

如果以道德情感产生的原因，道德感与道德认识的关系为指标，那么青少年的道德情感形式可以分为三种。第一种是直觉的情绪体验，是由对某种情境的感知而引起的，这时对于道德准则的意识往往是不明显的。例如，有的青少年可以因别人碰一下他的桌椅就激愤起来。第二种是道德形象所引起的情绪体验。例如，某个英雄的形象可以使不少青少年产生忘我精神和利他情感；反面的电影角色有时也可以激起不良道德感。第三种是伦理道德的情感体验，它由道德认识所支配，这时清晰地意识到道德要求和道德伦理。

青少年的道德情感形式是十分复杂的，每一种形式本身又有程度和水平等级的问题。这就给实验研究和统计工作带来困难。这里根据国内外的文献与我们自己的追踪研究资料，提出一些看法。

首先，激发某种形式的道德情感，既取决于刺激强度，又取决于主观状态。例如，到一定年龄之后，直觉的情绪体验(如激情)在减少，但在强烈的外界刺激下，还会迅速地引起。同样，这种强烈的刺激，对不同青少年会引起不同形式和不同程度的情绪体验。

其次，上述三种形式的道德情感，后一种形式可以控制前一种的产生，可见这里有水平等级之分。观察中可以发现，对于那些持怀疑观念或错误伦理观念的青少年，特别是少年来说，电影中的英雄形象往往不能激起他们的敬佩和同情，反而被他们当作笑料。因此，我们选择榜样的时候，必须首先考虑受教育对象原有道德伦理的基础，同时给予一定的伦理教育。

最后，道德情感的形式的发展存在着年龄特征。不少观察研究表明，初中三年级之前的少年期易受情境影响，容易冲动，难以意识激情的后果；到初中三年级，尤其下学期，直觉的情绪体验明显地减少，伦理道德的情绪体验在一般良好集体环境中基本占优势，集体中的成员对自己的激情也会明显地做出有意识的控制。

(二)青少年道德情感的社会性的发展

在中学里，青少年集体情感和社会情感的程度逐步加深，成分逐步增多，道德情感的社会性逐步获得发展，于是集体荣誉感、义务感、责任心、友谊感、爱国主义、国际主义情感等都获得发展。

下边以关于青少年的集体荣誉感、友谊感和爱国主义情感的研究资料，来说明他们道德情感的社会性的发展特点。

1. 青少年的集体感

集体感是集体成员在集体中产生的对集体的态度体验，包括集体荣誉感、义务感、尊重和威信等形态。

青少年阶段是最富于集体情感的年龄阶段。他们喜欢生活在集体之中，并在集体中感受到集体要求、义务和权利，产生各种形态的集体主义情感。小学儿童已开始产生集体主义情感，他们以参加到集体中去，或投入集体活动为满足。同时他们开始具有集体荣誉感，但是自觉性还不高。中学期间，青少年的集体发生着一系列的变化，人与人之间的关系越来越复杂，于是他们的集体感逐步产生新的特点。

（1）随着交往范围的扩大，青少年集体感越来越复杂

中学的集体组织一般有三类：一类是班集体、校集体、共青团组织、课外活动队(组)和学科小组等校内正规集体，一类是校外有组织的集体，如业余学校、少年宫和俱乐部等。这两类都是有组织、有领导的集体，这些集体的各种活动，陶冶着青少年的集体荣誉感、同志感和义务感。这些情感的增强，不仅是他们集体主义思想形成的情感基础，而且对于培养他们的事业心都起着重要的作用。还有一类是非正式的、自发组成的集团，这些集团与有组织、有领导的集体不同。一般地说，这些集团的成员的社会成分比较复杂，年龄差异也很大，不受正规组织的管辖。在自发集团中极有威信的，往往是品德不良或有劣迹行为的青少年。这些集团有的还有自定的规矩，甚至暗语。青少年参加这种集团，多数是由于在正规的组织或家庭里得不到"温暖"。据调查，这类集团的成员中有70%感到这种"集体"最关心、最体

贴、最了解他们。由此可见，青少年有着集体生活的需要，容易产生某种情感，尤其是团伙愿望或团伙感。可以看到，自发集团往往是青少年品德不良或违法犯罪的土壤，因此应该被取缔。然而，我们更应采取以防为主的原则，不让这种自发集团产生。特别应当通过活跃的有组织的集体，把青少年吸引到集体活动中来；同时要给青少年以更多的关怀，使他们感到集体的温暖，克服简单粗暴的教育方法，避免把一些青少年推到街头的自发小集团中去。

（2）随着年龄的增大，青少年的自尊心越来越强

中学阶段，特别是初中二年级之后，随着自我意识的增加，青少年的自尊心也在发展。他们逐渐地不满足于单纯地参加集体活动，而更加希望自己的能力能为同年龄的伙伴们所接受，从而感受到自己为别人所需要，在集体中具有一定的威信或权威。青少年最苦恼的事情，常常是失去集体的信任或在集体中失去威信。这往往使一些青少年形成不少消极的个性因素。为了使青少年形成健康的集体情感与个性，我们应该帮助青少年加强集体主义行为修养，如谦虚、谨慎、正直、直率、与人为善、团结友爱等，以提高他们在集体中的地位，同别人保持正常的人际关系。

（3）随着道德品质的发展，青少年集体情感的方向性、稳定性逐步加强

集体情感的水平，往往取决于所在集体的形成程度和集体成员的品德水平，集体间的差异和个性的差异往往要大于年级（年龄）的差异。因此首先要使青少年形成喜欢结交伙伴的愿望，并使之成为集体主义的良好基础。

2. 青少年的友谊感

青少年不仅具有喜欢成群结伙的特点，而且也具有强烈的友谊需要。中学阶段，特别是15、16岁的青少年，无论是男生还是女生，都会感到友谊是人们相互关系中最重要的东西。有人曾对500名犯罪青年和500名一般青年做过"什么时候结交朋友最多"的调查，结果发现两组青年都是在中学时期交朋友最多（见表9-12）。

从表9-12可以看出，青少年时期的友谊感在迅速地发展着，且因为青少年思想比较单纯，他们的感情比较真挚，所以青少年时代建立起来的友谊往往是终身难忘的。

表 9-12 结交朋友最多的时候

时期(%)	取 样	
	犯罪青年(500 人)	一般青年(500 人)
小 学	28.3	36.7
中 学	58.1	54.4
知青点	6.8	2.2
待 业	2.7	1.1
工作后	4.0	5.6
统计考验数据	TY = 0.23，χ^2 = 21.156，$p>0.05$	

青少年友谊感有什么特点呢？

首先，青少年的友谊有一定的心理基础。从小学阶段起，儿童就开始交朋友，但他们的友谊基础主要是共同的活动和共同的兴趣，一般还不那么稳固。青少年的友谊逐步深刻、稳固，具有一定的选择性。他们选择兴趣、爱好、性格、信念相同的人做朋友。由于青少年自我意识的发展及"闭锁性"的特点，他们彼此之间关心内心世界，倾诉"内心的秘密"。调查资料表明，在 500 名一般的青少年中间，遇到问题时，有 19.5%的被试宁肯"向朋友倾吐"，而不愿意和父母商量。因此在中学时期，他们往往把互相诚实、坦白、亲密当成友谊的宗旨。

其次，青少年的朋友，大多数是相同或相似年龄的同性别的同学。表 9-13 表示 500 名一般青少年交友的途径。

表 9-13 结交朋友的一般途径

途径	互相介绍	邻居关系	打架相识	同学
百分比(%)	9.5	4.8	1.4	84.3

同学关系，特别是同班同学是结交朋友的主要途径，这就决定了年龄差异很少超过一两岁。当然，也有人特别是女生喜欢与年龄稍大的孩子交朋友，而与年龄较小的孩子交朋友经常是出自对他们的关心与帮助，只能作为与同龄人友谊的补充。从性别上看，90%以上的朋友是同性别的，两性之间的交往在中学阶段，尤其是初

中时期，存在着一定心理上的困难，因此是较少的。

再次，青少年十分重视友谊对自己的鞭策力量。有人以问卷法测得中学生对友谊的认识及其表现(见表9-14)，这个材料说明青少年不仅重视友谊，而且还对友谊形成了一定的信念，即对友谊产生了带有一定的情感色彩的认识；不仅在情感上有依恋的特点，而且往往将友谊作为行为的内驱力量。因此，教师和家长应加强对中学生的教育，使他们在朋友的选择和朋友的关系上具有更高的原则性。

表 9-14 对友谊的认识及其表现

认同的比例	认同的比例
多个朋友多条路	13.4%
在家靠父母在外靠朋友	9.5%
为朋友可两肋插刀	13.1%
何时也不能出卖朋友	3.2%
友谊就是力量	25.3%

最后，青少年在友谊感上存在着明显的个别差异。结交朋友的个数、依恋程度、友谊交往的内容及稳定性都是有差异的。

有人研究了500名一般青少年结交朋友的个数，详见表9-15。

表 9-15 结交朋友的总数目

个 数	1~3个	4~6个	7~10个	11个以上	一个也没有
百分比(%)	35.9	25.2	10.3	19.0	9.6

也有人研究了青少年与朋友的活动内容，详见表9-16。

表 9-16 同朋友通常的活动类型

类型	学习	闲谈	玩耍	打扑克	听故事	帮干活	抽烟喝酒	其他
占总数(500名)的百分比(%)	36.6	21.1	10.7	6.4	4.5	4.3	1.9	14.5

此外，男女青少年的友谊也存在着一定的差异。一般说来，女生友谊感开始较早，同年龄女生对友谊标准提出的要求要比男生高些。初二、三年级后，这种差别逐渐变小了。由于女生一般感受性较高，很重视细微的心理上的差别，所以女生之间的友谊的稳定性和持久性不如男生。

3. 青少年的爱国主义情感

陈会昌（1987）研究表明，青少年的爱国主义情感发展较快。

第一，青少年已能把爱祖国的河山同热爱祖国、为祖国忘我劳动等爱国主义精神相联系。初中一年级达到这种水平的占36.2%，初三为46.5%，高二为48.3%。

第二，青少年在逐步认识个人与国家关系的基础上，表现出明确的报效祖国、热爱祖国的情感。初一、初二约占24%，初三占41.4%，高二占44.8%。

第三，青少年明确地表现出国家尊严感的，初一为31%，初三为34.5%，高二为41.4%；表现出"国格不可辱"的精神的，初一为19%，初三为13.8%，高二为20.7%；表现出国家荣誉感的，初一、初三和高二均占33.3%。由爱国主义过渡到从国际主义原则出发对待中外人民之间的交往这一水平的，初中学生极少，即使到高二也只有25%。

三、青少年道德意志行为的特点

和对小学儿童道德意志行为的研究一样，西方心理学对青少年道德意志行为的研究，首先由社会认知学开始，早期研究范围主要是停留在"认知—行为"上。近年来，也有不少心理学家在探索青少年社会性的发展时，研究了青少年的道德行为类型。例如，哈维佛斯特等人（Havighurst et al.，1982）研究了青少年的攻击性行为、低攻击性行为、友好行为与学习、道德、法制等的关系，研究了各种类型后果的预测问题，等等。此外，就是研究青少年的道德行为等级。例如，佩克与哈维佛斯特通过对美国中西部青少年道德类型的研究，指出青少年的品德能从小学阶段的依从传统管理行为型，逐步发展为诉诸良心的行为或产生理性的利他行为。

苏联心理学较重视研究道德行为，特别是提出了青少年时期道德意志行为的矛盾特点(M. B. 加梅佐,1988)。典型的矛盾有以下几种。

第一,一方面愿在自我教育中表现出意志努力,另一方面对成年人建议的具体的自我教育方法有时持消极态度。

第二,一方面对集体对自己个性的道德评价十分敏感,另一方面对这种评价力求装出无所谓的样子,表现出我行我素。

第三,一方面追求理想和重大事情上的原则性,另一方面在微不足道的事情上失去原则。

第四,一方面有形成沉静自制品质的愿望,另一方面在言谈举止中表现出儿童般的天真和好冲动,倾向于夸大个人的痛苦和微不足道的不愉快。

但是苏联心理学家对青少年的道德意志行为的实验研究较少。包若维奇于1981年曾发表过《什么是意志》一文,也举了一些研究材料,论证了意志与道德行为的关系,但她着重于儿童道德意志行为的研究,基本上不涉及青少年。

我国心理学界对青少年的意志品质的研究也只是刚刚开始。从研究资料来看,青少年道德意志的发展,主要表现在意志控制的程度和言行一致性的水平这两个方面。

(一)青少年道德意志的控制能力的发展

1. 道德意志的坚持性与自制力的发展

史莉芳等(1986)研究了青少年在社会公益活动中道德意志发展的指标。

她的研究表明,少年期和青年初期在道德意识的坚持性和自制力方面有明显差异,青年初期道德意志的控制能力有了明显的提高,虽然外部的检查和督促是必要的,但其自觉的伦理道德毕竟起了很大的作用。

2. 自觉纪律的表现

如果以青少年行动的目的性和克服困难的努力程度为指标,来分析青少年纪律表现中道德意志的控制能力,那这种能力可以分为三种类型:①不能控制自己,纪律表现十分松弛;②经过提醒能管住自己,纪律表现不稳定;③自觉地遵守纪律,有意地支配自己的道德行为。

青少年在遵守纪律方面的道德意志控制力，或者在正常条件下或良好的班集体中表现出来；或在纪律涣散或"乱班"中表现出来。由于这两种集体的道德面貌不同，青少年道德意志的控制能力往往会出现两种截然不同的状态。

我们先来分析在良好班集体里的青少年自我控制的能力。我们曾追踪研究了一个班集体，这里将该班学生几年中在组织纪律方面分别达到上述三种类型的人数列成表 9-17。

表 9-17　追踪班自觉纪律的表现

年级	水平			年级组之间差异的考验
	I	II	III	
初二(上)	17%	31.9%	51.1%	
初三(下)	0	18.9%	81.1%	$p < 0.05$
高二(下)	6%	22.3%	71.7%	

由表 9-17 可以看出，一个良好的班集体，是青少年提高自觉纪律，发展道德意志的重要条件。初中三年级后，青少年道德意志的控制能力在日常纪律中获得表现，并在意志行动上日趋成熟。

与此相反，在一个未形成集体的班级里，或是在一个"乱班"里，违反纪律的行为十分普遍，明知故犯现象十分严重，这也说明这些青少年在遵守纪律上所表现出来的道德意志水平是很差的。青少年违反纪律，除了集体影响外，更多的是出自个体差异。这些差异表现为：①不理解或未正确理解纪律要求，或者对纪律要求的正确理解尚未转化为指导行为的信念，这多半是初一、初二的学生。②对所在的班级丧失信心，抱着"混日子"的思想，跟着少数捣乱的学生一起违反纪律，缺乏一定的道德意志力。这多半是初三以上的学生。③对教师持有对立情绪而破坏纪律。不少青少年遵守课堂纪律因人(不同教师)而异。我们在对"乱班"的研究中看到，很少有这样的乱班，即任何教师去都上不成课，大部分的"乱班"是因人(不同教师)而"乱"。④由于气质上的特点，未能履行纪律要求。⑤由于特殊爱好没有得到适当的满足，或者旺盛的精力没处发泄而造成违反纪律。⑥没有养成纪律行为习惯或有不良的旧习惯(有关道德行为习惯有待下一节再详述)。因此，对青少年进行自觉纪律的教育，要全面细致地了解他们的个性特点，善于发现和利用他们的积极因素去克服消极因素。

(二)青少年言行一致性的发展

有关少年期言行一致性的发展，苏联心理学家曾做过研究(克鲁杰茨基，1965)。他们的研究表明，青少年言行一致性可分为四级水平：第一级，言行一致，只有个别脱节现象，约占被试的1/4；第二级，言与行水平都很低，约占被试的1/10；第三级，有较高的道德认识，但没有相应的道德行为，占被试中的极少数；第四级，道德认识不高，也不能很好地表现出道德行为，约占被试的2/3。

我们在研究青少年的言行一致性时，编拟了若干道德判断故事，每一个故事包括"是"和"非"两种情况，要求被试肯定其中的一个而否定另一个，并说出理由。然后创造实际行为情境，并以言行关系、动机与效果关系为指标，分别进行和上述若干故事内容相对应的行为测验。例如，讲了参加义务劳动的故事，就让被试对故事中的人物品行做判断。再观察他们参加劳动实践的相应的行为表现。结果发现存在四类情况。第一类是道德认识、动机基本正确，只是由于意志力不强而引起言行不一致；第二类是有良好的道德动机，道德言论与道德行为统一，即言行一致；第三类是以不良道德认识或情感作为动机而引起不良的道德行为，但由于集体或教师的压力，青少年说假话，于是造成言行不一致；第四类是个别品德不良青少年在私下发表的错误认识与暗中进行的不良行为是一致的。其发展趋势见表9-18。

表 9-18 追踪班言行一致性的类型

年级	类型				年级组之间差异的考验
	I	II	III	IV	
初二(上)	37.6%	43.5%	13.2%	5.7%	
初三(下)	15.1%	69.8%	11.3%	3.8%	$p<0.05$
高一(下)	8.8%	81.4%	6%	3.8%	

这一研究表明，言行统一问题是一个十分复杂的问题。第三类就其道德行为的正确性看，不如第二类；但就其思维程度看，就不一定比第二类低。言行统一表现在年龄特征上也显得很复杂，在正确的教育条件下，在良好的集体中，青少年的道德言论和道德行为可以在初中三年级之后趋于一致，且动机与效果也可以在那时得到初步的统一。

青少年的言行脱节问题也很复杂，是由多种因素造成的。例如，由于模仿的倾向，他们会做出与他们平时道德认识截然不同的不良行为；由于"闭锁性"的发展，不愿在一些人面前说实话，却在另一些人面前"掏小窝子"，造成前后矛盾；由于说比做容易，即使有正确的动机，行为也往往跟不上，导致言行脱节；等等。因此，对青少年切忌轻易扣上"说假话""不老实"的大帽子，而应正确了解他们的内心世界与体验，循序渐进地、积极地引导他们做到言行统一。

第四节

青少年道德习惯的培养

国际上对青少年道德习惯的形成和培养问题，具体的研究并不多。按班图拉的学习理论，青少年道德行为习惯是一种内部强化或代替性强化的结果。按另一些人的说法，习惯模式又称为机制，它是经过强化和重复而成为例行性行为的（J. M. 索里，C. W. 特尔福德，1983）。他们讨论了这种"机制"与动机的关系和机制的形成等问题。苏联心理学家则指出道德习惯在学生个性形成中的意义。鲁宾斯坦说，激励人以一定方式去行动的世界观和良好道德以习惯的形式、道德行为的习惯方式，在人的性格中安定和巩固了下来。它们转化为习惯，从而就成了人的"第二天性"。苏联有些心理学家研究了有关的课题。我国心理学界和教育界是比较重视青少年道德行为习惯的形成与培养研究的。

一、青少年道德行为习惯的特点

下面是从我们自己的研究中得出的几个结论。

第一，青少年道德行为习惯发展的总趋势，从道德行为习惯的形成来看，人数随着年龄的递增而上升。我们的一个实验表明，初三前后形成道德行为习惯的有60%，高中阶段有80%。从道德行为习惯的内容来看，随着年龄的递增，良好的道德习惯与不良的道德习惯的两极分化在加剧。从道德行为习惯发展的稳定性来看，初中三年级之前带有更大的不稳定性和可塑性；初中三年级之后带有更大的自动性，可塑性越来越小，这与由动荡性走向成熟的青少年品德发展趋势是一致的，这种品德的成熟正是与道德行为习惯化紧密地联系在一起的。

第二，青少年道德行为习惯的发展与其世界观、人生观的萌芽、形成是统一的。青年初期道德行为习惯形成率为80%。这在世界观、人生观的形成中具有重要的意义。

第三，青少年特别是少年期的道德习惯具有不一致性，往往在学校表现得要比在家里良好，尤其独生子女更是如此。这反映出青少年道德行为习惯发展中存在着不平衡性和可变性。

二、青少年道德行为习惯的培养

青少年道德行为习惯的培养，要比小学阶段复杂，不仅需要重复和练习，而且还要改造坏习惯。

(一)制定适合于青少年特点的行为规范

同小学阶段相比，中学生行为规范不宜定得过细和太具体。一般地说来，它可以以"中学生守则"为准绳。国家教育委员会颁发的《中学生日常行为规范(讨论稿)》中的五个内容具有概括性(《光明日报》，1988)：①自尊自爱，注重仪表；②

真诚友爱，礼貌待人；③遵守纪律，勤奋学习；④勤劳俭朴，孝敬父母；⑤遵守公德，严于律己。其教育实施涉及学校、家庭和社会各个方面。这五条基本行为规范，既简练又明了，便于青少年记忆和思考。当然，对于不同年龄（年级）可有不同的要求。

初中一年级可侧重于社会公德与遵守纪律的教育及文明待人和自觉遵守纪律的习惯培养。这样与小学阶段高年级的要求就趋于一致，有一个衔接性。

初中二、三年级应侧重意志品格、道德伦理和国家民族前途的教育，让学生学会用意志力去自觉地加强道德修养，并养成初步的伦理道德习惯。如果在这个阶段形成了良好的道德行为习惯，则往往终身受用。

高中阶段在进一步加强道德伦理教育的同时，可着重加强世界观和人生观的教育。同时也要帮助青少年改造过去形成的一些坏习惯。

（二）严慈相济，引导青少年有目的地进行道德行为练习

青少年，特别是少年期的可塑性很大，积极性较高，好激动，重感情，易受感染，爱听表扬，经不起打击。因此，在引导他们有目的地进行道德行为练习时，必须以真挚而深厚的"爱"为情感的基础，以正面教育为主，动之以情，循循善诱，耐心说服，启发自觉，多给各种道德行为习惯以正强化。

然而，严格要求也是必要的。没有严格要求，就激发不起青少年上进的需要；没有严格要求，就无约束力，激发不起青少年长期坚持练习道德行为的自觉性。

（三）从青少年的原有道德结构出发，引导他们按照自己的意愿来形成良好的道德习惯

吴昌顺等人（1987）研究表明，对什么样的学生是较好的学生，什么样的学生是较差的学生，不同年龄（年级）的青少年有不同的看法（见图9-4、图9-5）。

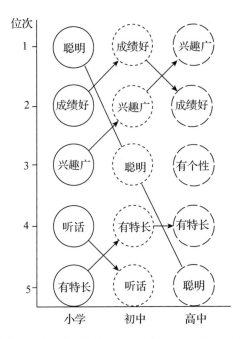

图 9-4 不同年级学生对"较好学生"选择差异对比图示

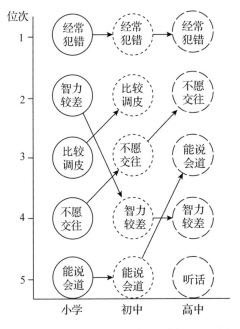

图 9-5 不同年级学生对"较差学生"选择差异对比图示

由图 9-4 和图 9-5 可见，对于较好学生的看法，年级差异十分显著，年级越高越有独立见解：认为"有个性"是好学生的，小学、初中在第五位以下，高中则为第三位；认为"听话"是好学生的，随年级增高而呈下降趋势，而认为"兴趣广"是好学生的，则呈上升趋势。对于什么是较差学生的看法，不同年级被试有一致的地方，如"经常犯错"排在第一位。但不同点也十分明显，"不愿交往"的排位随年级增高而呈上升趋势，这说明青年期交友的热情与日俱增。"听话"在小学儿童乃至初中生仍属较好学生的范畴，到了高中则已成了"较差学生"的一个类型了。由此可见，青年初期人生观正在形成。

在引导青少年进行道德行为习惯练习时，要充分考虑到他们心理、品德发展的原有水平与结构，要尊重他们的正确的主见和选择，发展他们的各种兴趣和各自的个性，从而既有统一的要求，又有照顾个人的特点。

(四) 集体培养与个别训练相结合

健全的集体具有巨大的教育力量。但每个青少年都有"特殊性"。因此培养良好的道德行为习惯，个别训练同集体教育显得一样重要。

三、青少年亲社会行为的发展及培养

亲社会行为的发展是青少年社会化的重要内容，反映了自我与他人、个人与群体的关系，对青少年自身健康发展及社会适应具有重要意义。研究表明，表现出更多亲社会行为的青少年，其幸福感和心理健康水平也更高，拥有更多的积极情绪（Gilman，2001）、更强的人际信任（Rotenberg et al.，2005）以及更高的自尊水平（Laible, Carlo & Roesch，2004）。因此，对青少年的亲社会行为进行培养具有重要意义。而要达到有实效的培养目的，就需要先了解青少年亲社会行为的发展特征。

(一) 青少年亲社会行为的发展特征

早期关于青少年亲社会行为发展趋势的横断研究较一致地认为，与学龄前及儿童期相比，青少年的亲社会行为更多（Eisenberg et al.，2006）。但近些年来，西方国家的一些纵向研究结果发现，在青少年阶段，亲社会行为随年龄增长呈现下降趋势（Carlo，Crockett，Randall & Roesch，2007；Nantel-Vivier et al.，2009）。在我国，寇彧及其团队以青少年认同的四维亲社会行为模型（他性亲社会行为、遵规公益性亲社会行为、关系性亲社会行为和特质性亲社会行为）为基础开展的实证研究也发现了类似的结果。

第一，青少年亲社会行为整体表现随年龄增长而下降。从初中一年级到高中二年级，青少年亲社会行为整体表现随年龄增长而下降。其原因可能是进入初中后，青少年认知水平不断提高，在行为决策时心理机制更为复杂，不仅会同时使用亲社会道德推理、禁止性道德推理等多种策略（Carlo，2014），且由于认知灵活性的提高，也会表现出更多的道德推脱。而从环境因素来看，随着年级的升高，学业压力不断增加，青少年越来越多地面临竞争和个人成就取向的人际氛围可能会导致个体处于较高压力环境中，从而引发亲社会行为的下降（Carlo，Raffaelli，Laible & Meyer，1999）。

第二，青少年四种亲社会行为的发展趋势不同。在青少年认同的四种亲社会行为中，遵规公益性亲社会行为的变化幅度最大，下降趋势最为明显。进入青春期后，自我概念的膨胀使得青少年在实际生活的各个方面均表现出较少的依从性行为；另外，随着年龄的增长，青少年辩证思维开始发展、道德动机内化，因此他们不但对于规范的遵守不再刻板，而且还会常常对现有规范有挑战的意识，因此表现出遵规公益性亲社会行为的下降。这一发现提醒教育者在青少年不同阶段，基于对规则的强调的行为干预方式应谨慎使用。

关系性亲社会行为随年龄增长呈下降趋势。可能的原因是从初中到高中，青少年同伴关系日趋固定，因此"结交新朋友""邀请朋友加入游戏"等强调维护关系的亲社会行为变得不再那么重要。与此同时，随着网络社交平台与即时通信工具应用能力的增强，高年级学生与少数朋友保持高频率联系的可达性和结实新朋友的易得性都大幅提升，因此也可能会导致实际生活中关系性亲社会行为的减少。

利他性亲社会行为的年级效应并不显著，但存在缓慢上升的发展趋势。这可能与青少年亲社会推理、移情及预期他人观点的能力发展成熟等因素有关（Carlo，2014；Carlo et al.，2003）。

特质性亲社会行为在初高中阶段保持稳定。特质性亲社会行为强调与个人积极品质相关的行为，与人格等稳定性倾向类似，因此在初高中阶段该亲社会行为可能已经发展完成，变化幅度不明显。

另外，研究也发现，青少年在亲社会行为的整体表现及四种类型的亲社会行为上都存在显著的性别差异，即女生的亲社会行为表现优于男生。

（二）青少年亲社会行为的培养

一般来说，对青少年亲社会行为的培养有两条途径：家庭培养和学校培养。

1. 家庭培养

家庭中对亲社会行为的培养主要是通过父母教养方式实现的，父母通过有意识地操纵自己的养育行为和管理策略，可以有效地培养青少年的亲社会行为（寇彧，王磊，2003），常用的培养手段有如下几种。

（1）建立良好的亲子关系

建立良好的亲子关系，是给青少年提供亲社会环境的第一步，可以增强青少年的安全感和信任感，减轻外界造成的压力和焦虑，使青少年形成愉快的心境。研究表明，个体在愉快的情绪下，更容易做出友好的行为（寇彧，唐玲玲，2004）。良好亲子关系的建立，还有利于青少年形成理想的家庭亲密感，家庭亲密感主要表现在亲子之间的情感交流、沟通方式以及父母对子女的帮助、接纳和信任方面，适度的家庭亲密感有助于青少年品德的发展，促进青少年形成亲社会价值观念（寇彧，1998）。所以，父母应该敏感地把握子女的感受和需要，尊重他们的人格特点，给他们适当的独立和自由，坚持民主、平等的原则，保持友好理解的态度，采取和平、说理的方式处理家庭事务，形成良好的亲子关系。

（2）移情训练

移情训练的方法是指通过特定的活动，引导青少年考虑他人的想法和情感，并想象自己在类似情境中的感受。有研究表明，通过移情训练，儿童表现出的亲社会行为普遍增加，而攻击行为普遍减少。因此，父母要经常引导青少年站在他人的角度来考虑问题，让他们能够唤起自己类似的经验，设身处地地理解他人的处境，体验到他人的想法和感受，并且产生与他人情绪相同的替代性情绪体验。家长也可以主动与子女交流和分享自己的情绪和感受。移情训练可以提高青少年观察他人情感的能力，使他们学会从他人的角度和立场考虑问题，从而促进亲社会行为的发展。

（3）自我概念训练

个体的自我意识水平越高，自我控制能力越强，表现出来的亲社会行为就越多，攻击行为越少（Carlo et al.，1991）。父母应当有意识地与子女讨论具有社交意义和利他意义的帮助、合作的话题，在讨论中澄清自己的观点，阐明自己对事件的评价，进而提出自己对子女的期望。通过这个过程，可以有效帮助青少年形成正确的自我认识。此外，在日常生活中的每一方面都应该注意培养青少年对自己行为及其后果的责任感，提高自觉调节和控制自己情绪和行为的能力。

2. 学校培养

学校干预通过教师的工作和同伴互动实现，课内课外都可以发生。在本书第八章中，我曾介绍过我的学生寇彧教授带领的研究团队的亲社会行为干预模式。这里我要强调，那八个主题的课堂活动的干预模式，不仅适用于小学生的亲社会行为培养，对于青少年的亲社会行为培养也同样是适用的。寇彧等人已经在北京市部分中学进行了为期近十年的课堂教学实践，这些自然情境下的实验结果显示，这种借鉴心理学中常用的群体干预的手段，以班集体或同伴小组为单位，针对青少年认知关键点及行为养成基本要素的特点而展开的课堂活动，可以有效培养或促进青少年的亲社会行为。

此外，对于在学校开展的亲社会行为的干预训练，下面几点也是重要的。

（1）设置良好的环境

环境设置包括软环境和硬环境的设置。软环境主要指道德环境、社会舆论和评价体系。学校风气积极向上，教师自身表现出高尚的道德情操，教师对学生采取公正的态度，师生之间互敬互爱，同伴之间团结友爱，都是好的软环境的具体表现。这样的环境能对青少年产生潜移默化的影响，促进他们的亲社会行为。硬环境指校园和班级的客观环境以及活动安排。优美舒适的校园，干净整洁的教室，不仅能够让身处其中的青少年心情愉悦，还能制约不良行为的发生。在学校中安排社交性的活动，比如参与班级管理、小组或班级讨论、与同伴合作完成任务，能够提升他们的主人翁意识和社会责任感，对亲社会行为的产生起到积极的作用。

（2）行为强化训练和榜样示范

首先，教师与学生应该通过协商建立行为规则。通过协商得到的规则而不是教师强行的控制来约束学生，不仅仅减少了师生之间的矛盾，也体现了合作与相互尊重的意义，容易获得大多数学生的支持，确保行为规则行之有效。其次，教师要严格遵守行为规则，起到言传身教、榜样示范的作用。除了教师的榜样示范，学生身边的优秀榜样的激励作用会更有效，但一定要注意树立学生认同的榜样。再次，无论是课堂活动还是课下活动，教师都要依据行为规则对学生行为进行评价，表扬亲社会行为，惩罚不良行为。这就是强化作用。最后，对于社会适应不良的学生，教师宜采取单独接触的方法，了解他们的想法和需要，向他们推荐减少破坏性的可选方法，而不是简单地对他们发怒或者失望（Walker et al.，1995）。

（3）与课程或活动相结合的移情训练和自我概念训练

在学校中，结合课程内容可以对学生进行亲社会行为的培养，比如语文课教学可以通过情绪唤起、情绪追忆、换位思考等方法进行移情训练；社会课教学可以通过分析不同群体成员的处境与感受，进行角色扮演来体察他人的情绪情感，达到更好地理解他人、更好地与他人相处的目的；课外活动中，教师可训练学生对不同的社会情境进行正确的解释和恰当的应对，使他们学会与同伴建立和保持友谊。也可以单独设立课程，帮助学生认识自己、控制冲动、克服偏见，通过提升自我意识水平和自我控制能力培养学生的亲社会行为。

第五节

———

品德不良青少年心理特点分析

品德不良与违法犯罪是两个概念。尽管这两者之间没有一个绝对的界限，并且前者是后者的"前奏"和"信号"，但是这两者之间又有性质的区别。品德不良是指经常发生违反道德准则或犯有较严重的道德过错的现象；而违法犯罪的性质就较为严重。

第二次世界大战以后，青少年品德不良和违法犯罪情况严重，已成为国际性的社会问题。我国在经历十年内乱后，也开始觉察到青少年品德不良和违法犯罪问题的严重性。青少年品德不良和违法犯罪，不仅人数多，而且涉及面广，后果严重，影响面更大。从年龄特点上看，青少年品德不良和违法犯罪有一个发展趋势。13～15岁是初犯品德不良或初犯劣迹行为的高峰年龄，15～18岁是青少年犯罪的高峰年龄。

20世纪七八十年代，国内心理学界围绕品德不良中学生的心理特点开展了一系列的研究。我自己从1967年至1976年期间曾采用系统性个案分析法，逐个了解100名品德不良中学生的过去和现状，了解他们7～10年间的变化；逐个与他们接触、谈话，或分析他们的作业、查阅有关他们的材料、观察他们的言行，做一些必要的记录，于1978年整理成文并做出心理学研究。研究结果为如下内容。

一、品德不良青少年的心理特点

1. 道德认识方面的特点

品德不良青少年的认识特点，反映了他们的人生观、道德观、法纪观等许多方面的问题，也反映了他们认识能力方面的特点。

第一，品德不良青少年缺乏正确道德观点，是非观念模糊或颠倒，为强烈的个人欲望与私欲所驱使。例如，他们对"光荣和耻辱""美与丑""公和私""个人和集体"等关系做出与正确要求截然不同的结论(约占76%)。

第二，品德不良青少年形成错误的处世哲学和人生观。例如哥们儿义气和吃喝玩乐的享乐主义(约占4%)，以及亡命称霸的英雄观、无政府主义的自由观和低级下流的乐趣观(约占5%)等占据了他们的思想观念。

第三，个别青少年已形成一定的反社会观念(约占4%)，某个正确的道德观点在一定场合或时间还能起作用(约占5%)。

可见品德不良青少年的道德认识偏差主要是缺乏正确的道德观点，属于认识问题的范围。针对这些特点，教师和家长应该采取如下两种措施。

一是注意和善于把他们的认识引向正确的方向，加强道德、法纪教育，发展他们的认识能力，特别是要培养他们分辨是非的能力。

二是对品德不良青少年的教育纠正要从"启蒙"开始，逐步提高他们的认识，把他们危害社会的倾向扭转到正确的方向上来。为了清除其各种错误认识，也可以在集体中反复制造否定的舆论，或以他们劣迹行为的后果使他们体验到这些错误的危害。

2. 道德感方面的特点

第一是重感情，讲义气，"为朋友两肋插刀"。例如，有人为打架纠集"哥们儿"数人或数十人，造成严重的后果(约占33%)。追求低级情趣，下流的情欲(约占31%)。

第二是缺乏正义感，没有正确的道德感或好恶颠倒。例如，缺乏对别人起码的尊重和同情心，甚至将别人的痛苦作为自己行乐的途径(约占30%)。

第三是对抗社会，反社会的情绪(约占2%)。

第四是在一般情况下，还是有正确的道德感或感情比较正常，即使"出事"，也只是激情所致或偶然发生(约占3%)。

品德不良青少年的道德感也是两头小，中间大。他们大多数人的情感属于可改造或可以利用的范畴。针对这些特点，教师和家长可以采取如下的措施。

一是利用他们重感情的特点，避免和他们造成情感上的对立，让他们体会到善意和温暖，从而将他们的情感引向正确的轨道。满腔热情、动之以情的做法能消除品德不良青少年的疑惧心理与对立情绪。尊重他们的自尊心，取得他们的信任，能为教育、团结和改造他们开辟一条通道。

二是要善于引导他们控制自己的情感，提高其情绪胜任力。尽管青少年常因激情的作用而产生突发性的劣迹行为，但他们往往有一个情感变化的过程。教师和家长要善于察觉他们情感上的变化，如果发现异常，应及时采取措施，防止事故发生。寇彧等在中小学校开展了多年的"提高学生情绪胜任力"的干预训练，通过培养学生识别情绪、理解情绪、表达情绪、调节情绪的方法，使学生能更好地控制和管理自己的情绪情感，不做或少做冲动的不良行为。

三是要注意他们的交往。提高他们的人际交往能力，形成良好的同伴关系，不仅可以促进亲社会行为，而且也防止他们与违法犯罪青少年接触，以免他们受到"传染"进而加入团伙。

3. 道德行为方面的特点

第一是有较严重的道德过错或犯罪活动，属于不同程度的违法行为（约占100%）。

第二是意志薄弱，言行不一。有的中学生有改正的愿望，也做过忏悔的表示，但由于意志薄弱，还会产生不道德的行为（约占63%）。

第三是有些青少年在一般情况下尚能控制自己的行为（约占10%）；而有些已经形成不良行为习惯，只要有犯劣迹行为的条件，就会自然而然地实施行动（约占27%）。

针对这些特点，教师和家长应该注意做到以下几点。

一是锻炼他们的毅力，创造好的条件，杜绝其劣迹行为重犯的机会，鼓励和增强他们拒绝不良道德行为的信心和勇气。

二是以预防为主，防止他们偶发性劣迹行为的产生。

三是可以用他们本人或别人的不良行为或违法犯罪的最终结果来教育他们，使他们认识到行为后果的严重性及其危害性，告诫他们只有改邪归正才是出路。

上述心理特点分析，说明造成青少年品德不良的心理条件是复杂的。因此，教育改造他们的突破口必须与一般品德教育一样，应该是多开端的，对于其知、情、意、行的改造，并没有固定的顺序，要根据具体情况，有的放矢，这样才能收到良好的效果。

二、女生品德不良的特点

国内许多心理学研究表明，在品德不良和违法犯罪中，男女是有差别的。

在我们研究的 100 个个案中，女生有 22 人，其品德不良确实有其特殊性。女生品德不良的心理特点主要是缺乏道德观念、情趣低级、意志薄弱、追求享乐。其不良行为表现多与过早的性活动有关。

1979 年，我们对 50 名品德不良的女生进行调查，发现有过早性活动问题的有 45 人（占 90%）。她们的年龄集中在 13～16 岁。16 岁之后，有显著的收敛（占 85% 以上）。廖丽珠（1981）的研究发现女生过早性活动问题的发展过程大致有两个阶段。

第一阶段，即异常表现期。一般在 13、14 岁左右。女生开始热衷于跟男性接触，上课特别容易分心，作业经常缺交，往往迟到、旷课，喜欢奇异打扮，平时爱和男生打闹，甚至会动手动脚或谈论男女风情。

第二阶段，即不良作风表现期。多数在 14、15 岁左右。女生在学校经常旷课，惹是生非，在公开场合讲下流话，缺乏羞耻感，听不进正确教育意见，甚至参与男生打架，或借口"逃夜"在外。

上述资料表明，女生过早性活动问题表现出显著的年龄特点，集中在 13～16 岁。这个时期，女生由于生理、心理的剧烈变化，情感波动不稳定，缺乏自制力，意志较薄弱，容易受到不良影响，从而走上性爱不健康发展的道路。16 岁之后，由于自制力的发展，加上对出路、前途的重视和社会舆论感的增强，她们的行为会有显著的收敛或不敢公开化，这是女生品德不良心理的一个表现形式。

教师和家长要关心女生的身心健康和心理需求，善于发现她们身上不易被人注意的心理变化，对于有异常表现的女生，要立即给予特殊的关心和教育。对于已经出现过早性活动的女生，不应歧视，要控制其与作风不良的人或坏人接触，抑制其不良习惯的形成，适当满足她们合理的物质需要，提高她们的道德认识，使她们形成健康的人生观。

三、品德不良青少年的发展结果

品德不良青少年的发展趋势是社会所关注的问题。我们对所研究的100名品德不良青少年的发展结果做的统计显示，他们并不是都会成为罪犯（成为罪犯的仅占29%），大部分（占70%）有了不同程度的变化，其中7%有显著的进步，成绩突出。

北京第一工读学校在1955—1966年招收有劣迹行为的青少年1020名，经过教育后80%的青少年能健康成长，有的甚至成为地委级、县（团）级的干部，有的成为工程师、优秀教师和著名文艺工作者。可见，具有不良品德的青少年并不是不可救药的天性恶劣分子，只要抓紧教育，尤其抓紧成熟前阶段的思想教育，他们是可以改正自己的错误并成为有用的人才的。这说明品德不良青少年的心理具有可塑性的特点，这个特点正是教师和家长教育工作的前提和条件。

我们对100名品德不良青少年的研究发现，他们的变化与是否形成不良道德行为习惯有直接的关系，形成不良行为习惯者发展成罪犯的占绝大多数（82%），而转变的只是少数（15%）。我们的100名研究对象中，有29个成为罪犯，他们大部分（22名，占罪犯数的76%）是形成不良行为习惯者。可见，不良的行为习惯是否形成往往是决定品德不良青少年的行为是否继续恶化的重要心理条件。因此，教师和家长对尚未形成不良行为习惯的失足青少年，要采取正面引导以避免他们形成不良品德习惯；对已形成一定恶习的青少年，要立足于"拉"，创造条件让其不良习惯得不到强化，避免重犯。寇彧等译的《危机中的青少年》（2009）一书中指出，在对不良行为的干预过程中，通常采取初级预防、次级预防和三级预防方案。初级预防是指降低不良行为的发生概率，这是适用于所有学生群体的预防措施；次级预防指降低那些可能发展为严重问题的不良行为在学生中的流行率，这是有选择地对于学生中的个别学生的预防措施；三级预防指减少已经存在的不良行为所产生的负面影响，这是针对那些已经表现出不良行为及严重问题的学生的干预措施。

第十章

成年人品德的发展

成年时期是人生发展过程中持续时间最长的一个时期，从年龄上说主要指从 18 岁一直到死亡这个阶段。所以，成年时期又可以被细分为成年早期(18~35岁)，成年中期(35~60岁)和成年晚期(60岁以后)。与儿童期及青少年期相比，由于青少年期品德趋于成熟，成年期的成长变化不太显著。从成年早期到成年中期，个体的生理机能、认知能力、社会性、品德等都处于比较平稳的状态。虽然从成年中晚期开始，个体的这些方面会逐渐出现衰退的现象，但个体在成年时期的各方面变化都是不太显著的，是相对稳定的。

第一节

———

成年人品德的发展

到了成年期，个体的生理机能、认知能力、个性社会性都趋于稳定，但是个体在这一时期的生活环境和个人身份却发生着巨大的变化。一是个体开始脱离原始家庭，走向独立生活；二是个体开始了自己的职业生涯，并要适应之；三是个体组建和发展着自己的核心家庭；四是个体拥有一定的社会责任和地位，开始扮演社会角色。这些是成年个体的发展特点，也是成年个体的生活状态，也构成了成年人品德发展的条件。

成年早期个体的一个突出特点，是其生理机能水平和健康状况会达到前所未有的高度，自身的认知能力也达到鼎盛时期，之后相当长的时期都会持续在这种较高的水平上，直到成年中期之后开始出现缓慢的下降。成年早期个体的另一个突出特点是要解决自我认同的问题。进而在两个方面得到重要发展，其一是与一些能终生陪伴自己的人，特别是配偶建立亲密关系；其二是成为具有工作能力的人。当一个成年个体在社会关系中并能够和自己的爱人、朋友、家人建立亲密关系，以及拥有机会，善用时间，发挥所长，表现自己的生产能力的时候，成年个体才能够生活得快乐，也才能适应环境。成年人乃至人类的道德品质，实际上是通过人际关系或社会关系形成的，并在个体适应其工作的过程中反映出来。

关于成年人品德的发展，目前国内外的资料都比较少，这里我们结合西方的研究和自己的一些研究，在这里略做概述。

一、西方关于成年人品德发展的研究

(一) 西方成年人道德判断发展趋势的研究及其验证

如前所述，西方关于个体道德判断发展最有代表性的研究，是皮亚杰和科尔伯格等社会认知学派的研究成果，但无论是皮亚杰，还是科尔伯格，他们的研究对象都限定在成年人之前的个体范围。皮亚杰指出，个体在青少年期之前的道德判断的发展遵循从他律到自律的过程，而科尔伯格将儿童青少年个体道德判断的发展概括为三个水平六个阶段。

皮亚杰和科尔伯格道德认知学派的理论核心是，个体的认知发展决定其道德判断的发展，只有个体的认知发展到达一定水平时，其道德判断才能达到相应的阶段。例如，青少年的思维能力在超过了所感知的具体事物，表现出能进行抽象的形式推理之后，他们的道德才通过个性的发展表现出新的特征来——即在道德认识方面，根据自己的价值标准来判断一些道德问题，并将公道原则即公正观念的高级形式作为其道德判断的内在基础；在道德情感方面，对理想、观念、意识形式产生情感，社会因素成了道德感中主要的形式；在道德行为方面，运用道德理想的准则，开始指向未来，并为改造社会做道德的准备。科尔伯格同样强调认知发展对道德发展的制约作用，但他同时指出，个体进入 16 岁以后，其道德动机主要是充当社会的角色，在执行各种社会角色的过程中履行自己选择的道德准则，其道德认识为"道德准则与社会准则是使各种不同观点一致起来的社会契约，是可变的"。于是，道德判断进入第五、第六阶段的个体，可以把自己置身于所处社会范围之外，使道德行为有时超越规章制度，而更多从道德本质出发。

比布雷、帕帕利亚(1975)的研究发现，成年人会以自身的经验来解释科尔伯格的道德两难问题。例如有过癌症经历的人对科尔伯格两难故事中丈夫偷药以挽救垂死妻子的事件表现出更为宽容的趋势，原因是他们自己的亲身经历和对所爱的人的疾病经历的体验，与其认知的发展一起相互作用，使得他们可以从更为复杂的角度来全面认识现实的道德现象，具体来说，即他们从现实生活中体验到为他人谋福祉的责任与理想的道德原则构成的价值冲突，使得他们的道德判断更为灵活。所以，就道德判断而言，个人的认知发展并不是唯一原因，尽管处于具体运算阶段的个体不可能做出后习俗水平的道德判断，但处于形式运算阶段的个体也不一定就必然达到更高水平的道德思考，除非他的经验与认知发展并驾齐驱。这项研究是对科尔伯格理论观点的强有力的支持，验证了个体进入成年期之后，由于生活范围的扩大和社会角色的改变，加之认知的发展，其道德判断也就可能提升为更高的层次了。

西方这些研究结果科学性如何？我们自己进行了一项验证性研究，得到了与此类似的结果。寇彧及其团队(王锦，傅鑫媛，张兰鸽，寇彧，2013)在探讨儿童青少年对行贿行为的认知发展时发现，被试对假设情境问卷中行贿的道德判断以及对行贿的认同，都表现出随年龄增大而显著升高的趋势。同时，对行贿的道德判断与对行贿的认同具有显著相关，被试越是认为行贿不道德就越不认同行贿。但是，被试对行贿的道德判断与对行贿的认同之间的关系却不受被试年龄的调节，这说明个体对行贿的道德判断随年龄上升的趋势并不能解释其对行贿认同随年龄增大而呈上升的趋势。那么，是什么导致了个体在走向成熟的过程中所表现出的道德认知发展呢？研究者在另一项实验中通过操纵示范性规范来考察其在不同年龄被试对行贿认同中的作用。结果发现，高示范性规范组的被试比低示范性规范组的被试对行贿更为认同，并且示范性规范的作用随被试年龄增大而增强。于是，研究者认为，个体对行贿的道德判断，以及行贿的示范性规范对不同年龄被试的行贿认知具有不同作用，年幼个体(如小学儿童)主要受到其对行贿所做的道德判断的影响；而青少年同时受到其道德判断和示范性规范的独立影响；对于高中生以上的被试来说，则更受示范性规范的影响，通过道德功利主义调整其道德判断，从而更认同行贿。

研究者在这项研究中所操纵的示范性规范，即相应情境中多数人遵循的规范。也就是说，个体在进入成年后，其道德判断的灵活性进一步增强，他们虽然对道德现象有着更清楚的认识，知道什么是道德的，什么是不道德的，但不会刻板地单纯依据道德判断来决定自己对某个行为或事件的认同，也不会单纯地依据道德判断来做出自己的行为决策。

(二)西方道德的社会直觉模型和道德五元论

社会直觉模型(Social Intuitionist Model)是由美国心理学家乔纳林·海特提出来的，其基本观点是道德判断是基于直觉的自动化过程，而不是有意识的推理(Haidt，2001)。该理论的基本观点包括：第一，道德信念和道德动机来源于道德直觉，而道德直觉是进化而来的；第二，道德判断是快速且自动化的道德直觉过程的产物，缓慢且有意识的道德推理过程往往发生在道德判断之后；第三，在决定道德判断的直觉过程中，起主要作用的是情绪而不是认知；第四，道德推理的作用在于事后解释，即当我们做出了道德判断后，我们用道德推理来为自己的判断寻找理由；第五，虽然有意识的道德推理能够发生，但它很难改变由情绪所产生的道德判断结果；第六，若要改变某人的道德判断便需要改变其道德直觉过程，而不是改变其道德推理过程(Haidt，2001，2007，2008；Haidt & Bjorklund，2008；Haidt & Kesebir，2010)。

总之，在海特看来，情绪是做出道德判断的决定性因素，推理过程仅仅是为道德判断的结果寻找合适的理由(Haidt，2010)。

不少实证研究都支持海特的论断。研究发现，外界刺激诱发的外源性情绪会影响被试对道德两难问题的判断，积极情绪会使人做出更多功利性选择(Valdesolo &

DeSteno, 2006）；研究还发现，具有动机作用的情绪（例如厌恶）能显著影响个人在情境中的道德判断（Ugazio, Lamm & Singer, 2012）。近年来，随着技术手段的更新，更多来自认知神经科学领域的研究，特别是脑成像的研究支持海特的理论。例如，正常人的 fMRI 研究发现，不管是被动地观看道德材料（唤起道德感的照片、道德陈述）还是让被试进行道德判断，负责对感觉刺激中情绪成分进行评估和编码的腹内侧前额叶（下简称 VMPFC）都有明显的激活，其他与情绪相关的脑区在不同的任务上也有不同程度的激活（谢熹瑶等，2009）。这些研究结果虽然可以说明，道德判断涉及与情绪加工有关的脑区，情绪因素参与了道德判断，但仍不足以得出情绪是进行道德判断的条件而不是连带反应的结论。然而，关于脑损伤病人的研究则弥补了这一缺陷。实验研究发现，如果 VMPFC 受损者的智力水平正常，认知功能基本健全，但情绪功能受损严重的话，则表现出缺少共情功能、情绪不稳定、调节失常等症状，这项研究为单独考察情绪在道德判断中的作用提供了可能性。研究结果进一步显示，童年期 VMPFC 受损者的道德发展水平明显低于正常被试，在涉及诱发强烈负性情绪的道德伤害情境中，这类被试明显地会做出更多的功利性选择情绪（谢熹瑶等，2009）。因而，研究者认为，VMPFC 是影响道德判断的重要中枢，情绪是道德判断的必要条件。

海特及其合作者，在社会直觉模型的基础上对道德的构成又进行了探讨，他认为不同的文化和亚文化所强调的道德内涵不同，道德不只包含公正和关爱这两个传统内容（Haidt, 2007）。他们通过对不同文化的比较和分析，提出了道德基础（内容）理论（moral foundations theory）。该理论主张，道德包含关爱（harm/care）、公正（fairness/reciprocity）、忠诚（loyalty/betrayal）、权力（authority/respect）、精神纯净（purity/sanctity）五个方面（Graham et al., 2011）。这就是道德的五元论。

2011 年，海特及其合作者报告了一项基于 30000 多名成年被试的研究，主要结果如下，在大学生被试中进行重复测量发现，五个维度的重测信度为关爱 0.71，公正 0.68，忠诚 0.69，权力 0.71，精神纯净 0.82。探索性因素分析的结果表明，这五个维度可以区分为个人指向（公正、关爱）与群体（忠诚、权力、精神纯净）指向的两个因素，结构良好。验证性因素分析在比较了个人—群体指向的两因素模型、个人—社会—神圣的三因素模型、MFT 的五因素模型和二因素乘五因素二阶模型后结果显示，MFT 的五因素模型更优。

因此，海特指出，道德心理学主要关注两方面的问题，一是人们相互之间的伤害、关爱和利他主义，二是公平、互惠和公正。这两个问题分别与两个进化机制相匹配，即亲缘选择（kin selection），人们对与其有亲缘关系的人所遭受的痛苦和需求会更为敏感；以及互惠的利他主义（reciprocal altruism），人们会更为敏感于谁值得拥有什么。以往研究较多聚焦在人际层面的处理方式（interpersonal treatment）上，所以，更多强调的是个体之间的相互关系，例如，关爱和公正对应的就是个人道德；但是，群体之间的关系也会反映出道德准则，这是一种文化实践和道德知觉共同进化的产物，例如忠诚和权力主要与社会伦理相关，精神纯净主要与道德神圣相关。因此，道德准则不单是关于如何对待其他个体的判断标准，也是关于在与其他群体有竞争关系的时候，个体如何成为特定群体中的一员的判断标准（Haidt, 2007）。

前面说过，成年人的典型特点有四个：一是脱离原始家庭，走向独立生活；二是开始职业生涯；三是组建并发展自己的家庭；四是开始扮演社会角色。于是，成年人需要更多地适应群际之间的关系，而在各种不同层次的人际交往过程中表现出的人际技能，可以反映成年人的道德发展。

二、我国关于成年人品德发展的研究

我国关于成年人品德发展研究的被试，绝大部分是成年早期，尤其是大学生，当然也有一部分是非大学生。这里我们呈现三个有代表性的研究。

（一）大学生道德价值取向发展的研究

价值取向是个体社会化的结果，价值观念的形成既依赖于个体的认知结构发展水平，也依赖于个体早期发展的道德倾向：功利主义或感情注入（Hoffman, 1982）以及社交环境。我们通过多年来在个体品德和价值观方面进行的研究和思考，认为个体的价值观念、价值取向规定着他们的道德抉择，道德判断反映了个体道德认知发展的水平，同时也受他们的道德内容制约，也就是说，个体的道德判断发展实际上还受个体的价值取向的制约，处于同一认知水平的个体有可能具有不同的价值取向，于是他们会做出截然相反的道德判断。

我们曾采用随机抽样的方法，对北京市小、中、大学生的价值取向发展趋势进行过研究，发现个体的价值取向并不是生来就固有的，而是与其生活经历密切相关。个体的价值取向具有发展性特点，不同年龄阶段的价值取向特点是不同的（林崇德，寇彧，1998）。从我们测定的四种价值取向（平等、自我发展、需要表达、接受权威）来看，平等价值取向在各个年龄阶段都受到了重视，而在"个人发展"的价值取向和"需要表达"的价值取向方面，则随着年龄的增高，评价也在提高。大学生将"个人发展"的价值取向放在第一位，将"平等"的价值取向放在第二位，高中生和大学生都把"需要表达"的价值取向放在第三位，而对"接受权威"的价值取向最不重视（如图 10-1 所示）。

从这项研究结果中，也可看出与前述的关于个体对行贿行为的判断及认同的研究结果的共同之处，那就是个体随着年龄的增大，准确地说，即从高中之后，其道德判断（道德形式的发展指标）只是其认知发展的一个方面，尽管也会影响其行为抉择，但并不是唯一影响因素。对个体的行为及其行为意向能够产生更多影响的可能是其内在认同的道德内容层面的东西，例如价值取向，对事物的认同度等因素。

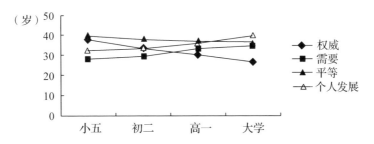

图 10-1　四种价值取向与被试年龄年级发展的关系

从图 10-1 可知，个体在发展成熟过程中，对于任何观念的习得，都有一个从外部控制下的服从到自己的主动认同和喜爱赞赏的过程。个体从进入青春期开始，自我意识逐渐高涨，引发而来的是对自我各个方面的强烈的认识欲望和突出表现自我的强烈愿望,所以,对"需要表达"的价值取向和"个人发展"的价值取向开始认同,并越来越重视。

毫无疑问,个体的价值取向发展与其自身的成熟以及内部需要的发展有关,此外,与其认同的道德观念影响源也密切相关。我们考察了个体价值取向的发展与其认同的道德权威影响源之间的关系。结果发现,个体的价值取向发展与道德权威之间的关系极为密切,个体的道德判断不仅与个体认同的道德权威一起,随着其年龄的增长和认知水平的提高而发生变化,而且,它们的变化规律具有特定的对应关系。从表 10-1 可以明显看出,"接受权威"价值取向与"教育者影响源""家庭影响源"和"社会和谐影响源"显著相关;"平等"价值取向与五种影响源都显著相关;而"个人发展"价值取向与"家庭影响源"却有一定的负相关,"需要表达"价值取向与"家庭影响源""社会和谐影响源""尊严与公正影响源"也有一定程度的负相关。可见,个体的价值取向的发展实际上是受其影响源所支配的。低幼年级的儿童青少年多认同自己家庭中的父母和学校的教育者的观念,易接受他们的影响,所以表现出"接受权威"的价值取向。而成年个体的独立性越来越高,生活范围和社交范围不断增大,因此认同的影响源也发生了变化,他们主动地选择权威的意识及强调自身发展的意识更明显,所以"接受权威"的价值取向随之而解体,同时"尊严与公正""社会的和谐与幸福"的观念逐渐占据主导地位,因而表现出越来越强的"个人发展"和"需要表达"的价值取向。

表 10-1　个体认同的道德观念影响源与其价值倾向的关系

	接受权威	个人发展	平等	需要表达
教育者影响源	0.3506[**]	0.1212	0.2582[**]	0.0987
家庭影响源	0.3265[**]	-0.0248	0.1818[*]	-0.0198
自我利益影响源	-0.0176	0.1226	0.1707[*]	0.0031
社会和谐影响源	0.1586[*]	0.0040	0.1592[*]	-0.1002
尊严、公正影响源	0.1404	0.0918	0.2909[**]	-0.0481

注:[*] $p<0.05$,[**] $p<0.01$。

以上结果不仅说明个体的价值取向具有发展的阶段性，以及不同价值取向之间在发展过程中具有互动性，而且还说明个体在发展过程中，价值取向发展变化的动因与个体所认同的道德权威影响源有直接的关系，也可以说，价值取向发展的机制实际上就是个体在不同发展阶段所认同的道德权威影响源对个体产生的影响。由此看来，探讨成年人认同的道德观念影响源有助于从本质上理解成年个体价值取向的特点和发展规律。

我们从上述内容看到，个体的价值取向受其道德观念影响源的影响，而且表现出发展的阶段性，同时，个体的价值取向还影响其道德判断。

其实，不仅如此，价值取向也直接影响个体的行为表现。个体在面临社会困境和利益分配时，为了持续发展，必须考虑彼此的利益均衡问题，而人们在综合考虑自身利益、他人利益及两者间关系时表现出的对自己和他人或群体利益分配的特定偏好，即社会价值取向（social value orientation）（Van Lange, Otten, De Bruin & Joireman, 1997）。研究者将其分为合作型、竞争型和个体型3类，竞争型和个体型因为在绝对和相对意义上都追求个人利益（De Cremer & Van Lange, 2001）而被称为亲自我取向，合作型个体因为追求群体利益的最大化和成员彼此的平等（Deutsch, 1958）而被称为亲社会取向。在社会困境中，亲社会者倾向以集体理性的方式行动，表现出更多的合作行为，亲自我者倾向以个体理性的方式行动，更多表现出竞争和背叛（Bogaert, Boone & Declerck, 2008；严进，王重鸣，2000）。寇彧等的另一项研究（洪慧芳，寇彧，伍俊辉，2012）采用人格与情境交互的视角，在设置的社会困境和利益分配情境中，操纵了博弈双方的信息对称性，从而检测亲社会者和亲自我者的大学生的行为决策及其公平感。研究发现，亲社会者比亲自我者更倾向做公平决策，信息对称比不对称条件更促进被试做公平决策，女性比男性更倾向做公平决策。性别在社会价值取向与信息对称性对公平决策的影响中起调节作用，男性的公平决策只受社会价值取向的显著影响，女性的公平决策只受信息对称性的显著影响。社会价值取向显著影响个体对不公平的容忍度，亲社会者更不能容忍不公平行为；对于利己的不公平行为，被试都倾向接受，亲社会者不比亲自我者体验更强的内疚情绪；对于不利己的不公平行为，被试都倾向拒绝，且产生更强的不公平感和气愤等情绪。

（二）大学生公正世界信念对其道德行为的影响研究

2006 年的"南京彭宇案"在社会上引起了很大反响。无独有偶，2011 年的"小悦悦"事件再次引起人们的热议。面对受害者，为什么人们不敢伸出援手，不敢见义勇为？是"善有善报，恶有恶报"的信念受到了某种威胁，人们不再相信自己的善举会得到应有的回报？还是这个信念依然存在，人们宁愿相信受害者是罪有应得？抑或是生活太紧张了，而助人行为常常要助人者付出时间、精力等方面的代价，人们无暇顾及周围情景中他人的需要呢？

社会心理学家提出，社会生活需要成员坚信得其所应得，所得即应得，即拥有公正世界信念（Lerner，1965）。公正世界信念可以帮助人们建立对世界的控制感，使个体愿意遵循社会规范，并为其追求长期目标提供动力（Lerner & Miller，1978）。研究者常常把公正世界信念分为个人公正世界信念和一般公正世界信念（Dalbert，1999；Lipkus，Dalbert & Siegler，1996）。前者指人们认为世界对自己是公正的信念，类似一种个人契约（personal contract），能很好地预测个体的生活满意度和幸福感等社会适应指标。它与愿意帮助他人呈正相关，且高个人公正世界信念的个体对未来更有信心，更倾向于采用公正的手段来达成目标；后者指个体关于世界对其他人是公正的信念。它与严厉的社会态度和社会歧视呈正相关，与助人行为呈负相关（Begue & Bastounis，2003；Begue，Charmoillaux，Cochet，Cury & De Suremain，2008；Sutton & Douglas，2005；周春燕，郭永玉，2013）。

格雷特梅耶和鲁道夫（2003）发现，出于对公正世界信念的维护，个体如果认为受害者对其所处困境不负有责任（外归因）的话，就会同情受害者，进而提高帮助受害者的可能性；相反，如果认为受害者应对自己遭受的不幸负责任（内归因）的话，就会对其产生愤怒的情绪，进而降低帮助其的可能性。科格特（2011）也指出，责任归因是影响个体助人意愿的重要决定因素，而对受害者的责任归因除了受到受害者年龄、性别等因素作用外，也受到助人者的个人信念（如公正世界信念）的影响。科格特发现，当受害者身份可识别，并且个体对其遭遇做了内归因的时候，个体帮助受害者的意愿更低，并且个体的一般公正世界信念越强，会越多地把受害者的遭遇归为其自身的原因。

此外，行动代价也影响个人的行为。根据社会信息加工理论，个体在特定情境中是否实施帮助行为，需经过一系列的信息加工过程（马艳 & 寇彧，2007）。如果助人的代价过高，助人行为将会减少（Penner, Dovidio, Piliavin & Schroeder, 2005）。只有在代价可以被个体承受，而且受害者又不是咎由自取时，个人公正世界信念才会提高个体的帮助意愿。

寇彧等的研究（姬旺华，张兰鸽，寇彧，2013）通过假设情境问卷，从助人者特质与助人情境交互的视角入手，借助于两项研究先后考察了 198 名大学生和 415 名大学生的个人公正世界信念对个体帮助受害者行为意愿的影响，探讨助人者对受害者的责任归因和帮助受害者的代价在其中的作用。研究一发现，大学生的个人公正世界信念（$M = 3.81$，$SD = 0.92$）显著高于中位数（3.5），$t(197) = 4.71$，$p<0.001$；被试对受害者的遭遇倾向于做内归因（$M = 4.66$，$SD = 2.20$），$t(197) = -2.20$，$p<0.05$；帮助受害人的意愿（$M = 2.21$，$SD = 1.04$）显著低于中位数（2.5），$t(197) = -3.97$，$p<0.001$。这表明，大学生相信世界对自己是公正的，他们对受害者的遭遇较多地做内归因，帮助受害者的意愿不高。个人公正世界信念、责任归因均与帮助意愿呈现显著正相关，即个人公正世界信念越高，帮助受害者的行为意愿越强；越把受害者的遭遇归为外因，帮助受害者的行为意愿也越高。但个人公正世界信念与责任归因之间的相关不显著。

研究者通过分层逐步回归进一步考察个人公正世界信念、责任归因对帮助受害者意愿的预测作用，以及责任归因是否在个人公正世界信念与帮助受害者意愿的关系中起调节作用。以帮助意愿为因变量，把年级（以大一为基准转化为虚拟变量）、性别（以男生为基准转化为虚拟变量）和社会称许性作为控制变量第一层进入回归方程，把个人公正世界信念和责任归因（均经过中心化）第二层进入回归方程，个人公正世界信念与责任归因的交互作用项第三层进入回归方程，发现个人公正世界信念与责任归因的交互作用不显著，$R^2 = 0.18$，$\Delta R^2 = 0.3\%$，$F(1, 189) = 0.71$，$p>0.05$；而个人公正世界信念与责任归因均能正向预测助人行为，两者共可以解释 11.7% 的变异。采用 stepwise 的方法把个人公正世界信念和责任归因第二层进入，结果见表 10-2。责任归因首先进入回归方程，可以解释 5.7% 的变异；个人公正世界信念随后进入回归方程，它可以单独解释 6% 的变异。

表 10-2　责任归因、个人公正世界信念对帮助受害人意愿的分层逐步回归分析

	第一层		第二层		第三层	
	β	t	β	t	β	t
社会称许性	0.12	1.65	0.09	1.32	0.04	0.56
性别	0.06	0.83	0.03	0.37	0.03	0.49
大二	−0.10	−1.31	−0.11	−1.48	−0.08	−1.01
大三	−0.21	−2.65**	−0.20	−2.59*	−0.16	−2.04*
责任归因			0.24	3.51**	0.27	4.02***
个人公正世界信念					0.26	3.72***
R^2	0.06		0.117		0.177	
ΔR^2	0.06		0.057		0.06	
ΔF	3.07*		12.29**		13.82***	

注：$^*p<0.05$，$^{**}p<0.01$，$^{***}p<0.001$。

研究者在研究二中操纵了帮助行为的代价(高代价与低代价)，进一步探讨个体对受害者遭遇的责任归因及实施帮助的代价是否影响个人公正世界信念与帮助受害者意愿之间的关系。

研究者先以个人公正世界信念、四种条件下的帮助受害者意愿为因变量，以性别和年级为自变量，进行 2(性别)×3(年级)多元方差分析。发现年级的主效应显著，$F(10, 782) = 5.16$，$p<0.001$，$\eta_p^2 = 0.06$，大一被试在四种条件下帮助受害者的意愿均显著高于大二被试和大三被试，后两个年级之间差异不显著。性别的主效应显著，$F(5, 391) = 5.59$，$p<0.001$，$\eta_p^2 = 0.07$，女生的个人公正世界信念及四种条件下的帮助意愿均显著高于男生。性别与年级在低代价、内归因条件下的帮助意愿上存在显著交互作用，$F(2, 401) = 3.28$，$p<0.05$，$\eta_p^2 = 0.02$，进一步分析发现，大三男生帮助意愿显著低于大三女生，大一女生的帮助意愿显著高于大二女生，大一男生的帮助意愿显著高于大三男生；性别与年级在低代价、外归因条件下的帮助意愿上存在显著的交互作用，$F(2, 401) = 4.94$，$p<0.01$，$\eta_p^2 = 0.02$，进一步分析发现，大一男生的帮助意愿显著低于大一女生，大三男生的帮助意愿显著低于大三

女生，大一男生的帮助意愿显著高于大二、大三男生，大一女生的帮助意愿显著高于大二女生。也就是说，整体上女生的帮助意愿显著高于男生，大一男生的帮助意愿高于大二、大三学生，但在低代价的条件下，同一年级女生的帮助意愿高于男生，同性别低年级大学生的帮助意愿高于高年级学生。所以，在后续的分析中研究者把年龄和性别作为控制变量。

以四种条件下的帮助受害者意愿为因变量，社会称许性、性别和年级作为控制变量，进行 2（归因：内归因和外归因）×2（帮助代价：低代价和高代价）的重复测量方差分析。结果表明，四种条件下的帮助意愿存在显著差异，$F_{(1,408)}= 15.73$，$p < 0.001$，$\eta_p^2 = 0.04$。事后比较（LSD）发现，低代价、外归因条件下的帮助意愿（$M = 2.81$，$SD = 1.12$）最高，低代价、内归因的帮助意愿（$M = 2.04$，$SD = 1.22$）次之，随后是高代价、外归因条件下的帮助意愿（$M = 1.74$，$SD = 1.11$），高代价、内归因条件下的帮助意愿（$M = 1.17$，$SD = 0.97$）最低（见表 10-3）。四种条件下帮助受害者的行为意愿均在 0.001 水平上存在显著差异。由于大学生的个人公正世界信念仅与低代价条件下的帮助意愿存在显著正相关，所以分别以内归因、低代价条件下的帮助

表 10-3　不同性别、年级大学生在个人公正世界信念和四种条件下帮助受害者意愿上的平均数与标准差

	总体	性别		年级		
		男生	女生	大一	大二	大三
个人公正世界信念	3.79±0.88	3.65±0.91	3.87±0.86	3.81±0.89	3.71±0.92	3.85±0.83
高代价、内归因条件下的帮助意愿	1.17±0.97	1.06±0.97	1.25±0.97	1.40±0.95	0.97±1.01	0.99±0.88
高代价、外归因条件下的帮助意愿	1.74±1.11	1.64±1.21	1.83±1.04	2.04±1.09	1.54±1.05	1.46±1.07
低代价、内归因条件下的帮助意愿	2.04±1.22	1.79±1.27	2.19±1.17	2.30±1.20	1.85±1.19	1.81±1.21
低代价、外归因条件下的帮助意愿	2.81±1.12	2.56±1.23	2.98±1.01	3.12±0.96	2.71±1.18	2.39±1.13

意愿和外归因、低代价条件下的帮助意愿作为因变量,让年级(以大一为基准转化为虚拟变量)、性别(以男生为基准转化为虚拟变量)和社会称许性作为控制变量第一层进入回归方程,个人公正世界信念第二层进入回归方程,进行分层逐步回归。结果发现,个人公正世界信念对内归因、低代价条件下的帮助受害者意愿的预测作用边缘显著,$R^2 = 0.092$,$\Delta R^2 = 0.7\%$,$F(1, 396) = 3.27$,$p = 0.071$;而个人公正世界信念可以显著预测外归因、低代价条件下的帮助受害者意愿,$R^2 = 0.155$,$\Delta R^2 = 2.8\%$,$F(1, 396) = 12.99$,$p < 0.001$(见表10-4)。

表 10-4　个人公正世界信念对低代价条件下帮助受害者意愿的影响

	内归因、低代价条件下的帮助受害者意愿				外归因、低代价条件下的帮助受害者意愿			
	第一层		第二层		第一层		第二层	
	β	t	β	t	β	t	β	t
社会称许性	0.14	2.94**	0.14	2.81**	0.14	2.90**	0.12	2.67**
性别	0.17	3.55***	0.16	3.30**	0.19	3.99***	0.17	3.56***
大二	-0.18	-3.47**	-0.17	-3.36**	-0.19	-3.73***	-0.18	-3.56***
大三	-0.17	-3.29**	-0.17	-3.33**	-0.28	-5.61***	-0.28	-5.77***
个人公正世界信念			0.09	1.81*			0.17	3.60***
R^2	0.084		0.092		0.128		0.155	
ΔR^2	0.084		0.007		0.128		0.028	
ΔF	9.15***		3.27*		14.53***		12.99***	

注:* $p < 0.05$,** $p < 0.01$,*** $p < 0.001$。

由此可知,个人公正世界信念仅可以显著预测低代价条件下的帮助受害者意愿,尤其是外归因、低代价条件下的帮助受害者意愿(可以单独解释2.8%的变异),而与高代价条件下的帮助受害者意愿无显著相关。

上述研究结果显示,大学生的个人公正世界信念高于中位数,但帮助意愿却低于中位数,而且他们对模糊情境中的受害者遭遇倾向于内归因。在高代价条件下,大学生帮助受害者的意愿较低;代价相同时,内归因条件下的帮助受害者的意愿显著低于外归因条件下。显然，人们在现实中仍抱有"善有善报，恶有恶报"的信念，但可能感到帮助受害者需要付出较高的代价，因而帮助的意愿就随之降低了。因此，我们就不难理解前面中提到的"彭宇案"和"小悦悦事件"的困境了，人们如果觉得自己要为善良的举动付出高昂的经济和精神代价时，自然会在类似的困境面前袖手旁观，进而造成更多的"小悦悦"式悲剧的发生。那么，该如何促进亲社会行为呢？

首先，个人公正世界信念与帮助受害者意愿呈正相关，可以通过提高个人公正世界信念水平，进而提升个体的亲社会行为。其次，责任归因也影响人们帮助受害者的行为意愿，对受害者的遭遇越倾向于外归因的个体，其帮助受害者的意愿也相应越高。因此，引导公众在模糊情境中明确识别线索，做出合理的归因也可相应地促进人们亲社会行为的实施。最后，帮助代价的高低会在很大程度上影响人们是否会对受害者伸出援手，不论个体的公正世界信念水平如何，在高代价的情境下，人们的帮助意愿都会显著降低，因此，营造一个安全的社会环境，建立完善的法律制度和伦理规范，都有助于降低个体帮助受害者的代价，让莫名的高代价不再成为个体向受害者伸出援手的障碍。

另一项研究探讨了在预期惩罚概率的中介作用下，大学生公正世界信念对个体的滥用职权倾向的影响。研究者(白宝玉，王虹，寇彧，2013)以滥用职权倾向为因变量，通过一个相关研究和一个实验研究，探讨了在不同情境下，个人公正世界信念和预期法律惩罚这两个心理因素对个体滥用职权行为决策的影响。研究者假设个人公正世界信念通过预期法律惩罚的中介作用负向预测滥用职权倾向。研究一通过假设情境问卷测查了大学生的滥用职权倾向和预期法律惩罚水平，以及个人公正世界信念水平、社会称许水平和人口统计学变量。研究二通过操纵个人公正世界信念的不同水平，再通过假设情境问卷测查大学生的预期法律惩罚和滥用职权倾向，进一步验证个人公正世界信念通过预期法律惩罚的中介作用影响滥用职权倾向的因果关系。研究发现，个人公正世界信念可以正向预测大学生的预期法律惩罚水平，并负向预测大学生的滥用职权倾向；大学生的预期法律惩罚水平可以负向预测其滥用职权倾向，并且个人公正世界信念对滥用职权倾向的影响被预期法律惩罚所中介。

可见，公正世界信念对个体的道德行为具有显著的影响作用。

(三) 城市中年子女孝道观与其孝行水平的研究

成年个体的生活环境与亲密关系都非常显著地影响着其道德发展，个人的品德也通过其社会生活事件反映出来。

个体进入中年期以后，面临着社会生活事件的转折，一方面是自己的工作事业发展，另一方面是家庭关系的各种冲突。在家庭关系的处理过程中，对于中年人来说，最为突出的是赡养老年父母与自身健康、工作、核心家庭等关系的协调方面。于是，在孝道观及孝行水平上都能直接地反映出其品德状态。

因为中国具有强调孝道的传统文化，所以关于孝道的研究并不少见，但是，孝道及孝行为的真正执行者却是中年人，因而，对于其他年龄阶段的个体来说，孝道和孝行为的切身体验都不如中年人那么明显和直接。还有，中国目前进入了前所未有的老年社会的严重时期，中年子女在自身工作压力巨大，社会节奏飞快的情境中，如何赡养老年父母已经成为城市核心家庭躲不开的一个现实问题了。所以，我们借助李琬予和寇彧等人的研究，来阐述中年子女在当下社会情境中的孝道观及孝行水平，以此窥视其品德发展状况。

研究者首先通过对 11 名曾经将其父亲或母亲送往养老院的中年子女的访谈，发现城市中年子女先是依据内心的传统孝道观履行赡养行为，普遍更愿意采用居家养老方式赡养父母，认为这是当前的孝行标准，机构养老所代表的孝行水平低于该标准；他们同时感知到周围孝行环境正在变化，特别是当他们不得不做出送父母入住养老院的决策时，会更关注周围同龄人对待不同赡养方式的态度和选择频率的变化，并更愿意参照同龄人的做法；在将父母送入养老院之后，由于感到自己的孝行水平较低，于是便通过补偿视角的努力试图额外弥补行为缺失，使自己的孝行不出卖良心，并努力使良心标准接近感知孝行标准。这种补偿的努力不仅使他们感到自己的行为可以与同龄人进行横向比较，而且也可以弥补对父母养育之恩的回报缺欠，从而达到亲子互惠的平衡。此外，城市中年子女还从亲子三代人获益的视角来认识评价自己的孝行，通过降低对孩子的孝道期待，以及强调机构养老对父母的专业性照顾、对自己心理负担和工作负担的减轻、对核心家庭生活质量的提高、对子女生活学习条件的改善等方面的效果，并且估计多数人认同这种现象，因而预期孝行标准会有下行的趋势，但这个下行的孝行标准也不可低于无过标准。

从城市中年子女对当前和未来孝行标准的感知，赡养行为上对孝行标准的参考，以及孝道观的调整过程中，可以看到，他们在认为自己的孝行水平低于同龄人时，会通过补偿或获益视角的努力获取与同龄人横向比较的平衡，以及与父母、孩子纵向互惠比较的平衡。显然，人们在老龄化日渐发展、不同孝行标准并行的社会环境中，正努力通过收集信息来平衡自己在赡养观念、孝行上与周围环境的差异，从而保证内心的安定。

研究者根据研究一的结果，绘制了一幅形象的图（见图 10-2），用其表示城市中年子女的孝道观在其感知孝行标准与自己孝行水平差异下的调整过程及对孝行的影响。

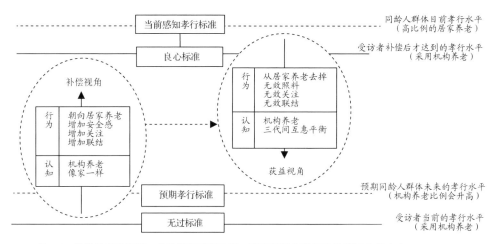

注：1. 实线代表确定值，虚线代表可变化值。代表孝行水平最高的"线"在最上方。

2. 实线箭头代表孝行水平变化方向。虚线箭头代表视角变化方向。

图 10-2　受访者孝道观在当前感知孝行标准与自己孝行水平差异下的调整过程及对孝行的影响

为了进一步验证研究一的质性研究结果，研究者在研究二中，用实验操纵的方法，通过情境故事操纵城市中年子女被试当前感知孝行标准和预期孝行标准，来检验他们采用补偿视角和获益视角解释自己行为的程度，并预期被试会根据感知到的孝行标准，调整自己的孝行水平。

研究者以面对赡养问题的城市中年子女为研究对象。根据国内城市经济发展水平的不同分层抽样，在一线城市(北京、上海)和二线城市(哈尔滨、天津等)按照性别比例随机抽选年龄在 40 至 60 岁之间，有或曾有 60 岁以上老年父母的子女。获得有效被试 79 人，其中男性 40 人，女性 39 人，平均年龄 47.44 岁($SD = 5.01$)。

采用 2(孝行标准：当前感知孝行标准组、预期孝行标准下降组)×2(性别：男、女)被试间设计，采用补偿和获益视角的程度作为被试调整孝行水平的指标。考虑性别因素后随机分配被试到两组条件下。由于当前采取机构养老赡养父母的城市中年子女是少数人，因此研究者采用假设情境的方式来操纵被试感知到的孝行标准及其变化。情境设计参考搜狐网的一项社区居民养老方式调查结果，同时根据研究一中受访者对同辈人认同机构养老比例的估计，设定人们对各种养老方式的选择比例。具体情境如下所示。

2010 年 10 月，搜狐网的随机调查显示，只有很少的中年人打算让父母去养老院养老。近日，某社区调查中心对 1612 名年龄在 40 岁到 60 岁的居民进行了一项入户调查，发现 33%(9%)的人和父母同住；35%(25%)的人住得离父母较近；25%(24%)的人的父母在异地居住；有 6.9%(42%)的人选择让父母去养老院养老。其中有人刚为父母在养老院排上号；有人正通过熟人或网络选择养老院；只有很少的人已经把父母送进了养老院。

研究结果显示，在两种孝行标准条件下，补偿视角努力与获益视角努力在整体上无差异，但显然，从补偿视角看，被试在两种孝行标准下的相互性孝道信念都强于权威性孝道信念，说明虽然两种孝行标准都引发了被试的孝行调整，但子女更愿意依据与父母的情感和对父母曾经的付出给予回报的角度去采取补偿行动，而不是基于父母的权威地位；从获益视角看，人们在两种孝行标准条件下都表现出对机构养老较高的支持度，但对机构养老的认同度却只达中等水平。所以，被试对机构养老的积极态度是指向未来的(表 10-5)。

表 10-5 不同感知孝行标准条件下的补偿视角和获益视角的努力($M\pm SD$)

情境	补偿视角		获益视角	
	相互性孝道信念	权威性孝道信念	对机构养老认同度	对机构养老支持度(人数)
当前感知孝行标准($n=44$)	5.13±0.43	3.41±0.63	2.86±1.09	5.42±3.81
预期孝行标准下降($n=35$)	5.20±0.51	3.47±0.84	2.43±1.04	5.09±3.54

采用分层回归分析发现，在当前感知孝行标准条件下，被试补偿视角的努力仅仅体现在关于机构养老与孝顺是否相关的认知评价上，具体表现为男性的相互性孝道信念越强，他们越认为赡养方式与孝顺有关（ $\Delta R^2=0.30^*$ ， $\beta=-0.56$ ， $t=-2.78^*$ ）；而在选择机构养老赡养父母的行为意愿及预期送父母去养老院之后的情感舒适度方面都没有效应。

从获益视角的努力来看，被试无论男女，对机构养老发展的认同度越高，预期采用机构养老赡养父母后情感舒适度越高（ $\Delta R^2=0.15^*$ ， $\beta=-0.30$ ， $t=-2.04^*$ ），也越认为赡养方式与孝顺与否无关（ $\Delta R^2=0.18^*$ ， $\beta=-0.33$ ， $t=-2.36^*$ ），而且，男性对机构养老发展的支持度越高，选择机构养老赡养父母的行为意愿越高（ $\Delta R^2=0.17^*$ ， $p=0.056$ ， $\beta=0.42$ ， $t=2.15^*$ ），女性对机构养老发展的认同度越高，选择机构养老赡养公婆的行为意愿越高（ $\Delta R^2=0.16^*$ ， $p=0.078$ ， $\beta=-0.50$ ， $t=-2.41^*$ ）。这说明在当前孝行标准条件下，被试更倾向通过获益视角降低自己的孝行水平，他们选择机构养老的行为意愿、对其的情感反应和认知评价受到了整体性的影响，并且没有显示出性别差异。

在预期孝行标准下降条件下，被试补偿视角的努力对他们关于机构养老的行为意愿和情感反应都产生了显著影响。无论男女，被试的权威性孝道信念越强，其孝道能力焦虑水平就越高（ $\Delta R^2=0.41^{**}$ ， $\beta=0.61$ ， $t=4.43^{**}$ ），说明被试在预期孝行标准下降的条件下，具有明显的采用补偿行为回报父母的动机，如果不能回报，就要承担强烈的焦虑情感；另外，男性的相互性孝道信念越强，选择机构养老赡养岳父母的行为意愿越低（ $\Delta R^2=0.22^*$ ， $p=0.07$ ， $\beta=-0.66$ ， $t=-2.54^*$ ），他们预期采用机构养老赡养父母后的情感舒适度也越低（ $\Delta R^2=0.26^*$ ， $\beta=-0.56$ ， $t=-2.18^*$ ）。

但是被试获益视角的努力仅对其关于机构养老与孝顺是否相关的认知评价有显著影响，表现为男性对机构养老发展的支持度越高，越认为赡养方式与孝顺与否无关（$\Delta R^2 = 0.29^*$，$p = 0.061$，$\beta = 0.53$，$t = 2.58^*$）。所以，预期孝行标准下降条件下，城市中年子女更愿意通过补偿视角提高孝行水平，而且他们在两种视角努力上的差异更多体现在男性身上。

　　研究二发现，在两种孝行标准条件下，被试都会通过补偿视角及获益视角的努力来调整其孝行水平，而且无论在哪种孝行标准条件下，被试的补偿视角努力都更基于相互性孝道信念，说明当今被试的孝行的确受到孝行标准的影响，而且被试更看重亲子之间的情感依赖和互惠，而不是传统孝道中的亲子之间的权威角色关系。另外，研究二还发现，在当前感知孝行标准条件下，被试相对更强调从获益视角调整其孝行水平，例如，支持机构养老发展的男性，倾向于接受自己父母去养老院养老；认同机构养老发展趋势的女性，也更愿意如此赡养公婆。而在预期孝行标准下降的条件下，被试则相对更强调从补偿视角调整其孝行水平，例如，即使是对于岳父母，男性持有的相互性孝道信念也会降低他们采用机构养老的行为意愿。可见，虽然两种孝行标准都影响被试的孝行调整，但被试调整孝行的努力却不同，获益性视角的努力与补偿性视角的努力之间的差异，正好透视出当今城市中年子女的孝行是徘徊于自身工作生活与传统孝道观之间的。而且，被试在两种孝行标准条件下的孝行还部分受到其性别的调节，男性更容易在预期孝行标准下降条件下采取补偿视角的努力。

　　两项研究都说明，目前的中年子女受传统孝道观的影响，仍以居家养老为赡养父母的首选方式，而且认为同龄人普遍认可这种方式。但是，中年子女同时也发现很多同龄人感到居家养老方式使自己力不从心，因此，越来越多的同龄人开始认可机构养老方式。所以，对于城市中年子女来说，人们的赡养态度和行为正在变化之中。一方面，按照传统的孝道观，城市中年子女认为当前的孝行标准是居家养老，另一方面，按照同龄人变化着的赡养态度与行为，他们预测孝行标准将会下降，机构养老将成为社会发展趋势的产物。于是，城市中年子女需要在两种孝行标准之间确定自己的位置，获得赡养父母方面的心安。如果不得不采取机构养老方式赡养父母，一方面，他们会基于传统孝道观做出补偿视角的努力，使自己把居家养老的孝行趋近当前的孝行标准；另一方面，他们会从亲子双方利益和现实条件出发做出获益视角的努力，认同预期将下降的孝行标准，通过降低对孩子的孝道期待来获得代际之间的互惠平衡。研究二通过实验验证了上述结果，而且发现，被试并未对实验设置的预期孝行标准下降条件（假设情境中较高的机构养老比例42%）提出质疑，反而根据其做出补偿视角及获益视角的努力来调整自身的孝行，即在当前感知孝行标准下，从获益视角的努力来降低孝行水平，在预期下降的孝行标准下，从补偿视角的努力来提高孝行水平。至于孝行调整中存在的性别差异的原因，例如在预期孝行标准下降的条件下，男性更容易做出补偿视角的努力，还有待于进一步研究的解释。总体上看，当前城市中年子女接受两种孝行标准的共存，而且试图缓冲传统孝道观与眼前孝行标准之间的矛盾。已有研究指出，对于变化着的社会形态，如果每个人都做出一点改变的话，迅速的社会转折就可能发生（Chiu & Gelfand et al., 2010）。具体到老龄社会导致的赡养问题，我们也不妨大胆预测，随着更多城市中年子女对自己孝行的调整，人们会越来越接受机构养老这种赡养方式。另外，有研究发现，目前社会整体孝行水平和孝道期待正在下降（Croll, 2006；Cheung & Kwan, 2009；Wang, Laidlaw, Power & Shen, 2010），从上述研究结果看，其实人们的孝道观也正在发生变化。日益严峻的老龄化、不断加快的生活节奏、繁重的工作压力使得城市中年子女必须面对赡养困境，所以，他们的孝道观也不得不因为自己行为的改变而发生变化。然而，孝道毕竟是中华美德中一个核心道德规范，儒家指养家、尊亲。孔子、孟子、墨子的著作中，都对"孝"做出诠释。朱熹称"善事父母为孝"，成为"百善孝当先"的最好提法。为了继承弘扬中华传统美德"孝"，我们仍然坚持孝道，使其成为当今一种积极向上的社会风尚。

通常情况下，人们的行为受其观念的影响。对感知一致性（intersubjective perceptions）的研究发现，在某种社会意识形态下，个体感知到的周边信息的影响力，可能超越个体自身态度或观念对其行为的影响作用。因为个体依照群体共同认可的事实或观念来建构行动蓝本，有助于做出适宜环境的行动（Hardin & Higgins, 1996）。而产生优势影响的信息，可能是某种一致性的态度或某种发生频率较高的行为，当社会意识形态改变时，这些信息会重新合成并发挥影响作用（Chiu，Gelfand，Yamagishi，Shteynberg & Wan，2010）。可见，在现实生活中，人们的行为不仅受自身观念的影响，还会受到周围占优势的、比较一致的观念的影响。

透过这项关于城市中年子女孝行标准及孝道观、孝行水平关系的研究，我们不难理解，对于成年人来说，其品德的发展是非常复杂的，其道德观念无疑首先会影响其行为方式。目前，如果多数人有某种较为一致的行为方式，那么，成年人就会基于周围人对某行为的态度和所采取的行为频率，而感知到社会关于该行为的标准，自己如果也做出同样的选择，就会感觉自己的行为符合社会标准。但是，可能由于周围已经有一部分人采用了另外不同的行为方式，而且，如果他们感到采用这种新的行为方式的人数正在逐渐增多时，他们感知的行为标准是否也会发生变化呢？而当行为标准发生变化时，他们的行为和观念会不会反过来再受其影响而变化呢？所以，我们认为，透过这项城市中年子女的研究，也许还可以有助于我们理解成年人的其他道德观念及行为的变化本质。

除此之外，尽孝也是下一节会谈到的"感恩"的一种体现，是中华传统道德中最提倡的一种美德。感恩包含孝道，又不仅仅限于孝道，但是，孝道是感恩的一种具体体现。有关感恩的内容，我们将在第二节中讨论。

三、成年人品德发展的性别差异和文化差异研究

在成年人品德发展中，有没有性别差异，有没有文化差异，这是品德心理学较为关注的问题。

(一)成年人品德发展的性别差异研究

道德发展过程中的性别差异话题一直是发展心理学中受争议的问题之一。许多人批评科尔伯格的道德推理理论是以男性价值观为根本，并排除女性价值观的。

确实，有些研究结果显示，成年男女所达到的道德判断层次有差异，而且男性高于女性，但是，也有道德判断的元分析研究发现，如果控制了受教育水平和工作

类型的话，各年龄阶段的道德推理一般都没有显著的性别差异（Walker，1984）。

但是，道德推理上没有性别差异，并不意味着男性和女性以同样的方式来看待道德问题，其实，男性和女性对道德有不同的定义，并依据不同的价值观来做决定，提出这一论断的是卡罗·吉利根。吉利根认为科尔伯格研究道德发展的方式采取了有利于男性的价值观，未考虑女性主要关心的问题和观点。社会期望女性关心他人的福祉并牺牲自己，因此女性比男性更重视人与人之间的关系，她们的主要道德推理存在于自己和他人关系的冲突之上。吉利根针对女性生活中有选择的事件——节育，来了解女性的道德推理的发展。同样，吉利根采用科尔伯格式的道德两难问题展开研究，结果发现，女性的道德推理中充斥着自私与责任、抚育的义务与避免伤害别人等冲突，她们认为关怀彼此的人是最有责任感的，伤害他人者是自私、不道德的。因此，吉利根指出，男性倾向于以公正、公平来思考，而女性则更多思考关爱和责任。表10-6显示了吉利根对女性道德发展的描述。

表 10-6 吉利根女性道德发展层次

阶段	描述
层次 1：个人生存取向	女性以自己为中心，注重对自己最有利的事。
转换 1：由自私转为责任	女性了解自己与他人的关联，并以他人（如未出世的孩子）和自己的立场来考虑何者为负责的决定。
层次 2：以善意为自我牺牲	此种习俗下的女性智慧，要求女人为他人的需要而牺牲自己的心愿。她觉得自己得对他人的行动负责，也觉得别人和自己的选择有关；她处于依赖的地位，使得她执行控制的间接努力常变为操纵，有时是透过内疚感。
转换 2：由善意转变成真相	她不再以他人的反应来衡量自己的决定，而以本身的意愿和行动的后果为考虑的基石。她发展出一种新的判断，除了考虑他人的需要，也考虑本身的需要；她希望对他人负责，做个"好人"，也希望对自己负责，做个"诚实"的人。生存又成为主要的关切点。
层次 3：无暴力的道德观	借着高举反对伤害任何人（包括自己在内）为主宰所有道德判断和行动的一个原则，女性在自己和他人之间建立了一种"道德的平等"，因此能在道德两难情境中设定选择的责任。

资料来源：Adapted from Gilligan，1982。

（二）成年人品德发展的文化差异研究

现实生活中，很多习俗也反映出人们认同的道德规范。例如在西方，纵使一个被大家公认的好人犯了法，也会毫无疑问地要受到严厉的惩处。但是在中国，情况则不同。中国人有时会不习惯"一视同仁"的法律，而希望有一个德高望重的长者来判断，中国人相信，人类具有与生俱来的道德倾向，其道德发展出自社会所支持的良知良能，而不是出自科尔伯格所阐述的分析式思考（杨国枢，1994）。

现实的经验及实证研究结果也对此提供了支持。

例如，西方研究者（Dale T. Miller, Daniel A. Effron, Benoît Monin, 2001）在著名期刊《人格与社会心理学杂志》（*Journal of Personality and Social Psychology*）上发表了第一篇有关道德许可（moral licensing）的实证研究报告，提出如果一个人之前做过良好的道德行为或者社会称许的行为，那么之后就更可能放任自己做出不道德行为的观点。随后，研究者针对此现象在2010年详细论述了道德许可理论（moral licensing theory）。研究者指出，因为道德行为能够提升人们的道德感，降低人们当下维持道德自我的需求，所以，人们不仅对于自身，而且对于他人都有道德许可效应。例如，对于之前有过道德行为的人，人们在评价其后来的不良行为时，就会有更高的接纳程度。这个现象甚至影响人们对大是大非的态度。

我国研究者（克燕南，蒋奖，许燕，2013）通过问卷的相关研究及实验操作的研究都发现，在中国，无论是人际层面，还是组织层面，人们普遍存在道德许可现象，也就是说，在真正的道德事件面前，中国人对其的判断存在明显的道德许可现象。例如，如果告知人们某腐败官员之前曾有良好政绩，那么人们对其腐败行为的容忍度就会提升，其中对官员的道德评价发挥了中介作用；倘若提醒人们某政府机构之前曾有良好政绩，那么人们就更能容忍该机构的集体腐败行为。

科尔伯格植根于西方价值观念、反映西方文化的道德推理理论能否适应于完全不同于西方社会的其他文化，也是一个特别值得探讨的问题。但我坚信，这种现象会越来越少，在德与法前，应该持人人平等的原则。

近期的研究，如前面提到的道德五元论也针对道德的文化差异问题展开了讨论。前面说过，海特不仅强调道德的个人特征，也特别强调道德的群体和文化特征，他关于不同道德的跨文化研究主要集中于两个部分。

第一是道德厌恶的跨文化差异。海特认为，厌恶具有生物进化意义，即从远古时人们根据身体和情绪对于腐败食物等的厌恶反应来保护自己。但与此同时，海特也认为厌恶是具有文化差异的，不同文化群体所敏感的核心厌恶刺激是不同的，因而也就引发了对相似事件的不同道德判断和反应的差异。例如，海特及其老师罗赞的系列研究发现，美国人敏感的厌恶刺激主要有腐败的食物、虐待、反常的性行为等，而日本人则对破坏秩序更加厌恶。因此，在对于破坏秩序的行为道德评价方面，日本人也相对更为严厉（Haidt, McCauley & Rozin, 1994）。

第二是以道德基础理论为基础的跨文化比较研究。海特发现和提出的道德五元理论的重要基础，就是不同文化和群体所持有的核心道德价值（Moral value）是不同的。也就是说，虽然人类道德包含关爱、公正、忠诚、权力、精神纯净五个方面，但是不同的文化群体在这五个维度上的表现却不同，不同文化所认同的核心道德内容也不同。具体来说，首先，道德存在东西方文化差异，与西方文化下（美国、加拿大、西欧）的被试相比，东方文化下（东亚、南亚、东南亚）的被试表现出更高的忠诚和精神纯净（Graham, Nosek, Haidt, Iyer, Koleva & Ditto, 2011）。其次，持有不同社会政治意识取向的群体也存在不同的道德基础，一项跨国的大样本研究结果显示，与政治保守派相比，崇尚自由主义的人们更多关注关爱、公正两个维度，相对应的政治保守取向与忠诚、权力和精神纯净更密切。其他相似的研究结论也得到许多研究的证实（Graham et al., 2012）。最后，道德差异影响内群体关系。海特指出，如果一个群体内部成员或者下位群体存在道德分歧的话，就会因为他们各自所持有的核心道德价值的不同，而引发侵犯行为和冲突行为（Graham et al., 2012）。所以，在引发群际之间冲突的多种因素中，道德价值的分歧处于核心的位置。进一步的研究结果显示了其机制，即持有不同道德价值的人，无法理解对方与自己全然不同的直觉性道德反应（Ditto & Koleva, 2011）。

第二节

————

成年人的感恩与亲社会行为

道德行为,尤其是亲社会行为是一种社会互动,它总是发生在行为实施者和行为接受者之间。先前的研究者更多关注对实施者视角的研究。例如,研究者从实施者特质和情境因素等考察影响个体品德发展及亲社会行为发生的因素(e.g.,Darley & Lataneé,1968)。然而,正如我们前面论述过的,亲社会行为除了利他性特征外,还兼具社交性的特征,这种积极的社会互动离不开亲社会行为的接受者。近十几年以来,研究者开始逐渐重视对亲社会互动中的另一方即接受者的考察(e.g.,Nadler,2015),他们发现接受者并不仅仅是被动地接受实施者的好意,他们对亲社会行为的感受是复杂的,而且,在合适的条件下接受者有可能转变为亲社会行为的实施者(Pressman,Kraft & Cross,2015)。考察激发亲社会行为接受者转变为实施者的因素,有助于解读亲社会行为在人与人之间传递的现象,有利于创造和谐互助的亲社会氛围,还能够促进社会公德的建设。在回顾以往的相关理论和实证研究后,我们发现,感恩是引发接受者参与亲社会行为的最主要的因素。

一、感恩的概念与影响因素

(一)感恩的内涵与产生的条件

我们中国自古以来就是礼仪之邦,源远流长的传统文化中不乏对感恩意识的歌颂。"投我以木桃,报之以琼瑶","滴水之恩,涌泉相报",这些诗词俗语中都体现着对感恩精神的重视。比如如上所述,在中国传统文化中,"百善孝为先",对父母的尊敬与孝顺就体现着子女对父母的感恩。再如,传统文化倡导人们对师长的教诲心怀感谢,并督促自身成才以回报师长的教诲。此外,中国传统美德还鼓励个体对国家、民族、同胞与历史文化抱持感恩之情，这反映的是人们对历史、对自然、对赖以生存的社会环境的尊重与敬畏。

在科学研究领域，不同的研究者对感恩（gratitude）有着不同的定义。早期研究者，例如奥托尼等人认为感恩是当个体察觉他人做了好事之后，朝向他人的一种钦佩、愉悦的感受（Ortony, Clore & Collins, 1988）。Emmons 和 Crumpler（2000）则将感恩定义为接受他人恩惠时的积极情绪感受，这一定义突出了感恩是一种人际交往的情绪。麦卡洛等研究者在综合了先前的理论后将感恩界定为"接受他人恩惠之后，个体产生的一种认知—情感反应"，并进一步提出了特质感恩和状态感恩的概念（McCullough, Emmons & Tsang, 2002）。特质感恩反映的是个体长期的、较为稳定的特质状态，是个体在一般情境下的生活倾向，即采用感激的方式识别并试图回报他人给予的恩惠，或是采用感激的态度对待生活中有价值的、值得珍视的事物（McCullough et al., 2002; Wood, Froh & Geraghty, 2010）。特质感恩较高的个体在日常生活中更容易产生更高水平的感恩情绪（McCullough et al., 2002）。常用的测量个体在一般情境中特质感恩的工具是六个项目感恩问卷（The Gratitude Questionnaire-6, GQ-6, McCullough et al., 2002）。状态感恩则是指个体在受到实施者真诚而主动提供的，并且实施者付出了一定代价、有价值的礼物或恩惠时，所产生的积极而愉悦的情绪反应，具有即时性的特征（Emmons & McCullough, 2003; McCullough et al., 2002）。状态感恩的主要测量方式是让被试评定其感受到感激、感谢或愉悦的程度（Shen, Wan & Wyer, 2011）。

感恩是个体在接受他人帮助后最常见的认知—情感反应，但并非每一次亲社会互动都会引发接受者的感恩，感恩体验的发生也存在一定条件。感恩是一种由于接受他人善意并主动提供的、具有一定价值的恩惠而诱发的一种愉悦的情绪（McCullough, Kimeldorf, Cohen, 2008）。据此，研究者也提出了感恩发生的几个条件：当接受者感知①帮助是有价值的，②实施者是付出一定代价的，③实施者的帮助意图是善意的，④施助者是自主提供帮助的时候，接受者才更容易产生感恩（e.g., Bar-Tal, Bar-Zohar, Greenberg & Hermon, 1977; Graham, 1988; Lane & Anderson, 1976; Tesser, Gatewood & Driver, 1968; Weinstein et al., 2010）。在上述这些条件中，与社会互动息息相关的因素是实施者动机。

(二)施助者动机对感恩的影响

那么,在社会互动过程中,成年实施者的动机是如何影响接受者的感恩之情呢?归因理论(attribution theory)认为亲社会行为接受者并不是被动地接受帮助,而是主动地参与亲社会行为互动,尝试建构自己在亲社会行为中的角色和意义(Jones & Davis, 1965; Jones & McGillis 1976)。在参与亲社会互动的过程里,他们最经常问的问题是"实施者为什么要帮助我"。亲社会行为的接受者对实施者帮助原因的推测就是思考和感知实施者亲社会行为的动机。而这一问题的答案,即对实施者亲社会行为的动机的感知与判断会影响接受者对亲社会行为的反应。例如,接受者对帮助者的感受与评价,接受者在亲社会互动中的心理感受和幸福感体验,以及接受者在行为上如何回应实施者(Gergen, 1974; Nadler & Fisher, 1986; Weinstein et al., 2010)。

研究发现,当接受者认为实施者是自主地为自己提供帮助而不是服从义务或外部要求时,接受者才会产生感恩的情绪(张萍, 2012; Wood, Maltby, Stewart, Linley & Joseph, 2008)。与为了谋取自身利益的实施者相比,无私而又真心提供帮助的实施者更能引发接受者的感恩(Tsang, 2006)。由于谋取自身利益的实施者是受到外界奖赏的影响,此时更多反映的是相对受控亲社会的动机,而真心实意提供帮助的实施者,他们的亲社会动机则更为自主。相似地,研究者通过阅读情境操纵实施者做出亲社会行为时对期待的回报(相对受控的动机),随着回报期待的提高,接受者的感恩也随之降低(Watkins, Scheer, Ovnicek & Kolts, 2006)。根据上述研究成果,我们也推测,亲社会自主动机比受控动机能引发接受者更高水平的感恩情绪。早期的研究中,维尔德等研究者创设了两种实验条件:一种条件下接受者由自愿报名的实施者教授技能(即自主动机),另一种条件下接受者由为了获取金钱的实施者教授技能(即受控动机)。结果发现,第一种条件下的接受者在该任务中的体验更为愉快(Wild, Enzle, Nix & Deci, 1997)。近年,在有关自由意志的研究里,研究者通过实验操纵来提升被试的自由意志信念(即相信人类是有自由意志的而不是被决定的),然后让被试阅读一个他人帮助自己的假设情境,结果发现,自由意志升高的接受者认为帮助情境中实施者自主动机的水平更高；这些认为实施者是自主帮助的接受者，比那些认为实施者是受控帮助的接受者，体验到的感恩情绪更高（MacKenzie, Vohs & Baumeister, 2014）。此外，研究者直接操纵实施者亲社会动机的自主程度（自主与受控），然后测量接受者的心理体验，结果发现实施者的自主动机比受控动机引发了接受者更高的感恩情绪和幸福感体验（Weinstein et al., 2010）。

二、感恩对亲社会行为的影响

在成年品德发展研究中，有一个热点就是感恩与亲社会行为关系的研究。

（一）感恩的道德情感理论

在效价上感恩是一种积极情绪，伴随着温暖、愉悦的感受，但与其他积极情绪不同的是感恩具有重要的人际功能，是一种人际情绪。一方面，感恩通常发生在人际（亲社会）互动中，另一方面，感恩又影响着个体在人际中的社会行为（e.g., 亲社会行为）。麦卡洛（McCullough）和他的同事提出了感恩的道德情感理论（Moral affect theory），将感恩作为一种道德情绪（McCullough, Kilpatrick, Emmons & Larson, 2001），认为感恩在个体的道德行为（或亲社会行为）中发挥着重要功能。该理论认为感恩具有 3 个方面的道德功能：首先，感恩作为亲社会行为的"晴雨表"，能够帮助个体识别他人的善行及其意图，也就是说，感恩发生在识别实施者善意意图的帮助之后。其次，感恩作为亲社会行为的强化物，接受者的感恩表达能够促进实施者后续的亲社会行为（Grant & Gino, 2010）。最后，感恩还是接受者亲社会行为的驱动力，激发接受者做出指向实施者的亲社会行为，或是指向第三方他人或旁观者的亲社会行为（McCullough et al., 2001）。

（二）感恩对亲社会行为的影响

与道德情感理论一致，大量实证研究发现，感恩对个体指向实施者的亲社会行为与指向他人的亲社会行为具有促进作用。例如，感恩的接受者对实施者及陌生情境中的他人（即旁观者）都表现出了更高的亲社会性（Graham，1988；Peterson & Stewart，1996）。相关研究发现，他人评定或自我报告的特质性感恩与亲社会行为表现呈显著的正相关（McCullough et al.，2002）。通过假设情境问卷的实验研究发现，唤起感恩的接受者对给予他们帮助的实施者展现了更高的慷慨性（Tsang，2006），也表现出了对慈善机构（即潜在的旁观者）更高的捐款意愿（Kwak & Kwon，2016）。让个体回忆过去的感恩经历也会提高他们对陌生情境里第三方的信任感（Dunn & Schweitzer，2005）。通过实验法唤起感恩的个体愿意花费更多时间，向给予自己帮助的实施者以及陌生他人提供帮助（Bartlett & DeSteno，2006）。最新的一项元分析的结果显示，近年发表的有关"感恩促进亲社会行为"主题的文章多达65篇，共95项研究。而元分析的结果发现，感恩与亲社会行为呈中等强度正相关（$r = 0.37$）。此外，该研究还发现，感恩不仅能促进个体的亲社会行为回报（即直接互惠），也能促进个体做出指向他人（旁观者）的亲社会行为（即广义互惠）（Ma，Tunney & Ferguson，2017）。也就是说，感恩是亲社会行为接受者转变为亲社会行为实施者的强有力的促发因素。而且，感恩的个体不仅会向给予自己帮助的实施者回报亲社会行为，而且他们还会朝向旁观者，即第三方他人提供亲社会行为。换句话来说，感恩能够促进公民参与亲社会行为的传递。

总的来说，感恩精神不仅反映了中华民族的传统美德，而且感恩精神也符合时代对社会公德的需求。

（三）感恩通过促进个体主观幸福感减少不道德行为

幸福是人类永恒的话题，追求幸福是人类社会生活的基本目标，人类的一切行为都可以被看作是在追求幸福。社会道德和个人品德也都在于使人更幸福，不仅使个人更幸福，也要使他人及社会更幸福。幸福的个体才能展现道德行为并适应良好。

由于幸福感指的是个体的主观体验，所以以往研究在对幸福感进行考察时，通常采用的是问卷自评的方式，即让被试在量表上评估自己情绪体验和生活满意度等指标的高低。寇彧的研究团队在山东一所监狱通过对服刑人员的感恩干预，发现感恩不仅能提升服刑人员的主观幸福感，还能促进其心理健康，减少不道德行为。

研究者（杨莹，赵海燕，艾迪玛，寇彧，2018）对 144 名服刑人员进行了为期六周的干预研究。被试被随机分配到善行干预（N = 48 人）、感恩干预（N = 48 人）和控制组条件（N = 48 人）中。在善行干预条件下，研究者要求被试每天向他人实施三件好事，并以日记的形式记录下来；在感恩干预条件下，研究者要求被试每天记录他人为自己做的三件好事，并用日记记录自己的感恩情绪；在对照组条件下，被试接受一般的监狱教育课程，不进行额外干预。在干预前及干预后，研究者要求所有被试分别完成如下幸福感指标的测查：生活满意度、积极情绪、消极情绪、幸福感指数、主观活力感等。结果发现（详见图 10-3），在控制了干预前的基线幸福感后，接受善行干预和感恩干预的被试，其后测幸福感都显著高于控制组被试。

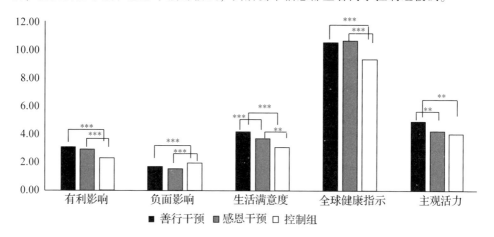

图 10-3 后测中善行干预和感恩干预，以及控制组各项指标的差异

注：** $p < 0.01$，*** $p < 0.001$。

研究者认为，这项研究转换了过去传统监狱教育仅强调矫正不良行为的视角，而从积极促进的视角对服刑人员的幸福感进行了干预研究。由于善行干预和感恩干预都能促进个体的社会交往与人际关系，因而这两种方式都有助于服刑人员的心理健康和幸福感的提升，而心理健康和幸福感的提升，又能促进个体的社会适应，减少其不道德行为。当然，感恩干预和善行干预的长期效果还有待于进一步探讨，感恩干预和善行干预对于降低服刑人员出狱后的再犯罪率等的效果，也有待于进一步研究。

这项研究虽然是针对服刑人员所做的干预研究，但其结果应该可以推广到普通人群。正如俗话所说"赠人玫瑰，手有余香""鱼知水恩，乃幸福之源"，实施善行和感恩善行，都能通过亲社会互动过程满足自身的需求，进而使人从这种积极人际互动中收获幸福感，然后通过增强幸福感再进而提高社会适应能力与行为，也就是减少不道德行为。

鉴于上述的对成年人感恩和孝道问题的研究，我们自然地想到了清明节。清明，原指二十四节气之一。每年4月5日前后太阳到达黄经15°时开始。《月令七十二候集解》："三月节……物至此时，皆以洁齐而清明矣。"此时我国大部分地区气候温暖、草木茂盛，改变了冬季寒冷、草木枯黄景象。农业生产上多忙于春耕春种；种树造林，也在清明时期。该节气开始的一日为"清明节"。在中国，清明节是全国性的大型传统节日之一，也是国家法定的节日，并放假一天。为什么这个节日受到如此重视？因为清明节也意味着"感恩节"，中国民俗于清明前或清明这一天扫墓，以祭祖先，悼念亡人。也就是说，在中国，对逝去先人的怀念和感恩与迎接春天的喜悦在清明节这一天交织在一起。以北京为例，2019年清明节当天就有783000人在222个墓区投入祭扫活动；2019年4月5日人民日报微信公众号上有一篇文章题为《清明为什么要回乡扫墓？》，文章提到："无意间，瞥见单位清明节职工请假表，好家伙，竟有1/3多人返乡，理由无非四个字'回乡扫墓'！"清明节静立茔冢默然，使人表达感恩的情绪，更使人懂得"我是谁，从哪里来，到哪里去？"三大哲学终极之问。难怪我们说，清明节就是中国的感恩节。在中国，清明节表达了后人对先人的感恩，各地纷纷建议清明节为孝亲文化节；表达了今人对古人的感恩，诸如公祭轩辕黄帝的典礼年年举行；表示了中国人民对先烈的感恩，清明节是献祭革命烈士和为国牺牲的历代先辈的时刻。所有这一切，反映了中国传统美德重视对国家、民族、同胞与历史及文化的感恩情感。

第三节

————

成年人的信任道德

信任是道德行为规范的副产品，在整个道德规范体系中，信任（trust）居于重要地位。在中国，信任一直都是中华传统道德中的重要内容，如前所述，"信"为五常（仁、义、礼、智、信）之一，强调人人都要提高自身道德修养，诚实守信。因此，信任（诚实守信）是个人品德建设的一个重要内容。直到 20 世纪 50 年代，信任才开始逐渐成为社会科学研究的重要议题。

纵观信任研究 50 多年的历史，心理学一直是其中的重要力量。在建设和谐社会的中国，随着"一带一路""人类命运共同体"等理念的倡导深入，更需要心理学家在内的研究者倾力合作，加强对成年人信任的研究。我的弟子辛自强教授在信任心理研究上做了大量的工作，我俩共同指导的刘国芳和辛素飞的博士论文，也是针对信任而展开的。与此同时，我们看到：现在学者们所研究的信任问题大都是成年人的信任问题，因此我们将本节取名为"成年人的信任道德"。

一、成年人信任的内涵、理论及测量方法

信任，有许多理论问题，从心理学角度研究信任，还有许多方法问题。

（一）信任的内涵

中国社会对信任非常重视，在汉语中，"信"和"任"有着相互独立的意义和用法。"信"即守信义、讲信用以及由此而建立起来的信誉、信赖、信心和信任（严进，2007）。"任"则有官职、保举、承担、信任、听凭之意（郑也夫，2006）。《论语》中将"信"和"任"联系在了一起，如"信则人任焉"，这与现代汉语对信任的解释是一

致的,即信任是"相信而敢于托付"的。这一解释也与现代心理学对信任的定义相吻合。在西方文化中,信任指的是"trust",在《新牛津词典》中,信任作动词意为"相信某人或某事物的可靠、真实、能力或力量",作名词则表达"对某人或某事物的可靠、真实、能力或力量的坚定信念"。

可见,中西方文化都将信任视为一种行为倾向以及与此相关的对他人善心、能力等的积极预期。然而,中西方文化中的信任还是有着巨大的差异。中国文化中的信任更多地建立在"人人都是圣贤"的假设之上,强调个体自律、守信在建立信任关系中的重要性,关系是影响信任的关键因素;而在西方文化中,更强调信任对象的特质,以及建立在契约基础之上的信任(翟学伟,2014)。尽管有这些差异,但两种文化都将"信任"作为影响社会健康发展最重要的因素之一。

信任是一个复杂的社会与心理现象,美国心理学家多伊奇(1958)通过著名的囚徒困境(The Prisoner's Dilemma Game, PDG)实验开创了成年人信任研究的先河,并将信任定义为"个体期望某事会出现并做出相应的行为"。自此,信任的实证研究蓬勃开展起来,在心理学、社会学、经济学等学科中都得到了极大的关注,并且随之出现了许多关于信任的经典定义:赖茨曼(1991)认为信任是个体所具有的一种信念,认为一般人都是有诚意、善良及可信的;萨贝尔(1993)则将弱点引入到信任的定义中,主张信任是交往双方都具有的,是一种认为对方不会利用自己弱点的信心。鲁索等人(1998)总结了不同学科对信任理解的共性:信任是一种对他人行为、意图有积极预期的心理状态。

(二)成年人信任的相关理论

信任作为一种重要的、复杂的心理和社会事实,诸多学科已经展开了研究,然而,正是由于研究角度的多样化,使得信任竟"难以捉摸"。我们认为,要突破这一点,必须将信任放在时空结构中去理解,从时间维度上来讲,信任有其发展过程,从空间上来讲,信任有其类型、结构和功能等。从这两个维度对信任进行研究,方能获得对信任全貌的认识。也就是说,在回答信任的本质是什么时,我们必须围绕信任本身去梳理前人的研究,以客体为中心,而非以学科为中心或仅关注信任的一个侧面。任何研究对象或科学理论必须放在时空结构中去观察与理解，并在此基础上将心理学的理论分为描述事象的理论、类型学理论、过程理论、发展理论、结构理论、功能理论和"影响因素"理论七种，这些理论分别从不同的时空角度对事物进行了研究（辛自强，2012）。因而，我们将以此七种理论为依托，来梳理成年人信任的概念与相关理论（见表10-7）。

表 10-7　成年人信任研究的七种理论

描述事象的理论		描述事实和现象是科学研究的第一步，该类研究包括对事物属性或变量关系的描述。
	辛素飞，辛自强，2017	使用横断历史研究发现，近 14 年来，中国大学生的人际信任水平在不断下降。
	多伊奇，1958	信任是人们期望某事会出现并做出相应的行为，而且该预期没有满足时带来的负面心理结果要大于该预期实现时带来的正面心理影响。
	罗特，1967	信任是一个个体或群体将另一方的言辞、承诺、口头或书面陈述视为可靠的一种期望。
类型学理论		要更清晰地认识事物，必须在不同纬度上对事物的类型进行区分，包括单维类型理论、双维类型理论和多维类型理论。
	卢曼，2005	根据建立基础的不同，信任可分为人际信任和制度信任。人际信任建立在熟悉度及人与人间的感情联系基础上；制度信任则是通过外在的，像法律的惩罚式或预防式的机制来降低社会交往的复杂性。
	巴伯，1983	信任是通过社会交往习得的，维持合乎道德的社会秩序预期。据此，信任可分为三种：基础预期，是对自然的和道德的社会持续运作的预期；能力预期，对交往对象履行角色的信心；对交往对象能完全托付，必要时能为他人牺牲自己利益的预期，对对方善意的预期。
	麦卡利斯特，1995	人际信任包含认知和情感两个维度，认知型信任反映了信任者对交往对象的可靠性、善意、诚实以及公平等相关特质的判断；情感型信任反映了交往对象间的特定关系，即被信任者证明自己会关心信任者的利益。

续表

类型学理论	朱克，1986	信任分为三个层面：基于交往经验的信任，来自于互动、交换和交易经验的累积；基于行动者具有社会文化共性的信任，源于社会模仿的义务和合作规则；基于制度的信任，建立在非个人的规则、社会规范和制度基础上。
过程理论		在微观的时间维度上刻画事物变化的流程、经历的不同状态等，如认知过程或信息加工过程等。
	哈丁，2002	信任源于交换，在交换活动中，人们总倾向于追求利益最大化，在对交往对象可信度及其履行信任动机的理性计算和评估的基础上做出的行为反应。
	霍德亚科夫，2007	信任是个体在交往对象的声誉、当前的行为环境、交往对象可能的行为以及对方的诚实与道德基础上，对对方行为可靠性预期的加工过程。
	刘国芳，辛自强，林崇德，2014	信任由内隐信任、外显信任组成，内隐信任诞生于对交往对象信息的自动加工，能够预测不能或不需要有意加工情景中的行为；外显信任是在内隐信任的基础上，通过对被信任者和环境等相关信息的进一步评估而做出的，容易受到自我印象管理、社会期望效应等的影响，能够预测有意加工下做出的行为。
发展理论		探讨事物在时间维度上的展开过程、演化过程，有别于过程理论，这里的时间是有方向的，不可逆转的。
	董才生，2004	从制度的视角分析了信任模式的发展，内在制度是从内部对于社会交往行为者的行为实施约束的制度，如习俗、管理等，而外在制度则是一种从外部对社会交往行为者的行为实施约束的制度，如法律制度、规定等。中国社会的信任模式由主要依赖内在制度向主要依赖外在制度转变。
	杨中芳，彭泗清，1999	将人际关系发展分为礼遇、工具和感情三个阶段，以此为指标，人际信任要经历基于既定关系的信任、基于工具关系的信任、基于感情的信任三个阶段。
	查能·莫兰，霍伊，2000	在交往中，由于个人的信任倾向、制度支持等，人们对他人会有一定的初始信任；随着交往的展开，相互之间的信任可以得到维持，也可能会被破坏，并伴随着信任修复行为。

结构理论		事物必有其结构，即由事物内部不同要素组成的整体或系统，该类研究即描述了事物内部要素间的关系。
	莱维奇，麦夫利斯特，比斯，1998	信任与不信任分别是对他人行为的积极和消极预期，二者是两个相互联系但不同的结构，都能够降低交往中的不确定性。在交往中，信任和不信任分别受到不同因素的影响，随着交往经验的展开，信任和不信任都可以得到发展，二者也可以共存。
	梅耶等，1995	信任是信任者不考虑自身的防范能力，基于被信任者会按照自己期望行事的预期而做出的暴露自身弱点的行为。包含如下成分：信任者的信任偏好，被信任者的能力、善心与诚实。上述几种因素的互动决定了个体表现出的信任水平。
功能理论		事物有其结构必有其功能，该类研究用来描述事物与其外部系统间的关系，包含心理功能与功用。
	福山，2001	信任会影响一个社会的经济规模、组织方式、交易范围和行事，以及社会中非直接生产性寻利活动的规模和强度。依据上述观点，所有社会可被分为高信任度和低信任度社会。高信任度的社会能够发展出超越血缘关系的信任，有利于大规模经济组织的发展；而低信任度社会中的人们难以相信陌生人，会阻碍经济发展。
	卢曼，2005	信任属于一种系统简化机制，通过信任可以降低环境复杂性和系统复杂性。信任之所以能达到此功能，是因为它能超越现有的信息区概括一些行为预期，从而用一种带有保障性的安全感，来弥补所需要的信息。
	山岸 & 山岸，1994	包含以下几个论点：①信任只有在社会不确定时才有意义；②信任是解决社会不确定性的方法之一；③信任特定对象会降低社会不确定性，同时带来机会成本；④机会成本高时，信任（特定对象）成为一种损失；⑤高一般信任者较易脱离对特定对象的信任；⑥高社会不确定性和机会成本时，高一般信任者更易成功。

续表

"影响因素"理论		心理系统总是受到其他系统的影响，该类研究关注的就是探讨何种因素导致心理系统有此表现或处于此状态。
	牛江河，辛自强，2009	人们在不同的信任主题和风险下会信任不同的对象，表现在"信任圈"质和量上的差异。例如，人们在借钱和分享信息两个方面会信任不同的人，随着信任风险的增大，信任圈逐渐缩小。
	王沛，陈莉，2011；费尔，福尔克，2002；豪泽，2009	这些研究关注了惩罚对信任的作用，结论有：对于不信任个体的秘密惩罚会降低群体的信任与合作，而公开惩罚会促进群体的信任与合作（Xiao & Houser）；惩罚会使个体的信任由内部动机转变为外部动机，最终破坏信任（Fehr & Falk）；受惩罚影响最大的是亲社会个体（王沛，陈莉）。
	迪恩，施魏策尔，2005	高兴和感激会增加信任，生气会降低信任，他控情绪（如生气、感激等）和弱控制情绪（如高兴）对信任的影响大于自控（如自豪、愧疚等）和情景依赖的情绪（如悲伤）；当个体意识到情绪的原因时情绪不影响信任；情绪不影响对熟悉的交往对象的信任。

注：每种理论中只是列举了若干例子，读者可自行将研究或理论进行对照分类；上述不同理论是可以相互交叉的，我们将某一研究划分为其中一类，并不代表该研究不能划分为其他类别。例如，梅耶等（1995）的研究既可以划分为结构理论，又可以划分为过程理论，因为其研究中也包含了信任是如何在诸成分的基础上做出的。

（三）成年人信任的测量方法

由于信任这一概念本身的复杂性，以及不同学者所关注的侧面的不同，研究者开发了多种测量成年人信任的方法，这里面既有问卷法，又有博弈法，这些方法大都是用来测量成人的信任水平。

1. 问卷法

目前，问卷法是使用最广泛的测量成年人信任的方法。在使用问卷测量人们的信任水平时，研究者要求被试直接报告符合其有关信任的观点，例如，在一般社会调查和世界价值观调查中，研究者使用"一般来讲，你觉得大多数人是可信的还是与人交往时越谨慎越好？"，其他类似的题目有"在一个 1 到 6 的量表上，1 代表相对谨慎，6 代表相对信任，在与人交往时，你认为哪个数字更符合你的看法呢"以及"在下列表述中，哪种最符合你的观点呢？在与人交往时，除非有证据证明他（她）是可信的我才会相信他（她）……"（刘国芳，2014；Rotter，1967）。此类题目可以最直接地测量成年人的一般信任水平，因而得到了广泛的使用。在测量一般信任上，当前被广泛应用的是罗特（1967）编制的人际信任量表，包括特殊信任和普遍信任两个因子，用于测量信任者对被信任者行为的可靠性估计，其内容包括各种处境下的人际信任，涉及不同的社会角色。而在测量制度信任上，已有研究大都是要求被试报告对社会机构或组织（如法院、公安局、医院等）的信任程度。

问卷法可以帮助我们从不同的角度理解信任，同时也由于其客观性和高效而得到了研究者的广泛应用。但是，使用问卷测量只能停留在描述性的研究上，同时也容易受到被试有意控制的影响，使自己的观点符合社会期望，此时，问卷结果就不能反映被试真实的信任水平（Burns & Conchie，2010）。

2. 博弈法

成年人信任的博弈研究由多伊奇（1958）开创，他使用囚徒困境进行了成年人信任的测量。在囚徒困境中，疑犯 A 与疑犯 B 被指控，但无法确认有罪，警方分别与疑犯 A、B 见面，让他们双方做出选择，疑犯 A、B 不能够进行信息交流，选择沉默意味着合作，选择检举意味着背叛，由于囚徒困境是建立在疑犯 A、B 不能相互交流信息的基础上，因此合作和背叛分别反映了在交往过程中的信任和不信任。多伊奇发现，无论在何种情景下，成年人被试均会表现出一定程度的信任水平（陈欣，叶浩生，2009）。此外，由于受经济学的影响，博弈范式成为测量成年人信任的经典研究范式，其中尤以投资博弈、议价博弈和公共品博弈应用最为广泛（乐国安，韩振华，2009；刘国芳，2014）。

（1）投资博弈

投资博弈（trust game）最先由伯格等人（1995）应用于成年人信任研究。在该博弈中，被试被随机分配为 A 和 B 两组，分别担任信任者（trustor）和被信任者（trustee）的角色。在博弈中，信任者 A 和被信任者 B 均拥有一定数额的金钱 S，由信任者 A 来决定投资其中的一部分金钱 Y(0≤Y≤S)给被信任者 B,在外力的辅助下,被信任者 B 将得到相当于这部分金钱三倍的收益 3Y,但是被信任者 B 必须返还给信任者 A 一部分金钱 X(0≤X≤3Y),最终信任者 A 的收益为 S - Y + X,被信任者 B 得到的收益是 S + 3Y - X。没有明确规定信任者应该给被信任者多少金钱 Y,也没有规定被信任者应该回报给信任者多少金钱 X。Y 反映了信任者 A 的信任程度,X 反映了被信任者 B 的可信性(陈欣,叶浩生,2009;Berg et al.,1995)。

(2)议价博弈

由麦凯布等人(1996)提出的议价博弈也可以用来测量成年人信任。在该博弈过程中,需要两个匿名个体依次做出决策,他们分别被赋予信任者和被信任者的角色,信任者首先进行决策,可以选择信任者和被信任者各得金额 M,或者让被信任者进行选择。若信任者将选择权给予被信任者,则被信任者同样可以进行二择一的决策,若被信任者选择不互惠,则信任者得 N,自己得 O;或者信任者和被信任者分别可得到 P(O > P > M > N)。若信任者选择让被信任者决定如何分配金钱,则信任者表现出了对被信任者的信任,否则为不信任对方;若被信任者选择了第二种分配方式,则其是可信的。

(3)公共物品博弈

此外,另一种可以用来研究成年人信任的博弈范式是公共物品博弈。在该博弈中,若干被试组成一个小组,每个被试拥有 P 的初始资源,他们可以决定向"公共物品"中捐赠 S,公共物品获得的量将是 NS(N > 1),每个被试捐赠的 S 在乘以 N 并汇总后,在所有小组成员间进行平均分配。被试的捐赠水平 S 就反映了该被试的信任水平。在该博弈中,如果所有人都全部捐赠自己的资源,那么每个人都会获利最大。但是,如果一个被试不捐赠,而其他人捐赠,则该被试将拥有最高的获利。

二、成年人信任的类型

分类是科学研究中的重要一步,在一定意义上说,科学的中心问题就是分类。因此,成年人信任的类型也得到了研究者的广泛关注。根据不同的维度,成年人信任可以分为不同的类型。这些类型，正反映成年人信任的范围和内容。

(一)人际信任和制度信任

根据成年人信任对象的不同，可以分为人际信任和制度信任(如饶印莎，周江，田兆斌，杨宜音，2013；薛天山，2002)。人际信任(interpersonal trust)是基于对对方意图和行为的积极预期，愿意向对方暴露自己的弱点并且不担心被利用的一种心理状态(王沛，陈莉，2011；Rousseau et al.，1998)。制度信任(institutional trust)是一种契约信任，主要是对如政府、司法系统等正式体系或社会公共组织的信任(Chang & Chu，2006)。制度信任可以减少"匿名社会"带来的信任风险，能更好地减少现代社会中行为的不确定性，增强行动的可预测性，也可以提高居民的幸福感(Hudson，2006)和民主满意度(Ekici & Koydemir，2014)。可见，人际信任较为直接，更多与日常生活经验的积累有关；而制度信任则较为间接，更多具有普遍信任的意义(饶印莎等，2013)。

(二)普遍信任和特殊信任

许多研究者根据成年人信任对象的特定性将信任分为普遍信任与特殊信任。韦伯(1951)最早提出了特殊信任(particularistic trust)与普遍信任(universalistic trust)的划分，特殊信任也被称为殊化信任(specific trust)，它以血缘为基础；普遍信任也叫泛化信任(general trust)，以信仰共同体为基础。尤斯拉纳(2002)认为特殊信任是只有对具体个人或与某些特定网络、群体特质相关的个人的信任，而把普遍信任理解为相对稳定并且不依赖于个体或群体的特征和目标的信任，即一般信任(对大部分人的信任)。国内学者张建新、张妙清和梁觉(2000)也对普遍信任和特殊信任做了区分，认为当代中国人不仅有特殊信任，也表现出对血缘和裙带关系之外的人的普遍信任。普遍信任与特殊信任的区别就在于其道德共同体的包容程度。特殊信任是仅信任同类人或是自认为了解的人，其道德共同体相当有限。而普遍信任的基础是认为大多数人都属于自己的道德共同体，因而大多数人都是可以信任的(尤斯拉纳，2006)。

(三)特质信任、关系信任和一般信任

这里我们要重点强调另一种分类方式，即根据成年人信任的保障机制进行的分类。成年人信任源于对他人行为的预期，如果没有对他人行为可能性的评估，就是一种"盲信"。因而，成年人信任必须建立在一定的基础或保障之上，根据信任建立基础的不同，研究者们划分了不同的信任类型(见表10-7)。第一，成年人信任可以建立在被信任者的某些信任特质之上，这些特质包含被信任者的可靠性、善意、能力等，可称之为特质信任。麦卡利斯特(1995)所定义的认知型信任就是建立在被信任者的可靠性、善意、诚实基础之上。巴伯(1983)定义的三种信任中的能力预期和对对方善意的预期也属于此种信任。第二，成年人信任可以建立在交往双方互动所形成的关系之上，可称之为关系信任。卢曼(2005)定义的人际信任和麦卡利斯特的情感性信任当属此种类型。建立在关系之上的信任在中国文化中尤其普遍(杨中芳，彭泗清，1999)。第三，成年人信任还可以建立在社会规范、制度之上，即一般信任，指对陌生人的信任。卢曼的制度信任，朱克所区分的基于行动者共有的社会、文化共性以及非个人的规则与社会规范和制度的信任同属一般信任。在社会流动速率越来越快，人际间的非重复交往越来越频繁的今天，一般信任理应得到更多地关注。

三、成年人的信任现状及相关研究

自古以来，中国文化中就有"与朋友交，言而有信"(《论语·学而》)，"民无信不立"(《论语·颜渊》)，"人而无信，不知其可也"(《论语·为政》)等众多关于信任的说法。不仅古代中国重视信任，现在我们同样非常重视信任。党的十六届六中全会提出的要促进心理和谐和建设和谐社会就要重视信任问题。党的十八大更是多次明确提出了诚信问题，将诚信作为社会主义核心价值观的内涵之一。由此可见，信任在我们的文化和社会中占据着异常重要的地位(刘国芳，林崇德，2013)。

(一)当前中国成年人信任的现状

当前，成年人信任水平的下降是个世界性的话题。在中国，"信任危机"问题也

较为突出。例如，有研究者（马得勇，2008）使用世界价值观调查的数据发现，20 世纪 90 年代中国的被调查者中有 60% 选择"信任"，这一比例在 21 世纪初却不到 50%，这说明中国居民的信任水平在这十几年里呈不断下降的趋势。亚洲民主动态调查的结果也发现，2002 年中国地区的信任水平比 1990 年下降 18.5%（马得勇，2008）。此外，辛素飞和辛自强（2017）对采用罗特"人际信任量表"调查大学生的 82 篇研究报告（共包括 34151 名大学生）的元分析表明，我国大学生人际信任水平在过去 14 年间显著降低，这一结果的本质不在于大学生如何，而是对他人和社会变得不那么信任了。中国社会科学院 2013 年发布的《社会心态蓝皮书》调查了北京、上海等城市的信任度，同样得出了"中国城市居民信任不及格"的结论（王俊秀，杨宜音，2013）。这些研究者的结论与其他研究者（高兆明，2002；郑也夫，2006）的观点是一致的，中国社会的成人信任水平在下降，这应当引起我们的警惕与重视，也正是成年人的信任现状。

（二）成年人信任下降的可能性和预测性因素

中国成年人信任下降的趋势已经引起了政府和社会的重视。例如，在我们党的十八大上，明确提出要培育包括诚信在内的社会主义核心价值观，要加强政务诚信、商务诚信、社会诚信和司法公信建设。那么，造成中国社会信任下降的原因到底是什么呢？综合以往的研究，我们可以将成年人信任下降的可能影响因素主要归结为以下几点。

1. 制度完善情况对信任的影响

改革开放以来，我国正处于剧烈的社会转型期，在经济制度、社会制度等各方面都发生了巨大转变，而信任与社会结构和制度变迁有着密切的互动关系。研究者也曾证明，在波兰、日本、俄罗斯、美国等国家，在社会经济和政治环境的急剧变化后也出现了信任的下降（什托姆普卡，2005；Uslaner，2002）。这些证据都暗示了制度或社会环境对信任的影响。传统中国社会是关系本位社会，社会信任主要建立在关系网络上，是一种"关系信任"或"熟人信任"，而伴随着社会转型，信任模式也必须相应地转变为一般信任或对陌生人的信任，即更多地依靠共有的社会文化规范、外在的制度保障和预防机制等来建立信任(董才生,2004;王建民,2005)。然而,一般信任所要求的外在的制度保障可能难以完全得到满足,转型中的国家和社会将会面临着制度供给缺乏效率,使老百姓,即成年人对制度安排在结构及功能设计上还处于不熟悉、不了解的状态,信任本身可能会受到影响,这就需要加强制度自信的教育。

2. 价值观变迁对信任的影响

社会转型还可能带来价值观的变迁,而多种价值观对传统中国社会带来的冲击可能会降低信任。研究者发现,物质主义价值观的泛滥是导致1976—1995年间美国高中生社会信任下降的重要因素,而传统观念约束力的下降,则在一定程度上造成了物质主义的泛滥(Rahn & Transue,1998)。在中国,社会转型带来社会生活方式的急剧变化,这就需要更多的对陌生人的信任(一般信任),要求人们在交往中更多地依靠外部社会规则与制度行事。然而,随着改革开放的不断深化,我们面对着越来越多价值观的冲击,中国传统的儒家文化及道德规范在不断解体,而适应市场经济和现代社会的新的道德规范又尚未完全形成,这种信任约束机制的弱化可能会导致成年人信任下降(马得勇,2008;辛自强,周正,2012)。

3. 经济人信念破坏信任

改革开放以来,我国在经济领域发生了最为深刻的变革,带来了多元化的价值观并对传统价值观造成巨大冲击。在强调经济发展的同时,可能诞生一个副产品,即经济人信念或假设,认可自己是经济人,也相信他人本质上也是经济人。这种人性观的确立,可能会破坏信任,因为信任的前提是相信别人是善良的,不会利用我们的弱点而牟利;但人们普遍持有的经济人信念,假定每个人都在为自己的私利而算计(辛自强,2015)。这种经济人信念对信任的破坏作用,在一项访谈研究中得到了间接的印证。在20世纪90年代俄罗斯进行市场化的过程中,被访谈的银行从业者都认同自己是经济人,是"金钱经济的先驱"(Dinello,1998),这种经济人信念在银行业以及大众中的流行可能是导致该国信任衰退的原因。

为了确定经济人信念和信任之间的因果关系,辛自强和刘国芳(2013)开展了实验研究,选取62名大学生作为被试(覆盖了经济学、教育学、社会学、物理学等多个学科），将他们随机分配到实验组（有 31 名被试，其中女生 16 人，平均年龄为 21 岁，$SD = 1.29$）和控制组（有 31 名被试，其中女生 16 人，平均年龄为 21 岁，$SD = 2.60$）中。在正式实验之前，被试被告知他们需要依次参加一项笔迹分析任务和一项态度调查。实验组被试需要抄写一段介绍经济人信念的短文，控制组被试需要抄写一段心理学研究方法的介绍性短文，两篇文章均由 176 个汉字组成，并且在阅读难度、文章结构上匹配。在完成抄写任务后，被试需要完成信任他人量表和投资博弈问卷。结果表明，被试在信任他人量表上的得分与在投资博弈问卷上的得分显著正相关，$r = 0.39$，$p < 0.01$，也就是说，信任他人量表和投资博弈问卷均测量了被试的信任水平。我们对实验组和控制组被试在信任他人量表上的得分进行独立样本 t 检验，发现实验组被试的信任水平（$M = 2.00$，$SD = 1.03$）要显著地低于控制组的信任水平（$M = 2.45$，$SD = 0.72$），$t(60) = 2.00$，$p < 0.05$，Cohen'$d = 0.57$（见图 10-4）。在投资博弈问卷中，实验组被试的信任水平（$M = 5.02$，$SD = 2.97$）同样要显著地低于控制组被试（$M = 6.84$，$SD = 3.03$），$t(60) = 2.39$，$p < 0.05$，Cohen'$d = 0.20$（见图 10-4）。

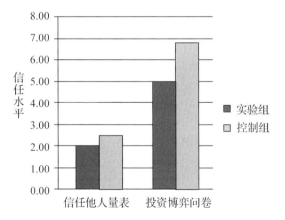

图 10-4　被试在信任他人量表和投资博弈问卷中表现出的信任水平

上述结果支持了我们的假设，即直接接触到经济人信念会破坏被试的信任水平。这一结果拓展了研究者对经济人信念和信任间负向关系的猜测（如辛自强，窦东辉，陈超，2013），首次使用实验证明经济人信念会破坏人际信任。因此，我们可以认为经济人信念的内化是信任下降的一个潜在因素（刘国芳，2014；辛自强，2015；Xin & Liu，2013）。

3. 潜规则认同对信任的影响

社会上出现了不少潜规则，实际上，中国成年人信任的下降在很大程度上是市场化导致的（辛自强，2015；Xin & Xin，2017）。正如前文分析的那样，经济人信念是市场化带来的副产品，但是潜规则要比市场化出现的时间更早、存在的历史更久远，按照这一逻辑，我们认为潜规则认同可能是一个更为重要的破坏信任的因素。因为显规则本来是简化系统复杂性、降低不确定性的，但是当潜规则和显规则共存时可能会增加社会系统的复杂性，增加人们心理上的不确定性与风险性，这时人们可能就不确定应该相信显规则还是潜规则，进而降低了原有信任水平。另外，潜规则是通过违反公平原则、损害多数人利益来实现自身的特殊利益，而且它的存在和运行具有隐秘性，这样就会削弱以显规则为基础构建的信任关系。人们对潜规则的认同在很大限度上体现了中国文化的特色，它可能会扭曲公平正义，可能会侵蚀信任生成的规则或制度基础，从而降低人们对他人的信任。因此，我们推测潜规则认同可能是社会信任下降的一个基础的和有力的解释。

为了考察潜规则认同与信任的关系，我们开展了一项相关研究，选取了98名山东省某地区的市民（均已参加工作，其中女性57人，男性41人，年龄范围在20~58岁之间，被试中有18.4%为教师，16.3%为公司职员，9.2%为公务员，还有56.1%是其他职业）。被试首先要完成自编的潜规则认同量表，然后需要完成一般信任问卷，共包含11个题目（采用6点计分，1表示"非常不同意"，6表示"非常同意"），其中有6个题目是正向计分（例如，"绝大多数人是值得信任的""绝大多数人信任他人"），还有5个题目是反向计分（例如，"人们总是自私自利""当今社会，你一不小心就会遭人利用"）。结果发现，潜规则认同与一般信任存在显著的负相关（见表10-8）。由表10-8可知，性别与潜规则认同存在显著的负相关。因此，我们在接下来的回归分析中将性别和年龄作为控制变量纳入分析。为了进一步考察潜规则认同与一般信任的关系，我们首先以潜规则认同为预测变量，以一般信任为结果变量做回归分析，结果发现，控制性别和年龄后，潜规则认同能显著预测一般信任

$(\beta = -0.30, p < 0.01, \eta^2 = 0.12)$。

表 10-8　潜规则认同与一般信任的相关分析

	1	2	3	4	M	SD
1 性别	—				0.58	0.50
2 年龄	0.06	—			30.71	6.80
3 潜规则认同	-0.37^{**}	-0.13	—		3.25	0.65
4 一般信任	0.18	0.03	-0.31^{**}	—	3.60	0.71

注：性别为虚拟变量，0 代表男性，1 代表女性。$^* p < 0.05$，$^{**} p < 0.01$。

此外，为了进一步确立潜规则认同与信任的因果关系，我们又开展了一项实验研究，选取山东省某地区的市民 64 人（其中男性 29 人，女性 35 人，年龄范围在 20~52 岁之间，被试中有 45.3% 为教师，26.6% 为公司职员，15.6% 为公务员，还有12.5% 是其他职业）。采用单因素组间设计，将被试随机分配到实验组（有 33 人，其中女性 18 人）和控制组（有 31 人，其中女性 17 人），要求实验组的被试"回忆其他人使用潜规则办事的经历，并在十分钟之内写下来，越详细越好"，而要求控制组的被试"回忆其他人按照正式规则办事的经历，并在十分钟之内写下来，越详细越好"。完成回忆书写任务之后，被试除了需要完成上述研究中的一般信任问卷之外，还要完成投资博弈问卷和制度信任问卷。结果发现，被试在一般信任问卷上的得分与在投资博弈问卷上的得分显著正相关，$r = 0.36$，$p < 0.01$，即一般信任问卷和投资博弈问卷均测量了被试的一般信任水平。我们对实验组和控制组被试在一般信任问卷上的得分进行独立样本 t 检验，发现实验组被试的信任水平（$M = 3.51$，$SD = 0.72$）要显著地低于控制组的信任水平（$M = 3.92$，$SD = 0.67$），$t(62) = -2.32$，$p < 0.05$，Cohen's $d = 0.57$（见图 10-5）。在投资博弈问卷中，实验组被试的信任水平（$M = 4.48$，$SD = 1.43$）同样要显著地低于控制组被试（$M = 5.46$，$SD = 1.71$），$t(55) = -2.35$，$p < 0.05$，Cohen's $d = 0.62$（见图 10-5）。在制度信任问卷中，实验组被试的信任水平（$M = 3.19$，$SD = 0.79$）同样要显著地低于控制组被试（$M = 3.70$，$SD = 0.89$），$t(62) = -2.43$，$p < 0.05$，Cohen's $d = 0.61$（见图 10-5）。

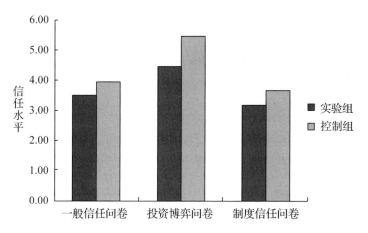

图 10-5 被试在一般信任、投资博弈和制度信任问卷中表现出的信任水平

上述研究结果支持了我们的假设，即人们对潜规则的认同度越高，其信任水平越低。从理性选择理论的角度来说，个体认同潜规则是基于对成本—收益进行分析而做出的决策，其目的是以低成本追求高收益。相对于潜规则认同，信任则要求人们相信他人的善心，并做出带有风险的亲社会行为，这与潜规则认同在内涵上是存在着冲突的。因此，我们可以认为潜规则认同也是信任下降的一个潜在因素（辛素飞，辛自强，林崇德，2017）。

第十一章

社会道德的构成与社会公德的促进

　　品德心理学，包括品德发展心理学，原则上不研究社会道德及其构成因素社会公德。然而，如第一章所示，品德是社会道德现象在个体身上的表现，是社会道德内化的结果。而社会道德，以宏观的准则为基础，反映整个社会政治、社会经济和社会生活的状况，调控整个社会的利益关系，所涉及的是由一个个个体所组成的群体。所以，一方面，良好的个体品德是形成良好社会道德的基础，研究社会道德离不开品德或道德品质；另一方面，社会道德是形成个体品德或道德品质的源泉，研究品德也必然涉及社会道德对个体品德或道德品质的影响。这就是设立本章内容的缘起。

第一节

社会道德的构成

　　社会道德是一个复杂的结构，社会关系是其基础；它在上层建筑中占有特殊的地位；构成社会道德因素的机制是道德规范体系，其依据是善恶准则。社会成员依据善恶准则在社会公共生活中遵循的基本道德，称为社会公德；社会成员依据善恶准则，还可以分析揭示职业道德和家庭道德；社会道德是在发展着的，衡量这种发展水平的就是社会道德评价。

一、社会道德的基石

社会道德以社会关系，特别是经济关系为基石。

首先，社会关系分物质的关系和精神的关系，社会道德则属于精神的关系。社会道德主要通过善恶准则、社会舆论、信念和习俗，以及社会成员的自控性来解决社会成员与社会整体的矛盾。而这个矛盾的存在和解决，主要取决于社会关系，特别是一定的经济关系所表现出来的利益特征。于是经济关系的利益特征决定着社会道德的内容和形式，而社会道德又对经济关系的利益特征起反作用或能动作用。由此可见，有什么样的社会道德，以及社会道德如何发展，其根源在社会关系上。

其次，与社会道德联系的社会关系相当复杂，然而社会道德属于上层建筑，这里必然会表现出两大主要的联系。一是社会物质生活条件决定着社会道德。也就是说，生产资料所有制决定道德体系的性质；经济关系表现出来的利益决定着社会道德体系的原则和准则，尤其是道德规范；生产关系中的矛盾决定着社会道德的对立斗争；经济关系的变化引起社会道德的变化。二是社会道德在上层建筑中的特殊地位。也就是说，以善和恶、应当和不应当、正义和非正义的准则认识社会现实；如第一章所述，社会道德与政治、法律、文艺、宗教等其他上层建筑因素交互作用，对社会关系起着特殊的调节作用；在人类发展过程也有着特殊的使命，这就是第五章所阐述的"社会发展与道德观念的变化"。

再次，社会生产力和科学技术在社会道德发展中的作用。尽管社会生产力和科学技术不直接表现社会道德水平，但它们对社会道德起着积极的推动作用，不论是从历史考察还是从现实分析，社会生产力和科学技术是社会道德进步的原因，对不同社会形态的社会道德起着不同的促进或阻碍的影响。

最后，社会关系是社会道德的基础，但是社会道德有着相对的独立性和能动作用。这就构成我们第一章的道德的历史性、民族性、阶级性和全人类性论断。应该指出社会道德的发展与社会物质生活条件的变化具有不同步性，社会道德有着其相对独立的历史发展过程，构成不同历史时期"德治"与"法治"的统一性。

二、社会道德现象的表现

所谓社会道德现象，是指人类社会中具有善恶评价意义的特殊社会现象。

社会道德现象的分类也较为复杂，它包括道德心理现象、道德规范现象、道德活动现象等。

(一)社会道德心理现象

如前所述，道德心理表现在个体道德品质或品德上，有深层的结构因素，有表层的结构因素。道德心理表现在社会道德上，同样有深层与表层的因素。其深层因素是社会道德信念，即社会成员的社会道德动机系统，它是对社会道德理想深刻而有根据的坚信和对履行社会道德义务的强烈责任感，这里的社会道德理想、信念，是指理想、信念的社会道德状态，成为社会成员在道德上追求的最高境界，形成与人生观、价值观、世界观一致的道德思想理论。其表层因素，有社会道德观念(社会物质生活条件的反映，如善恶观念、公正观念、正义观念、是非观念、荣辱观念等，尽管有着全人类性，但它由社会价值体系所决定，更具有时代性和民族性)；社会道德情感(社会成员对道德行为的好与坏、善与恶的内心感受，如爱憎感、责任感、荣辱感、正义感、自豪感等)；社会道德意志(社会成员道德观念向道德行为转化精神力量。在社会里，社会成员之间的道德境界差异性很大。任何社会的道德都把完全达到社会道德动机系统的人格作为最高的社会道德境界)；社会道德行为(与"非道德行为"相对而言，良好的社会道德习惯或社会风气是社会成员道德修养的质的追求和目标)。

(二)社会道德规范现象

社会道德规范是社会成员在道德生活中应当遵循的行为准则的总称，社会道德规范的前提或指南是社会道德原则。社会道德原则集中体现道德的社会本质属性，是社会道德规范体系的总纲或基本方针，我们在第五章所述的不同社会性质的道德，原始社会的道德，奴隶社会、封建社会和资本主义社会道德与社会主义社会道德之间的根本区别就是因为社会道德原则存在着差异，特别是个人主义的原则还是集体主义的原则，"私"或"公"的原则。此外，还有人道主义原则、生命价值原则、善良原则、公正原则等。这些社会道德的原则决定了代表不同时代稳定的道德规范，形成不同的道德范畴。社会道德范畴是反映道德现象的基本概念，由于道德具有全人类性，因此，各国伦理学都重视义务、良心、荣誉和幸福四个范畴，但是，社会道德范畴却更具历史性、具体性和发展性，在不同国家、不同时期和不同社会就有不同的道德范畴，第五章所述的中华民族美德的"五常""三达德"和"八德"就是例子，在今天，社会成员渴望甚至追求的是社会诚信、公正、良知、友善、幸福等，这正是当今社会的要求。社会道德规范还表现在本章第一节里提到的判断善恶的社会道德习俗等。习俗，即风俗习惯，风俗习惯凝固传袭可以形成具有规范性、强制性的制度化民俗，这叫作习俗制度，如图腾制度、宗族制度、捕杀(动物)制度等。习俗在社会道德中起两个作用：一是它在民众中的认同，是其具有一定社会道德制度效力；二是具有道德习俗的信息和道德规范的压力，促使相关的社会成员不得不受其约束。我的出生地在浙江省宁波市象山县，那是海山仙子撒落在东海的一串珠链，在象山县800公里的黄金海岸线上，千港百弯，碧海金山。海洋人以渔业为主，但在习俗上，遵循"善待海洋"的社会道德要求。20世纪70、80年代后就提出"禁渔期"，提倡文明捕鱼，象山县石浦镇开启了开渔节。从禁渔期的每年7月到9月16日的开渔节，近一个季节，出自习俗的认同和道德规范的压力，竟没有一艘渔船出海捕鱼。

(三)社会道德活动现象

社会道德活动，是与"社会道德心理"或"社会道德意识"相对的概念。它是指社会成员在一定的社会道德心理或社会道德意识的支配下，依据社会道德原则和规范进行的可作善恶评价的活动，属于社会实践的一个组成部分。如果说道德活动分个人活动和群体活动，那么社会活动是指后者，包括社会成员群体的道德行为、道德评价、道德教育、道德修养等，它与经济、政治、教育、文艺、宗教等活动交织在一起。社会道德活动的内容具有历史性、时代性和发展性，以道德教育为例，中国历代都强调道德教育，倡导"立德树人"，但道德教育的具体内容和形式不断变化，例如，我国社会主义道德教育，坚持爱国主义、集体主义、社会主义教育，引导我国社会成员树立建设中国特色社会主义的共同理想和正确的世界观、人生观和价值观。当今我国社会主义道德教育，更注重社会主义核心价值观。正如2014年，习近平同志强调把培育和弘扬社会主义核心价值观作为凝魂聚气强基固本的基础工程。习近平同志指出，要学习中华民族优秀文化的历史渊源、发展脉络、基本走向，学习中华文化的独特创造、价值理念、鲜明特色，增强文化自信和价值观自信。要认真汲取中华优秀传统文化的思想精华和道德精髓，大力弘扬以爱国主义为核心的民族精神和以改革创新为核心的时代精神，深入挖掘和阐发中国优秀传统文化讲仁爱、重民本、守诚信、崇正义、尚和合、求大同的时代价值，使中华优秀文化成为涵养社会主义核心价值观的重要源泉。由此可见，社会道德活动受社会意识形态，特别是社会道德心理或社会道德意识支配，同时又是一定社会道德心理或社会道德意识的基础，并使已经形成的社会意识形态得到提高和深化。

三、社会道德的分类

从社会道德规范体系出发，每一个社会有一个占主导地位的总体道德，这就是社会公德；与此同时又可以依据社会成员不同的共同生活领域的具体道德要求，可以把社会道德分为社会公德、职业道德和家庭美德。社会公德、职业道德和家庭美德构成社会道德三个主要要素。党的十七大提出："要加强社会公德、职业道德、家庭美德、个人品德建设，发挥道德模范榜样作用，引导人们自觉履行法定义务、社会责任、家庭责任。"如前所述，我们把道德分为社会道德和个人品德。有人把前者称为"公德"，后者叫作"私德"，对此我们并不做任何评价，而我们自己所坚持的是社会道德和个人品德构成道德总称的观点。

把社会道德分为社会公德、职业道德和家庭美德是个相对的划分方法，其实这三者是相互交叉、相辅相成的，构成的是社会道德的整体，区别在于一些道德规范在某一个道德领域更突出其作用罢了。其中社会公德是核心因素，它是社会生活在社会成员中的基本道德，它必然成为社会道德建设的基础；职业道德是社会成员在自己的行业或职业中的道德规范，它要成为社会道德建设中的本体；家庭美德是具有社会细胞的家庭应当遵循的道德要求。2014年2月14日《家风是核心价值观的微观体现》一文把家风视为核心价值观的微观体系，它成为整个社会道德建设的中介和深入人心的无形力量。社会公德、职业道德和家庭美德各依据自己的特点在社会道德建设中找准其切入点，表现出各自的特色，在发挥道德模范榜样作用中获得统一。

(一) 社会公德

我国社会公德的定义多数来自2001年中共中央印发的《公民道德建设实施纲要》，该纲要指出："社会公德是全体公民在社会交往和公共生活中应遵循的行为准则，涵盖人与人、人与社会、人与自然之间的关系。"社会公德以下面的特征反映出其实质：一是以公为基础，强调公共的事业、公共的空间及其相关的社会道德制度和规范，突出公共精神；二是以一个国家、一个社会或一个民族为公共的主体，尽管它可以具备不同国家、社会、民族的公德的相通或相似的成分；三是遵循社会公德是全体公民的义务，具有群体性；四是表现出稳定的特点，带有历史传承性，具有相对的稳定性；五是时代性，例如，当今的社会公德具有网络服务的要求，表现出时代的特点。

社会公德有哪些内容呢？我国社会公德一般以十四届六中全会提出的"文明礼貌、助人为乐、爱护公物、保护环境、遵纪守法"五个方面为主要内容，尽管这五个方面尚未穷尽社会公德的内涵，但它提出了社会公德的主要领域，并指出了丰富这些内涵的原则和标准，体现了道德规范的人与自己、人与他人、人与社会、人与自然的社会道德行为准则。

社会公德的重要性或价值在于：首先，社会公德是衡量一个社会文明程度的重要尺度，是推动人类社会发展进步的精神力量。其次，社会公德建设是继承弘扬中华民族美德的体现，如前所述，孔子建立了一个以"仁"为最高理念的道德体现，包含诸如孝、忠、恕、礼、义、智、勇、恭、宽、信、敏、惠等"社会公德"的因素，在"独尊儒家"的时代，统治者通过把这些道德因素落实到社会成员身上，使之成为共同理念、内在的道德规范，以推进良好的社会秩序。"古为今用"的意义就在于继承、弘扬、创新、发展这个使社会稳定和发展的社会道德理念。再次，立足现实，加强社会公德建设是适应中国特色社会主义建设的需要，是法治与德治相结合，有助于我们社会的进步，有助于促进社会主义市场经济健康地发展。最后，社会公德与个人品德是紧密相连的，社会公德的促进，形成社会成员良好的制度化的社会道德氛围，于是，也促进社会成员的个人品德的发展，进一步养成尊己、尊人、尊社会、尊自然的道德品质。

(二)职业道德

职业主要指社会成员在社会中所从事的作为主要生活来源的工作。职业作为一种社会现象，自有社会分工和劳动分工以来，职业活动就是人类社会生活的一个重要内容。职业道德是同社会成员的职业活动紧密联系的，第一章我引了恩格斯所指出的"实际上每一个行业，都各有各的道德"一段话。这里的行业道德，就是职业道德。工、农、医、教、商、军、政等职业，都具有各自悠久传统的职业道德。所谓职业道德，是指从职的社会成员在职业社会活动中应遵循的社会道德准则和规范，以调节职业活动中的特殊道德关系和利益矛盾。其特点有：一是在职业生活中形成和发展，是一般社会道德在职业活动的体现；二是在内容上，职业道德总要表达不同职业的义务、责任和良心；三是在形式上，职业道德总是从本职业的活动内容出发，制定诸如规章、公约、章程、守则等，以调节和约束从事本职业的社会成员；四是在功效上，使社会道德职业化，从中体现社会道德在一定的职业中获得深化。

职业道德总内容应该是敬业爱岗、诚实守信、公道办事、职能精练、对社会负责、为大众服务。但各行各业都有各自不同的职业道德内容，同样是"敬业爱岗"，不同职业有不同的"业"，不同社会成员有不同的"岗"；同样是"公道办事"，商业部门人员买卖公平，医生对所有的病人则应一视同仁；同样是"职能精练"，北京百货大楼张秉贵一抓糖果就是顾客需要的分量，教师在教育中则讲究严谨治学；同样是"为大众服务",修理工徐虎心中装着每家每户的老百姓,公务员心里必须树立全心全意为人民服务的意识。这就形成诸如师德、医德、商德、工德和政德等不同职业道德的表现。

职业道德是社会道德发展的要求,是社会公德在具体领域的体现,是完善社会制度的保障,是社会和谐的表现,因此,职业道德的教育和训练成为健全社会道德不可缺失的根本任务。

(三)家庭美德

家庭是指由婚姻、血缘或收养而产生的亲属间共同生活组织。家庭与婚姻有密切联系,婚姻是家庭产生的前提,家庭是缔结婚姻的结果,其中夫妻关系是家庭关系的核心。中华文明历来重视家庭,《汉书·盖宽饶传》指出"三王家天下",意指"以之为家"。古时夫妇互称为"家"。家庭成员中,"老吾老,以及人之老;幼吾幼,以及人之幼",强调的是"养老扶幼"。尤其倡导孝道,"百善孝当先"。由此可见,中华民族自古到今,把家庭道德,誉为家庭美德。家庭美德,主要指人们在家庭生活中调整家庭成员关系,处理家庭问题时所遵循的社会道德规范,突出地指爱情、婚姻、家庭关系三个方面的社会道德。

上述《公民道德建设实施纲要》规定,我国的家庭美德的内容主要包括尊老爱幼、男女平等、夫妻和睦、勤俭持家、邻里团结等。该纲要第十七条指出,家庭美德属于家庭道德范畴,是指每个公民在家庭生活中应该遵循的基本行为准则。它涵盖夫妻、长幼、邻里之间的关系。家庭美德包括家庭的道德观念、道德规范和道德品质。家庭美德的规范是调节家庭成员之间,即调节夫妻、父母同子女、兄弟姐妹、长辈与晚辈、邻里之间,调节家庭与国家、社会、集体之间的行为准则,它也是评价社会成员在爱情、婚姻、家庭、邻里之间交往中行为是非、善恶的标准。

家庭美德的规范是家庭美德的核心和主干,家庭成员在这个社会道德规范支配下,按照家庭美德准则行为,促进家庭成员道德品质的发展,所以弘扬家庭美德是社会道德建设的需要,是美满生活的力量源泉,它对社会安定、和谐、团结有着重要的作用。

四、社会道德评价

社会道德结构，特别是社会公德、职业道德、家庭美德如何发展、变化和促进，要依据社会道德评价。因此，社会道德评价是社会道德发展的前提。

社会评价是根据一定社会道德标准对社会道德行为所做的评价。

（一）社会道德评价的依据

按伦理学的要求，社会道德评价通常以善与恶、正义与非正义、公正与偏私、诚实与虚伪、荣誉与耻辱等社会道德范畴作为社会道德评价时的概念。

按社会道德规范体系的内容，社会道德评价直接以社会公德、职业道德、家庭美德的具体内容作为社会道德评价的出发点，下一个问题我们谈社会公德的促进时，我们所举的社会公民，大、中学生特殊群体的社会道德水平的例子，这些研究中评价的依据是社会公德的具体内容。

（二）社会道德评价的手段

道德评价包括道德的个人评价和社会评价。前者通过个人良心来评价，而对后者，即社会道德的评价的手段应该有以下几种。

一是舆论或社会舆论。它是指公众的意见与看法，是社会大多数乃至社会全体成员的共同信念，形成信息沟通后的一种共鸣。舆论或社会舆论对社会道德评价起到制约、监督、鼓动和指导作用。

二是传统习惯或风气。它是社会成员在长期社会生活过程中逐渐形成并被公众承认的社会道德常识、经验和情感。传统习惯或风气对社会道德评价或起推进作用，或起阻碍作用。

三是社会成员的信念，特别是道德信念，这在第一章已经论述。社会成员的原有信念使社会道德评价成果成为行为当事人内在的稳定因素的形式。

(三)社会道德评价的作用

罗国杰、马博宣、余进早在 1985 年就指出，通过对行为善恶责任，以及评价行为善恶的标准、根据、类型、手段等进行研究，可以看出社会道德评价在社会道德生活中"对道德行为的善恶起裁决作用"，具有"深刻的教育作用"，"突出地具有调节作用"。

· 由于社会道德评价的这三个作用，使我们看到如第五章所阐述的不同社会制度，即从原始社会到奴隶社会，到封建社会，到资本主义社会，到社会主义社会的社会道德结构的变化和发展；看到各个国家、各个地区和各个民族的社会整体道德结构及其各个因素，即社会公德、职业道德、家庭美德的具体特征和发展；看到当今我国社会道德教育和社会公德促进的现实和要求。

第二节

————

社会公德的现状

社会公德简称公德，如前所述，它是社会道德的核心，是社会道德诸因素中的基础和总体成分，所以，在社会道德建设中，首先要抓的当然是社会公德的促进。因为社会公德，是社会成员在公共生活中应该遵守的基本社会道德。因此，我国宪法规定，把尊重社会公德列入公民的义务。

一、如何看待当今的社会公德

对当今社会公德争议很大，归根到底，无非就是社会公德"爬坡"与"滑坡"之争，也就是说，当今社会公德是进步还是在退步。

（一）一项社会公德的调查

我国社会成员或公民的公德水平如何？2008 年我们团队成员、中宣部宣教局王开忠同志采用心理问卷和访谈方法，对北京 9 个城区 16 岁以上 1103 名不同类型市民，从文明礼貌、助人为乐、爱护公物、保护环境、遵纪守法五个方面调查社会公德情况，百分制显示，上述五个方面评价分别为 58、76、72、56、71 分，综合为 67 分（满分为 100 分），说明总体水平为中等偏上。具体表现为如下几点。

①文明礼貌方面，绝大多数人待人和气，语言文明，但少数人在人际交往中不注意礼节礼貌，女士优先意识差，爱讲脏话；

②助人为乐方面，绝大多数人乐于助人，热心社会公益事业，但少数人不关心他人，见到小偷行窃不敢过问，有人腰缠万贯不能扶危济贫；

③爱护公物方面，多数人关心国家和集体财产，但少数人漠不关心，甚至有些人破坏盗窃公用设施；

④保护环境方面，大多数人环保意识加强，逐渐习惯分类存放垃圾，但也有些人经常践踏花草树木、破坏景观，乱贴小广告现象时有发生；

⑤遵纪守法方面，大多数人重视学法用法，但也有不少人法制观念淡薄，不遵守交通法规，经常闯红灯。

尽管总体水平为中等偏上，但我们应看到问题仍不少，我国公民的公德在国际上排名不高，社会公德的促进成为我们重要的任务。

（二）社会公德主流倾向的故事

我喜欢阅读《人民日报》订阅号的内容，其中有每周四个以上社会公德的故事，我从 2019 年元月至 3 月期间收集了十个故事，做了压缩性的改写，刊于这里。

故事一：

大年初一这天中午，浙医二院肝胆胰外科医生楼健颖正在丈母娘家拜年。12 点左右，丰盛的饭菜刚刚上桌，突然手机响了，这是来自诸暨市中医院的求助电话：住在该院的一病患大出血不止，需要紧急抢救！楼健颖顾不上吃饭，驱车 20 分钟赶到浙江诸暨市中医院。经过 3 个多小时的抢救，终于将病人从死亡线上拉了回来。

但对他而言，这不过是日常工作的一部分。

——出自 2019 年 2 月 9 日《人民日报》：

男子去丈母娘家拜年，接了个电话竟扔筷子走人！

故事二：

今年春节期间，新婚不久的山西五台山消防中队副中队长王帅因勤务繁重，放弃回家。妻子从两百公里外的太原，带着热腾腾的饺子来到执勤现场，喂丈夫吃饺子……节日期间，为了万家灯火，他们依然坚守在岗位。

——出自 2019 年 2 月 11 日《人民日报》：

老公，吃口饺子

故事三：

2019 年 2 月 5 日，广东潮州，回家过年的林先生开车时，一个小女孩正准备经过人行道。小女孩看到车驶过来，停下了脚步，林先生也随即减速、停车，礼让小女孩先过。走到一半的小女孩忽然停了下来，向开车的林先生鞠了一个躬，林先生非常感动。众网友纷纷为车主与小姑娘点赞：你们都是好样的！

——出自 2019 年 2 月 12 日《人民日报》：

小女孩对礼让小车鞠躬，司机：回家过年的感动

故事四：

1992 年出生的彭露露在灵宝市故县镇卫生院从事临床检验工作。2 月 1 日晚，露露在回家路上遇到一起交通事故：一名电动车驾驶人被撞倒，肇事者逃逸。看到这一幕，露露迅速冲向马路中间，一边拨打 120 急救电话，一边跪在马路中间进行紧急施救。在协助将伤者送上救护车后，她悄然离开现场。当记者找到她时，这个 90 后女孩有点无措："这是个非常平常的事情，对于我们医护人员来说，谁遇到都会伸把手。"

——出自 2019 年 2 月 12 日《人民日报》：

90 后女孩"这一跪"，春节刷屏了！

故事五：

3月2日晚6点左右，浙江衢州市某栋三层宿舍内孙大爷和老伴烧水时液化气发生泄漏，瓶口喷出火舌，老两口情急之下躲到阳台雨棚大声呼救。孙大爷的邻居——75岁的罗亚洲、88岁的应献岳、74岁的王同孝闻讯赶来。三位老人一边指挥报警，一边当机立断破门而入，冲进了火场。在三位老人的努力下，明火几分钟就被扑灭。因救援及时，孙大爷老两口身体并无大碍。

——出自2019年3月4日《人民日报》：

平均79岁！火势千钧一发，三位大爷踹门冲了进去

故事六：

3月5日凌晨，一架国航客机在执行从北京到洛杉矶的航线时，货舱出现火警，飞机在俄罗斯阿纳德尔机场备降，并实施紧急撤离程序。这一事件在微博上迅速成为热点，最触动大家的是现场视频里空姐危急时刻的一声吼："跑！别拿东西，跑！"据网友描述，在匆忙的撤离中，空姐把拿的毯子给了乘客，空乘把自己的鞋给了乘客，空姐空乘让所有乘客上车后，他们才最后上车。

——出自2019年3月7日《人民日报》：

空姐一声吼："跑！"

故事七：

3月4日下午，一对老夫妻来到武汉黄陂一中盘龙城校区要找一个个子高高、微胖、戴眼镜的男学生。一番了解后才知道他们要找的这个男生救了老人一命，并细心送他回家，但连姓名都没有留下就悄悄离开了，老夫妻想当面感谢他。这位同学叫李文涛，他的善举传遍了校园。

——出自2019年3月7日《人民日报》：

李文涛同学，终于找到你了！

故事八:

　　一位母亲带着女儿骑着自行车,在乡间小道上摸黑赶路,由于路上没有灯,母亲只能沿着路边小心地骑行,此时,一辆车放慢了车速,用车灯为她们照明,一路尾随护送。视频在网上一经发布,立刻引来点赞,但车主高源觉得自己不过是做了件微不足道的小事,"母亲从小就教育我们,在别人需要帮助的时候,在自己力所能及的情况下,尽量地去帮助别人"。

　　　　　　　　　　　　　——出自 2019 年 3 月 7 日《人民日报》:

　　　　　　　　母女深夜骑车赶路,遭陌生车辆尾随一小时!网友却为司机叫好

故事九:

　　3 月 6 日,63 岁的梅汉霞像往常一样去为楼下 90 岁的朱奶奶送饭,这一习惯,她已经坚持了近一年。朱奶奶名叫朱秀华,30 多年前自愿帮梅汉霞带孩子,像对待亲孙子一样。自 1991 年丈夫去世后,朱奶奶一直独居,2018 年因白内障病情加重,吃饭成了一大难题。梅汉霞知道这一情况后,马上决定为朱奶奶送饭!梅汉霞说:"在我最难的时候,是朱奶奶帮了我,我们就像亲人一样。现在亲人有需要,我只是做了力所能及的事。"

　　　　　　　　　　　　　——出自 2019 年 3 月 8 日《人民日报》:

　　　　　　　　"你为我带娃,我给你养老",63 岁老人每天给 90 岁邻居送饭

故事十:

　　陈文华,江苏省常州市竹箦镇人。几年前,他的哥哥意外死亡,留下了 486 万元债务。按照法律,弟弟在没有继承哥哥遗产的情况下,对哥哥生前的债务是没有偿还义务的,但陈文华主动说道:"这 486 万欠款,我来还!"几年来,陈文华卖掉了自己的房子和资产,全家省吃俭用,已陆续还上了 300 多万,剩下的 100 多万计划在两年内还清。陈文华讲诚信,有担当,是个顶天立地的汉子!

　　　　　　　　　　　　　——出自 2019 年 3 月 16 日《人民日报》

　　　　　　　　　　　　　"这 486 万欠款,我来还!"

这些故事告诉我们什么？有何启示？

首先，在当今中国，社会公德的主流是正面的、健康的、正能量的。至少像王开忠同志调查的结果所指出的那样，我们的社会公德是及格的、是中等偏上的。用最通俗的话来表达：我们的社会，还是好人多！

其次，这些故事反映了社会公德、职业道德、家庭美德、个人道德品质全方面的社会道德面貌。

再次，故事中的当事人有老年少年、壮年青年、男的女的，涵盖社会不同年龄、不同性别、不同社会阶层的人群，展示了社会公德无处不在的现实。

最后，这些故事揭示了社会公德的实质，即遵循社会交往和公共生活中的行为准则，涵盖人与人、人与社会、人与自然之间的道德关系。

二、社会公德存在的问题

中央电视台经常报道下述不文明行为事件，实际上是社会公德缺失的表现。

偷工减料　不顾标准

网络暴力　伤失理性

乱排废物　破坏生态

不讲礼貌　不懂礼让

随地吐痰　随意便溺

旅游无序　污染环境

语言粗鲁　欺凌斗殴

造谣传谣　投机取巧

缺乏诚信　不守承诺

交通混乱　影响出行

这些行为，尽管在人口学比例中是少数，甚至是极少数，但是其影响是相当恶劣的。因为它与中华传统美德是格格不入的，不符合"礼仪之邦"的中国文化，同我国坚持"两个文明"建设极不协调，和社会主义中国公民素质中文明礼貌、助人为乐、爱护公物、保护环境、遵纪守法对立，更与"五讲四美"的道德规范相脱节。

让我们坚持社会公德的主流，扭转社会公德缺失的现象，把我们社会公德推进到中央电视台经常播出的中华文化倡导的公德要求，达到"国是家、善作魂、勤为本、俭养德、诚立身、孝当先、和为贵"的崇高境界。

第三节

社会公德的促进

现在社会上有一种观点，要加强改革创新促进社会公德的建设，那么我们想从心理学的角度，对社会公德的促进提出建议，也作为加强改革促进社会公德建设的一个组成部分。

我们从下面三个方面提出建议。

一、以品德教育促进社会公德的建设

加强品德教育的依据是心理学的品德形成的规律。规律以客观性、一般性和周期性的特点表现出来。《品德发展心理学》上述各章涉及的原理告诉我们，品德的形成，有规律可循，而这些规律对社会公德的发展也有促进作用。

(一)品德形成与发展的先天与后天的关系

我们在第三章提到，遗传与生理成熟是品德发生、发展的生物学前提；环境教育在品德发展中起决定作用；实践活动是品德发展的必要基础。

在社会公德的促进中，我们可以忽略"先天"的作用，主要考虑"后天"的作用，也就是现实环境与实践对社会公德的促进作用。

《公民道德建设实施纲要》强调"积极营造有利于公民道德建设的社会氛围"，就是强调现实环境。该纲要提出"大众媒体、文学艺术以及体育活动对社会公德建设有着特殊的渗透力和影响力"，"加大网上正面宣传和管理工作的力度，以引导社会道德的建设"，"各类文艺作品的创作，要积极反映改革开放的现代化建设的火热生活，热情讴歌人民群众的开拓进取精神和良好道德风貌，以其独特形式和艺术魅力，给人以鼓舞、启迪和美的享受"。我永远忘不了毛泽东同志当年的《在延安文艺座谈会上的讲话》中指出的文艺的作用是"团结人民、教育人民、打击敌人、消灭敌人"。今天我们大众媒体、文学艺术和互联网，能否在促进社会公德的建设中也起到团结人民、教育人民、抵制外来的、社会滋生的腐朽道德垃圾，打击败坏社会公德的邪恶势力，关系到社会公德的健康发展。社会上无数次呼吁：我们的大众媒体、文学艺术和各种网站多宣传一些国家功臣、英雄模范、科学家以及工农兵学商中的优秀人物及其道德情操；少一些明星结婚、离婚、出轨的"八卦"新闻，以纯洁社会环境、弘扬正能量以促进社会健康发展。

"深入开展群众性的公民道德实践活动"，从 6 个方面对社会公德促进提供了实践活动的内容。例如，以"讲文明树新风"为主题的创建文明城市、文明村镇、文明行业活动；以社会主义现代化建设中涌现出来的先进集体或先进个人作为实践社会主义公民道德的榜样；利用重大节日的庆典活动增强对祖国、对家乡、对自然、对生活的热爱；开展必要的礼仪活动，促进礼节、礼貌等文明言行举止的提高；贴近基层、贴近群众、贴近生活开展有的放矢的道德实践活动；以活动为载体，吸收群众普遍参与讲公德的活动。2014 年 2 月 15 日和 16 日《光明日报》分别报道了江苏省常州市和浙江省嘉兴市"道德讲堂"群众普遍参与的公民道德实践活动，道德讲堂使这两个城市从市中心到乡村、到基层、到群众构筑起精神高地，使社会公德的光芒照耀进幸福家园。

（二）品德形成与发展要以提高认知为基础

人的品德发展水平与其思维（认识或认知）发展水平直接相联系，道德认识水平决定了其品德表现。第五章阐述的中华民族美德"五常"与"三达德"也都强调道德的"智"，与达智仁勇的统一。新加坡李光耀先生为新加坡有儒家文化为认知背景感到兴奋。他说："我们很幸运，因为我们的文化背景很好。我们认知并崇尚节约、勤奋、孝顺和忠于家庭，最重要的是我们尊重学问和学习。"面对当今高歌猛进的高科技，他告诫说，"科技对未来进步具有决定作用，但不能利用科学技术打破家庭，家庭应该培养孩子们强烈的社会责任感和辨别是非的能力"。由此可见，道德认知是道德观念、道德水平和道德方法论的基础。在当今社会生活中，受各种利益的诱惑或驱使，人心浮动，某些人的道德认知或价值观就容易动摇，甚至失衡，短时之内，好像侥幸蒙混过关，但经不住时间的历练和考验。随着我国反腐败的深入，失去道德认知或价值观而变质者，最终失去了信誉，遭社会公德的惩治，只落得一个无地自容。

第三章我们介绍的科尔伯格的典型案例"汉斯偷药"的故事，说明个体的或社会的道德认识水平直接影响其道德行为。因此，必须加强对人们道德认识的教育，包括理想与信念教育，突出世界观、人生观和价值观在品德教育中的重要性。其中把社会主义核心价值体系融入国民教育全过程，倡导富强、民主、文明、和谐，倡导自由、平等、公正、法治，倡导爱国、敬业、诚信、友善的价值观，体现了社会主义意识形态的本质，体现了国家价值目标、社会价值取向和个人价值准则的有机统一。学习三个"倡导"以提高社会成员的社会道德认知，为增强社会成员的社会公德奠定认知的基础，呈现社会上下讲道德、尊道德、守道德、追求高尚的道德理想。

提高社会道德认知，学习社会主义核心价值体系是一个重要方面，而继承弘扬中华民族优秀文化的理念也是古为今用的一个不可缺的源泉。这里涉及提高社会道德认知的内容和形式。在内容上，是5000多年文明古国的优秀文化载体，我国有十万种以上的古代典籍，有代代相传的道德底蕴，有不计其数的道德榜样。在提高社会道德认知中，我们既不能简单复古，也不能数典忘祖。只要以社会主义核心价值观为纲，可以赋予传统文化以时代精神。在形式上，包括故事、小说、戏曲等大众喜闻乐见的多种形式。与此同时，要构建互为补充、相互协作的中华优秀传统文化教育格局。充分利用博物馆、纪念馆、文化馆(站)、图书馆、美术馆、音乐厅、剧院、名胜古迹、文化遗产、具有历史文化风貌的街区等，组织社会成员，特别是儿童与青少年进行实地考察和现场参观，既建立了公共文化机构的长效机制，更达到让社会道德的"道"家喻户晓、妇孺皆知的境地。

总之，个体的道德认知或认识不仅直接影响其道德行为，而且也是形成良好社会公德的基础，因此，必须加强对人们道德认知的教育，包括理想信念教育，突出世界观、人生观和价值观在品德教育中的重要性。

（三）品德形成与发展中的榜样力量

在品德形成与发展中，榜样的力量是巨大的。《光明日报》刊登了多地树社会公德的榜样推动社会公德发展的报道，这对提高社会公德是非常宝贵的经验。国际上还有相关理论。

第二章我们阐述了美国心理学家阿尔伯特·班杜拉于 20 世纪 60 年代提出的社会学习理论，该理论认为人们通过榜样的学习，即观察学习就能获得新的品德行为。也就是说，品德观念和行为乃至社会公德是经过后天对榜样的观察学习即通过榜样的学习而形成和改变的。

在我国，学习雷锋活动正是通过榜样学习来提高品德乃至社会公德的，因此，学雷锋活动是符合学习规律的。学习和弘扬雷锋精神，为品德教育到社会公德的提高提供了强大的精神力量。第一章已经提到班杜拉的经典实验：班杜拉让儿童单独观看一部电影，在电影中一个成年男子对波波玩偶表现出踢打等攻击行为，影片中的男子分别受到了奖励、惩罚、既无奖励又无惩罚三种结尾。发现，观看男子受到奖励的儿童表现出了更高的模仿行为，即攻击波波玩偶。由此可见，榜样学习对品德形成具有重要作用。

品德教育应加强针对性、实效性，品德发展心理学强调从品德教育到社会公德教育能够从生活实践入手，变大道理为小道理。我们这一代人的品德或道德面貌与学雷锋密切相关，1963 年，毛泽东同志倡导全国人民向雷锋同志学习，雷锋的精神成为这一代人的价值取向和精神追求。我们要形成学雷锋"人人可为，处处可为，时时可为"的浓厚氛围，这才能够使社会上每个人的品德获得提高与发展。我们应该根据具体的人群做具体分析，推动学雷锋活动常态化，让每个公民从身边的人和事的榜样学起，如果这样做，社会公德工作也就有了规律可循。

(四)品德形成与发展的情感理论

品德教育离不开情感基础。平时我们强调"动之以情、晓之以理、循循善诱、情理服人"就是阐述情感在品德教育中的重要性。情绪情感的体验是人的需要是否得到满足的一种反映。我的挚友上海师范大学卢家楣教授的"情感教学理论"是品德的情感理论的重要显示。

情感教学的指导思想是"以情优教"，即运用情感优化教学。其完整内涵是：在充分考虑社会公德教育中的认知因素的同时，又充分重视人的情感因素，努力发挥其积极的作用，以完善教育目标，改进教育的各个环节，优化教育效果，促进人们社会公德全面发展。该思想突出强调情感既是育人目标，又是育人手段(见图11-1、图11-2)。

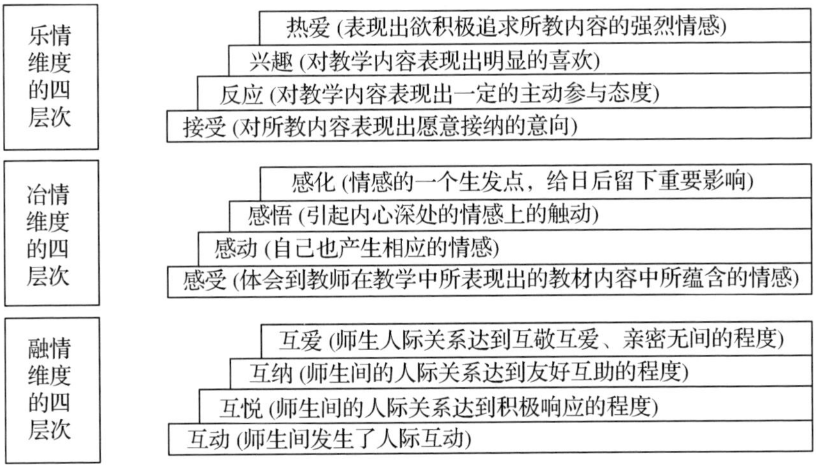

乐情维度的四层次	热爱(表现出欲积极追求所教内容的强烈情感)
	兴趣(对教学内容表现出明显的喜欢)
	反应(对教学内容表现出一定的主动参与态度)
	接受(对所教内容表现出愿意纳的意向)
冶情维度的四层次	感化(情感的一个生发点，给日后留下重要影响)
	感悟(引起内心深处的情感上的触动)
	感动(自己也产生相应的情感)
	感受(体会到教师在教学中所表现出的教材内容中所蕴含的情感)
融情维度的四层次	互爱(师生人际关系达到互敬互爱、亲密无间的程度)
	互纳(师生间的人际关系达到友好互助的程度)
	互悦(师生间的人际关系达到积极响应的程度)
	互动(师生间发生了人际互动)

图11-1　三维度四层次的情感教育目标体系

(五)品德形成与发展的习惯理论

如前所述，道德行为有两种表现，一种是不稳定的、有条件的，另一种是无条件的、自动的、带有情感色彩的，后一种形成道德习惯。习惯是一种带有情绪情感色彩、自动化了的行为，良好的道德习惯，能使品德从内心出发，不走弯路而达到

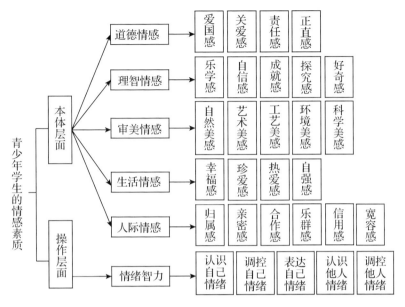

图 11-2 情感素质

此境界。造就习惯是品德发展的质的一项指标，也是形成社会风气的基础。道德习惯的形成，主观要通过模仿、无数次的重复、有意识的练习、与坏习惯做斗争四种要素；客观环境的影响，尤其是奖罚的条件也十分重要。

行为主义者博尔赫斯·弗雷德里克·斯金纳（B. F. Skinner）认为人的行为都是后天习得的，环境决定了一个人的行为。通过强化或奖惩可以更改、增加或消除人的某些行为。同样可以使用强化或奖惩措施来促进良好品德尤其是道德习惯的形成。

良好的社会道德习惯就是社会公德的社会风气。所谓社会风气，主要指社会在一定时期内流行的风尚和习气，它是社会的政治、经济、文化、道德等状况的综合表现。1986 年 1 月 17 日，邓小平同志曾在中央政治局常委会上讲话时强调，"风气如果坏下去，经济搞成功又有什么意义？会在另一方面变质，反过来影响整个经济变质，发展下去会形成贪污、盗窃、贿赂横行的世界"。

要形成良好的社会风气，良好的品德习惯是不可缺少的。因此我主张采取四条措施：一是加强精神文明建设，把以往提倡的文明礼貌用语，例如"五讲四美"等落到实处，真正体现中国是礼仪之邦。2014 年 2 月 21 日的《光明日报》两个版面都在宣传"讲文明树新风"，第 9 版在展示"中国精神·中国形象·中国文化·中国表达"，第 1 版则报道江苏出台全国首个未成年人文明礼仪规范"践礼修德，从小抓起"（《江苏省未成年人基本文明礼仪规范》，以下简称《规范》）。《规范》规定"八礼"："仪表之礼、餐饮之礼、言谈之礼、待人之礼、行走之礼、观赏之礼、游览之礼、仪式之礼"；《规范》规定"四仪"："入学仪式、成长仪式、青春仪式、成人仪式"。这是在全省 1700 万名未成年人进文明礼仪养成教育。二是奖励，奖励维护社会风气的模范人物，今天，我们的奖励不是多了，而是太少了。三是惩罚，重罚那些破坏社会风尚和习气的人，同样地，今天我们对破坏社会风气的惩罚力度远远不够。四是社会风气法治化，依法打击诸如殴打公交司机、迫害医务人员、嫖娼卖淫、吸毒贩毒者，特别是重拳打击腐败分子、不法分子等。这是搞好社会风气乃至社会公德的根本措施。

二、以心理和谐促进社会公德的建设

在本书第六章，我们已经提到中共中央十六届六中全会通过的《中共中央关于构建社会主义和谐社会若干重大问题的决定》（以下简称《决定》），这个决定首次阐述了社会和谐与心理和谐的关系，指出了人文关怀和心理疏导对社会心理和谐与社会公德的意义。

（一）心理和谐与社会公德

所谓和谐，主要是指处理和协调好各种各样的关系，心理和谐和社会和谐是一致的。和谐社会的三个空间是自我关系、个人与他人的关系，以及和个人与社会的关系；从心理和谐角度来说，围绕这三个空间，我们的工作必须考虑以下六个关系：人与自我的关系，人与他人的关系，人与社会的关系，人与自然的关系，硬件与软件的关系以及中国与外国的关系。

(二) 和谐社会的三个空间、六个关系

在本书中我们多次提到道德规范，即道德行为的准则，它也涉及的道德的社会关系主要有：个人与自己的关系，个人与他人的关系，个人与社会的关系。

和谐社会的三个空间、六个关系和道德规范的三个关系是一致的。

人与自我的关系。心理和谐首先要求处理好人与自我的关系，人与自我的关系主要涉及自我修养的准则。每个人的心理和谐是以自我和谐为基础的，如前所述，"信心"是人与自我关系的首要因素，它是指相信自己的愿望或预料一定能够实现的心理。对于个人甚至于国家说来，信心是事业成功的保证，是自我成长的动力。难怪党和国家领导同志一再强调"我们有信心、有能力、有条件"建设社会主义强国。心理学中有一个名词叫"自我效能感"，意思是人们对自己是否能够成功地进行某一成就行为的主观判断。自我效能感的增加保证了人对自我的认同，进而更好地完成自己的工作，完善自我，发展自我。自我效能感在某种程度上可以用信心来表示，一个人对自身能力的肯定，对达成某一结果的预期越准确越自信，那么就更能发挥自身的潜力。

人与人的关系。人与人的人际关系又称为"人己关系"，主要涉及个人与他人的关系，包括友朋、同伴、同事、敌我、同志、亲子、上下级、长幼等之间的关系。心理和谐要求人们正确对待自我与他人的关系，形成良好的人际关系。良好的人际关系是和谐社会的一个重要特征，也是人与社会和谐的重要组成部分，它促使个体对群体产生归属感，人的心理上产生安全感，继而达到自身的心理和谐状态。正因为有了归属感和安全感，人们才能更好地进行沟通，有利于建设高效率的团队，进行团队合作，从而发挥每个人的创造潜力。从团队之间的角度考虑，为了保证经济社会和谐发展，必须防止违背道德的经济竞争模式，形成一套和谐、良性的竞争方式。因此，努力营造一种理解、友爱、多赢的经济发展人际环境是正确处理人与人的关系，促进经济社会和谐发展的必要条件。

人与社会的关系。心理和谐不仅要求人们正确地对待自己、他人，也要重视和社会的关系。这种关系即"群己关系"，包括个人与国家、民族、阶级、政党、社

团、集体等的关系，前文已提到，爱国主义是人与社会关系的核心。与此同时必须指出"爱国"与"爱党"具有一致性。"爱国"的人必然"爱党"。因为爱国者一定希望祖国繁荣富强，而引领国家走向繁荣富强的道路的是伟大的中国共产党。中国共产党之所以赢得人民的拥护，是因为党在革命、建设、改革的各个历史时期，总是代表着中国先进生产力的发展要求，代表着中国先进文化的前进方向，代表着中国最广大人民的根本利益，并通过制定正确的路线方针政策，为实现国家和人民的根本利益而不懈奋斗。因此，只有处理好"爱党""爱国"的和谐关系，才能对国家、政党和政府产生信任感，自身也能更好地达到心理和谐的状态，从而为建设和谐的经济社会贡献自己的力量，也能发挥出最大的创造潜力为国家服务。

人与自然的关系。人与自然的关系，主要涉及人类对自然进行认知和自然环境对人的心理及其发展产生影响的问题。粗放式的经济发展方式存在着明显的问题，例如过度消耗资源造成资源紧缺、污染环境导致生态环境恶化等，这些都反映出人与自然关系的不和谐。如果我们持续处于这种人与自然不和谐的状态，那么最终人与人的关系、人与社会的关系也将受到影响，不仅人们的心理和谐难以达到，建设一个和谐的经济社会也将难以实现。因此，正确地处理好人与自然的关系，有效地、合理地利用自然、开发自然，才能促使经济发展方式的转变，从而达到"天人合一"的境界。而达到这一境界有助于我们快速转变经济发展方式，创建和谐社会。

软件与硬件的关系。北京师范大学可能是全国师范大学中土地面积最小的一所学校，从而使所拥有的硬件设施有一定的限制，但在全国高校排名榜上，我校总能在第十名上下浮动。我们加强软件建设，提高教学和科研的软实力，突破硬件限制，正确地处理了硬件与软件的关系。从中我们体会到，坚持以人为本的原则调动人的积极性的重要性，也体会到充分利用心理和谐在提高创新能力中的重要作用的益处，只有心理和谐了，人们才能潜心学术，发挥主观能动性。处理好软件与硬件的关系，有利于营造鼓励创新的环境，以便培养造就世界一流科学家和科技领军人才，使创新智慧竞相迸发、创新人才大量涌现，使我国科技软实力大幅度提高，形成和谐经济社会。

中国与外国的关系。应该看到今天的世界形势较为动荡，从中国经济社会和谐发展的角度来讲，我们需要一个和谐世界。中国与外国的关系主要涉及中国与外国的外交关系。我们国家强调世界各国应推动不同文明友好相处、平等对话、发展**繁荣**，共同构建一个和谐世界。强调推动建设和谐世界，是中国坚持走和平发展道路的必然要求，也是实现和平发展的重要条件。基于"和谐世界"的理念，我国提出了"和谐外交"的政策。这一政策主张通过国际合作解决各国的共同问题，主张增强联合国的作用，致力于确立新的国际政治经济秩序。它体现了我国目前在处理与外国关系上的态度，正是在这种和谐外交的方式下，才有可能建立和谐世界，从而在和谐的大环境中保证中国经济社会的发展，促进富国强民。

以上社会和谐与心理和谐所规范的六个关系，正是促进社会公德建设的六方面的措施。

（三）人文关怀与社会公德

中共十六届六中全会的《决定》在概括指正纲领时，呼吁构建减少社会不公、缓解社会压力的和谐社会，强调加强制度建设，保障社会公平正义，由此可见加强人文关怀，以社会制度的公正促进社会公德建设的重要性。因为公平正义是社会公德的基本要求，所以，倡导心理和谐和社会和谐，就必须"人文关怀"民生问题，关怀各种各类的弱势群体，只有这样才能保证社会制度公正，才能促进社会公德的建设。

据此，《决定》指出，"社会公平正义是社会公德的基本条件，制度是社会公平公正的根本保证。必须加紧建设对保障社会公平正义具有重大作用的制度，保障人民在政治、经济、文化、设计等方面的权利和利益，引导公民依法行使权利、履行义务"。由于我们国家重视人文关怀，从制度上保障社会公平正义，目前我们已看到社会的公平正义性不断提高：全国上下正在完善收入分配制度，致力缩小贫富差距，在经济发展的基础上，更加注重分配的公平，着力提高低收入者的收入水平，逐步扩大中等收入者比重，有效调节过高收入，取缔非法收入，促进共同富裕；着力改善民生，加快发展社会公共事业，近两年，通过实施更加积极的就业政策，加快完善社会保障体系；进一步促进教育公平，稳步推进医疗社会事业改革发展，保障和改善民生，加快社会事业的发展，做好高校毕业生、农民工、就业困难人员和退伍转业军人就业安置工作，解决他们一系列的心理问题，以保障和改善民生，促进社会和谐进步；2013 年，我们国家更加关心"三农"，特别是为农村发展提高速度，为农业变革筹资金，为农民致富增收入，为做好农村危房改造补助预算指标150 亿元。所有这些人文关怀从制度上保障社会公平正义的举措，不仅促进社会和谐，社会公德也会"水涨船高"，获得发展。

（四）心理疏导与社会公德

心理疏导属于维护心理健康的一种手段，心理疏导与社会公德的关系，实质上是心理健康教育与社会公德的关系。如第六章所述，心理健康，主要是指一个人的主观体验，意指一种良好的心理或精神状态，其内涵的核心是自尊。

集中前述的心理健康的标准，在社会公德促进中，我们希望社会成员一是没有心理障碍；二是具有一种积极向上发展的心理状态。具体为：正视压力，有安全感；良好人际关系，人际交往顺利；自控（自制）力强，悦纳自我；抱负目标切合实际，有主观幸福感；保持人格的完整性。如果有这些基础，也有助于社会公德的建设。

我国的心理健康教育，是从 20 世纪 90 年代初开始的，先是在大中小学开展，接着从学校陆陆续续推广到整个社会，促进社会公民心理健康教育的开展，中共十七大、十八大报告中都要求"加强和改进思想政治工作，注重人文关怀和心理疏导"。我们上面已经谈了人文关怀，在实施心理疏导中成绩也是显著的。

在心理健康与社会公德促进关系中，对于心理健康教育，应从高危人群开始。这里仅举两例：例一，包括领导干部在内，也有一定的心理问题。我们北师大研究表明，能力越大，责任越大，但压力也越大，心理健康越高危。有些领导干部自杀，经调查不是政治、经济、作风问题，而是心理问题，所以，应对领导干部心理疏导，以减少压力。

例二，容易职业倦怠的人群，往往也是高危人群。所谓职业倦怠，是指从事高强度、高艰辛、高人际接触频率的人员所产生的情绪衰竭、去个性化和个人成就低落的现状。例如，某些警察、医生和中学教师等。心理学调查表明，在中小学教师中表现出一定的职业倦怠的人，约占 16%。据此推算，全国就有一百万名中小学教师处在职业倦怠的痛苦之中。

此外，农村，特别是农村留守妇女心理健康疏导工作也值得我们关注。

实施心理健康教育是对高危人群进行心理疏导，使绝大多数有这样或那样心理问题的人恢复心理平衡，顺利度过危机，心理能变得健康起来。

健康心理、和谐心理是促进社会公德建设的社会心理基础。

三、以构建社会和谐指数促进社会公德建设

社会公德建设的基础是社会的和谐，社会和谐的标准或依据是什么？国际上提出了若干"指数"，这些"指数"不仅构成了和谐社会的指标，而且也为社会公德的促进提供了重要的社会基础。

1. 人类发展指数

该指数的目的在于展示一个国家是如何使其国民长期享受健康生活的，它由寿命、受教育程度以及生活水平三个指标构成。寿命以出生时的预期寿命测量；教育程度以成人的识字率（占 2/3 权重）和国民受教育的平均年限（占 1/3 权重）来测量；生活水平以真实的人均 GDP 测量，不过，这必须通过购买力加以矫正（Lind，2004）。如果一个国家或地区的人类发展指数大于 0.80，说明该国家或该地区属于高层次的人类发展水平；如果处于 0.50~0.79 之间，属于中等层次的人类发展水平；低于 0.50 则属于低层次人类发展水平。根据联合国开发计划署《2009 年人类发展报告》数据显示，改革开放以来，中国的人类发展指数稳步提升，增长了近 50 个百分点，是世界平均增长水平的两倍。这说明我国人民生活水平逐步提高，生活质量有很大改善，既是经济社会和谐发展的表现（又成为促使经济和谐发展的个人因素的基础），又成为促进社会公德建设的动力（人类发展应包含社会道德的进步）。

2. 幸福指数

在第六章我们初步涉及幸福指数。发达国家的经验证明，越是经济发达的社

会，越要考虑到主观幸福感，GDP 和 GNP 等经济指标并不足以评价个人和国家真正的幸福感。自此，幸福指数不仅逐渐成为评价一个国家国民幸福程度的重要指标，而且幸福感指数带来的最主要的良性边际效应是：幸福的人们更长寿，更富有生产力，公民职责也履行得更好。作为一个重要的非经济因素，幸福指数是社会运行状况和民众生活状态的"晴雨表"，也是社会公德发展和民心向背的"风向标"。我国目前幸福指数在国际上排名还不高（2018 年在国际上排名为 93 位），当前，我国社会成员幸福感低于预期的原因是什么呢？有位学者（郭文，2014）指出当前个人幸福感普遍低于预期，主要归咎于心态失衡与道德困惑。幸福感随之出现下降进而引发幸福感出现变异，"宁愿坐在宝马车里哭，也不愿坐在自行车后笑"等不健康的观念强烈冲击社会道德的底线，幸福感的变异必然导致人们丧失理想，丢却信念，进而影响社会和谐。但是社会主义核心价值体系的核心是以人为本，我们努力的方向是走共同富裕道路，促进人的全面发展，让人民的生活水平提高。当然，有些地区片面追求总量增长，牺牲环境，浪费资源，甚至直接损害劳动者和人民群众的合法权益。结果是经济增长速度上去了，但人民的收入并未相应增加，有些人生活质量反而下降，幸福感减少（马丽，2009）。这一矛盾就是旧有的经济发展方式与人民幸福指数的矛盾，正确解决这一矛盾的做法就是转变旧有的经济发展方式，走可持续发展的道路，重视社会公德，重视亲情，鼓励理想，把握信仰。我坚信我国幸福指数一定会年年向上，和谐的经济社会环境一定会很快地建立。

3. 信任（信仰）指数

信任是对国家、对政府、对社会的一种深信并敢于托付的指数。通常有以下 3 种含义。一是指信奉：相信、崇奉并奉行某项原则；二是指信仰：对某人或某种主张、主义、宗教极度相信和尊敬，以此作为自己行动的榜样或指南；三是指信念：信念是指带有情感色彩的确信的认知。共同的理想信念是构建和谐社会的重要思想基础，坚定理想信念能够激励人们为构建和谐社会贡献力量（运新宇，2006）。可见信任指数与社会公德紧密地相联系。信任指数取决于党和国家领导人的威望，我们近几年来多灾多难，每当灾情发生后，我们国家领导人冒着生命危险，最早到达受灾最严重的地方，如此关心民生的举止怎么不让百姓群众信服。为此，2011 年 1 月

26 日手机报报道世界五大公共公司之一的爱德曼公司发布 2010 年全球信任指数的调查报告指出，中国民众对政府信任度从 74% 上升到 88%，成为全球第一。然而，对国家、对政府和对社会的信任指数也与一个国家的"清廉指数"有关。我们的清廉指数排名尽管逐年上升，但并不太高，这使我们深感惩除腐败的任务任重道远，虽然腐败仍旧是一个重大的全球难题。

4. 清廉指数

2011 年 10 月 26 日美国《纽约时报》发表年度腐败调查报告指出，全球知名的反腐败机构、总部设在柏林的"透明国际"组织发布 2010 年清廉指数排行榜，前 3 名为丹麦、新西兰和新加坡，美国跌出了 20 强名单，中国从 2009 年的 79 位上升到 2010 年的 78 位。"透明国际"的清廉指数总共涵盖全球 178 个国家，其依据是针对腐败现象的独立调查。腐败关乎每个国家的荣辱兴衰，世界趋势是做出更大努力以加强世界各国的管理，而随着我国近年来反腐败的深入开展，我国清廉指数能够上升，我国清廉的社会风气也会进入世界的前列。

5. 管理与服务指数

管理与服务既是对企业而言，也是对政府而言。世界著名的管理大师彼得·德鲁克说，"新经济就是服务经济，服务就是竞争优势"，指明了服务是企业竞争力的决定因素。改革开放以来，我国全面建立了社会主义市场经济体制，打破了计划经济时代的"配额"制度，将经济主体放入市场中，由消费者来决定经济主体的效益。因而，各类企业极其重视自己的服务质量，在管理与服务上取得了大发展。与企业竞争力一样，服务型政府才是一个具有核心竞争力的政府。尽管"全心全意地为人民服务"已写进作为我国社会公德的核心宗旨，然而，对于我国的政府管理而言，服务在很长一段时间里并没有得到重视。政府管理更多地强调了管理职能，而忽视了为人民服务的要求。事实上，政府同时承担着管理与服务的双重职能，一方面，要将国家和各地方政府的政策贯彻落实到基层；另一方面，必须从群众角度考虑问题，全心全意地为人民群众服务。中共十八大报告明确提出："要按照建立中国特色社会主义行政体制目标，深入推进政企分开、政资分开、政事分开、政社分开，建设职能科学、结构优化、廉洁高效、人民满意的服务型政府。"这表明了我们党和国家贯彻为人民服务的信念，深化行政体制改革的决心和信心。建设服务型政府是应对全球化的要求，是政府自身发展的需要，是实现经济与社会协调发展的要求，是执政为民、践行"三个代表"重要思想的具体体现，因而是政治体制改革的重要内容和关键环节(保虎，2011)。建设服务型政府，要求在政府管理和社会管理上要围绕为人民服务这个社会公德的核心，勇于创新，将人民的需要放在政府管理的核心地位，评价政府管理的标准也不能仅参考 GDP 等"硬"指标，还要参考人民满意度、人民幸福度等"软"标准。只有这样，管理与服务指数必然会成为促进社会公德建设的有力指标。

第四节

通过促进自主动机培育亲社会心态

中共十九大报告提出，我国已经进入中国特色社会主义新时代，这一新时代也伴随着新的奋斗目标：需要培育和践行社会主义核心价值观，需要加强全民思想道德建设，也需要解决人民日益增长的美好生活的需要和不平衡不充分的发展之间的矛盾。为实现这些奋斗目标，国家和社会需要发挥多元主体在社会治理中的主导和协同作用，而社会治理的重要内容之一是创设、培育并提高积极、和谐的社会心态(参考自中共中央十九大文件)。而亲社会心态是积极、和谐的社会心态的主要内容。

一、什么是亲社会心态

群体社会心理的集中体现就是社会心态。改革开放以来，中国社会变化速度急剧加快，带来的人们社会心态的变化也是急剧加快的，社会心态折射了社会转型过程中整个社会的价值取向和社会共识性的变化，它由四个成分构成，分别是社会情绪、社会认知、社会价值观和社会行为意向（杨宜音，2006；王俊秀，2014）。中国社会科学院发布的《社会心态蓝皮书》指出，当今人们具有较多的消极社会心态，如心理健康水平普遍较低、居民的生活满意度和社会安全感相对下降、社会公平感不高、社会不信任的扩大化等（王俊秀，杨宜音，2013）。如何有效地引导大众树立向上、向善的积极社会心态，这就需要我们在社会治理的过程中培育人们的亲社会心态与行为。

亲社会心态是人们在情绪、认知、价值观和行为意向方面，表现出的平和、善意、合作、利他的意愿和倾向，是对社会主义核心价值观和道德标准的认同，良好的社会责任感，乐于合作的积极品质，对他人痛苦的同情都是人们的亲社会心态的重要内容，是向上、向善心态的集中反映。亲社会心态不仅表现为美好的信念体系，而且激励人们在多种情境下做出亲社会行为。

二、亲社会心态与社会公德的关系

正如前文论述，亲社会行为不是由单一个体产生的，它的发生离不开人与人之间的相互作用，因此亲社会既具有利他性的特征，也具有社交性的特征。通常，人们会认为亲社会行为满足了行为接受者的需要，例如，人们通常按照行为接受者的需求为其提供帮助（Nadler，2015）；但其实亲社会行为也会提高行为实施者的幸福感，例如，使实施者感知到自己的能力和善心（Dunn，Aknin & Norton，2008），并优化自我概念；不仅如此，亲社会行为也能增进实施者和接受者之间的人际关系（Caprara et al.，2014），被认为是一种发生在实施者和接受者之间的积极的人际互动；另外，亲社会行为也在影响着旁观者，旁观者会见贤思齐，借此调整自己的行为，并预测自己以后在需要的时候也会获得帮助，于是在广义互惠动机驱使下，他也可能转变为亲社会行为的实施者。对于行为接受者来说，受人恩惠会引起感恩的情感，而感恩情感会驱使他回报行为实施者，并也会基于广义互惠的原理向其他人实施亲社会行为。

很显然，这样一来，亲社会行为就可以得到传递。如果在一个社会中，亲社会行为得以广为传递，那么人际和谐的社会风气，积极、友善、互助的亲社会心态，优良、公正的社会公德意识就不难建设了。因此，全民思想道德建设和优良社会公德建设与亲社会心态培育是一致的，而要有效培育亲社会心态，从促进亲社会行为和亲社会行为的传递做起，是非常可行的。

三、个体自主性与亲社会心态培育

心理学的自我决定理论（self-determination theory）认为，个体实施行为时自主或自我决定的程度有所不同，研究者根据行动者自主意志的程度将行为动机视作一个从自主到受控的连续体，这个连续体上的两端分别是自主动机（autonomous motivation）和受控动机（controlled motivation）。从亲社会行为领域来看，个体实施亲社会行为的动机也存在亲社会自主动机（prosocial autonomous motivation）和亲社会受控动机（prosocial controlled motivation）。亲社会自主动机是指实施者将亲社会行为视为一种个人的主动选择，实施亲社会行为的动力来自实施者自己认同的道德价值观、乐趣或是兴趣（例如，认为帮助他人是一件重要的事，是一件值得做的好事）。而亲社会受控动机则是指亲社会行为并不是实施者自主选择的，而是由于实施者感知到了来自内部或外部的压力（例如，避免外界惩罚或是内心的内疚），而不得不做的行为。自主程度不同的亲社会动机对实施者和接受者的亲社会行为会产生不同的影响。

例如，我们身边就有这样的社会新闻，"某县政府强制要求所有在职人员向慈善基金捐款，并规定捐款标准，不捐或未达到捐款标准就天天打电话逼捐"；"因为没有参与学校组织的捐款活动，某小学的十名学生被老师要求站在讲台上"。新闻报道中的这些活动都打着慈善的幌子，但却采取着强制的手段。很明显，这样强迫下的帮助行为不但不会使行为实施者产生能力感和善心体验，还会让人产生厌恶感，因为这样的逼迫没有尊重实施者的自主意愿，也不会使行为接受者产生感恩的情感，他们不会因为得到了实施者的亲社会行为而感到自己是获得了别人的恩惠，因为他们不觉得这是实施者自主做出的行为，是被逼的，所以也就是他们理所应当享受的。对于旁观者来说，他们看到的是实施者不情愿做出的行为，以及实施者的这种行为得不到应有的回报，反而还可能遭误解，因此，自己会赶紧躲得远远的，不敢介入。所以，如果亲社会行为不是由实施者自主做出的，那么要想进一步地传递亲社会行为，就不大可能；要想更进一步培育亲社会心态，也不可能。

寇彧研究团队的系列研究结果发现，亲社会自主动机会促进实施者的亲社会行为，而实施者的基本心理需要（包括自主性、能力感和关系性需要）满足在其中起到中介作用。也就是说，由自主动机激发的实施者亲社会行为，可以使其获得自主性、能力感和关系性3种基本心理需要的满足，因而这时实施者也就更愿意维持这种积极的行为。而且，实施者保持这种积极的行为不仅是朝向同一个接受者，他们对于一般他人也更愿意实施亲社会行为。对于亲社会行为接受者来说，实施者的亲社会自主动机会促进接受者日后回报亲社会行为实施者，也会促使接受者做出指向他人的亲社会行为，在这个过程中，接受者的感恩起着中介作用。也就是说，当接受者感知到实施者的亲社会行为是由其自主动机激发的时候，他与实施者的互动就更能使他体验到较高的感恩情感，而高感恩体验的接受者也更愿意在以后的社会生活中表现出亲社会行为，而且这种亲社会行为包括朝向实施者的亲社会行为回报，以及向其他旁观者的亲社会行为传递。

这项研究（杨莹，寇彧，2017）是针对在职人员做的，研究者通过在线研究，对139名有效样本（男性57人，$M_{年龄} = 31.73$，$SD_{年龄} = 5.03$）进行了实验，随机分配被试到自主动机条件下70人，到受控动机条件下69人。不同条件下的被试接受了不同的实验操控（实施者自主动机与实施者受控动机），随后被试接受了感恩测查、指向实施者的回报意向测查、指向其他人的亲社会行为意向测查。研究结果（详见图11-3、图11-4）显示，在控制了被试的年龄、性别、主客观社会经济地位、社会赞许性等变量之后，被试不仅在两种条件下的感恩情感和指向实施者的回报行为意向差异显著，而且在指向其他人的亲社会行为意向也差异显著，都是在实施者自主动机条件下，被试表现出更强的感恩情感，以及指向实施者的回报和指向他人的亲社会行为意向。

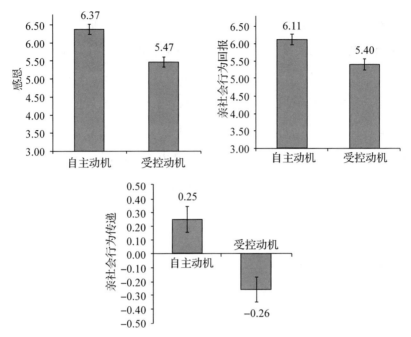

图 11-3　两种实验条件下被试的感恩、指向实施者的回报、指向他人的亲社会行为意向

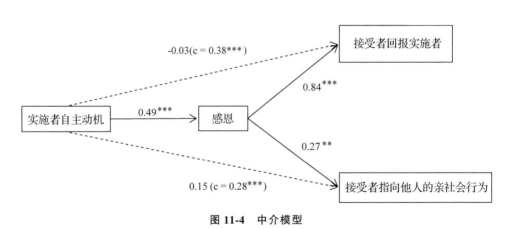

图 11-4　中介模型

实施者动机：0＝受控动机；1＝自主动机

控制变量：性别、年龄、主客观 SES、社会赞许性

Indirect effect 回报＝0.41，$p<0.001$，95% CI ＝（0.29，0.54）

Indirect effect 传递＝0.13，$p<0.01$，95% CI ＝（0.06，0.21）

这项研究的意义在于，研究者发现尽管亲社会行为是积极的社会行为，但无论是对行为实施者，还是对行为接受者，只有由个体的自主动机激发的亲社会行为才是更为稳定和有效的，才是更长久和更有利于人们及全社会健康发展的。

分析其中的原因，有以下两点。

第一，从个体层面说，自主动机激发的亲社会行为更能够满足行为实施者的基本心理需要，也能够激发行为接受者的积极道德情感，甚至让接受者更愿意向他们进行回报，产生接受者对实施者的反作用。自主动机激发的亲社会行为在实施者和接受者身上反映了"给"与"得"，"付出"与"收获"之间的关系，这也符合新时代中国特色社会主义建设美好生活的精神，这样的获得感与满足感自然能够让实施者继续维持自己的亲社会行为，也能够让接受者感激回报实施者并做出对其他人有益的亲社会行为。对于旁观者来说，他们观察到了实施者与接受者的互动过程，一方面可能也被激发感动的情感，另一方面也会被激发互惠预期，这两种动机都有助于旁观者转为亲社会行为的实施者。因此，从个体层面看，实施者的亲社会自主动机有利于亲社会行为的传递，进而促进亲社会心态的培育。

第二，从社会层面说，社会是由个体之间的相互关系构成的，社会风气与氛围的形成也建立在一次次个体间社会互动的基础上。亲社会行为实施者与接受者，以及旁观者的相互之间的亲社会行为持续，有助于促进更多人之间的亲社会互动，进而像滚雪球似的形成优良社会风气，这就是社会公德建设。

由此可见，对实施者、接受者、旁观者的亲社会行为的共同影响因素进行研究和探讨，有利于培育亲社会心态，创建和谐的亲社会风气，建设公平公正的社会公德。其中，对于亲社会自主动机的激发就是重要一环。

А. А. 斯米尔诺夫. （1957）. 心理学（中译本）. 北京：人民教育出版社.

А. А. 斯米尔诺夫. （1987）. 苏联心理学的发展与现状. 北京：人民教育出版社.

А. В. 皮德罗夫斯基. （1980）. 年龄与教育心理学. 北京：北京师范大学.

А. D. 佐西莫夫斯基. （1973）. 儿童道德发展的年龄特征. 苏维埃教育学（俄文
版），（10）.

А. Н. 列昂节夫，В. М. 捷普洛夫，（1963）. 苏联心理科学（第 2 卷）. 北京：科
学出版社.

А. Н. 列昂节夫. （1962）. 苏联心理科学（第一卷）. 北京：科学出版社.

А. М. 巴尔底安. （1961）. 信念形成的开始阶段. 北京：科学出版社.

В. А. 克鲁捷茨基. （1984）. 心理学（赵璧如 译）. 北京：人民教育出版社.

В. А. 克鲁捷茨基. （1984）. 心理学（中译本）. 北京：人民教育出版社.

В. И. 基列因柯. （1962）. 苏联心理学会第一届代表大会报告提纲. 北京：科学出
版社.

В. М. 捷普洛夫. （1963）. 苏联心理科学（第二卷）. 北京：科学出版社.

В. 科兹洛夫斯基. （1979）. 结构主义及其反辩证法的性质. 国外社会科学，（2）.

С. 雅科布松. （1979）. 儿童调节道德行为的心理机制分析. 心理学问题（俄文
版），（2）.

Е. G. 波林. （1981）. 实验心理学史. 北京：商务印书馆.

Е. М. 捷普洛夫. （1956）. 心理学. 北京：人民教育出版社.

Е. М. 捷普洛夫. （1963）. 苏联心理科学. 北京：科学出版社.

J. F. 弗拉维尔. (2002)认知发展(邓赐平 译). 上海：华东师范大学出版社.

J. J. 麦克沃特等. (2009)，危机中的青少年(寇彧等 译). 北京：人民邮电出版社.

J. M. 索里，C. W. 特尔福德. (1982). 教育心理学(高觉敷等 译). 北京：人民教育出版社.

J. 皮亚杰，B. 英格尔德. (1980). 儿童发展心理学. 北京：商务印书馆.

J. 皮亚杰，B. 英海尔德. (1980). 儿童心理学(吴福元译). 北京：商务印书馆.

M. B. 加梅佐(主编). (1988). 年龄和教育心理学. 北京：人民教育出版社.

N. C. 科恩. (1983). 青年心理学. 南宁：广西人民出版社.

"重庆市市中区教育局大班幼儿思想品德、文明行为调查组"姜宗坤，强平等. (1984). 关于大班幼儿思想品德、文明行为的初步调查(报告之一). 幼儿教育(四川)，(02).

"重庆市中区教育局中班幼儿思想品德调、文明行为调查组"姜宗坤，强平等. (1984). 关于大班幼儿思想品德、文明行为的初步调查(报告之二). 幼儿教育(四川)，(03).

《德育原理》编写组. (1985). 德育原理. 北京：北京师范大学出版社.

白宝玉，余俊宣，寇彧. (2014). 儿童青少年对腐败的认知及其发展. 教育研究与实验，(02)，85-89.

白利刚，章志光. (1996). 初中生利他取向、社会赞许性与亲社会行为关系的实验研究. 心理发展与教育，(04)，8-13.

包若维奇. (1956). 少年自我意识的特征. 心理学译报，(02).

包若维奇. (1963). 学生个性的研究和一些教育问题. 苏联心理科学，(02).

北京大学哲学系，外国哲学史教研室(编译). (1957). 古希腊罗马哲学. 北京：生活·读书·新知三联书店.

贝塔朗菲，庞元正，李建华. (1979). 一般系统论导论. 自然科学哲学问题丛刊，(02)，3-4.

贝塔朗菲. (1987). 一般系统论——基础，发展和应用(林康义，魏宏森 译). 北京：清华大学出版社.

彼得·斯密斯.（2006）.理解孩子的成长(寇彧等 译).北京：人民邮电出版社.

彼得罗夫斯基.（1981）.普通心理学(中译本).北京：人民教育出版社.

卞军凤，燕良轼.（2015）.5-12岁儿童人际关系差序性对道德公正与道德关怀的影响.学前教育研究，（05），38-44.

波果斯洛夫斯基.（1983）.普通心理学.北京：人民教育出版社.

布恩·埃克斯特兰德.（1985）.心理学原理和应用(韩进之等 译).北京：知识出版社.

岑国桢，李伯黍.（1982）.训练对儿童道德判断的影响的实验研究.心理学报，（04），432-440.

岑国桢.（2002）.10-16岁儿童内在公正观的研究.心理科学，（01），14-17.

常宇秋，岑国桢.（2003）.6～10岁儿童道德移情特点的研究.心理科学，（02），219-223.

陈斌斌，李丹.（2008）.班级生态系统对儿童亲社会行为影响的研究述评.心理科学进展，16(05)，733-739.

陈帼眉，沈德立.（1979）.幼儿心理学.石家庄：河北人民出版社.

陈红兵，申继亮.（1993）.中小学生学业责任感的发展.心理科学，（02），113-115.

陈会昌，陈松.（2003）.中小学生对自身品德发展现状及影响因素的评价.教育理论与实践，23(1)，55-57.

陈会昌，李伯黍.（1982）.关于儿童对公私财物损坏的道德判断的研究.心理学报，（03），318-325.

陈会昌.（1983）.苏联德育心理研究概述.心理学报，（1），4.

陈会昌.（1985）.发展心理，教育心理论文选.北京：北京师范大学出版社.

陈会昌.（1987）.中小学生爱祖国观念的发展.心理发展与教育，（01），10-18.

陈会昌.（2004）.道德发展心理学.合肥：安徽教育出版社.

陈少华，郑雪.（2000）.亲社会情境中儿童的道德情绪判断及归因模式的实验研究. 心理发展与教育, (01), 19-23.

陈文辉, 陈传锋, 贺豪振, 邹勇. (2006). 小学生的品德不良行为及其心理与行为适应问题研究. 心理学探新, 26(02), 70-74.

陈欣, 叶浩生. (2009). 行为博弈视野下信任研究的回顾. 心理科学, 32(03), 636-639.

陈欣银, 项宇. (1990). 我国青少年道德判断的发展及其相关因素研究. 心理科学通讯, (01), 23-25.

陈仲庚, 张雨新. (1986). 人格心理学. 沈阳: 辽宁人民出版社.

丁芳, 刘颜鎏, 张露. (2018). 小学儿童程序公平认知及其归因取向的发展. 心理科学, (02), 357-363.

丁瑜. (1985). 家庭诸因素对学生学习和品德的影响. 南京师大学报(社会科学版), 30(04), 101-108.

董才生. (2004). 社会信任的基础: 一种制度的解释(博士学位论文). 吉林大学.

恩格斯. (2012). 马克思恩格斯选集(第1卷). 北京: 人民出版社.

恩格斯. (2012). 马克思恩格斯选集(第3卷). 北京: 人民出版社.

恩格斯. (2012). 马克思恩格斯选集(第4卷). 北京: 人民出版社.

儿童道德发展研究协作组, 李伯黍. (1981). 国内18个地区5—11岁儿童道德判断发展调查. 中国心理学会第三次会员代表大会及建会60周年学术会议(全国第四届心理学学术会议), 北京.

儿童道德发展研究协作组. (1982). 国内18个地区5—11岁儿童道德判断发展调查. 心理科学通讯, (01), 24-28.

儿童道德发展研究协作组. (1983). 少年儿童公正观念发展调查. 心理科学通讯, 19(1), 15-231.

范兴华, 方晓义, 刘勤学, 刘杨. (2009). 流动儿童, 留守儿童与一般儿童社会适应比较. 北京师范大学学报(社会科学版), 53(05), 33-40.

费孝通. (1984). 社会学概论. 天津: 天津人民出版社.

弗洛伊德. (1987). 精神分析引论新编(高觉敷 译), 北京: 商务印书馆.

福山.（2001）. 信任：社会美德与创造经济繁荣(彭志华 译). 海口：海南出版社.

高雯, 陈会昌.（2008）. 攻击行为社会信息加工模型与道德领域理论的整合. 心理科学进展, 16(01), 91-97.

高湘萍, 徐媛, 李冰.（2002）. 品德语词的内隐记忆发展研究初探. 心理科学, (05), 555-557+579-639.

高玉祥.（1985）. 个性心理学概论. 西安：陕西人民教育出版社.

高兆明.（2002）. 信任危机的现代性解释. 学术研究, 4(08), 5-15.

顾海根, 岑国桢, 李伯黍, 全国儿童道德发展研究协作组.（1987）. 汉族与少数民族儿童道德发展比较研究. 心理科学通讯, (05), 3-8+66.

顾海根, 岑国桢, 李伯黍.（1987）. 汉族与少数民族儿童道德发展比较研究. 心理科学通讯, 23(05), 1-6.

顾海根, 岑国桢, 李伯黍.（1991）. 行为责任判断的跨文化比较研究. 心理发展与教育, (02), 1-6.

顾海根, 李伯黍.（1997）. 上海地区青少年道德判断能力测验的编制及常模制定. 心理科学, (03), 197-201+286.

顾海根, 李正云, 李伯黍.（1992）. 行为动机与结果的匹配关系对儿童道德情绪归因的影响. 心理科学, (03), 10-14+19+66.

顾鹏飞, 李伯黍.（1990）. 5—13 岁儿童利他观念发展研究. 心理科学通讯, (03), 30-34+67.

郭祖仪.（2000）. 论品德心理结构的社会心理模式. 陕西师范大学学报(哲学社会科学版), (02), 151-157.

韩进之, 王宪清.（1986）. 德育心理学概论. 上海：上海人民出版社.

韩进之, 魏华忠.（1985）. 我国中、小学生自我意识发展调查研究. 心理发展与教育, (01), 11-18.

韩进之, 肖燕娜, 魏华忠.（1981）. 青少年理想的形成和发展. 教育研究, (11), 6-13.

韩进之, 杨丽珠, 幼儿自我意识发展研究协作组.（1986）. 我国学前期儿童自我意识发展初探. 心理发展与教育, (03), 1-14.

洪慧芳, 寇彧, 伍俊辉(2012), 大学生在社会困境中的公平决策: 社会价值取向的影响, 心理发展与教育, (05), 487-494

洪慧芳, 寇彧. (2008). 用典型相关进一步研究大学生亲社会倾向和亲社会推理的关系. 心理发展与教育, (02), 113-118.

侯娟, 邹泓, 李晓巍. (2009). 流动儿童家庭环境的特点及其对生活满意度的影响. 心理发展与教育, 25(02), 78-85.

黄建华. (1983). 我国青少年学生的道德认识研究报告. 教育研究, (10).

黄鹂. (1992). 关于小学生品德发展的调查分析. 心理学报, (01), 108-112.

加梅佐等(1987). 年龄与教育心理学. 北京: 人民教育出版社.

蒋索, 何姗姗, 邹泓. (2006). 家庭因素与青少年犯罪的关系研究述评. 心理科学进展, 14(3), 394-400.

科斯秋克. (1953). 有关个性教育与发展的相互关系的几个问题. 心理学译报, (03).

克雷奇, 克拉奇菲尔, 利维森. (1980). 心理学纲要(周先庚, 张述祖, 林传鼎译), 北京: 文化教育出版社.

寇彧, 付马, 马艳. (2004). 初中生认同的亲社会行为的初步研究. 心理发展与教育, (04), 43-48.

寇彧, 付艳, 张庆鹏. (2007). 青少年认同的亲社会行为: 一项焦点群体访谈研究. 社会学研究, (03), 154-174+245.

寇彧, 傅鑫媛, 黄殷, 黄玉, 王锦, 张兰鸽, 冯姬. (2012). 北京市三类儿童青少年对行贿的认知发展. 北京社会科学, 26(06), 72-80.

寇彧, 洪慧芳, 谭晨, 李磊. (2007). 青少年亲社会倾向量表的修订. 心理发展与教育, (01), 112-117.

寇彧, 马艳, 谭晨. (2004). 大学生亲社会倾向、亲社会推理以及它们的相关模式. 心理科学, (02), 329-332.

寇彧, 马艳. (2004). 儿童社会适应的社会信息加工模型及其特殊应用. 心理与行为研究，(01)，388-393.

寇彧，谭晨，马艳. (2005). 攻击性儿童与亲社会儿童社会信息加工特点比较及研究展望. 心理科学进展，(01)，59-65.

寇彧，唐玲玲. (2004). 心境对亲社会行为的影响. 北京师范大学学报(社会科学版)，(05)，44-48.

寇彧，田启瑞，唐顺艳. (2012). 社会比较视角下的亲社会行为研究及其培养. 教育研究与实验，(01)，89-93.

寇彧，王磊. (2003). 儿童亲社会行为及其干预研究述评. 心理发展与教育，(04)，86-91.

寇彧，王磊. (2003). 儿童亲社会行为及其干预研究述评. 心理发展与教育，(04)，86-91.

寇彧，张庆鹏，付艳. (2008). 原型理论视野中的亲社会行为研究. 心理与行为研究，(02)，137-143.

寇彧，张庆鹏. (2006). 青少年亲社会行为的概念表征研究，社会学研究，(05)，169-187.

寇彧，张庆鹏. (2006). 青少年亲社会行为的概念表征研究. 社会学研究，(05)，169-187+245.

寇彧，章建潮. (2010). 章志光心理学文选. 北京：人民教育出版社.

寇彧，赵章留. (2004). 小学4~6年级儿童对同伴亲社会行为动机的评价. 心理学探新，(02)，48-52.

寇彧. (1998). 青少年道德判断发展与其道德观念影响源的关系. 心理科学，21(03)，268-269.

寇彧. (1998). 西方品德心理学研究新进展. 心理发展与教育，(02)，45-49.

拉里·努奇. (2003). 道德领域中的教育(刘春琼，解光夫 译). 哈尔滨：黑龙江人民出版社.

赖文龙. (2009). 大学生品德发展研究. 心理科学，(04)，1006-1008.

蓝维，苗玲冉. (2013). 探索与坚守——北京市中小学生思想道德测评工作的回顾与思考. 北京教育(普教版), (05), 6-7.

乐国安, 韩振华. (2009). 信任的心理学研究与展望. 西南大学学报(社会科学版), 35(02), 1-5.

黎洁, 张庆鹏, 寇彧. (2012). 中小学感恩教育的实践与思考. 中国教师, (12), 9-14.

李伯黍, 岑国桢, 陈欣银, 陈会昌. (1987). 中国的儿童道德发展研究. 上海师范大学学报(哲学社会科学版), 29(4), 78-84.

李伯黍, 岑国桢, 叶慧珍, 卢家楣, 邵渭滨. (1985). 小学儿童集体观念发展研究. 心理科学通讯, (01), 13-17+65.

李伯黍, 顾海根. (1994). 道德判断能力测验编制中的几个问题. 上海教育科研, (05), 1-4.

李伯黍, 卢家楣, 程学超, 张承芬. (1984). 儿童心目中的惩罚研究. 心理科学通讯, 20(5), 1-5.

李伯黍, 周冠生. (1964). 少年儿童道德行为动机特征的心理分析. 心理学报, (01), 25-32.

李伯黍. (1984). 儿童道德判断发展研究阶段报告(上). 山西教育科研通讯, (03), 13-18.

李伯黍. (1984). 儿童道德判断发展研究阶段报告(下). 山西教育科研通讯, (04), 28-33.

李伯黍. (1985). 西方心理学关于儿童道德的研究. 北京: 北京师范大学出版社.

李伯黍. (1986). 儿童友谊观发展调查. 心理科学通讯, (06), 12-15+28+66.

李丹, 黄蔷薇, 丁雪辰. (2012). 2-8年级儿童的责任心发展. 心理与行为研究, (05), 347-354.

李丹, 黄淑凤, 朱丹. (2003). 高中生道德推理、移情反应及相互关系的研究. 上海师范大学学报(哲学社会科学. 教育版), (02), 24-28.

李丹, 李伯黍. (1989). 短期训练对儿童助人行为动机定向影响的实验研究. 心理发展与教育, (04), 6-10.

李丹，李燕，宗爱东，丁月增.（2005）. 2 岁幼儿移情反应的特点：与自发帮助、气质、亲子互动的关系. 心理科学，（04），961-964.

李丹，刘朝燕，朱斐.（2011）. 责任关系视角下的儿童责任行为发展研究. 应用心理学，（02），108-115.

李丹，夏飞羚.（2003）. 儿童心目中的友好行为及其年龄发展趋势. 心理发展与教育，（01），1-4.

李丹.（1987）. 儿童发展心理学. 上海：华东师范大学出版社.

李丹.（2000）. 小学儿童亲社会价值取向发展的实验研究. 心理发展与教育，（04），20-24+37.

李丹.（2000）. 影响儿童亲社会行为的因素的研究. 心理科学，23(3)，285-288.

李凤杰，孙东媛，涂平.（2010）. 小学生自我延迟满足的发展特点研究. 辽宁教育行政学院学报，（07），33-35.

李洪曾，雷佩芸.（1984）. 幼儿在园遵守集体规则中存在问题及原因的调查. 教育科研情况交流，（02），54-57.

李怀美.（1986）. 天津市中小学生道德认识发展的调查研究. 天津师范大学学报（社会科学版），（05），19-23.

李巨才，罗宜存，杨益生，邓一凡，张铁明.（1981）. 青少年犯罪行为形成的心理学分析. 心理科学通讯，4，42-44.

李胜男，岑国桢.（2005）. 10-16 岁小学、初中、高中学生"诚信"价值观的心理学研究. 宁波大学学报(教育科学版)，（04），29-34.

李伟强，岑国桢.（2008）. 干预对学校道德氛围感知的影响. 心理科学，（02），273-276.

李悠.（2003）. 流动人口家庭环境对子女道德认知发展影响的实证研究. 教育导刊，8(9)，66-68.

李占星，曹贤才，庞维国，牛玉柏.（2014）. 6-10 岁儿童对损人情境下行为者的道德情绪判断与归因. 心理发展与教育，（03），252-258.

李占星，牛玉柏，朱莉琪.（2015）. 不同目击者对儿童道德情绪判断与归因的影响．心理科学(4)，876-882.

李正云，李伯黍．(1992)．道德发展阶段理论及其在教育上的应用．上海师范大学学报，(03)，132-135.

李正云，李伯黍．(1993)．4—10岁儿童道德情绪归因研究．心理科学，(05)，19-23.

廖丽珠．(1981)．少女犯罪与性爱心理初探．见罗大华(编)．犯罪心理学文集，中国政法大学资料..

列昂杰夫．(1980)．活动·意识·个性．上海：上海译文出版社．

列维多夫．(1959)．性格心理学问题．北京：人民教育出版社．

林崇德，寇彧(1998)．青少年价值取向发展趋势研究，心理发展与教育，(04)，1-6.

林崇德．(1980)．品德不良中学生的心理学研究．见罗大华(编)．犯罪心理学文集，中国政法大学资料．

林崇德．(1981)．遗传与环境在儿童智力发展上的作用——双生子的心理学研究．北京师范大学学报，(01)，64-72.

林崇德．(1982)．遗传与环境在儿童性格发展上的作用．北京师范大学学报，(01)，14-21.

林崇德．(1982)．中学生道德品质的发展，见朱志贤(编)．青少年心理的发展．北京：北京师范大学出版社．

林崇德．(1983)．关于儿童与青少年心理发展的动力．北京师范大学学报，(01)，24-29.

林崇德．(1983)．中学生心理学．北京：北京出版社．

林崇德．(1992)．离异家庭子女心理的特点．北京师范大学学报(社会科学版)，36(01)，54-61.

林崇德．(2000)．要重视越来越多的学生心理问题．思想政治课教学，(02)，59-61.

林宏．(2003)．福建省"留守孩"教育现状的调查．福建师范大学学报(哲学社会科学版），47（03），132-135.

刘春琼.（2011）. 领域理论的道德心理学研究. 上海：上海教育出版社.

刘国芳，林崇德.（2013）. 构建信任指数 建设和谐社会. 北京师范大学学报（社会科学版），（01），25-32.

刘国芳.（2014）. 经济人信念对信任的破坏作用及其传递（博士学位论文）. 北京师范大学.

刘军豪，岑国桢.（2000）. 我国6—10岁儿童的"上苍公正"判断特点. 心理学报，（02），190-196.

刘霞，范兴华，申继亮.（2007）初中留守儿童社会支持的特点及其与问题行为的关系，心理发展与教育，23（3），98-102.

刘霞，申继亮.（2010）. 环境因素对流动儿童歧视知觉的影响及群体态度的调节作用，心理发展与教育，26（4），508-515.

楼宇烈.（1994）. 中国文化中的儒释道. 中华文化论坛，1（03），38-47.

卢家楣.（2006）. 课堂教学的情感目标分类. 心理科学，29（06），1291-1295.

卢家楣等.（2009）. 我国当代青少年情感素质现状调查. 心理学报，41（12），1152-1164.

卢乐珍，刘晓东.（1995）. 我国幼儿道德行为现状的调查与思考. 学前教育研究，（02），36-41.

卢曼.（2005）. 信任：一个社会复杂性的简化机制（瞿铁鹏，李强 译）. 上海：上海人民出版社.

鲁宾斯坦.（1965）. 心理学的原则和发展道路. 北京：生活·读书·新知三联书店.

罗大华等.（1986）. 犯罪心理学. 北京：群众出版社.

罗国杰，马博宣，余进.（1985）. 伦理学教程. 北京：中国人民大学出版社.

马得勇.（2008）. 信任、信任的起源和信任的变迁. 开放时代，（04），72-86.

马丁·R. 哈斯克尔，路易斯·雅布隆斯基.（1987）. 青少年犯罪（李建军等 译）. 北京：群众出版社.

马娟.（2004）.我国品德心理结构研究综述.四川教育学院学报，20（01），9-11+19.

马卡连柯.（1955）.论共产主义教育.北京：人民教育出版社.

马克思.（1956）.马克思恩格斯全集（第1卷）.北京：人民出版社.

马克思.（1961）.马克思恩格斯全集（第8卷）.北京：人民出版社.

马丽.（2009）.要GDP还是要GNH？——科学发展观视野下的经济增长和国民幸福指数评析.广州大学学报（社会科学版），8（12），44-47.

马谋超，曹志强.（1983）.类别（Category）判断的模糊集模型和多级估量法.心理学报，（02），198-204.

马谋超，汪培庄.（1985）.心理学的方法学探讨——心理的模糊性及模糊统计试验评注.心理学报，（02），177-186.

马谋超.（1986）.应用模糊统计方法于不良行为严重性的评定.心理科学通讯，（04），10-15.

马艳，寇彧.（2007）.亲社会与攻击性儿童在两类假设情境中的社会信息加工特点.心理发展与教育，（04），1-8.

马艳，寇彧.（2007）.用sip合成分数研究儿童在两类假设情境中的社会信息加工特点.心理科学，（02），447-449+473.

孟娟.（2007）.探索影响电视在儿童亲社会行为发展过程中作用的相关因素以及干预对策.社会心理科学，（Z3），76-79.

潘菽.（1980）.教育心理学.北京：人民教育出版社.

潘菽.（2001）.教育心理学（第三版）.北京：人民教育出版社.

彭万春.（1985）.辩证唯物主义和历史唯物主义.北京：北京师范大学出版社.

皮亚杰.（1984）.儿童的道德判断（傅统先、陆有铨 译），济南：山东教育出版社.

钱学森，许国志，王寿云.（1978）.组织管理的技术——系统工程.文汇报.

青少年理想、动机、兴趣研究协作组.（1982）.国内十省市在校青少年理想、动机和兴趣的研究.心理学报，（02），199-210.

全国高校儿童心理学教学研究会.（1984）.当前儿童心理学的进展.北京：北京师

范大学出版社.

饶印莎, 周江, 田兆斌, 杨宜音. (2013). 城市居民社会信任状况调查报告. 民主与科学, (03), 47-52.

森武夫. (1978). 犯罪心理学入门. 东京: 日本大成出版社.

邵渭滨, 郭英. (1984). 幼儿文明礼貌行为习惯的调查研究. 教育科研情况交流, (01), 71-74.

佘双好. (2010). 青少年道德观念发展特点及教育策略. 当代青年研究, (5), 23-29.

什托姆普卡. (2005). 信任: 一种社会学理论(程胜利 译). 北京: 中华书局.

石林, 李琼. (1998). 人生观的心理学研究. 心理科学, 21, 463-464.

石松山. (2010). 小学生身体攻击言语攻击发展趋势追踪研究. 中国学校卫生, (10), 1178-1180.

石秀印, 章志光. (1984). 情绪在学生品德形成中的作用. 全国第五届心理学学术会议, 北京.

史莉芳, 吴靖. (1986). 中小学生道德意志发展的实验研究. 心理发展与教育, (04), 1-6.

宋萍萍. (2015). 情绪对大学生道德判断的影响. 第十八届全国心理学学术会议摘要集——心理学与社会发展, 天津.

索里, 特尔福特. (1983). 教育心理学. 北京: 人民教育出版社.

谭秋桂, 郑和钧. (1992). 中小学生纪律观念的发展. 心理发展与教育, (04), 21-27+35.

唐爱民. (2005). 终身德育: 一种教育哲学的思考. 成人教育, (1), 6-9.

唐克西, 姜涛, 彭聃龄, 杨淑芬, 徐向东. (1997). 电视动画片节目类型对小学生品德发展的影响. 心理发展与教育, (01), 16-20.

汪天德, 汪颖琦. (2000). 家庭与青少年犯罪的关系. 青年研究, 22(4), 42-49.

王汉澜. (1987). 教育测量学. 河南: 河南大学出版社.

王建民. (2005). 转型时期中国社会的关系维持——从"熟人信任"到"制度信任".

甘肃社会科学，（06），165－168.

王锦，傅鑫媛，张兰鸽，寇彧（2013），中国心理学会社会心理学分会 2013 年年会报告，桂林。

王俊秀，杨宜音．（2013）．社会心态蓝皮书．北京：社会科学文献出版社.

王开忠．（2013）．王开忠作品选与写作谈（8 卷）．北京：学习出版社.

王磊，谭晨，寇彧．（2005）．同伴冲突解决的干预训练对小学儿童合作的影响．心理发展与教育，（04），83－88.

王沛，陈莉．（2011）．惩罚和社会价值取向对公共物品两难中人际信任与合作行为的影响．心理学报，43（01），52－64.

王宪清．（1980）．10—14 岁儿童道德判断特点的初步探讨．辽宁师院学报，（02），46－55.

王雨田．（1986）．控制论、信息论、系统科学与哲学．北京：中国人民大学出版社.

王元，郭黎岩．（2015）．青少年性道德发展特点．中国健康心理学杂志，（01），156－160.

威廉·C．格莱茵．（1983）．儿童心理发展的理论．长沙：湖南教育出版社.

维焦诺夫．（1957）．论个性作为心理科学的研究对象．心理学译报，（01）.

吴昌顺，马开叔，张纪光．（1987）．教师爱对学生学习积极性的影响．心理发展与教育，（02），1－9.

吴慧红，余嘉元．（2008）．基于 MJT 的道德结构验证性分析研究．心理科学，31（04），963－965.

吴筱珍．（1989）．关于幼儿独生子女和非独生子女对公私财物损坏的道德判断的比较研究．青海师范大学学报（哲学社会科学版），（02），95－101.

肖文娥，邢玉凤，梁金辉．（2002）．初中学生品德发展状况与父母教养方式的相关研究．教育研究，23（10），70－75.

谢千秋．（1964）．青少年道德评价能力的一些研究．心理学报，（03），258－265.

谢熹瑶，罗跃嘉．（2009）．道德判断中的情绪因素——从认知神经科学的角度进行探讨. 心理科学进展, 17(06), 1250-1256.

辛素飞, 辛自强, 林崇德. (2017). 潜规则认同及其与信任的关系. 中国社会心理学评论, (02), 31-43.

辛自强, 窦东辉, 陈超. (2013). 学经济学降低人际信任? 经济类专业学习对大学生人际信任的影响. 心理科学进展, 21(01), 31-36.

辛自强, 周正. (2012). 大学生人际信任变迁的横断历史研究. 心理科学进展, 20(03), 344-353.

辛自强. (2012). 心理学研究方法. 北京：北京师范大学出版社.

辛自强. (2015). 市场经济背景下人际信任的衰落：现象与机制. 中央财经大学首届文化与经济论坛, 北京.

徐大真, 杨治良. (2001). 内隐社会认知中攻击性行为的性别差异研究. 河南大学学报(社会科学版), 41(04), 100-103.

徐芬, 张晓贤, 章潇怡, 徐敏. (2001). 在亲/反社会情境下儿童对说谎的理解及其道德评价的研究. 应用心理学, (01), 13-18.

徐萍萍, 王介君. (2014). 家庭环境对青少年自律道德发展的影响研究. 中国教育学刊, (06), 97-101.

许有云, 岑国桢. (2005). 在公正价值观上青少年学生公众观的一项研究——关于公正价值观者的特征. 心理科学, (06), 56-59.

薛天山. (2002). 人际信任与制度信任. 青年研究, (06), 15-19.

严进. (2007). 信任与合作. 北京：航空工业出版社.

杨晶, 黄殷, 余俊宣, 寇彧. (2012). 通过同伴关系的改善来促进青少年的亲社会行为. 中国教师, 9(20), 42-47.

杨韶刚, 吴慧红. (2006). 青少年道德判断能力的研究. 心理学探新, 26(02), 55-60.

杨韶刚. (2007). 道德教育心理学. 上海：上海教育出版社.

杨韶刚. (2007). 西方道德心理学的新发展. 上海：上海教育出版社.

杨莹, 寇彧. (2017). 亲社会自主动机对青少年幸福感及亲社会行为的影响：基本心理需要满足的中介作用. 心理发展与教育, (02), 163-171.

杨莹, 张梦圆, 寇彧. (2016). 青少年亲社会行为量表的编制与维度再验证. 中国社会心理学评论, (01), 135-150

杨治良, 刘素珍. (1996). "攻击性行为"社会认知的实验研究. 心理科学, 19 (2), 75-78.

杨中芳, 彭泗清. (1999). 中国人人际信任的概念化: 一个人际关系的观点. 社会学研究, (02), 1-21.

叶奕乾等. (1982). 图解心理学. 南昌: 江西人民出版社.

殷世东, 王守恒. (2009). 城市"流动学生"行为失范及其应对策略. 学术交流, 24 (12), 238-241.

尤斯拉纳. (2006). 信任的道德基础(张敦敏 译). 北京: 中国社会科学出版社.

俞国良, 赵军燕. (2009). 自我意识情绪: 聚焦于自我的道德情绪研究. 心理发展与教育, (02), 116-120.

俞志芳. (2007). 亲社会情境中小学儿童道德情绪判断及其归因研究. 心理学探新, (02), 54-57.

运新宇. (2006). 坚定正确的理想信念是构建社会主义和谐社会的精神动力. 党建研究, (06), 28-30.

赞可夫. (1959). 儿童教育和发展相互关系问题讨论集. 北京: 科学出版社.

曾欣然. (1983). 模拟品德行动产生的情境——试探小学生的品德心理结构及其发展趋势. 西南师范学院学报(自然科学版), (02), 96-107.

翟冬雪, 鲁雅乔, 鲁忠义. (2016). 儿童道德概念垂直空间隐喻的认知发展. 心理科学, (05), 1171-1176.

翟学伟. (2014). 信任的本质及其文化. 社会, 34(01), 1-26.

张岱年. (1994). 中国文化优秀传统内容的核心. 北京师范大学学报(社会科学版), 38(04), 21-22.

张德锈. (1982). 教育心理学研究. 北京: 教育科学出版社.

张锋, 高建昆, 窦刚. (1999). 智力与性格因素影响汉族和白族中小学生品德发展的研究. 心理学探新, (02), 48-55.

张建新, 张妙清, 梁觉. (2000). 殊化信任与泛化信任在人际信任行为路径模型中的作用. 心理学报, (03), 311-316

张兰鸽, 张莉, 寇彧, 田启瑞. (2011). 中学生完美主义特点及其与亲社会倾向的关系. 心理发展与教育, (04), 365-373.

张萌, 李玫瑾. (2018). 违法青少年与普通青少年道德观念比较研究. 中国青年社会科学, (01), 83-89.

张梦圆, 杨莹, 寇彧. (2015). 青少年的亲社会行为及其发展. 青年研究, (04), 10-18.

张梦圆, 苑明亮, 寇彧. (2016). 论西方道德心理研究的新综合取向: 道德基础理论. 北京师范大学学报(社会科学版), (01), 50-59.

张庆鹏, 寇彧. (2008). 青少年亲社会行为原型概念结构的验证. 社会学研究, (04), 182-202+245.

张庆鹏, 寇彧. (2011). 青少年亲社会行为测评维度的建立与验证. 社会学研究, (04), 105-121+244.

张庆鹏, 寇彧. (2012). 自我增强取向下的亲社会行为: 基于能动性和社交性的行为路径. 北京师范大学学报(社会科学版), (01), 51-57.

张庆鹏, 刘静丽, 黄慧, 黎洁, 寇彧. (2012). 冲突情境中青少年的亲社会意图: 预期重要他人观点的影响. 心理发展与教育, (04), 368-375.

张世富. (1982). 云南省西双版纳傣族自治州克木人和基诺族的青少年品德形成的调查研究. 心理学报, (04), 459-465.

张世富. (1984). 云南省西双版纳傣族自治州拉祜族和哈尼族的青少年品德形成的调查研究——跨文化心理学的探讨. 心理学报, (04), 447-454.

张世富. (2001). 云南西双版纳四个民族青少年品德调查研究——跨文化心理研究的思考. 昆明师范高等专科学校学报, (01), 57-65.

张世富. (2002). 云南西双版纳四个民族青少年品德形成研究(1980—2001). 西北师大学报(社会科学版), (01), 90-94.

张维迎, 柯荣住. (2002). 信任及其解释：来自中国的跨省调查分析. 经济研究, (10), 59-70.

张晓贤, 刘烛烛. (2017). 听障儿童内疚情绪理解的发展研究. 杭州师范大学学报 (自然科学版), (03), 243-248.

张晓贤, 桑标. (2012). 小学生内疚情绪理解能力的发展. 心理发展与教育, (01), 9-15.

张学浪. (2012). 农村留守儿童道德情感研究(博士学位论文). 南京理工大学.

张元济. (1919). 四部丛刊. 上海：商务印书馆.

章志光, 王广才, 季慎英. (1982). 个人在班级集体中的地位及其对品德影响的心理分析. 心理学报, (02), 190-198.

章志光, 朱文彬. (1964). 小学生课业责任心形成的实验研究. 心理学报, (02), 194-202.

章志光. (1988). 学生品德形成的动态研究与方法探索. 北京师范大学学报, (01), 49-56.

章志光. (1993). 学生品德形成新探. 北京：北京师范大学出版社.

章志光. (2005). 学生的价值观、价值取向及其与亲社会行为的关系初探. 社会心理科学, (04), 24-32.

赵章留, 寇彧. (2006). 儿童四种典型亲社会行为发展的特点. 心理发展与教育, (01), 117-121.

郑红丽, 罗大华. (2009). 低自我控制与家庭社会经济地位在青少年犯罪中的作用——我国青少年犯罪成因实证研究初探. 青年研究, 31(03), 10-17.

郑也夫. (2006). 信任论. 北京：中国广播电视出版社.

中小学生性格发展与教育协作研究组. (1987). 我国中、小学生性格发展与教育研究. 心理发展与教育, (02), 10-19.

周晨光. (1986). 1-3岁孩子间的交际活动种种. 幼儿教育, (12), 27.

周辅成. (1964). 西方伦理学名著选辑. 北京：商务印书馆..

周宗奎, 孙晓军, 刘亚, 周东明. (2005). 农村留守儿童心理发展与教育问题. 北京师范大学学报(社会科学版)，49(01)，71-79.

朱丹，李丹. (2005). 初中学生道德推理、移情反应、亲社会行为及其相互关系的
比较研究. 心理科学，(05)，1231-1234.

朱智贤，林崇德. (2002). 思维发展心理学. 北京：北京师范大学出版社.

朱智贤. (1979). 儿童心理学(上). 北京：人民教育出版社.

朱智贤. (1979). 儿童心理学(下). 北京：人民教育出版社.

朱智贤. (1982). 儿童心理学史论丛. 北京：北京师范大学出版社.

Ainsworth, M. D. S. (1973). The development of infant-mother attachment. In Caldwell,
B. M. & Ricciuti, H. N. (Eds), Review of Child Development Research (VOl. 3).
Chicago: University of Chicago Press.

Allport, G. W. (1937). Personality: a psychological interpretation. New York, Holt.

Bandura, A. (1965). Behavioral modification through modeling procedures. Research in
Behavior Modification. New York: Holt, Rinehart & Winston, 310-340.

Bandura, A., McDonald, F. J. (1963). Influence of social reinforcement and the behav-
ior of models in shaping children's moral judgment. The Journal of Abnormal and So-
cial Psychology, 67(3), 274-281.

Bandura, A., Walters, R. H. (1963). Social learning and personality development. New
York: Holt Rinehart and Winston.

Barber, B. (1983). The logic and limits of trust. New Brunswick, New Jersey: Butgers U-
niversity Press.

Bedau, H. A., Chechile, R. A., Crochetiere, W. J., Kellerman, B. L., Ounjian, D.,
Pauker, S. G. & Rubin, J. Z. (1979). Making decisions: A multidisciplinary intro-
duction. Addison-Wesley Publishing Company, Advanced Book Program.

Berg, J., Dickhaut, J. & McCabe, K. (1995). Trust, reciprocity and social history.
Games and Economic Behavior, 10, 122-142.

Biebley, D., Papalia, D. (1975), Moral development and perceptual role-taking egocen-
trism: their development and interrelationship across the life span. International Journal
of Aging and Human Development, 6(4), 293-308

Blair, G. M. , Jones, R. S. , & Simpson, R. H. (1975). Educational Psychology (Fourth edition). USA: Macmillan.

Bowlby, J. (1969). Attachment and loss, V01.1: Attachment. New York: Basic Books.

Bowlby, J. (1973). Attachment and loss, V01.2: Separation. New York: Basic Books.

Bronfenbrenner, U. (1979). Contexts of child rearing: Problems and prospects. American Psychologist, 34(10), 844-850.

Bronfenbrenner, U. (1994). Ecological models of human development. In T. Husen, & T. N. Postlethwaite (Eds.), The international encyclopedia of education (2nd ed., pp. 1643-1647). New York: Elsevier Science.

Brothers, L. , Ring, B. (1992). A neuroethological framework for the representation of minds. Journal of cognitive neuroscience, 4(2), 107-118.

Burns, C. , Conchie, S. (2010) Measuring implicit trust and automatic attitude activation. In F. Lyon, G. Möllering, M. Sanders, & T. Hatzakis (Eds.), Handbook of Research Methods on Trust. London: Edward Elgar Publishers.

Carlo G. , Eisenberg N. , Troyer D. et al. (1991). The altruistic personality: In what contexts is it apparent? Journal of Personality and Social Psychology, 61, 450-458.

Chang, E. C. , Chu, Y. H. (2006). Corruption and trust: Exceptionalism in Asian democracies? Journal of Politics, 68(2), 259-271.

Cheung, C. K. , Kwan, A. Y. H. (2009). The Erosion of Filial Piety by Modernisation in Chinese Cities. Ageing & Society, 29(2), 179-198.

Chiu, C. Y. , Gelfand, M. J. , Yamagishi, T. , Shteynberg, G. & Wan, C. (2010). Intersubjective Culture. Perspectives on Psychological Science, 5(4), 482-493.

Christ, S. E. , Van Essen, D. C. , Watson, J. M. , Brubaker, L. E. & McDermott, K. B. (2009). The contributions of prefrontal cortex and executive control to deception: Evidence from activation likelihood estimate meta-analyses. Cerebral Cortex, 19 (7), 1557-1566.

Clouse, B. (1985). Moral development: Perspectives in psychology and Christian belief. Baker Book House.

Deutsch, M. (1958). Trust and suspicion. The Journal of Conflict Resolution, 2(4), 265-279.

Dinello, N. (1998). Russian religious rejections of money and homo economicus: The self-identifications of the "pioneers of a money economy" in post-Soviet Russia. Sociology of Religion, 59(1), 45-64.

Dunn, E. W., Aknin, L. B. & Norton, M. I. (2013). Prosocial Spending and Happiness: Using Money to Benefit Others Pays Off. Journal of Personality and Social Psychology, 104(4), 63-52.

Dunn, J. R., Schweitzer, M. E. (2005). Feeling and believing: The influence of emotion on trust. Journal of Personality and Social Psychology, 88(5), 736-748.

Dunn, J., Kendrick, C. (1982). Siblings: Love, envy and understanding. Cambridge, Mass: Harvard University Press.

Ekici, T., Koydemir, S. (2014). Social capital, government and democracy satisfaction, and happiness in Turkey: A comparison of surveys in 1999 and 2008. Social indicators research, 118(3), 1031-1053.

Fehr, E., Falk, A. (2002). Psychological foundations of incentives. European Economic Review, 46(4), 687-724.

Flavell, J. H. (1976). Cognitive development. Englewood Clifts, N. J. Prentic-Hall.

Gamer, M., Klimecki, O., Bauermann, T., Stoeter, P. & Vossel, G. (2012). fMRI -activation patterns in the detection of concealed information rely on memory-related effects. Social Cognitive and Affective Neuroscience, 7(5), 506-515.

Ganis, G., Morris, R. R. & Kosslyn, S. M. (2009). Neural processes underlying self- and other-related lies: An individual difference approach using fMRI. Social Neuroscience, 4(6), 539-553.

Gibbs, J. C., Basinger, K. S. & Fuller, D. (1992). Moral maturity-measuring the development of sociomoral reflection, Lawrence Erlbaum Associates, In c., Publishers.

Gorman-Smith, D., Tolan, P. H., Zelli, A. & Huesmann, L. R. (1996). The relation of family functioning to violence among inner-city minority youths. Journal of Family

Psychology, 10(2), 115-129.

Graham, J., Nosek, B. A., Haidt, J., Iyer, R., Koleva, S., & Ditto, P. H. (2011). Mapping the moral domain. Journal of Personality and Social Psychology, 101 (2), 366-385.

Greene, J. D., Paxton, J. M. (2010). "Patterns of neural activity associated with honest and dishonest moral decisions": Correction. PNAS Proceedings of the National Academy of Sciences of the United States of America, 107(9), 4486.

Greene, J. D., Sommerville, R. B., Nystrom, L. E., Darley, J. M. & Cohen, J. D. (2001). An fMRI investigation ofemotional engagement in moral judgment. Science, 293, 2105-2108.

Grimley, L. K. (1973). A cross-cultural study of moral development. Doctoral dissertation, Kent State University.

Grusec, J. E, Arnason, L. (1982). Consideration for others: Approaches to enhancing altruism. In Moore, S. G. &Cooper, C. R. (Eds), The young child: Reviews of research (VOl. 3). Washington, DC: NAFEYC.

Haidt, J. (2001). The emotional dog and its rational tail: a social intuitionist approach to moral judgment. Psychological review, 108(4), 814.

Haidt, J. (2003). Elevation and the positive psychology of morality. Flourishing: Positive psychology and the life well-lived, 275-289.

Haidt, J. (2007). The new synthesis in moral psychology. science, 316(5827), 998-1002.

Haidt, J. (2007). The new synthesis in moral psychology. science, 316(5827), 998-1002.

Haidt, J., Koller, S. H. & Dias, M. G. (1993). Affect, culture, and morality, or is it wrong to eat your dog?. Journal of personality and social psychology, 65(4), 613.

Haidt, J., McCauley, C. & Rozin, P. (1994). Individual differences in sensitivity to disgust: A scale sampling seven domains of disgust elicitors. Personality and Individual differences, 16(5), 701-713.

Hall, E., Lamb, M. E. & Perlmutter, M. (1986). Child psychology today(2nd Ed).

New York: Random House Inc.

Hardin, C. D. , Higgins, E. T. (1996). Shared reality: How social verification makes the subjective objective. In E. T. Higgins & R. M. Sorrentino (Eds.), Handbook of motivation and cognition: The interpersonal context (Vol. 3, pp. 28 – 84). New York: Guilford.

Hardin, R. (2002). Trust and trustworthiness. New York: Russell Sage.

Havighurst, R. J. (1982). The world of work. Handbook of developmental psychology, 771 -787.

Helwig C C, Tisak M & Turiel E. (1990). Children's social reasoning in context. Child Development, 61(6): 2068-2078.

Helwig, C. C. , Tisak, M. & Turiel, E. (1990). Children's social reasoning in context. Child Development, 61(6): 2068-2078.

Hess, R. D. , Torney-Purta, J. V. (2005). The development of political attitudes in children. Transaction Publishers.

Hetherington, E. M. (Ed.) . (1983). Socialization personality and social development. In Mussen, P. H. (Ed.), Handbook of child psychology, Vol VI.

Hjelle, L. A. , Ziegler, D. J. (1981). Personality theories (2nded.). New York, McGraw-Hill.

Hoffman, M. L. (1976). Empathy, role-taking, guilt and development ofaltruistic motives. In Lickona, T. (Ed.), Moral Development and Behavior: Theory, Research, and Social Issues. New York: Holt, Rinehart and Winston.

Hoffman, M. L. (1982), Development of prosocial motivation: Emathy and guilt, The development of prosocial behavior, 281– 311, New York, Academic Press

Hudson, J. (2006). Institutional trust and subjective well-being across the EU. Kyklos, 59(1), 43-62.

Hurlock, E. B. (1973). Adolescent development. New York: McGraw-Hill.

In J. Kagan, S. Lamb (Eds.). The emergence of morality in young children. Chicago: University of Chicago Press.

In Kurtines, W., Gewirtz, J. (Eds.). Handbook of Moral Behavior and Development (Volume3: Application). Lawrence Erlbaum Associates.

Jackson, M., Tisak, M. S. (2001). Is prosocial behaviour a good thing? Developmental changes in children's evaluations of helping, sharing, cooperating, and comforting. British Journal of Developmental Psychology, 19(3), 349–367.

Karim, A. A., Schneider, M., Lotze, M., Vcit, R., Sauseng, P., Braun, C. & Birbaumcr, N. (2010). The truth about lying: Inhibition of the anterior prefrontal cortex improves deceptive behavior. Cerebral Cortex, 20(1), 205–213.

Kirshner, B. (2003). Reflecting on Moral Development and Education. Mind, Culture, and Activity, 10(3), 260–265.

Kohlberg, L. (1968). The child as a moral philosopher. Psychology today, 2(4), 27–30.

Kohlberg, L., Gilligan, C. (1971). The adolescent as a philosopher: The discovery of the self in a postconventional world. Daedalus, 100(4), 1051–1086.

Kozel, F. A., Padgett, T. M. & George, M. S. (2004). A replication study of the neural correlates of deception. Behavioral Neuroscience, 118(4), 852–856.

Kurtines, W. M., Gerwitz, J. L. (Eds.). (1984). Morality, Moral Behavior and Moral Development. New York: Wiley.

Kurtines, W. M., Gewirtz, J. L. (1984). Morality, moral behavior, and moral development(pp. 24). New York: Wiley.

Kurtines, W. M., Gewirtz, J. L. (1984). Morality, moral behavior, and moral development. John Wiley & Sons.

Lamb, M. E., Campos, J. J. (1982). Development in Infancy. Chapter6. Emotional development and Chapter7. Social development. New York: Random House Inc.

Langleben, D. D., Schroeder, L., Maldjian, J. A., Gur, R. C., McDonald, S. et al. (2002). Brain activity during simulated deception: An event-related functional magnetic resonance study. Neuroimage, 15(3), 727–732.

Lee, T. M. C., Liu, H. L., Tan, L. H., Chan, C. C. H., Mahankali, S., Feng,

C. M., Hou, J. et al. (2002). Lie detection by functional magnetic resonance imaging. Human Brain Mapping, 15(3), 157-164.

Lind, G. (1978). How does one measure moral judgment? Problems and alternative ways of measuring a complex construct. (German: Wie mißt man moralisches Urteil? Probleme und alternative Möglichkeiten der Messung eines kom- plexen Konstrukts.) In: G. Portele, ed. , Sozialisation und Moral, pp. 171-201. Weinheim: Beltz.

Lind, N. (2004). Values reflected in the human development index. Social Indicators Research, 66, 283-293.

Liu, G. F. , Lin, C. D, & Xin, Z. Q. (2014). The effects of within-and between-group competition on trust and trustworthiness among acquaintances. PLoS ONE, 9 (7), e103074.

Ma, H. K. , Cheung, P. C. &Shek, D. T. (2007). The relation of prosocial orientation to peer interactions, family social environment and personality of Chinese adolescents. International Journal of Behavioral Development, 31(1), 12-18.

Maccoby, E. E. (1980). Social development: Psychological growth and the parent-child relationship. New York: Harcourt Brace Jovanovich, Inc.

Mayer, R. C. , Davis, J. H. & Schoorman, F. D. (1995). An integrative model of organizational trust. Academy of Management Review, 20(3), 709-734.

McAllister, D. J. (1995). Affect-and cognition-based trust as foundations for interpersonal cooperation in organizations. Academy of Management Journal, 38(1), 24-59.

Mischel, W. , Liebert, R. M. (1966). Effects of discrepancies between observed and imposed reward criteria on their acquisition and transmission. Journal of Personality and Social Psychology, 3(1), 45-53.

Mischel, W. , Shoda, Y. & Smith, R. E. (2003). Personality, 7e. NY: Wiley.

Moll, J. , de Oliveira-Souza R. , Eslinger, P. J. et al. (2002). The Neural Correlates of Moral Sensitivity: a Functional Magnetic Resonance Imaging Investigation of Basic and Moral Emotions. Journal of Neuroscience, 22(7), 2730-2736.

Moll, J. , de Oliveira-Souza, R. , Bramati, I. E. & Grafman, J. (2002). Functional networks in emotional moral and nonmoral social judgments. Neuroimage, 16(3), 696–703.

Moll, J., Eslinger, P. J. & de Oliveira-Souza R. (2001). Frontopolar and Anterior Temporal Cortex Activation in a Moral Judgment Task: Preliminary Functional MRI Results in Normal Subjects. Arquivos de Neuro-Psiquiatria, 59(3B): 657–664.

Moll, J., Krueger, F., Zahn, R., Pardini, M., de Oliveira-Souza, R. & Grafman, J. (2006). Human fronto-mesolimbic networks guide decisions about charitable donation. Proceedings of the National Academy of Sciences, 103(42), 15623–15628.

Nadien, M. B. (1980). The Child's Psychology Development. Avery Publishing Group Inc.

Nisan, M. (1987). Moral norms and social conventions: A cross-cultural comparison. Developmental Psychology, 23(5), 719–725.

Nucci, L. (1981). The development of personal concepts: A domain distinct from moral or societal concepts. Child Development, 52, 114–121.

Nucci, L. (1982). Conceptual Development in the Moral and Conventional Domains: Implicaions for Values Education. Review of Educaitonal Research, 49.

Nucci, L. P. (1981). Conceptions of personal issues: A domain distinct from moral or societal concepts. Child Development, 52(1) 114–121.

Nucci, L. P. (1982). Conceptual development in the moral and conventional domains: Implications for values education. Review of Educational Research, 52(1), 93–122.

Nucci, L. P. (1991). Doing justice to morality in contemporary values education. In J. Benninga (Ed.), Moral, character, and civic education in the elementary school (pp. 21–39). New York: Teachers College Press.

Nucci, L., Weber, E. (1991). The domain approach to values education: From theory to practice.

Palmer, E. J. (2000). Perceptions of parenting, social cog. nition and delinquency. Clinical Psychology and Psychotherapy, (7), 303–309.

Parker, J. G., Asher, S. R. (1987). Peer relations and later personal adjustment: Are low-accepted children at risk? Psychological Bulletin, 102(3), 357–389.

Radke-Yarrow, M. , Zahn-Waxler, C. & Chapman, M. (1983). Children's prosocial dispositions and behavior. Handbook of child psychology, 4, 469-545.

Rahn, W. M. , Transue, J. E. (1998). Social trust and value change: The decline of social capital in American youth, 1976-1995. Political Psychology, 19(3), 545-565.

Raskin, R. N. , Terry, H. (1988). A principal components analysis of the Narcissistic Personality Inventory and further evidence of its construct validity. Journal of Personality and Social Psychology, 54, 890-902.

Raths, L. E. , Harmin, M. & Simon, S. B. (1978). Values and teaching (pp. 106-07). Columbus, OH: Merrill.

Rest, J. R. (1986). Moral Development: Advances in Research and Theory. New York: Praeger.

Rest, J. R. (1975). Longitudinal study of the defining issues test of moral judgment: A strategy for analyzing developmental change. Developmental Psychology, 75, 738-748.

Rest, J. R. (1990). Dit manual: Manual for the defining issues test: Center for the Study of Ethical Development, University of Minnesota.

Rimal, R. N. , Real, K. (2005). How behaviors are influenced by perceived norms: A test of the theory of normative social behavior. Communication Research, 32, 389-414.

Robinson, P. Shaver & L. Wrightsman (Eds.), Measures of Personality and Social Psychological Attitudes (pp. 373-412). Academic Press, San Diego.

Rotter, J. B. (1967). A new scale for the measurement of interpersonal trust. Journal of Personality, 35(4), 651-665.

Rousseau, D. M. , Sitkin, S. B. , Burt, R. S. & Camerer, C. (1998). Not so different after all: A cross-discipline view of trust. Academy of Management Review, 23(3), 393-404.

Sabel, C. F. (1993). Studied trust: Building new forms of cooperation in a volatile economy. In R. Swedberg (Ed.), Explorations in Economic Society. New York: Russell

Sage Foundation.

Selman, R., Byrne, D. (1977). A structural developmental analysis of levels of role Taking in Middle Childhood. Child Development, 45(3), 803-805

Shweder, R. (1987). Liberalism as desting, Contemporary Psychology, (27), 421-424.

Shweder, R. A. (1987). How to look at Medusa without turning to stone. Contributions to Indian Sociology, 21(1), 37-55.

Siegler, R. S. (1986). Children's thinking. ADivisionofSimon& Schuster. Inc.

some extensive form experimental games. Proceedings of the National Academy of Sciences of the United States of America, 93(23), 13421-13428.

Tankersley, D., Stowe, C. J. & Huettel, S. A. (2007). Altruism is associated with an increased neural response to agency. Nature neuroscience, 10(2), 150-151.

Tschannen-Moran, M., Hoy, W. K. (2000). A multidisciplinary analysis of the nature, meaning, and measurement of trust. Review of Educational Research, 70(4), 547 -593.

Turiel, E. (1987). Potential relations between the development of social reasoning and childhood aggression. In D. H. Crowell, I. M. Evans, & C. R. O'Donnell (Eds.), Childhood aggression and violence: Sources of influence, prevention and control (pp. 95-114). New York: Plenum Press.

Turiel, E. (2006). The development of morality. In Damon, W., Lerner, R. M. (Series Eds.) & Eisenberg, N. (Vol. Ed.). Handbook of child psychology (Vol. 3): Social, emotional, and personality development(6th ed.). New York: John Wiley, 826-838.

Turiel, E. (2006). Thought, emotions, and social interactional processes in moral development. In M. Killen & J. G. Smetana (Eds.), Handbook of moral development (pp. 7-35). Mahwah: Erlbaum.

Turiel, E., Smetana, J. (1984). Social knowledge and social action. The coordination of domains. In W. M. Kurtines & J. L. Gewirtz (Eds.), Morality, moral behaviour, and moral development: Basic issues in theory and research (pp. 261-282). New York: Wiley.

Turiel, E. , Smetana, J. G. (1984). Social knowledge and social action: The coordination of domains. In Kurtines, W. M. , & Gewirtz, J. L. (Eds.). Morality, moral behavior, and moral development: Basic issues in theory and research. New York: Wiley, 261-282.

Turiel, E. , Killen, M. & Helwig, C. (1987). Morality: Its structure, functions, and vagaries.

Uslaner, E. M. (2002). The moral foundations of trust. Cambridge: Cambridge University Press.

Van Lange, P. Otten, W. , DeBruin, E. & Joireman, J. A. (1997). Development of prosocial, individualistic, and competitive orientations: Theory and preliminary evidence. Journal of Personality and Social Psychology, 73(4), 733-746.

Walker H M, Colvin G, Ramsey E. (1995). Antisocial behavior in school: Strategies and best practices. Pacific Grove, CA: Brooks/ Cole.

Walters, R. H. , Leat, M. & Mezei, L. (1963). Inhibition and disinhibition of responses through emphatic learning. Canadian Journal of Psychology/Revue canadienne de psychologie, 17(2), 235-243.

Wang, D. , Laidlaw, K. , Power, M. J. & Shen, J. (2010). Older People's Belief of Filial Piety in China: Expectation and Non-Expectation. Clinical Gerontologist, 33(1), 21-38.

Wang, J. , Fu, X. , Zhang, L. & Kou, Y. (in press). Impacts of Moral Judgments and Descriptive Norms on Development of Bribery Cognition among Children and Teenagers.

Weber, M. (1951). The Religion of China: Confucianism and Taoism. New York: The Free Press.

Wrightsman, L. (1991). Interpersonaltrust and attitudes towards human nature. In J.

Wyer, R. S. , Carlston, D. E. (1979). Social cognition, inference, and attribution (p. 20). Lawrence Erlbaum Associates, Inc.

Xiao, E. , Houser, D. (2009). Punish in public. Working paper. George Mason University.

Xin, Z. Q. , Liu, G. F. （2013）. Homo economicus belief inhibits trust. PLoS ONE, 8 （10）, e76671.

Xin, Z. Q. , Xin, S. F. （2017）. Marketization process predicts trust decline in China. Journal of Economic Psychology, 62, 120-129.

Yamagishi, T. , Yamagishi, M. （1994）. Trust and commitment in the United States and Japan. Motivation and Emotion, 18(2), 129−166.

Yeh, K. H. , Bedford, O. （2004）. Filial Belief and Parent−Child Conflict. International Journal of Psychology, 39(2), 132−144

Zabn−Waxler, C. , Radke−Yarrow, M. （1982）. The development of altruism: Alternative research strategies. In Eisenberg, N. （Ed. ）, The Development of prosocial behavior. New York: Academic Press.

Zahn−Waxler, C. , Radke−Yarrow, M. , Wagner, E. & Chapman, M. （1992）. Development of concern for others. Developmental psychology, 28(1), 126.

Zucker, L. G. （1986）. Production of trust: Institutional sources of economic structure, 1840-1920. In B. M. Staw & L. L. Cummings （Eds. ）, Research in organizational behavior （vol. 8, pp. 53−111）. Greenwich, CT: JAI Press.

图书在版编目(CIP)数据

林崇德文集：全十二卷／林崇德著. —北京：北京师范大学出版社，2020.10
ISBN 978-7-303-26290-8

Ⅰ. ①林⋯　Ⅱ. ①林⋯　Ⅲ. ①教育学–文集　Ⅳ. ①G40-53

中国版本图书馆 CIP 数据核字（2020）第 154509 号

营　销　中　心　电　话　　010-58807651
北师大出版社高等教育分社微信公众号　　新外大街拾玖号

林崇德文集(全十二卷)第十卷：品德发展心理学
LIN CHONGDE WENJI：QUAN SHI'ER JUAN
出版发行：北京师范大学出版社　www.bnup.com
　　　　　北京市西城区新街口外大街 12-3 号
　　　　　邮政编码：100088
印　　　刷：北京盛通印刷股份有限公司
经　　　销：全国新华书店
开　　　本：787 mm×1092 mm　1/16
印　　　张：32.75（本卷）
字　　　数：509 千字（本卷）
版　　　次：2020 年 10 月第 1 版
印　　　次：2020 年 10 月第 1 次印刷
定　　　价：2300.00 元（全十二卷）

策划编辑：关雪菁　周雪梅　　　　责任编辑：周　鹏　沈英伦
美术编辑：王齐云　　　　　　　　装帧设计：王齐云
责任校对：段立超　　　　　　　　责任印制：马　洁

版权所有　侵权必究